玄空風水 高手秘訣

현공풍수 고수비결

국립중앙도서관 출판시도서목록(CIP)

(혼자만 알기에는 너무 아까운) 玄空風水 高手秘訣 : 8運 24坐向의 吉凶
과 활용에 대한 상세한 분석! / 지은이: 최명우, 김양선. ― 서울 : 상
원문화사, 2014
        p. ;   cm

ISBN 979-11-85179-04-9 03180 : ₩53000

풍수 지리 [風水地理]

188.4-KDC5
133.333-DDC21   CIP2014012990

玄空風水 高手秘訣

현공풍수 고수비결

謙山 崔明宇 | 慧觀 金良琓 共著

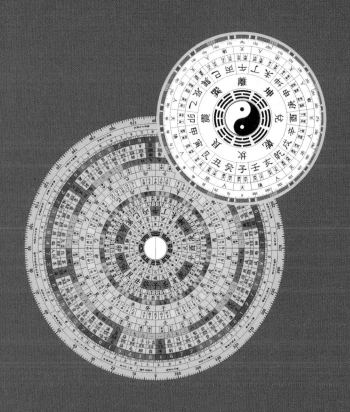

祥元文化社

현재 전 세계적으로 가장 많이 사용하고 있는 이기풍수론은 단연코 현공풍수玄空風水입니다. 현공풍수학은 하도河圖와 낙서洛書·팔괘八卦·음양오행陰陽五行·구성九星·간지干支를 기본이론으로 하고, 체용론體用論·주객론主客論·동정론動靜論 등을 적용하여 길흉을 감정하기 때문에 적중률이 뛰어나며 아울러 생극제화生剋制化를 통해 추길피흉趨吉避凶하는 방법까지 제시할 수 있기 때문에 동양역학의 꽃이며 종합학문입니다.

풍수지리는 시간과 공간의 학문입니다. 형기론形氣論으로 용진혈적龍眞穴的한 자리를 찾았다면, 언제 그리고 어떻게 사용할지는 이기론理氣論으로 결정합니다. 시간은 우주 만물의 생사生死를 결정합니다. 건택조장建宅造葬을 할 수 있는 적절한 시기를 결정하는 것은 혈지穴地인지 비혈지非穴地인지를 구분하는 것만큼 큰 비중을 차지합니다. 형기론으로 명당일지라도 시기가 적합하지 않으면 흉당凶堂이 되고, 명당이 아닐지라도 시기가 적합하면 최소한의 행운이 따르게 됩니다. 혈증穴證이 확실해도 오히려 불행이 오는 것은, 시기가 적합하지 않기 때문입니다. 공간의 기운은 시기에 따라 항상 변화합니다. 풍수에서 가장 중요한 것은 혈穴이지만 혈은 시운時運에 따라서 길흉화복吉凶禍福이 달라집니다. 이러한 점에 대해 명쾌히 설명할 수 있는 이론은 오직 현공풍수玄空風水뿐입니다.

본서는 겸산謙山 최명우崔明宇 선생님의 현공풍수 이론을 근간으로 하여 필자가 살을 붙여 정리한 것입니다. 구상부터 마무리까지 선생님의 감수를 받았으며, 대만의 종의명鐘義明 대사大師 저서의 이론을 참고하였습니다.

현공풍수의 근본 원리와 체계, 그리고 올바른 적용방법을 한 줄에 꿰어서, 어디에 어떻게 얼마만큼의 비중을 두어 운용해야 하는지를 이해하기 쉽게 소개하였습니다. 특히 8운 24좌향에 대한 설명은 이 책의 보석과도 같은 핵심부분입니다. 30여 년 동안 풍수현장을 연구하여 터득한 겸산 선생님의 노하우와 수많은 현공풍수 고전들을 바탕으로 한 비결이 곳곳에 녹아 있으니 세심히 읽어보시고 실생활에 유용하게 활용하시기를 바랍니다.

현 공풍수의 깊은 학문의 길을 안내해 주시고 세세한 지도를 해주신 최명우 선생님께 무한한 감사를 드립니다. 책이 나오기까지 아낌없이 격려해 주신 존경하는 유방현 교수님, 우주자연의 섭리와 天地人의 질서와 변화에 대해 깊은 가르침을 주시는 법천 큰 스님, 각종 도면과 나경도를 제공해 주신 이용성 선생님, 그림을 그려 주신 이성식 선생님, 윤문을 해주신 김규성 선생님, 김성호 선생님, 류기찬 선생님, 모종수 선생님, 박인식 선생님, 임지호 선생님, 그리고 정성껏 책을 만들어 주신 상원문화사 문해성 대표님께도 감사의 인사를 드립니다.

2014년 5월

慧觀 金 良 玧

玄空風水 高手秘訣

目次

目次

玄空風水 高手秘訣

玄空風水 高手秘訣

玄空風水 高手秘訣

玄空風水 高手秘訣

제1부
풍수지리학
(風水地理學)

제1장
풍수지리학이란 무엇인가?

풍수지리학은 하도(河圖)와 낙서(洛書), 주역(周易)과 음양오행(陰陽五行)을 기초로 하는 동양학이며 자연을 관찰하고 연구하여 인간에게 미치는 영향을 연구하는 '전통지리과학'이자 '자연환경학'이다. 바람과 물의 생성과 순환, 땅의 형성과 변화 과정, 지질적 여건, 일조, 기후, 풍향, 물길, 경관 등 자연과 인문학적인 요소에 대한 탐구가 포함된다.

풍수지리학은 '경험과학'이다. 사람들은 오랜 세월의 경험에 의해서 산과 물, 방위 등 자연은 일정한 법칙을 가지고 인간에게 吉하거나 凶한 영향을 끼친다는 것을 발견하게 되었다. 풍수고전인 『설심부雪心賦』에 "지령은 인걸이니 형상은 氣로부터 생긴다_地靈人傑 化氣形生."라고 하였다. 사람에게 미치는 자연환경의 영향이 지대하다는 것을 강조한 말이다. 인류는 명당에 입지한 양택이나 음택을 통해 부(富)와 명예를 얻게 되는 풍수적 효험이 있다는 사실을 깨달았다. 그 이치를 정리한 것이 풍수지리학이며, 이는 경험과학 또는 통계학의 범주에 포함된다.

풍수지리학은 '시간과 공간의 학문'이다. '언제, 어디를, 어떻게' 이용해야 하는지를 연구한다. 자연에서 생기 충만한 터를 찾는 방법과 과정을 이론적으로 체계화시켜 전승·발전해 온 풍수지리학은 자연에서 얻은 생기(生氣)를 인간 생활에 이롭게 적용하려는 노력과 지식을 축적해 왔다. 명당(明堂)의 좋은 에너지인 生氣를 찾아 사용하자는 목적적인 측면에서 본다면 풍수지리학은 '生氣 에너지 활용학(活用學)'이라고도 할 수 있다.

풍수적 길지(吉地)인 이른바 명당이라는 공간의 모양과 특성, 시기에 따른 吉氣와 凶氣, 그로 인한 변화작용인 동기감응(同氣感應) 등을 분석한다.

풍수지리학은 吉함을 따르고 凶함을 피하자는 '추길피흉(趨吉避凶)'의 학문이며, 이를 넘어서 운명 자체를 바꾸어보자는 능동적이고 적극적인 운명개척사상을 지닌 학문이다.

사람의 운명을 결정하는 다섯 가지 요소는 門[가문·혈통·DNA], 宅[음택·양택], 命[운명·사주], 修[노력·수양·공부], 相[생김새·관상]이라고 한다. 이 중 풍수지리는 택(宅)과 관련된 학문이다.

宅에는 산 사람의 집인 양택(陽宅)과 죽은 사람의 집인 음택(陰宅)이 있다. 산 사람이나 죽은 사람이나 모두 편안한 길지(吉地)를 찾아 거(居)하여 좋은 터와 사람과의 동기감응(同氣感應)을 통해 좀 더 건강하고 행복한 삶을 영위하고자 하는 것이다.

현공풍수의 종사(宗師)인 장대홍(蔣大鴻) 선생의 제자인 강요(姜垚) 선생은 그의 저서 『**종사수필**從師隨筆』에서 "인간은 풍수지리를 이용하여 천명을 이길 수 있다_人力勝天."고 하였고, 풍수고전 『**장서**葬書』〈산세(山勢)〉편은 "화복은 하루만에도 나타나니 신(神)이 할 바를 빼앗아 천명(天命)을 바꾼다_禍福不施日奪神工改天命."라고 하였다. 지리(地理)의 도(道)를 터득한 풍수사가 길지(吉地)를 정해 용사(用事)하면 자연의 신령한 공덕을 취할 수 있어 하늘이 내린 운명까지도 더욱 복되게 바꿀 수 있다는 뜻이다. 후천기(後天氣)가 타고난 선천기(先天氣)의 기본 틀과 내용을 변화시킬 수 있을 정도로 작용하면 그 사람의 운명의 큰 줄기도 바뀌게 될 것이다. 이것이 개천명(改天命)이다.

풍수지리학은 신의 공력을 빼앗아서라도 이미 결정되어 있는 운명을 바꾸고 개척하려는 적극적인 인간의 의지와 함께 발전하였다. 술가(術家)에서 풍수 외에 사람의 운명을 개선하는 방법으로는 지명(知命), 명상(瞑想), 적선(積善), 독서(讀書) 등이 있다.

삶을 잘 사는 방법과 돌아갈 때 잘 마무리하는 방법을 알려주는 것이 풍수지리학이다. '어떤 곳에서 살고, 삶의 공간을 어떻게 가장 효율적으로 이용할 것인가?' 하는 Well-Being의 학문이며, '무엇을 남기고 어떤 곳으로 돌아갈 것인가?' 하는 Well-Dying의 학문이기도 하다.

행복하게 잘 살다가 아름다운 죽음을 맞이하자는 생각이 최근 '엔딩 붐'을 만들고 있다. 일본에서는 '엔딩노트' 라는 영화가 제작되고 유언여행이나 유서투어가 인기이다. '유품정리사' 라는 신종 직업도 생겨났다. 우리나라에서도 '웰다잉 연구소' 가 개설되어 교육을 하고 있으며 '웰다잉 페어' 가 개최되고 있다. 이러한 관심은 세계적인 추세이며 앞으로도 계속 영역을 확장해 갈 것이다.

풍수지리학은 삼국시대 이전부터 지금까지 우리나라의 전통문화로 자리잡아왔으며, 작게는 집이나 조상의 묘지를 돌보는 일에서부터 크게는 도성(都城)의 입지(立地)를 선정하는 과정에 이르기까지 지대한 영향을 끼쳐왔다. 한

양(漢陽)의 입지 선정이나 경복궁(景福宮)의 입지, 종묘(宗廟)와 사직단(社稷壇)의 위치, 왕릉(王陵)의 입지 등은 모두 풍수지리 이론에 입각하여 선정되었다.

김두규 선생은 『조선풍수, 일본을 論하다』에서 중국이나 한반도에서는 '풍수'라는 용어보다는 역사적으로 '지리', '지술', '감여', '상지'가 더 보편적이었고, '풍수'라는 용어가 주도적 위치를 차지한 것은 일본으로부터의 해방(1945년) 이후부터라고 하면서, 고려와 조선에 국가 공무원으로서 풍수사(風水師)가 있었던 사실을 다음과 같이 기술하였다.

"고려조의 정사인 『고려사』에서는 풍수 관리 선발 시험과목을 '지리업(地理業)'이라 하였고 선발된 관리를 '일관(日官)'이라 불렀으며, 조선조에서도 풍수 관리 선발 과목은 '지리학(地理學)'이었으며 그렇게 선발된 관리를 '지관(地官)'이라고 하였다."

그러나 조선이 멸망하고 일제 강점기시대의 민족정기 말살 정책과 해방 이후 서구 문물 유입으로 풍수지리학은 미신으로 격하되어 단절되다시피 하였다. 다행히 근래에 풍수지리는 학문으로서 위상을 되찾아 활발히 연구되고 있다. 곳곳에 전문 강좌들이 많이 개설되고 있고 대학원에 석·박사 과정도 생겨 학자들이 풍수지리학을 체계적으로 공부하고 연구 결과를 발표하고 있다. 지리학, 역사학, 건축학, 조경학, 토목학, 철학, 민속학, 인류학, 국문학, 중문학, 물리학 등 다양한 학문들과 연계하여 응용의 접점을 찾고 있으며 풍수학에 관련된 다양한 서적들도 발간되고 있다. 풍수가 인간생활의 행복, 개인과 국가의 운명과 화복에 깊은 관계가 있다는 것을 과학적인 연구와 객관적인 자료들로 검증하려는 노력이 계속되고 있으며 기업과 정부에서도 풍수지리의 중요성을 인식하여 도시 계획 등 중요한 현안을 결정할 때 적극적으로 풍수적 자문을 받아 활용하고 있다.

　최근에는 전 세계적으로도 주목을 받기 시작하였다. 풍수지리와 관련된 국제학술대회에는 미국, 유럽, 일본, 대만, 홍콩, 브라질, 싱가포르, 말레이시아 등의 각 대학교수들과 일반 연구가들이 참여하고 있다. 중국에서는 풍수지리 관련 국제학술대회가 북경과 강서성에서 해마다 개최되고 있으며, 독일에서는 자연생태학적 관점에서 본 풍수지리 이론에 대한 연구나 유해파 진단과 차단을 위한 제품 연구가 많이 이루어지고 있다. 싱가폴과 홍콩은 건축 설계에 풍수 설계가 기본적이며 필수적으로 포함된다. 미국의 백악관과 세계적 기업들이 기업 경영 전반에서 풍수 컨설팅을 받아 활용하고 있으며, 다양한 풍수제화 용품들이 개발되어 사용되고 있다.

玄空風水 高手秘訣

제2장
형기풍수(形氣風水)와 이기풍수(理氣風水)

풍수지리는 생김이나 외면(外面)을 보는 형기풍수(形氣風水)와 속성(屬性)이나 내면(內面)을 보는 이기풍수(理氣風水)로 나눌 수 있다. 혈을 찾는 방법은 형기풍수의 영역이고, 찾은 혈을 언제 어떻게 활용해야 할지는 이기풍수가 결정한다.

1 형기론(形氣論)과 형국론(形局論)

형기풍수는 형기론(形氣論)을 위주로 하되 형국론(形局論)도 보조하여 사용한다. 보통 '형기풍수' 라 함은 '형기론' 을 말하지만, 형국으로 터를 정하는 '형국론(形局論)' 도 크게는 형기풍수에 속한다.

① 형기론(形氣論)

외형적으로 눈에 보이는 용(龍)·혈(穴)·사(砂)·수(水) 등 지형과 지세를 살펴 혈을 찾는 법을 우리나라에서는 주로 형기풍수 또는 '형기론(形氣論)'이라 하고, 중국에서는 '만두법(巒頭法)'이라고 한다.

형기론(形氣論)은 形이 만든 세력(勢力)에 대해 논(論)하기 때문에 형세론(形勢論)이라고도 하는데, 산과 물 등 자연의 외형(外形)을 눈으로 보고 길지(吉地)를 찾는 이론이다.

산천(山川)의 형기는 땅 속의 지기(地氣)가 밖으로 표출된 것이기 때문에, 산세가 웅장하고 활달하면 땅 속의 기운도 왕성하고, 굴곡 변화가 없이 밋밋하거나 지저분하고 늘어졌다면 그 속의 기운도 쇠약한 것으로 본다. 최고(最古)의 풍수고전인 『청낭경靑囊經』에 이르기를 "因形察氣인형찰기 因氣求形인기구형 以推吉凶也이추길흉야"라고 하여 모양으로 氣를 찾는다고 하였다.

형기론으로는 산줄기가 굴곡과 기복을 하는 용(龍), 음택이나 양택이 들어설 자리인 혈(穴), 혈 주위의 산들인 사(砂), 물의 흐름인 수(水)에 의한 지형의 외형적인 생김새를 면밀히 관찰하고 그 특징을 찾아낸다. 형기를 보는 법은 태조산(太祖山)에서 주산(主山)까지 산줄기의 근원과 행도를 보는 간룡법(看龍法), 주변의 사(砂)들의 분포와 형태로 인해 바람이 잘 갈무리되었는지를 보는 장풍법(藏風法), 물의 흐름으로 길흉을 알아내는 득수법(得水法), 혈을 정하는 정혈법(定穴法) 등으로 나뉜다.

형기풍수는 현장에서 산수(山水)를 보고 음양(陰陽)·체용(體用)·주객(主客)·동정(動靜)·변화(變化)·조화(調和)·균형(均衡)에 대해 숙고하여 그 이치를 깨달아야 한다.

홍콩의 백학명(白鶴鳴) 선생은 『가거풍수20결家居風水20訣』에서 양택풍수를 볼 때 '가장 중요한 것은 만두(巒頭)를 보는 것'이라고 강조하였다. 또 "만두(巒頭)를 보아야 혈(穴)을 구할 수 있으며 만약 만두가 정연하지 못하다면 대성(大星) 이기(理氣)와 결합하더라도 공허하게 된다."라고 말하였다. 만두는 '형기(形氣)'와 같은 뜻이다. 아무리 좋은 이기(理氣)가 있어도 형기(形氣)가 없거나 흉하다면 아무 소용이 없다는 의미이다.

② 형국론(形局論)

형국론(形局論)은 '물형론(物形論)'이라고도 부른다.

만물은 각각 독특한 氣를 가지고 있으며 이러한 氣는 산세의 형상으로 나타나는데 그 형상을 '형국(形局)' 혹은 '물형(物形)'이라 부른다. 산·물·바람 등이 어우러져 형성된 전체적 모습이 인간에게 영향을 준다는 이론이다.

풍수에서는 혈과 명당 주위 환경을 사람이나 동식물, 혹은 인간이 만들어 낸 사물에 비유하여 파악하는 경우가 많다.

최창조 선생은 "형국이란 터의 특징을 사람, 혹은 동식물에 비유하여 그 터의 특성이나 장소감을 설명하는 것을 말한다. 산천은 외형상 다양한 모습을 띠고 있다. 이 다양한 산천의 겉모양에는 각각 그에 상응하는 기운이나 정기가 내재해 있다는 생각이 형국론의 출발점이 된다."라고 『**한국의 풍수사상**』에서 말하였다.

최명우 선생은 『**한국 최고의 명당**』에서 "형국론은 전체적인 국을 멀리서 보아 그 특징을 잡아내어 형국의 이름을 짓고 그에 따른 명당을 찾는 방법이다. 형기풍수의 특별한 부분이며 옛 선사들도 형국론을 통해 혈을 설명하는 것을 즐겨하였다. 처음에는 어려울 수도 있지만 풍수에 대한 안목이 생기면 저절로 알게 되며 도움이 많이 되는 좋은 방법이다."라고 하였다. 또 그는 형국론에 관한 좋은 서적으로 장자미(張子微) 선생의 『**옥수진경**玉髓眞經』과 요금정(廖金精) 선생의 『**갈형취류**喝形取類』, 심호(沈鎬) 선생의 『**지학**地學』을 소개하였다. 『**한국 최고의 명당**』에는 연화부수형의 진묵대사 모친 묘, 연소형의 석굴암, 용마등공형의 김

극뉴 묘, 숙호형의 박정희 대통령 조모 묘, 맹호입산형국의 이지함 가족묘, 비룡상천형의 세종릉, 양마입구형의 한란 묘, 장성의 여흥민씨 복부혈, 금두형의 정문도 묘, 만궁사적형 활명당 할렐루야 기도원, 풍취나대형의 논개 묘 등 형국론으로 본 명당들이 쉽고 자세하게 소개되어 있으므로 형국론의 이치와 명명법, 유의할 부분과 가치 등을 이해하는 데 많은 도움을 얻을 수 있을 것이다.

다만, 형국으로 명당을 찾는 방법은 자칫하면 주관적이거나 자의적인 해석을 할 수 있는 여지가 많기 때문에 주의를 많이 기울여야 한다. 형국의 종류는 크게 다음과 같다.

❶ 사람과 관련된 형국

노승예불형(老僧禮佛形) 선인독서형(仙人讀書形) 선인무수형(仙人舞袖形)

선인취와형(仙人醉臥形) 어옹수조형(漁翁垂釣形) 옥녀탄금형(玉女彈琴形)

옥녀산발형(玉女散髮形) 장군대좌형(將軍大座形) 풍취나대형(風吹羅帶形)

❷ 들짐승과 관련된 형국

갈록음수형(渴鹿飲水形) 갈마음수형(渴馬飲水形) 구룡쟁주형(九龍爭珠形)

금구몰니형(金龜沒泥形) 노서하전형(老鼠下田形) 노호하산형(老虎下山形)

맹호하산형(猛虎下山形) 복구형(伏狗形) 복호형(伏虎形)

비룡상천형(飛龍上天形) 비룡승천형(飛龍昇天形) 사두형(巳頭形)

생사출초형(生蛇出草形) 쌍룡농주형(雙龍弄珠形) 양마입구형(良馬入廐形)

옥토망월형(玉兎望月形) 와우형(臥牛形) 우면형(牛眠形)

용사취회형(龍蛇聚會形) 잠두형(蠶頭形) 주마탈안형(走馬脫鞍形)

지주포란형(蜘蛛抱卵形) 천마시풍형(天馬嘶風形) 호체형(虎體形)

해체형(蟹體形)

❸ 날짐승과 관련된 형국

금계포란형(金鷄抱卵形)　금오탁시형(金烏啄屍形)　봉소포란형(鳳巢抱卵形)

비봉귀소형(飛鳳歸巢形)　비봉포란형(飛鳳抱卵形)　비안도잠형(飛雁度岑形)

선학하전형(仙鶴下田形)　앵소포란형(鶯巢抱卵形)　연소형(燕巢形)

유지앵소형(柳枝鶯巢形)　청학포란형(靑鶴抱卵形)　평사하안형(平沙下雁形)

황앵탁목형(黃鶯啄木形)　학소포란형(鶴巢抱卵形)

❹ 기타 형국

금두형(金斗形)　금반형(金盤形)　금채낙지형(金釵落地形)

도화낙지형(桃花落地形)　도화만개형(桃花滿開形)　만궁사적형(灣弓射敵形)

만월형(滿月形)　매화낙지형(梅花落地形)　모란반개형(牡丹半開形)

반월형(半月形)　보검출갑형(寶劍出匣形)　보도출갑형(寶刀出匣形)

복종형(伏鍾形)　비아부벽형(飛蛾附壁形)　야자형(也字形)

연화부수형(蓮花浮水形)　연화출수형(蓮花出水形)　옥대형(玉帶形)

옥병저수형(玉瓶貯水形)　완사명월형(浣紗明月形)　월체형(月體形)

풍취나대형(風吹羅帶形)　행주형(行舟形)

　형국론에서는 혈과 주변 형국(物形)을 살펴서 어떤 특정한 자리의 氣에 상응하여 어떠한 인물이 나올 것인지 예측한다. 예컨대, 와우형(臥牛形)처럼 소가 누워 있는 형상의 명당에서는 한가로이 되새김질을 하는 것처럼 자자손손 누워서도 먹을 수 있을 정도로 부자가 되지만 자손 수는 적다고 해석한다. 소는 새끼를 한 마리밖에 낳지 못하기 때문에 와우형의 정기를 받은 자손들은 그 수가 적다는 것이다.

　또한 형국의 특성과 규모에 따라 토지 하중 능력을 평가하여 그에 맞도록 보완하거나 보존하였다. 행주형에는 우물을 파지 않고, 학이나 봉황 등 새의 형국에는 무거운 석물(石物)을 설치하지 않았다.

형국론에서는 풍수형국에 맞는 산천형세를 구비해야 길격(吉格)이 된다. 장군이 앉은 주위에는 군사들이 도열해 있어야 하고, 옥녀가 단장하고 앉은 주위에는 거울이 되는 산이 있어야 한다. 풍수형국은 일반적으로 지세가 상생(相生)의 관계에 놓여 있는 장소가 좋다고 본다. 그러나 또한 뱀과 개구리, 쥐와 고양이처럼 서로 상극(相剋)인 관계로 인해 긴장감 있고 생명력이 있는 지세(地勢) 또한 길격(吉格)으로 본다.

우리나라에는 다양한 풍수형국들이 있으며, 형국을 파괴했을 때 일어나는 일들을 경고하는 풍수설화도 많다. 이 설화들을 통해 선조들이 땅과 자연을 생명력 있는 살아 있는 존재로 존중하였다는 것을 알 수 있다. 땅의 속성과 특징을 파악하여 적절한 용도를 결정하고, 함부로 훼손하지 않고, 총체적으로 이해하며, 산천과 더불어 조화롭게 살아가고자 했던 태도를 볼 수 있다. 이는 전통풍수가 지닌 친자연 방식이자, 오늘날로 표현하면 생태학적 인식이라고 할 수 있다.

2 이기론(理氣論)

이(理)란 철학적 원리라 할 수 있다. 우주의 만사 만물에는 모두 이치가 있으며, 이치에 따른 구체적인 현상이 있다. 이러한 현상과 원리를 탐구하는 것이 이기론(理氣論)이다.

자연에는 방위에 따른 특정한 기운이 있으며 공간마다 기운이 다르다. 풍수학은 방위와 공간의 기운을 가늠하는 학문이다. 풍수학에서 방위를 가리고 산천(山川)을 측정할 때는 나경(羅經)을 사용한다. 나경으로 산과 물의 방위를 측정하여 그 조합과 작용을 살펴, 혈(穴)의 길흉화복을 추론한다. 나경을 이용하므로 '나경론(羅經論)'이라 하며, 향을 중시하기 때문에 '좌향론(坐向論)'이라고도 부른다. 나경은 음양오행론을 바탕으로, 천문학(天文學)의 발전이 최고도에 이르렀을 때, 복잡한 성상학(星象學)을 일반 사람들도 알 수 있도록 간략화와 부호화한 천간(天干)과 지지(地支)를 이용하여 만든 것이다.

동아시아에서 '우주(宇宙)'는 오랜 옛날부터 시간과 공간을 동시에 포함한 개념이었다. '우주'의 어원은 기원전 2세기경 중국 전한시대 유안(劉安)의 철학서 『회남자淮南子』에서 볼 수 있다. "하늘과 땅의 4方을 우(宇)라 하고, 과거가 가고 현재가 오는 것을 주(宙)라 한다_往古來今謂之宙, 天地四方上下謂之宇."라는 구절에서 유래한다. '천지사방상하(天地四方上下)'는 '우(宇)', '왕고래금(往古來今)'은 '주(宙)'로서, '우주는 시간의 흐름 속에 존재하는 시·공간'을 말한다.

시간과 공간은 아주 밀접한 관계에 있어, 서로 뗄 수 없는 개념이다. 아인슈타인의 주장에 따르면 우주는 공간이 아니라 시공간(時空間)이다. 시간과 공간은 서로 분리된 것이 아니라 완전히 합쳐져 있는 것으로, 시간에 따라 공간이, 공간에 따라 시간이 변화하는 것이다. 시간은 '공간에서 일어나는 사건을 일렬로 배열해 주는 것'이라고 정의할 수 있다. 시간이 없다면 공간에서 일어나는 모든 사건들은 뒤죽박죽될 것이다. 따라서 모든 사건을 일목요연하게 배열하고 사건의 원인과 진행결과를 밝혀내려면 시간과 공간의 개념을 함께 다루어야 한다.

풍수에서 이기(理氣)를 다루는 것은 구체적으로는 坐向과 時期이다. 명당의 적합한 사용시기와 방법은 이기법으로 결정한다. 이기론은 방향과 시기에 따라서 달라지는, 눈에 보이지 않는 기운의 생성과 소멸의 원칙을 설명한다.

이기론에는 쌍산사경(雙山四經), 삼합수법(三合水法), 천산투지(穿山透地), 생도분금(生度分金), 휴수왕상(休囚旺相), 홍범오행(洪範五行), 숙도오행(宿度五行), 삼원현공애성법(三元玄空挨星法), 현공대괘법(玄空大卦法) 등 매우 다양한 이론들이 있으나 크게는 삼합풍수(三合風水)와 삼원풍수(三元風水)로 나눌 수 있다. 삼합풍수란 포태풍수(胞胎風水)를 의미하고 삼원풍수는 현공풍수(玄空風水)를 의미한다.

그동안 우리나라에서는 청대(淸代) 조정동(趙廷棟, 號는 九峰)의 『**지리오결** 地理五訣』을 근거로 한 삼합풍수, 즉 포태법 이론을 많이 활용하였다. 포태풍수(胞胎風水)는 의수입향법(依水立向法)으로, 물이 나가는 수구(水口)의 방위에 따라 좌향을 결정하는 이론이다.

『**평사옥척경**平砂玉尺經』은 포태법에 대한 대표적인 고서이다. 유병충(劉秉忠, 1296~1345년)이 짓고 유기(劉基, 자는 伯溫. 1311~1375년)가 주(註)를 달았다고 알려져 있지만, 사실은 유병충과 명나라 초기 국사(國師)였던 유기의 이름을 빌린 위서(僞書)이다. 이후 삼합파 이론은 철영(徹瑩)이 지은 『**직지원진**直指原眞』(1696년 출간)으로 이어지고 청조에 조정동의 『**지리오결**地理五訣』(1876년 출간)에서 완결된다.

그간 우리나라의 양택 이론은 조정동의 『**양택삼요**陽宅三要』의 '동서팔택법' 이론을 많이 활용하였다. 이 이론은 양택에서 문(門)·주(主)·조(灶)의 세 가지를 가장 중요하게 보고, '동사택(東四宅)'과 '서사택(西四宅)'으로 구분하여 길흉을 판단한다. 이 학설을 따르는 풍수지리가를 팔택파풍수가(八宅派風

水家)라고 한다.

　삼합이기풍수론은 '시기와 관계없이 고정불변' 하는 포태이론이다. 우리나라 조선조에서 사용한 이기풍수이론은 호순신(胡舜申, 송나라 1131~1161년)의 『**지리신법**地理新法』으로, 역시 포태법 범주에 속하는 이론이다. 이 책은 조선시대에 음양과 시험과목 중 하나였다.

　현공풍수학의 종사인 장대홍 선생이 지은 『**지리변정**地理辨正』 〈평사옥척변위(平砂玉尺辨僞)〉편에는 포태법의 모순점에 대해 통렬하게 비판한 내용이 있다. 이후 후대의 풍수학자들은 포태법에 대해 많은 문제제기를 하며 비판하였다. 포태법을 적용하여 길흉(吉凶)을 판별해 보면 적중률이 매우 떨어진다. 포태법은 현재 중국·대만·홍콩 등에서는 이미 자취를 감추었다.

　국내 일부 풍수사들은 정음정양법(淨陰淨陽法) 이론을 사용하였다. 정음정양법은 본래 경방역전(京房易傳)에 근거한 것으로 북송시대의 고탁장로(辜托長老)의 저서인 『**입지안전서**入地眼全書』에 나오는 이론이다. 좌향과 수구방위와의 함수관계만 있고 포태법과 마찬가지로 시간개념은 없다. 혈(穴) 주변의 지형이 변하지 않으면 길흉이 변하지 않는다는 이론이다.

　삼원풍수(三元風水)는 현공풍수(玄空風水)를 지칭한다. 풍수의 핵심은 변화다. 올바른 풍수이론은 시기에 따른 공간의 변화를 분석해 낼 수 있는 것이어야 한다. 우주 만물은 시간과 공간을 통해 변한다. 불변하는 것은 없다. 같은 장소라도 시기에 따라 길흉이 변하며, 그 변화에 따라 인간의 길흉화복도 달라진다. 현공풍수론은 형기풍수를 본(本)으로 하되 방위와 좌향에 시간을 더하여 '우주의 서기(瑞氣)를 받느냐 흉기(凶氣)를 받느냐' 하는 문제를 다룬다. 좌향과 시간의 개념으로 공간의 변화를 설명하는 것이 가장 큰 장점이다.

우리나라에는 형기(形氣)의 이치에 밝아 중국 대가들에 비해 실력이 떨어지지 않는 명사(明師)들이 있지만 이기(理氣)의 이치는 중국에 비해 많이 뒤처진 것이 사실이다. 구전심수(口傳心授)되던 현공학이 1920년대에 중국에서 공개되었으며 근래에 와서는 완전히 실용화되어 통상적으로 사용되고 있다. 앞으로 우리나라도 현공풍수 이기법에 관한 많은 보급과 연구가 필요하다.

③ 형리겸찰(形理兼察)

형(形)이란 산과 물의 형세이고 이(理)란 음양오행의 이치를 말한다.

형기(形氣)풍수지리는 용혈사수(龍穴砂水)를 위주로 공간을 구성하는 요소들의 생김과 배치를 다루고, 이기(理氣)풍수지리는 방향과 시간을 위주로 공간에서 생성되고 수시로 변해 가는 기운(氣運)을 다룬다. 따라서 풍수의 길흉을 판단할 때는 형기와 이기를 함께 살펴야 한다. 이를 형리겸찰(形理兼察) 또는 형리동간(形理同看)이라 한다.

형기와 이기가 어떻게 조화를 이루어야 할지에 대해 심죽잉(沈竹礽) 선생은 『심씨현공학』에서 "내룡은 참되고 혈은 적실하여야 한다. 그리고 시기에 맞추어 장사를 지내야 한다_龍眞穴的 乘時下葬."라고 명쾌하게 표현하였다.

한편 『청오경靑烏經』에서 "혈은 길하지만 장사가 흉하면 시신을 버리는 것과 같다_穴吉葬凶 與棄屍同."라고 표현한 것도 형기와 이기 둘 다를 모두 중시한 말이다.

형기풍수와 이기풍수의 관계에 대해 최명우(崔明宇) 선생은 『꽃피는 아침

玄空風水 高手秘訣

달뜨는 저녁』에서 "형기풍수는 용혈사수라는 네 가지 요소가 있고 별도로 형국론이라는 풍수이론으로 구성되어 있다. 눈으로 보고 가슴으로 느끼는 미술이나 음악 공부와 비슷해서 소위 안력(眼力)을 높이는 부분으로 힘과 조화로운 땅을 찾는 풍수법이다. 이기풍수는 시간과 좌향에 관한 이론으로 수학공부와 같은 이론이므로 두뇌를 잘 활용하면 누구든지 배울 수 있다. 다만 이론 중에 일부는 비법으로 전수되어 온 관계로 구전심수(口傳心授)로 배우며 역시 좋은 책과 실력 있는 명사(明師)를 만나는 인연이 있어야 한다. 다만 이 두 가지 이론은 불가분의 관계이므로 모두 중요하다." 하였다.

간혹 현장에는 가보지도 않고 나경으로 모든 것을 해결하고자 하는 이기론 자들이 있는데 이것은 분명히 잘못이다. 또 간혹 '형기는 體이며 본(本)이고, 이기는 用이며 말(末)이며, 택일은 말지말(末之末)이다.' 라며 이기풍수를 도외시하는 사람도 있다. 형기를 잘 살펴서 길지를 찾는 것은 풍수의 근본이 된다. 그러나 비록 아무리 혈을 찾았다 하더라도 언제 그리고 무슨 좌향으로 써야 할지 판단하는 일은 전적으로 이기(理氣)가 담당하는 역할이기 때문에 이 또한 편협한 표현이다.

形은 산수의 형세이고 體이며, 理는 시기와 좌향에 따른 길흉을 분석하는 도구로 用이 된다. 산과 물이 만들어지고 운행하는 모든 형태는 음양오행의 기운으로서 운행되는 것이니 형기와 이기는 떼어놓을 수 없는 관계이므로, 형기인 體와 이기인 用을 한 가지 이론으로만 논하는 것은 불가하다. 풍수지리는 유형(有形)의 형기와 무형(無形)의 이기를 늘 함께 보아야 한다.

풍수지리의 핵심은 '장풍득수(藏風得水) 영생피살(迎生避殺)' 이다. 형기를 보아 바람을 갈무리하고 물을 얻는 법을 아는 동시에, 지세(地勢)에 따른 시기가 생왕(生旺)하면 적극 활용하고, 퇴(退)·사(死)·살(殺)이 되면 피해야 하는 이치를 알아야 한다.

현공풍수학은 좌향과 시운(時運)과의 적합성을 보는 이기론이다. 그러나 '현(玄)'은 시간을 의미하고 '공(空)'은 공간을 의미하므로, 현공풍수는 기본적으로 형기풍수를 아우르고 있으며 형기에 밝지 않으면 제대로 운용할 수 없는 이론이다. 현공에서 가장 중요한 것은 형리(形理)를 겸찰(兼察)하여 적절하게 적용하는 것이다.

장중산(章仲山) 선생은 『현공비지직해 玄空秘旨直解』에서 "體가 있는데 用이 없으면 영험하지 못하고, 用은 있는데 體가 없으면 응험이 없다_有體無用不靈 無體有用不驗."고 하였다. 예를 들어, 아주 수려한 문필봉〔體〕이 보이는 방향에 이기〔用〕가 적합하지 않으면 그 문필봉의 길한 영향을 얻을 수가 없고, 이기로 生旺〔用〕이어도 그에 맞는 山水〔體〕가 없으면 길함이 일어나지 않는다는 뜻이다. 형기만 좋다고 좋은 게 아니고 이기만 좋다고 좋은 게 아니다. 형기와 이기 모두 적합하여야 福을 기대할 수 있다.

풍수고서에 이르기를 "因星度象인성도상 以象推星이상추성"이라 하였다. 이기와 형기를 동시에 감정해야 정확한 감정이 된다. 시운에 맞는 합국과 그에 따른 형기가 있을 때 재물도 풍족하게 되고 인물도 난다. 형기풍수의 반응은 이기풍수에 견주어 강하고, 이기풍수의 반응은 형기풍수에 견주어 빠르다. 따라서 형기의 형상(形象)과 이기의 성상(星象)을 합하여 감정하면 더욱 영험하다.

현공풍수의 형리겸찰은 다음의 몇 가지를 살펴보면 더 잘 이해할 수 있다.

일반적으로 山水의 형세가 凶하면 오행(五行)상으로 상생(相生)해도 凶으로 해석한다. 그러나 산수의 형세가 좋으면 상극(相剋)을 하여도 큰 흉은 없다. 설령 상생을 하더라도 운(運)에 따라 生旺氣가 아니면 쓸모가 없기 때문에 相生의 길한 작용력이 없다. 상극을 하더라도 합국(合局)이 되고 生旺氣이면 相剋의 작용력은 무시한다.

명당은 형기와 이기가 상호간에 조화롭다. 이를 이용하여 진혈(眞穴)인지를 구별할 수도 있다. 이기법을 이용하여 형기적인 판단을 보완할 수 있는 방법 중의 하나는 대·소공망(大·小空亡)론을 이용하는 것이다. 명당(明堂)에는 자연적으로 정면에 안대(案對, 또는 案山)가 있다. 안대를 이용하는 방법은 명당의 진위를 쉽고 간단하게 파악하는데 요긴한 방법이다. 안대(案對)가 대·소공망(大·小空亡)의 범위에 있으면 가화(假花)이므로 이런 穴은 취하지 않는다.

형기론과 이기론은 상호보완적이다. 혈을 찾을 때는 형기로, 용사할 좌향과 시기는 이기론으로 결정한다. 형기풍수만 알고 이기풍수를 모르면 '철不知풍수'가 되고, 이기풍수만 알고 형기풍수를 모르면 '방안풍수'가 되어 명당을 찾을 수 없다. 형기가 근본이다. 그렇지만 이기도 또한 중요하다. 여기에 택일을 맞춰주면 좋은 것에 좋은 것을 더 보태는 소위 길상가길(吉上加吉)이 된다.

집이든 묘든 특정한 시기에 특정한 장소에 만들어져 모양이 있고 또한 방향을 취하고 있기 때문에 감정을 할 때는 體인 형기로만 보거나 用인 이기로만 판단하지 말고 두 가지를 동시에 적용하여야 정확한 감정을 할 수 있다.

백학명 선생은 『현기부비성부 정해』에서 "陰·陽 二宅의 길흉을 논할 때 이기의 좋고 나쁨을 분석하는 것 외에도 다시 사방의 만두와의 배합을 살펴야 한다. 이것이 곧 형리겸찰이다. 이렇게 해야 확실하게 길흉을 판단할 수 있다. 形이란 '만두환경학(巒頭環境學)'이고 氣란 '이기공식학(理氣公式學)'이다. 만일 형기와 이기를 장악하여 마음대로 할 수 있다면, 곧 수준 높은 도를 행하는 높은 경지의 실력을 가진 지리사가 될 것이다."라고 하였다.

풍수지리는 형기풍수와 이기풍수의 두 가지 이론을 모두 갖추고 상호간에 적절한 조화를 이루어야 완성도 높은 학문이 된다.

제**3**장
풍수지리학의 3대 요소

　풍수는 용혈사수(龍穴砂水)를 기본으로 한다. 산줄기인 용맥을 통해 지기(地氣)를 받아야 하고, 용맥으로부터 전달받은 地氣가 멈추어야 혈이 만들어지며, 생기가 흩어지지 않도록 주변을 사신사가 감싸고, 地氣가 머무를 수 있도록 물을 만나야 한다. 그리고 좋은 천기(天氣)를 받을 수 있도록 적절한 시기와 올바른 좌향이 선택되어야 한다.

　용(龍)·혈(穴)·사(砂)·수(水)·향(向) 그리고 시간(時間)의 상호조화에 따라 흥망성쇠(興亡盛衰)와 길흉(吉凶)이 결정된다. 산수(山水)인 용혈사수는 체(體)가 되고 형기풍수에 속한다. 향과 시간은 용(用)이 되고 이기풍수에 속한다. 따라서 풍수지리의 3대 요소는 **산수**(山水), **좌향**(坐向), 그리고 **시간**(時間)이라고 할 수 있다.

1 산수(山水)

용(龍)은 변화가 있어야 하고, 혈(穴)은 힘과 균형이 있어야 하며, 사(砂)는 유정(有情)해야 하고, 수(水)는 혈을 잘 감싸 돌고 천천히 흘러야 한다.

山에는 용(龍)·혈(穴)·사(砂)가 포함된다. 『**설심부**雪心賦』에 이르기를 "산은 본래 정하여 산세는 필히 움직이려 하고, 물은 본래 동하므로 물의 묘함은 고요한 곳에 있다_山本靜 勢必動處 水本動 妙在靜中."라고 하였다. 이 말은 결혈(結穴)하는 山水의 특징을 잘 보여주고 있다. 山은 고요하므로 오히려 움직이기를 원하므로 동적이고 변화가 있는 것을 귀하게 여기고, 물은 움직이므로 오히려 고요하기를 원하므로 천천히 흘러야 길격(吉格)으로 본다. 위의 구절에는 뒤에서 자세히 설명할 산과 물의 음양(陰陽), 체용(體用), 동정(動靜)의 개념이 모두 들어 있다.

1 용(龍)

풍수학에서는 산줄기 또는 산의 능선을 용(龍)이라고 부른다. 상하기복(上下起伏)과 좌우굴절(左右屈折)을 하며 나아가는 모습이 마치 살아 있는 용이 꿈틀거리는 듯하기 때문이다. 눈에 보이는 산의 능선은 '용(龍)' 이라 하고 용을 타고 땅 속으로 흐르는 지기(地氣)는 '맥(脈)' 이라 구분하여 부른다.

내룡은 부모와 같고 혈은 자녀와 같아서 용은 혈(穴)의 모체(母體)가 되므로 용의 생사(生死)에 따라 혈의 생사가 달려 있다고 해도 과언이 아니다. 혈(穴)을 찾고자 한다면 움직이고 변화하는 내룡에서 찾아야 한다. 용의 변화과정을 살피는 것을 간룡법(看龍法) 또는 심룡법(尋龍法)이라 한다.

'변화하는 것은 살아 있는 것이고 변화가 없는 것은 죽은 것' 이다. 생룡(生

龍)과 사룡(死龍)을 구분하는 키워드는 '변화'이다. 생룡은 변화를 거듭한다. 상하기복(上下起伏), 좌우굴절(左右屈折), 질단(跌斷), 박환(剝換) 등은 모두 용이 변화하고 있다는 표현이다.

산의 맥(脈)과 혈(穴)을 한의학에 비유해 보면, 산의 맥은 인체의 경락(經絡)에, 산의 혈은 인체의 경혈(經穴)에 대응시킬 수 있다. 경락은 '인체의 생로병사(生老病死)를 주관하는 통로'이며, 생명 에너지의 흐름을 조절하는 역할을 하고, 인체에 질병이 생길 때 그 증상이 최초로 나타나는 곳이다. 질병은 氣의 불균형에서 오는 것이며 경락을 조절하여 치료할 수 있다. 경락에는 그 중간 중간에 인체 외부환경과의 교류장소인 '경혈'이라는 지점들이 있다. 침구법(針灸法)은 경혈에 침(針)을 놓거나 뜸[灸]을 떠서 질병을 치료한다.

경락과 경혈을 연구하는 권병세 박사는 "경락은 생물의 죽음과 동시에 사라져 버리기에 오직 살아 있는 생물에서만 관찰이 가능하다." 하였다. 생물이 죽으면 경락과 경혈이 사라진다는 이 말은 풍수와 관련지어 생각해 볼 수 있는 매우 흥미롭고 중요한 부분이다. 풍수에서도 사기맥(死氣脈)이나 사룡(死龍) 등 죽은 용에서는 혈이 맺히지 않기 때문이다.

풍수에서는 입수(入首) 1절, 좌선(左旋) 4절, 우선(右旋) 22절 등 '절(節)'이란 용어를 많이 사용한다. 절이란 '변화처에서 변화처 사이'를 말한다. '절'은 식물의 마디나 동물의 관절(關節)이다. 식물 중에서도 마디가 분명한 것은 대나무이다. 마디는 대나무가 높게 자랄 수 있도록 꼿꼿하게 설 수 있게 지탱해주는 힘이다. 절이 많을수록 활발한 변화를 하는 좋은 용이 된다. 절이 많고, 좌우로 왔다갔다하고, 위 아래로 오르락내리락하며, 넓어졌다 좁아졌다 하는 모습은 모두 활발한 변화를 하는 생룡이 되는 증거이다.

봉우리와 봉우리를 연결하는 줄기를 과협(過峽)이라 한다. 과협 중에서도 용맥이 짧으면 벌의 허리처럼 잘록하게 묶고, 용맥이 길면 학의 무릎처럼 마디를 만들어 매듭진 형상을 보인다. 이를 봉요학슬(蜂腰鶴膝)이라고 한다. 봉요학슬은 변화가 있는 용이라는 증거이며, 이곳으로부터 가까운 곳에 혈을 만들어 놓겠다는 뜻이다.

과협 중에서도 마지막 과협은 '결인(結咽)'인데, 혈에서 가장 가까이 있기 때문에 가장 중요한 부분이다. 결인은 인체의 인후(咽候) 부분에 해당되며 내룡의 氣를 최종적으로 묶어서〔束氣〕 혈에 보내는 역할을 한다.

용에서 가장 중요한 것은 '혈 후 1절' 또는 '입수 1절'이라고 불리는 부분이다. 이곳은 용맥과 혈의 연결 부분으로 내룡이 혈장으로 들어오기 직전의 변화처이며, 마지막 용절(龍節)이다. 천리(千里)를 달려온 龍일지라도 마지막 일절룡이 부실하고 무기력하면 혈을 맺지 못한다. 달려오던〔行〕 용이 잘 멈추어〔止〕 穴을 맺었는지 맺지 못했는지는 입수 1절을 보고 알 수 있다.

국내 풍수서인 『**무감편**無憾篇』에 "내룡의 아름다움과 추함에 의지하지 말라. 가장 중요한 것은 입수일절이다_莫恃來龍之美惡 最關者入首一節." 하였다. 이 마지막 1절은 용이 가장 크게 변화하는 곳이다. 진행하다가 멈추어야 하기 때문이다.

양균송(楊筠松) 선생은 『**도천보조경**都天寶照經』에서 "길지〔穴〕는 용이 멈추는 곳에 있다는 것을 알아야 한다_要知吉地行龍止."고 하였다. 이 구절은 용을 보는 핵심을 지적하였다. 선인들이 지적한 바와 같이 용을 볼 때 가장 눈여겨 보아야 할 것은 '입수 1절이며, 가고 있는지 멈추었는지를 살피는 일'이다.

최명우 선생은 『**尋龍點穴**』에서 "상하기복, 좌우회전, 박환이나 탈살 등 내룡의 변화도 있지만, 내룡의 속도가 빠르면 발복이 빠르다." 하였다.

장용득(張龍得) 선생의 저서인 『명당론』에서는 "내룡맥(來龍脈)이 왕성하면 기세(氣勢)자손, 후부(厚富)하면 축재(蓄財)자손, 다지(多枝)하면 다자다손(多子多孫), 광채(光彩)나면 귀인(貴人)자손, 보룡(保龍)이면 후원자, 순룡(順龍)이면 충효자, 장룡(長龍)이면 장원발복(長遠發福), 용기(聳氣)하면 독존자(獨尊者), 주왕(主旺)하면 장손가대왕(長孫家大旺), 지왕(枝旺)하면 지손가흥왕(枝孫家興旺) 등으로 풀이한다. 반면 내룡맥이 미약(微弱)하면 무세(無勢)자손, 빈약하면 곤궁(困窮)자손, 고룡(孤龍)이면 고독(孤獨)자손, 무기(無氣)하면 비천(卑賤)자손, 파산(破散)이면 걸인(乞人)자손, 산만(散漫)하면 축첩(蓄妾)자손, 험난(險難)하면 방탕(放蕩)자손, 편룡(片龍)이면 불구(不具)자손, 병합(併合)하면 골육상쟁(骨肉相爭), 끊어지면 양자손(養子孫)이 난다."고 하였다.

중국 남송시대 남송학(南宋學)의 대가이며 주자의 영향을 받아 『율려전서 律呂全書』 등을 집필한 채원정(蔡元定, 1161~1237)은 『발미론發微論』에서 "지리가가 땅의 맥을 살피는 것과 의사가 사람 몸의 맥을 살피는 것은 차이가 없다. 훌륭한 의사는 맥의 음양을 살펴서 약을 조제하고, 훌륭한 지리가는 땅에 있는 맥의 부침을 잘 살펴서 穴을 정하게 되는데 그 이치는 하나이다_大抵地理家察脈 與醫家察脈無異 善醫者 察脈之陰陽而用藥 善地理者 察脈之浮沈而立穴 其理一也."라고 하였다.

한편 풍수와 음악은 강약(強弱)·대소(大小)·고서(高低)·장단(長短)·리듬 등 일맥상통하는 부분들이 있다. 풍수나 음악이나 변화하면서도 조화를 이루는 것이므로 龍의 강약(強弱)·생사(生死)·진가(眞假)·변화(變化)와 지기(地氣)의 손상유무 등을 파악해야 한다.

② 혈(穴)

풍수의 모든 이론은 '혈(穴)을 찾아서 이롭게 이용하는 데' 중요한 목적이 있다. 혈이란 용이 진행을 멈추고 생기(生氣)를 응집시킨 곳이다. 양택의 경우에는 주건물이 들어서는 장소이며 음택의 경우에는 시신을 매장하는 장소이다. 혈은 힘과 균형의 美를 갖춘 자리이며 자연이 만들어 놓은 천혜의 보물이라고 할 수 있다.

혈은 주인이고, 청룡·백호·안산 등 나머지는 비서이거나 손님이다. 우주와 세계의 중심이 '나'인 것처럼 무엇보다도 혈이 가장 중요하다. 혈이 힘이 있어야 주변의 좋은 것들도 내 것으로 받아 사용할 수 있다. 내가 강하면 주변의 좋은 산들은 다 나의 것이다. 내가 약하면 공동의 것이며 남의 것이다. 최명우 선생은 "명당이 아니라면 멀리 있는 좋은 산이나 물은 그림의 떡에 불과하다. 이것을 공산공수(公山公水)라고 한다." 하였다. 또한 『尋龍點穴』에서 "혈을 의자에 비유하면 내룡은 등받이요, 청룡과 백호는 팔걸이이고, 안산은 발걸이이며, 혈은 앉을 수 있는 방석이 놓인 자리라 할 수 있다. 만약 穴에 문제가 있으면 龍·砂·水가 아무리 좋을지라도 쓸모가 없다. 풍수지리의 핵심은 역시 穴이다." 하였다. 등받이·팔걸이·다리받침·방석 등 구성요소가 많이 추가될수록 더 편하고 비싼 의자가 된다. 주산·청룡·백호·안산 등이 많이 갖추어질수록 더 가치가 있다. 그러나 그것은 먼저, 혈이 제대로 되었을 때 할 수 있는 말이다. '용혈(龍穴)'이 '사수(砂水)'보다 훨씬 중요하고 그중에서도 혈이 가장 중요하다.

혈을 찾으려면 입수(入首)가 어디인지를 찾으면 된다. 입수를 찾기 어려우면 결인(結咽)을 찾아서 입수를 가늠해 본다. 혈이 있는 장소를 혈장(穴場)이라 하는데, 특히 혈장에 가깝게 있는 것이 중요하다. 입수(入首), 좌·우선익

(蟬翼), 혈토(穴土), 전순(氈脣) 등이 혈장을 구성하는 요소들이다.

혈에는 진혈(眞穴)과 가혈(假穴)이 있고, 살아 있는 혈과 죽은 혈이 있다.『청오경靑烏經』은 청오자(靑烏子)가 지었다고 전해지는 풍수의 가장 오래된 경전 중의 하나이다. 이 경전에서는 "생기를 축적하지 못한 혈에 장사를 지내면 뼈가 쉽게 썩고, 생기가 도달하지 못하는 혈은 후손들이 절멸하며, 생기가 새어나가는 혈에 모시면 관이 뒤집히고 부서지며, 생기가 배반하고 꽉 막힌 혈에는 차가운 물이 방울방울 떨어져 내린다. 이것이 모두 두려운 것이다. 어찌 조심하지 않을 수 있겠는가_不蓄之穴 是爲腐骨 不及之穴 生人絶滅 騰漏之穴 飜棺敗槨 背囚之穴 寒泉滴瀝 其爲可畏 可不愼乎?"라며 쓸 수 없는 자리들, 생기를 머금지 못해 혈로써 제 역할을 하기 어려운 穴을 불축지혈(不蓄之穴), 불급지혈(不及之穴), 등루지혈(騰漏之穴), 배수지혈(背囚之穴)로 자리의 특성에 따라 세밀하게 구분하고, 그에 따른 결과가 시신이나 자손에게 어떻게 나타나는지에 대하여 설명하였다.

심호(沈鎬) 선생의 저서인『지학地學』에서는 "성(星)이 없음을 근심하지 말고, 혈(穴)이 없음을 근심할 것이며, 또 穴이 없음을 근심하지 말고, 穴이 참되지 않음을 근심하라." 하였다.

양구빈 선생의 제자인 증구기(曾求己) 선생은『청낭서靑囊序』에서 "내룡이 머리를 일으키면 삼절사절에 구애받지 않는다는 것을 반드시 알아야 한다. 다만 용신이 생왕이어야 하며 음양이 혈의 빼어남을 돕는다는 것을 알아야 한다_來山起頂須要知 三節四節不須拘 只要龍神得生旺 陰陽卻與穴中殊."라며 절의 갯수가 중요한 것이 아니라 '생왕(生旺)인 穴인지의 여부가 중요하다.' 고 하였다.

혈을 찾는 정혈법(定穴法)에는 명당 앞에 펼쳐진 안산(案山)과 조산(朝山)

이 아름다운지를 보는 조안정혈법(朝案定穴法), 명당(明堂)이 바른지를 보는 명당정혈법(明堂定穴法), 수세(水勢)가 모였는지를 보고 찾는 수세정혈법(水勢定穴法)이 있으며, 과협(過峽)의 유무와 거리를 기준으로 찾는 과협정혈법(過峽定穴法), 낙산(樂山)이 솟았는지를 보고 찾는 낙산정혈법(樂山定穴法), 귀성(鬼星)이 받쳐주는 것을 보는 귀성정혈법(鬼星定穴法), 좌우의 균형과 호위 여부를 보는 용호정혈법(龍虎定穴法), 혈 아래의 순전(脣氈)이 바른지를 보는 순전정혈법(脣氈定穴法), 사방 사세(砂勢)의 균형과 거리를 보는 천심십도정혈법(天心十道定穴法), 계수(界水)의 분합을 보는 분합정혈법(分合定穴法) 등 여러 가지가 있다.

움직임〔動, 行〕이 멈추면〔靜, 止〕 이것도 일종의 변화이다. 멈춘 곳이 있느냐 없느냐는 혈을 찾는 중요한 비결 중의 하나가 된다. 형기를 잘 관찰하면 산이 더 움직이고 싶어하는지 멈출 기미를 보이는지 알 수 있다.

양균송 선생은 『청낭경 靑囊經』에서 "형이 멈춘 곳에 기가 축적된다. 이곳에서 만물이 만들어진다_形止氣蓄, 萬物化生."며 멈추는 지점이 중요하다고 하였다.

또한 『청낭오어 靑囊奧語』에서는 "용의 진행과 멈춤을 잘 이해해야 한다_第一義 要識龍身行與止."고 강조하였다. 내룡을 잘 관찰해 보면 종(縱)으로 진행하는 바위는, 용이 멈춘 곳에서 횡(橫)으로 바뀐다.

멈춘 지점은 주변의 다른 땅과 경계가 지어진다. 대개는 경계가 명확하여야 혈이 힘이 있다. 혈장(穴場)은 윤곽이 뚜렷해서 주변의 다른 땅과 확연히 분리되어야 한다. 穴場의 앞과 옆이 모두 분명하게 경계지어져야 좋다. 이에 대해 최명우 선생의 비유는 매우 적절하다.

"여자들이 입술에 립스틱을 바르고 눈썹을 그리는 이유는 윤곽을 뚜렷하게 하여 예쁘게 보이기 위한 것이다. 이렇게 뚜렷한 윤곽이란 아주 중요한 것이다."

만물의 형태는 氣의 외적(外的) 표현이다. 氣가 모여 취기(聚氣)된 땅(穴)은 다른 땅과 겉으로도 차이가 난다. 풍선에 바람이 들어 빵빵한 상태를 생각하는 것이 가장 쉽다. 풍선에 바람이 잔뜩 들어 있을수록 탱탱하고 둥글며, 바람이 부족하면 흐물흐물하다. 힘이 없거나 응집력이 부족한 혈은 다른 땅과 경계가 모호하다. 전순은 취기가 되어 멈추었다는 증거이므로, 전순이 분명하면 혈의 경계가 더 뚜렷해진다. 때로는 혈장을 알아보기 어렵게 숨어서 잘 드러나지 않는 혈도 있기는 하다. 그러나 이렇듯 경계가 분명하게 지어진 곳에서 혈을 찾는 것이 기본이며 핵심이다.

혈심(穴心)은 무게중심이 잡힌 곳이다. 무게중심점은 균형점이며 가장 안정된 지점이다. 정혈점(正穴點) 찾기는 힘이나 무게중심 잡기와 같다. 평면적인 혈장의 가운데와 진혈의 중심은 같을 수도 있고 다를 수도 있다. 혈장이 둥글수록 재혈은 쉬워지며 가로로 길거나 세로로 길면 세심히 관찰해야 한다.

먼저 혈장의 좌우(左右)로 이동하면서 혈의 중심이 어디에 있는지를 살핀다. 좌우로 이동하는 경우, 애좌법(挨左法)은 중심에서 좌측으로 미는 것이고 애우법(挨右法)은 중심에서 우측으로 미는 것이다. 만일 왼쪽은 급경사이고 오른쪽은 완만하면 무게중심, 즉 혈심은 평면상의 가운데에서 경사진 쪽으로 이동해야 한다. 힘이 있는 경사 쪽으로 이동하여 균형을 잡아준다. 간혹 와혈(窩穴)은 좌우로 두 개가 있는 경우도 있다.

혈장의 上下로 이동하면시 중심을 찾는다. 타원으로 길 때 穴의 중심은 가운데가 아니다. 수학에서도 타원형의 초점은 상하 두 곳이 된다. 긴 타원일수록 두 초점간 거리는 멀어진다. 땅콩을 생각해 보라. 가운데가 쏙 들어간 땅콩도 있고 가운데가 밋밋해 보이는 땅콩도 있다. 그러나 까보면 땅콩은 상하 두 개가 들어 있다. 유(乳)·돌(突)의 명당은 상하로 두 개의 혈점이 있는 경우도 있다. 이때 일반적으로는 윗자리가 더욱 좋은 자리이다.

최명우 선생은 『尋龍點穴』에서 몇 가지 매우 중요한 재혈의 원리를 밝혔다. "포물선 또는 타원형의 초점공식의 원리를 이용하여 혈을 찾는다. 그러니까 길쭉한 타원형일수록 혈은 위쪽으로 올라간다. 특별히 물방울 또는 표주박 모양의 명당이라면 오히려 약간 아래쪽에 있다. 벌의 꽁무니에 혈이 있다. 연꽃명당 화심혈 등의 원형이라면 중앙에 있다." 또, "평지룡이며 혈장(穴場)의 면적이 넓은 장소에서는 혈장의 변두리에서도 각(角)이 진 곳에 결혈(結穴)된다. 그물의 추(錘)가 어디에 달려 있는지를 생각하면 답이 풀릴 것이다."라며 평지룡에서 혈 찾는 이치에 대해서도 설명하였다.

심호(沈鎬) 선생은 『지학地學』에서 혈의 중심을 찾는 비법 중의 하나를 공개하였다. "나무를 마주쳐서 穴을 점칠 수 있는데 유독 훈심(暈心)에서만 치는 소리가 크게 난다. 이것은 바람소리나 사람이 박수를 쳐서 소리를 내어도 마찬가지로, 마치 穴 가운데서 크게 울려 나오는 것 같다. 이것 역시 조물주가 숨겨 두고 福 있는 인연을 기다리는 것이다."

우주에 존재하는 만물은 그 모양이 모두 다르지만, 그 기본구조는 매우 유사하다.

다음에 소개하는 그림은 혈의 구조에 대한 이해를 돕는데 영감을 줄 수 있으리라 생각한다.

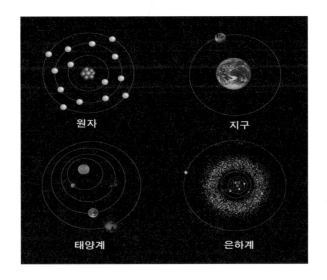

원자   지구

태양계   은하계

3 사(砂)

혈의 주변에 있는 산들을 사(砂)라고 한다. 혈을 중심으로 전후좌우(前後左右)에 있는 네 방향에 있는 산들, 전주작(前朱雀)·후현무(後玄武)·좌청룡(左青龍)·우백호(右白虎)를 사신사(四神砂)라고 하며, 砂에는 사신사 주변에 있는 산봉우리들도 포함된다.

砂의 이치를 논하는 것을 사격론(砂格論) 또는 사법(砂法)이라 한다.

양균송(楊筠松)은『감룡경撼龍經』에서 "산의 형상은 땅에 있지만 그 형상의 원형은 하늘에 있으며, 하늘의 기운이 땅에 내려와 감응을 하면 그 결과가 그 땅 위에 사는 사람들에 대한 길흉화복으로 응보(應報)된다_김두규 註, 山形在地星在天 星氣下感禍福驗." 하였는데, 이는 하늘과 땅이 서로 대응하고 인간과 땅이 서로 대응하여 감응한다는 天地人 합일 사상이 반영된 것이다.

『감룡경』은 山을 별에 대응시켜 탐랑(貪狼)·거문(巨門)·녹존(祿存)·문곡

(文曲)·염정(廉貞)·무곡(武曲)·파군(破軍)·좌보(左輔)·우필(右弼) 등 구성(九星)에 대한 설명과 그 길흉에 대해 논하는 것을 주된 내용으로 하고 있다.

『지학地學』에서는 "하늘의 별들은 오직 중원(中垣)에 극(極)이 있고(북극성), 그 주위를 28수(宿, 별자리)가 빙 둘러싸고 있는데, 그중 왼쪽의 7수(宿)를 청룡(青龍)이라 하고, 오른쪽의 7宿를 백호(白虎)라 한다. 여기서 이름을 빌어 와서 지가(地家)가 땅을 형상화해서 말함에 왼팔을 청룡이라 부르고 오른팔을 백호라 부르게 되었으니, 청룡과 백호란 단지 왼팔과 오른팔의 다른 이름인 것이다."라며 사신사 중에 청룡과 백호의 명칭이 생긴 유래를 말해 주었다.

『장서葬書』〈외편〉에서는 "혈의 왼쪽에 있는 산은 청룡, 오른쪽의 산은 백호, 앞에 있는 산은 주작, 뒤에 있는 산은 현무가 된다. 현무는 혈을 향하여 고개를 숙이고 주작은 춤을 추듯 아름다우며 청룡은 구불구불하고 백호는 순하게 머리를 낮추고 엎드린 형상이어야 한다."고 하였다.

龍虎는 형제나 비서가 되고, 안산은 배우자나 자녀이며, 그 외 혈 주변의 다른 모든 砂들은 부하직원과 따르는 무리들 또는 귀인(貴人)의 도움에 비유할 수 있다.

혈 주변의 砂들은 보기에 좋고 穴을 유정하게 감싸주면 좋은 것이다.

砂의 모양에 따라 목형산(木形山)·화형산(火形山)·토형산(土形山)·금형산(金形山)·수형산(水形山)의 오행으로 분류하기도 한다.

여러 砂들 중에서 몇 가지만 설명하면 다음과 같다.

선익사(蟬翼砂)는 유혈(乳穴)과 돌혈(突穴)에 매미날개의 형상처럼 두둑한 부분이 형성되어 혈장 가까이에 붙어 있는 砂이다.

우각사(牛角砂)는 소의 뿔처럼 생긴 砂인데 선익사에 비해 약간 멀리 있으며 와혈(窩穴)과 겸혈(鉗穴)에 생긴다.

관성(官星)은 안산의 뒤편에 있는 산이다. 안산보다 높거나 크지 않고 안산을 뒤에서 받쳐주는 정도가 적당하다.

귀성(鬼星)은 주산의 배후에 있는 산이다.

요성(曜星)은 청룡이나 백호의 뒤편에 있는 산이다. 주산보다 높아도 괜찮다.

금성(禽星)은 수구처에 있는 작은 산이나 바위를 말한다. 수구의 양편에서 마치 보초를 서는 것처럼 氣가 누설(漏泄)되지 않도록 막아주어 재물을 지켜주는 산이다.

화표(華表)는 수구 양편에 있는 火山이며 용도는 금성과 같다. 나성(羅星)도 水口砂의 일종으로 금성과 같은 역할을 한다.

명당의 정면 앞에 있는 안산은 혈을 향해 유정하게 조응해 주고, 안정적이고 기울지 않으며 바른 형태가 좋다. 『지학地學』이 안산의 역할에 대해 서술한 바를 보면 그 이유를 알 수 있다. "혈의 빛을 案〔안산〕으로 쏠 때 案의 그림자가 그 빛을 되돌려 혈을 맞이하게 되면 복을 구하는 대로 얻고 벼슬을 구하는 대로 얻으며 현명한 자손을 원하면 또한 그대로 될 것"이라 한 것이다. 이어서 "이 모든 것이 본룡의 역량에 따라 나타난다."라고 하였으니, 이런 복을 받으려면 본룡의 역량이 좋아야 한다.

『지리담자록地理啖蔗錄』에 "용호(龍虎)는 물을 거두어들이고 또한 바람을 막는다."라고 하였다. 생기(生氣)는 바람에 흩어진다. 혈(穴)을 둘러싸고 있는 산들은 혈의 생기가 흩어지지 않도록 거센 바람을 막아 보호하며 혈장 내에 에너지를 공급해 주는 역할을 한다. 큰 나라의 임금에게는 호위하고 따르는 신하들이 많듯이, 큰 혈은 호위하고 보조해 주는 砂가 많아서 큰 국세가 만들어진다.

砂가 많을수록 좋다는 것은 당연한 말이고, 주산·내룡·내청룡·내백호·결인과 입수·만두·선익·우각사·전순 등 혈의 몸에 가까이 붙어 있는 것이 멀리 있는 砂들보다 훨씬 더 중요하다.

태조산·소조산·외청룡·외백호·외명당수 같은 멀리 있는 아름다움에 마음을 빼앗기기보다는 혈장에서 가까운 것들을 소중하게 여겨야 한다. 공자(孔子)는 '근취저신近取諸身 ☞ 모든 것을 몸 가까이서 취하는 것' 하라 하셨고, 맹자는 손발이 눈을 가려 보호한다[手足捍目]고 하였지 않는가!

태조산보다는 주산이 더 중하다. 소조산에서 분지(分枝)하여 내려온 외청룡과 외백호보다는, 주봉(主峰)에서 분파하여 이룬 청룡·백호가 중요하고, 청룡·백호보다는 혈처(穴處) 본신(本身) 좌우에 붙어서 직접 혈을 보호해 주는 매미날개 같은 선익처럼 몸에 붙은 첩신사(貼身砂)가 훨씬 중요하다.

주변의 砂는 원근(遠近)·대소(大小)·미추(美醜)·향배(向背) 등으로 감정하는데, 가까울수록 큰 영향을 끼치므로 특히 원근(遠近)이 중요하다.

풍수에서 砂는 사람의 화복과 관련이 있다. 『청낭서靑囊序』에 "물은 재록(財祿)을 주관하고 산은 인정(人丁)을 주관한다_水主財祿山人丁."고 하였다. 이때 人丁은 사람을 지칭하며 출산, 입신양명, 수명을 의미한다.

④ 수(水)

산은 정(靜)하니 음(陰)이고 물은 동(動)하니 양(陽)이다. 음양이 잘 배합되고 조화된 곳에서 생명이 탄생하고 혈도 맺힌다. 풍수는 물을 재물로 보기 때문에 물이 중요하다.

『장서葬書, 葬經, 錦囊經』에서는 "풍수의 법은 득수를 으뜸으로 삼고 장풍은 그 다음이다_風水之法 得水爲上 藏風次之."라며 물을 얻는 법을 중요시하였다.

산에서 명당길지를 찾을 때 가장 먼저 해야 할 일은 물길을 보는 일이다. 『설심부雪心賦』에서는 "산에 들어가면 수구를 찾고 혈에 오르면 명당을 보아야 한다_入山尋水口 登穴看明堂." 하였다. 또, "물의 화복은 빠르게 나타나고, 산의 응험은 더디고 천천히 나타난다_水之禍福立見 山之應驗稍遲."며 물의 중요성을 설명하였다.

　물의 본질은 동(動)이지만 정(靜)을 얻어야 비로소 혈을 이룰 수 있다. 물의 길흉은 완급(緩急)·원근(遠近)·대소(大小)·곡직(曲直)·청탁(淸濁)·심천(深淺)·장단(長短) 등 물의 외적 형세에 따라 달라진다. 길수(吉水)는 천천히 구불구불 굴곡하며 와서 명당을 둥글게 둘러 감싸안아 유정해야 하고, 혈 앞에 모여야 하고 흩어지지 않아야 한다. 맑고 깨끗하고 조용히 흘러야 하고, 갈 때는 헤어지기 싫은 듯 혈을 돌아보며 머뭇거리듯 돌아나가야 하고, 그 가는 모습이 보이지 않아야 한다. 반면, 혈을 향해 쏘는 듯이 오거나 지나치게 큰 물, 세차고 빠른 물, 탁하고 더럽고 냄새나는 물, 혈을 반배(反背)하거나 혈에서 볼 때 쭉 빠져나가는 것처럼 보이는 물들은 모두 흉수(凶水)에 속한다.

【 좋은 물의 흐름 】

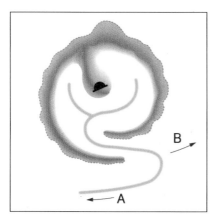

물의 흐름을 보면 龍穴의 大小와 局의 짜임새도 판단할 수 있다. 물이 흐름이 산가 비교해 보아 나사가 조여졌는지 아니면 풀어졌는지 살핀다. 산수동거(山水同去)하는 용에서는 좋은 혈이 맺힐 수 없다. 왼쪽의 그림에서 좋은 물의 흐름은 A 이다.

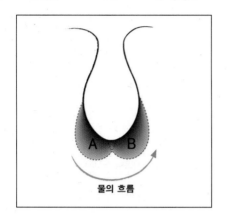

물의 흐름

A와 B는 혈을 맺고 남은 여기(餘氣)이다. 眞龍(힘 있는 용, 나사가 조여진 용)이 되려면 여기가 어떤 방향으로 마무리되어야 할까?

B처럼 된 용은 나사가 풀린 용이다. 산과 물이 같은 방향으로 흘러가서(山水同去) 마무리가 약하면 맺힌 혈도 약하다고 본다. A처럼 전순 아래 여기(餘氣)의 방향과 물이 나가는 방향이 반대가 되어야 좋다.

도간(陶侃, 259~334)은 『착맥부捉脈賦』에서 "물이 성각을 둘러싸면 재산이 무궁하다. 좌선룡은 우선수가 좌측으로 감싸고 흐르고, 우선룡은 좌선수가 우측으로 넉넉하게 흐르면 자웅이 서로 어울려 천지가 서로 통하게 된다_水遶城脚, 財寶無窮. 迎左則左流裏抱, 趨右則右注溶溶, 雌雄相喜 天地交通." 하였다. 좌선룡(左旋龍)에는 우선수(右旋水)가 우선룡(右旋龍)에는 좌선수(左旋水)가 만나야 음양이 교구(交媾)되어 좋은 혈이 맺힌다는 뜻이다.

혈장을 기준으로 물의 판단은 물이 보이기 시작하는 '득수(得水)' 지점, 물이 나가는 '파(破)' 지점, 혈장 앞에서 물이 합해지는 '합수(合水)' 지점을 비중 있게 해석해야 한다. 이 중 '합수(合水)' 지점이 가장 중요하고 다음은 파(破) 지점이며 다음은 득(得) 지점이다.

물은 그냥 흐르는 것보다 합수되었을 때 역량이 크다. '합수처(合水處)'를 '성문(城門)'이라고 하며 '수구(水口)'라고도 한다. 혈 앞의 합수 지점이 1차 수구이고, 일반적으로 수구라고 말하는 파구 지점이 2차 수구이다.

현재 많은 풍수이론들이 2차 수구를 중시하고 있지만 사실은 '1차 수구인 합수 지점'이 훨씬 더 중요하며, 현공풍수에서는 합수 지점의 해석에 큰 비중을 둔다. 또한 득수 지점의 향성과 득파 지점의 향성을 연결하여 보는 것이 중요한데, 이런 방식으로 해석하면 매우 잘 맞는다.

『설심부雪心賦』는 "좋은 수구는 마치 호로병의 목처럼 좁아야 한다_水口則愛, 其小如葫蘆喉."며 수구는 관쇄(關鎖)가 가장 중요하다고 하였다. 수구는 지출에 비유되는 곳이므로 마무리를 잘해야 재물이 헛되이 새어나가지 않는다. 산과 물이 서로 여러 번 잘 조여져서 조밀한 수구(水口)를 지닌 명당을 '관쇄(關鎖)명당'이라고 한다.

산(山)은 인정(人丁)을 주관하고 수(水)는 재물(財物)을 주관한다_山管人丁 水管財. 풍수학 이론에서 산의 형세는 사람에 대한 영향력이 비교적 강하고, 물의 생김은 재물에 대한 영향력이 비교적 강하다고 본다.

그러나 산이 없는 평지에서도 위대한 인물이 난다. 이에 대해『청낭서青囊序』는 "부귀와 빈천이 물에 달려 있다_富貴貧賤在水神."라고 하였다. 산이 없는 지역이라도 물이 좋으면 물이 산의 의미인 인정(人丁)의 역할도 겸한다는 것이다. 다시 말하자면 산은 인정을 주관하고 물은 재물을 주관하지만, 특히 평지에서 물은 재물뿐만 아니라 인정도 주관한다. 따라서 평지에 있는 음·양택은 물을 보아 인물도 해석할 수 있다.

물은 많나고 무조건 좋은 것이 아니라 산과의 조화에서 적당한 양이어야 한다. 중요한 것은 '있는가 없는가? 가까이 있는가 멀리 있는가? 들어오는가 나가는가?'이다. 선현들은 "들어오는 물이 술 한 잔 정도의 작은 물일지라도, 능히 가난을 구제한다_朝水一酌, 能求貧.", "가깝게 있는 물이 노끈 굵기로만 흘러도 풍족해진다." 하였다. 적은 양의 물만 있어도 부자가 된다. 혈장 주변에 물이 가깝게 돌면 발복이 빠르다. 멀리 있는 물은 공동의 것이다. 대소(大小)보다 원근(遠近)이 더 중요하다.

풍수지리에서 물이란 묘지나 주택을 기준으로 '낮은 곳에서 움직이는 것〔動〕'을 의미한다. 차량이나 사람이 통행하는 도로나 골목길, 그리고 사람을 실어 나르는 에스컬레이터나 엘리베이터 등도 동상(動象)이 되므로 물로 간주하여 본다. 다만 도로는 실제적인 물은 아니기 때문에 '가수(假水)'로 보며, 밤낮으로 흐르는 실제 물에 비해 역량이 적다. 물의 역량이 커지는 순서는 도로, 고인 물, 흐르는 물, 합수(合水)되는 물이다.

양택에서는 도로 뿐만 아니라, 평소에는 물이 없지만 비가 오면 물길이 되거나 물이 고이는 낮은 지대도 재물운과 관련지어 해석한다. 아파트 출입문 앞에 주차장, 평지, 공원 등이 있으면 이런 아파트에는 부유한 사람들이 많이 거주하게 된다.

만약 명당에 연못이 있어 명당수(明堂水)가 있으면 재물운이 더 빨리 좋아진다고 해석한다. 일부 식당이나 호텔의 정문 앞에 작은 연못이나 분수대를 만드는 이유도 이런 풍수적 이치를 응용한 것이다.

2 좌향(坐向)

1 좌향(坐向)과 나경(羅經)

풍수에서는 혈(穴)이나 음·양택을 중심으로 전후좌우 사방(四方)을 판단한다.

뒤는 북쪽 또는 좌(坐)의 개념으로, 앞은 남쪽 또는 향(向)의 개념으로 사용한다. 양택에서는 건물의 뒤가 좌(坐)이고, 마당이 있는 앞이 향(向)이다. 음택은 망자(亡者)의 머리 쪽이 좌가 되고, 발이나 상석이 놓인 방향이 향이 된다. 용맥의 흐름을 기준으로 볼 때는 용맥이 들어오는 쪽을 좌(坐)라 하고, 나가는 쪽은 향(向)이라고 한다. 즉, 양택이든 음택이든 좌는 뒤쪽이고 향은 정면 앞쪽을 말한다.

좌향은 공간의 방위를 구분하는 개념이다. '방(方)'은 공간이나 방향을 나타낸다. '위(位)'라는 말에는 시간과 공간의 의미가 함께 들어 있다. 개펄이 개간되어 신도시가 들어섬으로써 토지가격이 올라가는 것은 位의 작용이다. 位는 시간에 따른 공간의 변화를 내포하는 뜻이 있다.

양균송(楊筠松) 선생은 『도천보조경都天寶照經』에서 "진룡정혈이라도 향이 잘못되면 음양이 어긋나 섞여서 회린이 발생한다_龍眞穴正立誤向, 陰陽差錯悔吝生."라며 입향의 중요성을 강조하였다.

풍수에서는 묘지나 건축물이 향하는 방위에 따라 길흉을 다르게 본다. 서쪽을 바라보면 서쪽의 정기를 받고 동쪽을 바라보면 동쪽의 기운을 받는다. 따라서 좌향이 결정되지 않았을 때에는 이기풍수를 적용할 수 없다.

풍수에서는 혈 주변의 형세와 시간에 따라 사용하면 좋은 좌향이 있고 사용하지 않아야 할 좌향이 있다.

나경(羅經)은 용(龍), 혈(穴), 사(砂), 수(水), 향(向)의 정확한 위치를 측정하여 길(吉)한 방위와 흉(凶)한 방위를 판별할 때 사용하는 도구이다. 나경이란 말이 풍수책에 처음 등장한 것은 당나라 증구기가 저술한 『청낭서青囊序』이다. "선천나경십이지_先天羅經十二支"란 구절이 있는 것으로 보아 그 이전부터 사용된 용어임을 짐작할 수 있다. 나경(羅經)의 어원이 실린 문헌은 청나라 왕도형(王道亨)의 『**나경투해**羅經透解』이다. "포라만상_包羅萬象, 경위천지_經緯天地"라는 구절이 있는데, 우주의 삼라만상을 포괄하고, 하늘과 땅의 이치를 다스린다는 뜻이다.

『**역경**』〈계사전〉에 "하늘에는 천체의 현상이, 땅에는 구체적인 형질이 나타남으로써 그 사이에서 변화가 드러난다_在天成象, 在地成形, 變化見矣."고 하였다. 우주운행의 천지음양운동은 천기(天氣)와 지기(地氣)에 의해 전개되며 천상(天象)에 따라 지형(地形)을 이룬다.

　양균송(楊筠松) 선생이 지은 『**감룡경**撼龍經』의 "星辰下照山成形"이란 구절은 고대의 천문사상을 잘 말해 준다.

　신평 선생은 "성봉(星峰)은 천성의 강림(降臨)이며 사수(沙水)는 성진(星辰)의 조응(照應)으로, 天上星辰의 운행하는 이치를 적용하여 穴場을 소우주로 보았다. 따라서 나경으로 용혈사수를 간별하는 일은 대우주를 헤아리는 일이 된다. 풍수지리학은 소우주인 혈장에서 방위의 氣運과 吉凶을 가늠하고 공간에 내재된 山川의 氣運을 측정할 때 우주의 순환이치를 담고 있는 나경을 사용한다." 하였다.

풍수에서 나경(羅經)은 방향과 방위 등을 측정하는 기구로써 천간(天干)과 지지(地支)의 조합으로 조성되었다. 나경은 여러 종류가 있으며, 중앙에는 자침(磁針)이 있다.

왼쪽 그림은 현공풍수에서 사용하는 나경도이다.

나경은 지(地)·천(天)·인(人)의 삼원룡(三元龍)으로 이루어졌으며 음양(陰陽)으로 나뉜다.

① 지원룡(地元龍) 진술축미(辰戌丑未)는 음에 속하고, 갑경병임(甲庚丙壬)은 양에 속한다.
② 천원룡(天元龍) 자오묘유(子午卯酉)는 음에 속하고, 건곤간손(乾坤艮巽)은 양에 속한다.
③ 인원룡(人元龍) 을신정계(乙辛丁癸)는 음에 속하고, 인신사해(寅申巳亥)는 양에 속한다.

2 나경을 놓는 곳

현재 많은 풍수책에는 나경을 놓는 자리에 대한 기준이 모호하고 책마다 주장하는 바가 다르다. 그러나 나경을 놓는 자리는 고정적으로 정해져 있는 것이 아니다. 나경을 놓아 '알고자 하는 것이 무엇이냐'에 따라 달라진다.

양택에서 측정하는 위치를 찾는 가장 기본적인 원리는 '변화되는 지점에서 측정'한다는 것이다. 현관은 집의 중앙에서 측정하고, 대문은 현관에서 측정하고, 집 밖의 사거리는 대문에서 측정한다.

다음은 대민의 종의명(鐘義明) 신생이 『현공현대주택학玄空現代住宅學』에서 여러 고서 자료들의 나경을 놓는 위치를 소개한 것들을 종합·정리한 내용이다.

① 현관문, 안방, 부엌, 자녀방, 실내화장실 등을 측정할 때는 집안의 중심, 실내의 중앙에 나경을 놓고 측정한다(종의명 선생의 책에는 여기까지 기술되어 있

지만, 이때에는 반드시 도면을 만들어 도면에서 중심을 찾아야 측정의 오차를 줄일 수 있다).

대들보가 있는 집은 가옥의 중앙에 있는 대들보 기둥 아래 나경을 놓고 측정한다.

❷ 마당이 있는 집에서 대문을 측정할 때는 실내에서 나가는 문의 문지방이나 현관문의 문지방에, 전통가옥은 댓돌이나 '적수처(滴水處)'에 나경을 놓고 측정한다. 이곳은 '실내와 실외의 경계선'이며 '내기와 외기의 변화처'로서, 기운이 급격히 달라지는 지점이기 때문이다.

적수처(滴水處)는 '비가 올 때 처마에서 물방울이 떨어지는 곳'이다. 댓돌은 '신발을 바꾸어 신는 곳'이다. 옛 집에는 댓돌이 있었다. 댓돌은 집채를 오르내릴 수 있게 놓은 돌층계이며, 처마에서 낙숫물이 떨어지는 바로 안쪽이다. 신발을 바꿔 신는 자리는 실내와 마당의 경계선이며 '변화 지점'이다. 이곳에 서서 나경을 들고 마당을 보고 섰을 때, 뒤가 坐이고 앞이 向이 된다.

❸ 현관문, 중문(중간 대문), 외대문이 있는 집에서, 외대문의 방위를 알고 싶다면 중문의 문지방에 나경을 놓고 측정한다. 이곳에서는 외대문의 방위, 중문과 외대문 사이에서 물이 나가는 방향 등을 측정할 수 있다.

❹ 외대문의 문지방에 나경을 놓으면 집 밖 산의 형세나 물이 들어오고 나가는 곳을 측정할 수 있다.

【나경 놓는 곳】

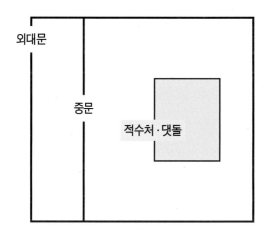

적수처나 댓돌 : 중문의 방위를 측정한다.

중문 : 문지방에 놓는다.

외대문의 방위, 외대문과 중문 사이에서 물이 빠지는 곳 등을 측정한다.

외대문 : 문의 문지방에 놓는다.

집 밖의 형세, 물이 나가는 곳을 측정한다.

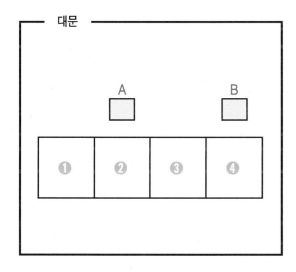

이 집에서 대문의 방향을 볼 때는 적수처나 댓돌에서 본다. 댓돌이 A밖에 없고 식구들이 모두 이 댓돌 하나만 이용한다면 A에 나경을 놓고 대문 방향을 측정한다.

그런데 신발을 신는 곳이 A와 B 두 군데라면 어디에 나경을 놓아야 하는가?

만일 본인의 방이 ❹이고 신발을 신는 곳이 B라면 B가 변화시점이니 B에 나경을 놓는다.

좌향과 방향을 정하기 위해 나경을 놓을 때는 '태극점(太極點)'을 찾아야 한다. 태극에는 중심이 되는 태극점이 있다. 태극점을 찾는 것은 중요한 사항이다. 왜냐하면 태극점을 찾아야 주(主)와 객(客)을 결정할 수 있기 때문이다.

태극점에 나경을 놓고 좌와 향, 그리고 주변의 방위를 측정한다.

태극점을 찾는 데는 몇 가지 고려해야 할 법칙이 있다.

물물일태극(物物一太極), 대태극(大太極)과 소태극(小太極), 물태극(物太極)과 인태극(人太極), 그리고 신외무물(身外無物)이다.

음과 양의 통일체를 '태극'이라 한다. '물물일태극(物物一太極)'이란 '사물마다 태극이 있다.'는 말이다. 아주 작은 미물로부터 우주에 이르기까지 모든 사물과 생물들은 크기와 종류에 상관없이 하나의 완전한 태극이다.

태극은 '대태극(大太極)'과 '소태극(小太極)'으로 나눌 수 있다. 우주를 대태극으로 본다면 본인이 살고 있는 집은 하나의 소태극이다. 집 전체의 구궁도는 대태극, 각 방의 구궁도는 소태극이다.

무엇을 중심으로 볼 것인지에 따라, 공간의 기하학적인 중심인 물태극(物太極)과 사람 중심의 인태극(人太極)으로도 나눌 수 있다. 집과 마당을 포함한 전체 대지의 중심점이나 봉분의 중심점을 찾는 것은 물태극(物太極)이다. 반면, 내 방이나 내 자리와 대문과의 관계를 보기 위한 변화처를 찾는 것은 인태극(人太極)이다. 물태극은 단순 중심으로 體에 해당하고 인태극은 실질적인 중심으로 用에 해당한다.

어떤 회사가 건물의 한 층을 다 쓰고 있다고 할 때 전체 평면의 중심점에서 문의 방위가 곤방(坤方)에 있을 수 있다. 그러나 회사를 이끌어가는 사장이 앉는 자리를 중심점으로 본다면 문이 남쪽 이방(離方)이 될 수도 있다. 즉, 건물의 중심은 물태극이자 體의 태극이고 사장이 중심이 되는 것은 인태극이자 用의 태극이다. 이 두 개 중심점의 비중을 어떻게 두어야 할지는 상황에 따라 판단한다.

신외무물(身外無物)이란 직역하면 '내 몸 외에 다른 것이 없다.'는 말이다. 다른 어떤 것보다도 나의 몸이 가장 소중(所重)하고 귀하다는 것으로, 생명의

존귀함과 건강의 중요성을 강조한 뜻이 있다. 본인(本人)이 가장 중요하고 본인이 우주의 중심이니 본인을 기준으로 중심점과 변화처를 찾아야 한다는 것이다. 동양학은 '본인(나)'이 중심이 된다.

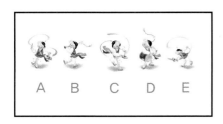

왼쪽에서 두 번째 사람은 누구일까?

대부분의 사람들이 B라고 답하는 이유는 그림을 보고 있는 본인 자신을 기준으로 순번을 적용하기 때문이다. 이것이 '신외무물' 적인 동양적 사고이다.

신외무물은 풍수에서 좌향을 찾을 때도 적용된다.

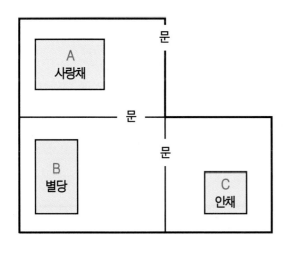

크게 보면 한 집이지만, A B C는 각각 독립적인 공간이며, 다른 坐向이다.

문의 방향도 각 공간에서 따로 측정한다. 본인의 것이 중요하다.

각자 자기가 사용하는 방을 기준으로 나경을 놓고 向을 찾는다.

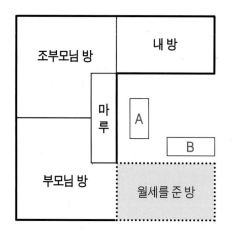

한 집에 거주하는 한가족이라도 각 방들은 각기 독립된 소태극이다. 한 집에서도 각 방의 독립성이 뚜렷하면 나경을 놓는 위치가 달라진다.

방 하나를 월세를 준다든지 하여 세대를 달리하면 월세를 사는 사람은 집의 중심인 대태극보다는 자기방의 소태극이 훨씬 더 중요하다.

'한통속이냐? 한통속이 아니냐?'가 나경을 어디에 놓을지에 대한 기준이다. 한통속이면 같은 곳에 나경을 놓으므로 좌향이 같을 것이고, 독립적인 의식을 가지고 독립적인 생활을 하면 그에 맞게 나경을 따로 놓고 본다.

이 집의 좌향을 측정하려면 A에 나경을 놓고, 월세를 준 방은 B에 나경을 놓는다.

3 좌향 보는 법

양택의 좌향을 볼 때는 문향(門向)과 옥향(屋向)을 알아야 한다.

(1) 문향(門向)

문이 나 있는 곳을 향으로 본다.

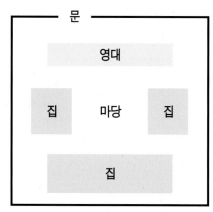

중국의 전통가옥이다.

어디를 향으로 볼 것인가?

중국 전통가옥은 정면 또는 약간 왼쪽으로 치우쳐서 문을 내며 집의 양쪽 면 쪽으로는 문을 내지 않았다. 그래서 중국은 '문이 향이다(門爲向)'란 말이 맞다. 그러나 우리 전통가옥은 이 말이 꼭 들어맞지는 않는다.

*영대(靈臺) 밖에서 집 내부가 보이지 않도록 벽을 만들어 가린 건축물

문이 향이라는 것은 원칙적으로 그렇다는 것이지 모든 집이 다 그렇다는 것은 아니다. 양반집과 서민이 사는 집은 집의 구조와 분위기가 다르다. 창문이 있느냐 없느냐에 따라서도 다르다. 창문이 없는 지하실은 대개 문을 향으로 본다. 집의 분위기와 집안 구성원의 동선을 고려하여 향을 정한다.

(2) 옥향(屋向)

집이 바라보고 있는 곳을 향으로 본다.

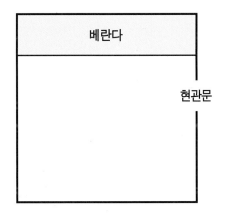

아파트는 대개 베란다를 향으로 보기 때문에 일자형 아파트는 한 동에 사는 모든 세대의 좌향이 같다.

문향과 옥향은 경우에 따라서는 하나만 선택하여 확정짓기보다는 분위기를 보아 비율로 따져서 결정하는 것이 더 좋을 수 있다. 융통성 없이 천편일률적으로 "문이 향이다." 또는 "베란다가 향이다."라고 주장하는 것은 옳지 않다.

종의명(鐘義明) 선생은 『**현공지리총담**玄空地理叢譚』 2권에서 옥향(屋向)과 문향(門向)에 대해 다음과 같이 자세히 설명하였다.

"주택은 옥향과 문향을 둘 다 중요하게 고려해야 한다. 먼저 옥향(屋向)을 쫓아 득실을 따져본 후에 만약 맞지 않는다면 다시 문향(門向)으로 보아야 한다. 만약 옥향이 잘 맞으면 문향을 추가해서 볼 필요는 없고, 반대로 문향이 잘 맞으면 옥향을 따질 필요가 없다."

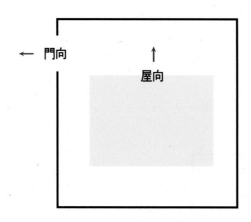

문향(門向)과 옥향(屋向) 중에서 좌향을 선택하는 좋은 예를 소개한다.

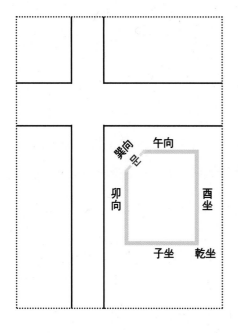

대문은 巽方에 있다.

이 양택의 向은 巽向, 午向, 卯向 세 개 중에서 선택할 수 있다. 巽向은 門向, 午向과 卯向은 屋向이 될 수 있다.

8運에 巽向은 왕산왕향이지만, 그럼에도 불구하고 이런 집은 門向을 向으로 선택하지 않는다. 巽向으로 立向하면 건물의 모양이 마름모꼴이 되어 坐 쪽이 각이 진 형태가 되기 때문에 안정감이 떨어진다.

이때는 문향보다는 午向이나 卯向의 옥향을 선택한다.

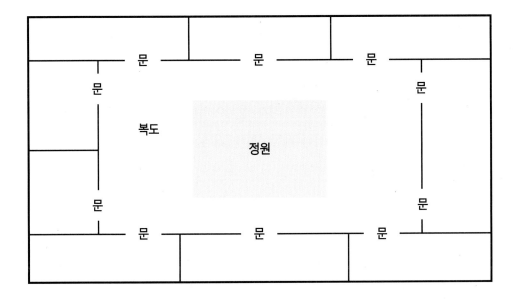

이러한 구조로 된 오피스텔, 아파트, 사무실은 집마다 향이 다를 것이다. 문으로 향을 고정시킬 필요가 없다. 아파트의 단지출입구나 공동현관이 아니라, 각자 자기 집을 기준으로 향을 정하면 된다.

현재 살고 있는 집의 좌향을 정하기가 애매할 때는 집의 좌향이 될 수 있는 몇 개의 비성반을 고른 다음, 살면서 겪었던 경험과 비교해 본다. 예를 들어 '만일 이 집이 未坐丑向이라면 경제적으로 윤택하여야 하는데 그러하지 않았다면 未坐丑向으로 보기는 어렵겠다.' 이러한 방법으로 지나온 날을 돌이켜 보면 문향과 옥향 중에서 더 정확한 비성반을 찾아 진단할 수 있다.

④ 동양학의 방위

방위에는 절대적 방위와 상대적 방위가 있다. 절대적 방위는 자침이 남북을 가리키는 것처럼 누구에게나 똑같은 동서남북이 있는 것이고, 상대적 방위는 본인(本人)이 있는 위치를 중심으로 정해지는 방위이다. 풍수학을 포함한 모든 동양학에서 방위는 절대적 방위가 아니라 상대적 방위이다.

동양학에서 방위의 기준은 북(北)쪽이다. '북극성'은 그 별이 '모든 별들의 중심'이 되므로 붙여진 이름이다. 사람은 밝은 쪽을 향하며 집도 남향으로 세우므로 반대쪽을 북쪽으로 삼았다. 모든 예식행사를 할 때에도 동서남북은 실제 방위와 상관없이 제일 윗자리가 상석이며 坐가 된다. 결혼식장에서는 주례가 있는 곳, 사무실에서는 가장 상급자가 있는 곳, 교실에서는 선생님이 계신 곳, 행사장에서는 단상이 있는 곳이 坐가 된다.

좌측인 동쪽은 일출(日出)하는 곳으로 양기(陽氣)가 생왕(生旺)하며, 우측인 서쪽은 일몰(日沒)하는 곳으로 음기(陰氣)가 생왕(生旺)하다. 따라서 좌측은 양이고 우측은 음이니 '좌양우음(左陽右陰)'이라 한다. 남녀로 비유하면 남자는 양이고 여자는 음이니, '남좌여우(男左女右)'이며, 좌측은 生을 주관하고 우측은 殺을 주관하므로 '양생음살(陽生陰殺)'이다.

어른을 모실 때 아랫사람은 어른의 우측에 위치한다. 좌측이 높은 자리이기 때문이다. 어른에게 절할 때 남자는 왼손을 위로 포개고 여자는 오른손을 위로 포갠다. 혼례는 주례를 중심으로 좌측에는 신랑이, 우측에는 신부가 위치하면 된다.

산사람을 기준으로 하면 동쪽[左]은 남자의 방위이다[生者以東爲上]. 그러나 사람이 죽으면 음계(陰界)로 돌아가므로, 죽은 사람은 서쪽[右]을 남자의 방위로 한다[死者以西爲上]. 부부 합장묘는 남편의 좌측에 아내가 모셔진다. 상석에서 봉분을 보면 남자는 좌측, 여자는 우측이다.

	陰陽	方向	生死	산사람	죽은사람	높이高低	序列	文武	貴賤	四神砂
左	陽	東	生	男	女	위 높다	윗사람	文	귀하다	靑龍
右	陰	西	死·殺	女	男	아래 낮다	아랫사람	武	귀하지 않다	白虎

동양학에서는 특별한 일이 없는 한 아래〔子方〕가 북쪽이다. 하도·낙서·선천팔괘·후천팔괘는 모두 아래쪽이 북쪽이다. 공자(孔子)는 『계사上傳』〈제4장〉에서 "우러러 천문을 보고, 구부려서는 지리를 살핀다_仰以觀於天文 俯以察於地理." 하였다. 고개를 들어 남쪽 하늘의 별자리와 천문 현상을 보고, 고개를 숙여 북쪽 땅 위의 온갖 상태를 관찰한다.

만유(萬有)의 근본인 본인이 서 있는 곳이 북쪽이므로, 땅에서는 북쪽이 아래쪽이지만 하늘에서는 반대로 북쪽이 위쪽이다. 천상열차분야지도는 子〔북쪽〕가 위에 있다. 지도(地圖)와 천도(天圖)는 남북이 바뀐다. 그러나 동서는 바뀌지 않는다. 이에 비해, 서양의 지도는 동양의 지도와 사방이 모두 반대로 되어 있다.

동양의 지도
팔괘의 방위

동양의 천문도
천상열차분야지도

서양의 지도

③ 시간(時間)

사람들은 '시간'이라는 개념을 통해 과거와 현재와 미래를 구분 짓는다. 어떤 대상이 A에서 B로 변해 가는 과정을 이해하려면 '시간' 또는 '시기(時期)'의 개념을 도입하여야 가능하다. 지구의 자전을 하루로, 지구의 태양 공전을 일 년으로 구분지어 일정한 간격으로 끊어서 만들어 놓고 이것을 기준으로 계산한다. 年月日時 등의 시간은 인간이 만든 인위적인 창작물이지만, 이 개념을 통해 사건을 이해하고 예측한다.

모든 것은 시간의 흐름과 함께 변한다.

우리는 우리가 인지할 수 있는 세월의 범위 안에서 일어나는 변화만을 알 수 있을 뿐이다. 변화가 찰나에 급격히 일어나거나, 상상하기 어렵도록 긴 세월을 통해 서서히 진행되면 우리는 변한다는 사실을 인식하지 못한다. 우리가 알 수 있든 없든 "모든 것은 끊임없이 변한다." 한때에 왕성(旺盛)하였던 기운(氣運)도 시기가 지나면 쇠퇴(衰退)하기 마련이다.

현공풍수에서는 運에 따라 '길기(吉氣)'인 왕기(旺氣)·생기(生氣)·차생기(次生氣)가 있는가 하면, '흉기(凶氣)'에 속하는 살기(殺氣)·사기(死氣)·쇠기(衰氣)도 있으며, '퇴기(退氣)'도 있다. 우주 만물의 生死와 변화는 시간이 결정한다. 동·서양의 모든 학문과 예측술은 시간의 흐름에 따른 변화의 방향과 정도를 알아내어 이를 활용하고자 하는 데에 목적이 있다.

선현들은 시기(때)를 중시했다.

노자는 "군자가 때를 만나면 가마를 타지만, 때를 만나지 못하면 머리에 물건을 이고 지나간다."고 말하였다. 선현들은 때가 아니면 움직이지 말고 때가 이르면 나아가 활동하라고 충고하였다.

나아가기만 하고 물러설 줄은 모르고, 삶만을 알고 죽음은 모르며, 모으기만 하고 쓸 줄은 모른다면 재난을 당하고 후회하게 될 것이다. 모든 일을 때 맞춰 하는 사람을 '군자' 또는 '성인'이라 부른다.

풍수에서도 시기가 중요하다.

옛부터 훌륭한 풍수사들은 모두 시기의 중요성을 알고 있었다. 곽박(郭璞, 276~324)은 '장경(葬經)' 또는 '금낭경(錦囊經)'이라고도 불리는 『**장서葬書**』 〈잡편(雜篇)〉에서 "장사를 지낸 땅의 음양이 조화를 이루지 못한 것이 첫 번째 흉함이요, 장사를 지내는 때가 어긋난 것이 두 번째 흉함이다_陰陽差錯爲一凶 歲時之乖爲二凶."라며 때를 잘 맞추어 장사를 지내라고 하였다.

『**의룡경**疑龍經』의 〈의룡십문(疑龍十問)〉 중에 양균송 선생은 "산천이 비록 크게 빼어나도, 기운이 성하거나 쇠하는 때가 있는 법이다_山川之秀雖盤固. 氣盛氣衰有時節."라며 시간에 따라 변해 가는 산천의 기운에 대해 말하였다.

북암노인 채성우(蔡成禹)라는 선비가 편찬하였다고 알려진 『**명산론**明山論』의 후기〔後語〕에서 저자는 '좋은 때를 맞추는 것'이 풍수지리학에서 얼마나 중요한지 잘 강조해 주었다.

"하늘은 길하거나 또는 흉한 기운을 내려주고 토지는 성쇠가 있다. 하늘이 길함을 주어 토지가 흥할 때에는, 비록 명당을 이루려고 (산과 물이) 모여들지 않아도 부귀가 성대해진다. 그러나 하늘이 흉함을 주어 땅이 쇠락하는 때에는 비록 백리의 산과 천리의 물길이 모여들더라도 발복은 일어나지 않는다_於此, 又有天符之吉凶, 土地之盛衰焉. 其當天符土地之吉且盛也, 則雖不可聚集, 赤主富貴隆盛. 其當天符土地之凶且衰也, 則雖百里之山, 千里之水, 赤不發祿.."

이 十설은 아무리 좋은 땅이라도 무조건 명당 발복이 일어나는 것이 아니며, 시기가 맞아야 복이 있다는 것을 말하고 있다.

『**청낭서**青囊序』에서 "음양의 현묘한 이치를 안다는 것은 쇠왕생사를 깨닫는 데 있다_識得陰陽玄妙理 知基衰旺生與死."라고 표현한 것도 역시 시간의 중요성을 언급한 것이다.

천성(天星)과 이기(理氣)를 무시하고는 땅의 정기와 길흉을 말할 수 없다.

"땅에는 정기가 없다. 성광으로써 정기를 삼는다. 땅에는 길흉이 없다. 성광으로써 길흉을 삼는다_地無精氣 以星光爲精氣 地無吉凶 以星光爲吉凶."

위의 글은 『영성정의靈城精義』에 실린 구절이다. 이 책은 성광〔별의 빛, 天氣〕이 길흉에 중요한 역할을 한다는 것을 강조하였으며, 하늘과 땅의 조화로 풍수적 길흉이 나타난다고 말하고 있다. 별빛이 비춰주어야 복 받는 땅이 된다. 천성(天星)의 성광(星光, 또는 천체의 운행)은 시간의 흐름에 따라 변하는 것이니, 결국 이 구절은 천문과 지리의 관계, 즉 땅의 길흉에 영향을 미치는 시간의 중요성을 강조한 내용이다.

풍수에서 '시간'이 차지하는 비중은 혈(穴)만큼 중요하다.

때가 적합한지 아닌지를 구분하는 것은 진혈(眞穴)이냐 아니냐를 구분하는 것만큼 큰 비중을 차지한다는 뜻이다. 형기가 갖추어졌어도 발복이 없을 수 있고, 형기가 분명치 않아도 복이 있을 수 있다. 혈증(穴證)이 확실해도 감감무소식이거나 오히려 불행이 오는 것은, '적합한 때가 아니기 때문'이다.

이기론을 무시하고 형기만을 고집하는 많은 능력 있는 풍수사들이 당황하고 고민에 빠지는 이유는 시간의 중요성을 깨닫지 못하고 있기 때문이다. 아무리 형기의 고수라서 진혈을 찾고 재혈을 잘한다고 하여도 '때'라는 숙제를 풀지 못하면 원하는 결과를 얻지 못한다. 명당(明堂)으로 확신하였는데 불행하게도 사실은 흉당(凶堂)일 수 있다는 말이다.

우리가 형기로는 평가하기 어려운 도심의 자리를 볼 때 '터의 이력'을 중요시하는 것은 그 자리가 평양지(平洋地)의 명당인지 아닌지를 알아내기 위한 방법들 중 하나이다. 그러나 이는 참고사항일 뿐이다. 터의 이력으로 보아 매우 훌륭했던 자리라도 '지금도 그러한 복을 기대할 만한가?' 하는 것은 다른 문제이다.

玄空風水 高手秘訣

영원한 명당은 없다. 아무리 예쁜 '미스 월드'라도 전성기가 있고 시간이 가면 원하지 않아도 주름진 노인이 된다. 헤비급의 천하 제일의 장사라도 나이가 들고 병에 걸려 기력을 잃으면 힘을 쓰지 못한다. 이것은 너무나 당연한 자연의 섭리이다. 혈의 생노병사(生老病死)와 運[시기]에 따른 발응은 앞으로 풍수학자들이 더 깊이 연구해야 할 과제이다.

시운(時運)에 맞지 않는 자리라면 차라리 다른 자리를 찾아야 한다.

명당은 자리마다 사용하면 좋은 시기가 있고, 사용하지 못하는 시기가 있다. 아무리 형세가 좋고 혈증이 분명한 자리라도 시운에 맞지 않으면 오히려 화(禍)를 입을 수 있다.

시운에 맞지 않는 자리라면 과감하게 포기하고 시운에 맞는 자리를 찾는 것이 좋으며, 적합한 운이 올 때에 맞추어 사용해야 한다.

같은 자리라도 시운에 따라서 불행과 행복이 교차한 음택의 예를 소개한다.

최명우 선생의 스승인 淸溪 盧載九(1909~2008) 선생님은 결록을 보고 전라북도 남원시 산동면에 있다는 '가재혈'을 찾았다. 가재혈은 앞쪽으로 늪처럼 축축하게 땅에 물기가 있어야 한다. 7運에 亥坐巳向[상산하수]으로 용사하였다. 명당이지만 시운이 맞지 않아 명당의 효험을 보지 못하고 결국 이장하였다. 가재혈은 한동안 비어 있었다. 최선생의 지인(知人)이 땅을 사들여 운이 오기를 기다렸다가 2004년 봄에 8運이 오자마자 부친을 옮겨 모셨다. 그 후 불과 몇 년 만에 5억 이상 자산이 늘어났다. 8運에 亥坐巳向은 人丁에도 좋고 財物에도 좋은 왕산왕향(旺山旺向)이기 때문이다. 똑같은 자리였지만 시기에 따라 길흉이 다르게 나타난 것이다.

곡식도 수확량을 늘리려면 토질이 좋은 땅을 골라 발아와 성장에 적합한 기후조건이 되는 시기에 심어야 하는 것과 같은 이치이다. 현공풍수는 '때'를 중시하는 풍수법이다. 적절한 시기, '타이밍(timing)'이 매우 중요하다.

풍수에서 가장 중요한 것은 '혈'이다. 그리고 혈은 시기〔運〕에 따라서 길흉화복(吉凶禍福)이 변한다. 현재 이것을 설명할 수 있는 이론은 오직 삼원현공풍수(三元玄空風水) 뿐이다.

제4장
음택(陰宅)과 양택(陽宅)

풍수지리학은 크게 산 사람을 위한 양택풍수(陽宅風水)와 죽은 사람을 위한 음택풍수(陰宅風水)로 나눌 수 있다. 밝은 것은 陽이요 어두운 것은 陰이다. 낮은 양, 밤은 음이다. 수컷은 양, 암컷은 음이다. 산 사람은 양, 죽은 사람은 음이다. 이승은 양, 저승은 음이 된다. 살아 있는 사람은 양(陽)이므로 주택·회사·점포·공장 등을 양택(陽宅)이라 부르고, 죽은 사람의 안장지(安葬地)인 무덤은 음택(陰宅)이라 부른다.

풍수학에서 좋은 양택(陽宅)과 음택(陰宅)을 판단하고 선택하는 기초이론과 방법에는 큰 차이가 없다. 길지(吉地)의 조건은 근본적으로 같기 때문이다. 풍수고전들은 주로 그 내용이 산에서 기운이 머무는 자리인 '穴'을 찾는 방법으로 구성되어 있으며, 용세(龍勢)와 수세(水勢)에 따른 국세(局勢)를 평가하여 혈을 찾는다. 이 이론은 양택에도 동일하게 적용된다. 따라서 양택전문가 음택전문가가 따로 있는 것이 아니다.

양균송(楊筠松) 선생이 『의룡경疑龍經』의 〈의룡십문(疑龍十問)〉에서 말한 것처럼 "양택은 편안하게 거하는 곳이어야 하고 이는 음택도 마찬가지이다_問君 陽宅要安居 此與安墳事一如."

다만, 양택은 음택보다 지세가 넓어야 하며 국면이 좁지 않아야 한다. 양택의 경우에는 산과 물의 취합이 얼마나 크고 작은가에 따라 큰 도읍, 작은 마을, 한 집이 들어설 터로 구별한다. 식수 및 생활용수의 공급 그리고 활용 가능한 대지의 확보 등이 다르기 때문이다. 양택은 사람이 활동할 수 있는 충분한 공간이 필요하므로 음택에 비해 혈장, 명당, 물이 크고 많아야 한다. 즉, 명당의 규모나 그 땅이 담을 수 있는 용량과 특성을 감안하여 양택이나 음택을 정한다.

대체로 양택이 들어서는 평지의 혈이 산의 혈보다 크기가 크다. 반면 산의 혈은 평지보다 크기는 작은 대신에 응집력이 강하여 작은 면적에 힘이 몰려 있다. 고서에 '陽來一片 陰來一線양래일편 음래일선'이라 하였는데, 그 뜻은 풍수적으로 양택지는 쓸 수 있는 공간이 음택지보다 넓다는 의미이다. 음택이든 양택이든 혈의 크기에 맞는 집을 지어야 한다.

풍수는 氣의 방향성에 따라 승기(乘氣)와 납기(納氣)가 있다. 승기(乘氣)는 기운이 땅 속에서 올라오는 수직개념이고, 납기(納氣)는 산과 물, 건물과 도로 등 지상(地上)과 주변 공간의 환경으로부터 받아들이는 기운이다. 풍수에서는 두 기운이 모두 중요하지만, 특히 양택풍수에서는 납기도 매우 중요하다. 음택이 향수(向水)를 중요시하고 양택이 문향(門向)을 중시하는 것은 이들이 기운을 받아들이는 방향이기 때문이다.

요즈음의 양택들은 아름답고 독특한 건물을 선호하는 수요자들의 요구에 부응하여 다양한 모양으로 설계된다. 디자인을 중시하는 현대 사회에서는 양택의 외부형태와 배치에 대한 심도 있는 연구와 검토가 필요하다. 양택을 점검할 때는 모양에도 신경을 쓰되 더 중요한 것은 이기론으로 이치에 맞는가, 맞지 않는가를 주도면밀하게 따져보아야 한다.

　양택에 거주하거나 직계 조상을 지하에 장사지내거나 모두 풍수적 길흉에 영향을 준다.

　양택은 잠을 자고 휴식하는 공간으로 풍수의 좋고 나쁨은 반드시 가옥 내에 거주하는 사람의 운기에 영향을 준다. 택운(宅運)이 길하면 쉽게 성공하고 택운이 흉하면 쉽게 실패한다. 양택은 그곳에 거주하는 사람들에게 한정하여 발음이 있고, 양택에 거주하는 사람들은 하루 중 그곳에 머무는 시간 동안만 기운을 공급받는다.

　반면 유골을 매장 또는 화장하여 모시는 장소인 음택은 망자와 관련된 직계존·비속 모두에게 영향을 미친다. 음택의 유골은 누가 옮겨주기 전까지는 영원히 그 자리에 있어야 한다. 스스로 이동할 수 없으므로 24시간 365일 끊임없이 놓인 자리의 기운을 공급받는다. 유골이 모셔진 자리가 좋으면 좋은 대로 나쁘면 나쁜 대로 그 자리의 에너지를 고스란히 축적하고 발산한다. 음택의 좋고 나쁨은 반드시 후손의 운기의 흥왕성패에 영향을 준다.

　음택과 양택 중에 무엇이 더 중요할까?

　조선시대 풍수지리서인 『무감편無憾篇』에서는 "음택과 양택은 본래 경중을 따질 수 없다. 음택은 맥 중에 침을 꽂듯 땅을 파고 쓰기 때문에 화복이 빠르고, 양택은 지압하듯 지맥을 눌러(또는 지맥에 붙여) 집을 짓기 때문에 화복이 느리다_ 陰基陽宅本無輕重 陰基扦脈而用 故 禍福易發 陽宅 接脉而居 故 禍福遲發."라고 하였다. 『무감편』은 '음택과 양택이 둘 다 중요하며 다만 음택은 화복이 빠르고 양택은 느리다.'고 말하고 있다.

위의 글처럼 '인장묘발寅葬卯發 ☞ 인시에 장사지내고 묘시에 복 받는다'로 속발(速發) 사례들은 양택보다는 음택에서 더 많이 볼 수 있다.

청나라 초기에 많은 풍수서를 남겼으며 유명한 풍수가였던 장대홍(蔣大鴻) 선생은 『천원오가天元五歌』에서 인생에서 가장 중요한 것을 양택이라고 강조하였다. 〈양택편〉 첫 구절은 다음과 같다.

"인생에서 가장 중요한 것은 양택으로, 양택과 음택의 영향력은 거의 같다. 양택이 편하지 못하면 화를 부르게 되어 유골을 명당에 모셔도 귀인이 되기 어렵다_人生最重是陽基 卻與墳塋福力齊 宅氣不寧招禍咎 骨埋真穴貴難期."

『황제택경黃帝宅經』은 중국의 대표적 양택 풍수서이자 양택 풍수서적 가운데 가장 오래된 서적이며 사고전서에도 실려 있다. 이 책은 음택과 양택에 대해 다음과 같이 말하였다.

"땅이 좋으면 싹이 무성하게 자라고, 집이 좋으면 사람이 번영한다_地善卽苗茂, 宅吉卽人榮. 그러므로 宅은 사람의 근본이 된다. 사람은 宅을 집으로 삼는다. 만약 거처하는 것이 편안하면 집안이 대대로 번창하고 길하며, 만약 편안하지 못하면 집안이 쇠미해진다_故宅者人之本人以宅爲家 居若安家代昌吉 若不安卽門族衰微."

또한 다음과 같이 서술하였다.

"묘는 흉하지만 집이 좋으면 자손에게 벼슬과 재물복이 있으며, 묘는 좋지만 집이 흉하면 자손의 먹고 살기가 어렵게 된다. 묘와 집이 모두 좋으면 자손들이 영화를 누리지만, 묘와 집이 모두 흉하면 자손은 고향을 떠나 걸식하다가 대가 끊긴다_墓凶吉宅 子孫官祿 墓吉宅凶 子孫衣食不足 墓宅俱吉 子孫榮華 墓宅俱凶 子孫離鄕絶種."

현대사회는 음택풍수의 비중은 낮아지고 양택풍수의 비중이 높아지고 있다. 중국, 대만, 홍콩에서 양택 서적이 많이 출간되고 있고, 서양의 풍수지리 책은 현재는 양택 서적뿐이며 이론의 대부분은 현공풍수이론이다.

우리나라도 조선시대에는 송사(訟事)의 80%가 산송(山訟)이었을 만큼 유교에 바탕을 둔 효사상의 영향으로 음택풍수를 중시하여 왔지만, 근래에는 화장문화가 보편화되고, 유교사상이나 돌아가신 조상에 대한 관심이 낮아지는 대신 살아 있는 동안 행복하자는 생각이 커지면서 양택풍수가 더욱 관심을 받고 있다.

조상의 유골이 살아 있는 후손에게 영향을 준다는 '동기감응(同氣感應)'의 메커니즘을 과학으로 수치화하여 보여줄 수 없는 동안은 음택풍수보다는 양택풍수가 현대인들에게 큰 호응을 얻을 것으로 보인다. 그러나 실증적인 경험과 사례들이 신뢰할 수 있을 만큼 많기 때문에, 그리고 많은 풍수가들이 이 학문을 연구하고 있는 만큼 과학이 더욱 발달하면 氣와 동기감응의 실체와 작용도 명쾌하게 밝혀질 것이다.

玄空風水 高手秘訣

제2부

현공풍수학의 이해
〈玄空風水學〉

玄空風水 高手秘訣

제1장
현공풍수학의 이론적 바탕

주역, 하도와 낙서, 팔괘, 구성과 음양오행의 체계는 전혀 다르다. 그러나 수천 년을 내려오면서 이들은 서로 배합되고 융화되어 동양학의 기본이 되는 체계가 되었다. 현공풍수 이론으로 터를 선택하고 길흉화복(吉凶禍福)을 논할 때에도 이 원리들에 기반을 둔다.

1 주역(周易)

동양문화의 기본사상은 모두 『역경 易經』에서 나왔다. 대만에서 국사(國師)로 불리는 남회근(南懷瑾) 선생은 『주역강의 周易講義』에서 역경이 동양문화에서 차지하는 위치를 "경전 중의 경전이요, 학문 중의 학문이며, 철학 중의 철학이다. 사서오경 등 일체의 사상이 그것으로부터 유래하는 최정점의 사상이다."라고 하였다. 또한 "모든 학문의 표준이며, 위로는 천문을 관찰하고 아래로는 지리를 살펴 연구를 거듭한 것으로, 수천 만년에 걸친 경험의 누적을 토대로 한 선조들의 천문에 대한 관찰의 결과"라고 평가하였다.

유가나 도가 및 제자백가의 사상, 풍수지리를 포함한 동양의 모든 학법과 술수들은 모두 『**역경**易經』에 기초한다.

현재 우리가 역경이라고 부르는 것은 『**주역**周易』이다. 주(周)나라에서 본격적으로 체계화한 경전이라서 붙어진 이름이다. 주역 이전에도 이미 실전된 연산역(連山易)과 귀장역(歸藏易)이 있었는데 주역과 묶어 '삼역(三易)'이라 한다.

신농(神農)시대의 역인 '연산역'은 간괘(艮卦)로 시작하고, 황제(黃帝)시대의 역인 '귀장역'은 곤괘(坤卦)로부터 시작한다. 반면, 『**주역**』은 건곤(乾坤) 두 괘로부터 시작한다. 건(乾, ☰)괘와 곤(坤, ☷)괘는 자연의 물리세계를 나타내는 기호이며 우주 전체를 대표하는 기호이다. 하늘과 땅을 대표하고, 남자와 여자를 대표하고, 또는 머리와 배를 대표한다. 이처럼 건곤은 어느 특정 개념에 국한되지 않는다. 이런 식으로 8괘와 64괘는 어떤 방면에 적용시켜도 각 부분에서의 이치를 설명할 수 있다.

역경의 원리는 천문, 지리, 생물, 인류의 활동, 생명의 변화 등을 관찰함으로써 얻어졌으며 하늘과 땅의 모든 현상을 압축시킨 것이다. 또한 공간과 시간 속에서 끊임없이 변화하는 자연현상의 원리를 설명하고 풀이한 것이다.

『**역경**』의 구성을 살펴보면, 복희(伏羲)는 팔괘와 64괘를 그렸고, 문왕(文王)은 괘사(卦辭) 또는 단사(彖辭)라 하여 64괘에 대한 종합적인 풀이를 하였다. 문왕의 셋째 아들 주공(周公)은 각 괘를 구성하는 여섯 개의 효(爻)의 위치와 역할에 대해 풀이를 하였다. 이를 효사(爻辭)라 한다. 이렇게 복희(伏羲)

의 64괘와 문왕의 괘사와 주공의 효사가 합해진 것이 『역경』이다.

여기에 공자(孔子)의 〈십익(十翼)〉이 보태짐으로써 비로소 『주역』이 완성되었다. 열 가지 형식을 빌어 후학을 위해 부연 설명함으로써 '주역에 열 개의 날개를 달았다 하여 십익(十翼)'이다. 십익 가운데 총론격인 〈계사전(繫辭傳)〉은 주역의 괘사와 효사를 총괄하여 해설함으로써 주역의 난해한 내용을 체계적이고 철학적으로 풀이하였다. 계사전은 맬 계(繫) 말 사(辭) 글 전(傳)으로 '말을 매어놓은 글'인데, 주역 64괘에 대해 풀이한 말을 매어놓은 것이다. 공자의 '역경(易經) 연구 보고서'라고 할 수 있는 계사전은 주역에 대한 총론격이므로 주역의 체계를 알 수 있다.

복희의 하도로부터 시작하여 고대 중국사회에서 일종의 점서(占書)적 기능을 수행해 온 『역경』은 〈계사전〉이 더해져 의리(義理)적으로 새롭게 해석할 수 있는 토대를 마련했다. 복희의 64괘, 문왕의 괘사, 주공의 효사, 공자의 십익으로 완성된 이후, 『주역』은 천하 만물의 변화법칙을 포괄하는 최고의 경전으로 받들어졌다.

『주역』에는 '불역(不易)', '간역(簡易 혹은 易簡)', '교역(交易)' 그리고 '변역(變易)'의 뜻이 있다.

'불역'이란 변하지 않는 법칙이 있다는 것이며, '간역'은 진리는 아주 복잡해 보이지만 일단 그 원리를 이해하고 나면 의외로 쉽고 단순하며 간단하다는 것이고, '교역'은 입장을 바꿔놓고 생각하는 역지사지(易地思之)의 원리를 말한다. '변역'은 천지만물은 양(陽)과 음(陰)의 기운(氣運)이 변화함에 따라 항상 변하고 바뀐다는 뜻으로, 『주역』이 가진 여러 의미들 중에서 '변역'이 가장 중요하다. 『주역』을 영어로 번역하면 'The Change'이다. '바뀐다', '변한다'는 뜻이다.

『주역』을 한마디로 정의하자면 '변화의 도(道)'이다. 〈계사전〉에 공자께서 말씀하시길, "변화의 도를 아는 자는 신이 행하는 바를 알 수 있으리라_知變化之道者, 基知神之所爲乎!" 하였다. 지혜가 출중한 사람은 비단 '변화'를 감지하여 알 뿐만 아니라 그 변화에 적극 대처하는 사람이다.

『주역』은 변화의 흐름에 '在天成象재천성상, 在地成形재지성형'이라는 법칙이 있다고 말한다. 하늘에 있는 象이 땅의 形을 만든다는 것이다. 근원인 도체(道體)가 형체가 있는 바람·구름·번개·비·해·달·별 등의 현상으로 변하며, 산천이나 동·식물 등 각양각색의 모습으로 구체화 또는 형태화된다.

남회근 선생은 "주역을 배우고 나면 변화의 원리와 그 필연성을 알게 된다. 역은 용(用)을 체(體)로 삼는다. 따라서 본체는 용(用) 속에 있다. 용이 없으면 체가 없으며 체는 단지 용 속에서 그 기능을 볼 수 있을 따름이다." 하였다.

무질서하게 변화하는 것처럼 보이는 자연은 그 안에 정연한 질서와 원리를 가지고 있다. 자연의 변화의 도를 바르게 설명하려면 역의 네 가지 이치를 모두 담아야 하며 그중에서도 '변화'를 설명할 수 있는 이론이어야 한다.

공자는 〈계사전〉에서 "역(易)에는 태극(太極)이 있으니 이것이 양의(兩儀)를 낳고 양의는 사상을 낳고 사상은 팔괘를 낳는다. 팔괘는 길흉을 정하며 길흉은 대업을 생기게 한다_易有太極, 是生兩儀, 兩儀生四象, 四象生八卦 八卦定吉凶 吉凶生大業."라고 하였다. 태극-음양-사상-팔괘로 이어지는 팔괘의 형성과정과 팔괘가 하는 일을 설명한 것이다.

팔괘(八卦)는 주역(周易)을 구성하는 기본요소로서, 상호작용하며 복잡하게 변화하는 우주적 현상을 하늘·못·불·지진·바람·물·산·땅 등을 상징하는 8개의 범주로 압축시켜 설명한 기호체계이다. 하늘을 건(乾)괘, 바다나 강이나 연못을 태(兌)괘, 태양을 이(離)괘, 번개를 진(震)괘, 바람을 손(巽)괘, 달과 물을 감(坎)괘, 산을 간(艮)괘, 땅을 곤(坤)괘로 하여 모두 8개 현상으로 분류하였다.

괘(卦)는 음양(陰陽)의 세계관을 토대로 만들어진 부호이다. 괘를 구성하는 기본 요소는 끊어진 선(--, 陰)과 이어진 선(—, 陽)으로, 역경에서는 '강유(剛柔)' 혹은 '음양(陰陽)'으로 불리며, 후에 음효(陰爻, --)와 양효(陽爻, —)로 명명되었다.

음양은 다시 음과 양으로 분리되어 나뉠 수 있는데 이를 사상(四象)이라 한다. 음은 다시 음양으로, 양도 다시 음양으로 나뉘는 것이다. 사상 중에서 양 중의 양은 '태양(太陽)', 양 중의 음은 '소음(少陰)', 음 중의 양은 '소양(少陽)', 음 중의 음은 '태음(太陰)'이라 부른다. 사상이 다시 음양으로 분리되어 나뉘면 팔괘가 된다. 바꾸어 말하면 팔괘는 음효와 양효가 세 개씩 겹쳐져서 만들어진 것이다.

【팔괘 생성의 원리】

태극 (太極)								
양의 (兩儀)	陽 ——				陰 — —			
사상 (四象)	太陽	少陰		少陽		太陰		
팔괘 (八卦)								
생성 순서	1	2	3	4	5	6	7	8
괘명 (卦名)	乾(건)	兌(태)	離(이)	震(진)	巽(손)	坎(감)	艮(간)	坤(곤)
자연 (自然)	天(천)	澤(택)	火(화)	雷(뇌)	風(풍)	水(수)	山(산)	地(지)
괘상 (卦象)	乾三連 (건삼련)	兌上絶 (태상절)	離虛中 (이허중)	震下連 (진하련)	巽下絶 (손하절)	坎中連 (감중련)	艮上連 (간상련)	坤三絶 (곤삼절)

兩儀에서 兩은 양(陽)과 음(陰) 또는 하늘과 땅을 말한다. 의(儀)는 '모양'을 말한다. 四象의 象과 비슷한 뜻이다. 지구본(地球本)을 지구의(地球儀)라고도 부르는 것과 같다. 一乾天, 二兌澤, 三離火, 四震雷…… 에서 一·二·三·四……로 괘명 앞에 붙는 숫자는 다만 四象에서 八卦로 분화할 때 생성된 선천팔괘의 생성순서를 말할 뿐이며 이들 숫자가 가지는 의미는 없다.

팔괘는 세 개의 효로 이루어졌다. 천지인(天地人)을 삼재(三才)라 하는데, 삼재는 몇 천 년을 일관한 동양문화의 근본이다. 삼재를 갖추고 이를 포개니 육효가 되었다_兼三才而兩之, 故六. 문왕에 이르러 비로소 후천의 활용을 위해 六爻가 되었다. 육효는 삼재에 음양을 곱한 것으로 우주의 일체 사물이 여섯 단계의 변화를 초과하지 않는다는 것을 간파한 선인들의 지혜의 산물이다. 공자는 〈계사전〉에서 복희가 그린 팔괘는 삼효이지만 후에 3획의 괘로는 모자라 그것을 중첩시켜 편하게 운용할 수 있도록 64괘를 만들었다고 설명하였다. 팔괘를 두 개씩 겹쳐 모아서 만든 64괘를 대성괘(大成卦)라고 한다.

남회근 선생의 표현에 의하면 "팔괘는 서로 그네를 타듯 오락가락하면서 64괘를 만든다." 이괘가 감괘 밑으로 내려가서 결합하면 수화기제(水火旣濟)괘가 되고, 반대로 감괘가 이괘 밑으로 내려가면 화수미제(火水未濟)가 된다. 이괘와 간괘가 오르내리면 화산려(火山旅)괘나 산화비(山火賁)괘가 만들어진다. 이것은 대자연의 지극히 자연스러운 법칙을 보여주는 것으로 서로 영향을 주고받으며 변화를 발생시키는 모습이다.

한민족과 『주역』 팔괘와의 관계성을 단적으로 보여주는 것은 태극기다. 중앙에 음양 화합을 상징하는 태극이 있고, 건곤감리(乾坤坎離)가 있는데, 건곤은 천지(天地)를 의미하고 감리(坎離)는 중남·중녀(中男中女)로서 괘 가운데 음양의 중(中)을 얻어 천도 운행(天道運行)을 주관한다.

『주역』은 추상적인 기호체계와 함축적인 언어, 길흉을 예언하는 점술 및 정확한 수학적 구조로 이루어져 있어서, 시간을 초월한 고전이자 동양철학의 원류로 평가받고 있다. 중국의 위대한 사상사들은 모두 『주역』으로부터 가르침을 받았고, 근대의 과학자들은 괘의 기호로부터 영감을 얻었다.

독일의 수학자 라이프니쯔는 팔괘로부터 아이디어를 얻어 이진법과 미적분학을 완성하였는데, 이는 오늘날 컴퓨터 공학의 이론적 바탕이 되었다. 쇤베르거(Martin Schonberger)는 저서 『생명의 숨겨진 비밀The Hidden Key to Life』에서 64괘가 생물의 64개 DNA 유전자 코드와 일치하고 있음을 밝히기도 하였다.

『주역』에는 기호〔象〕 중에 수(數)가 있고 수(數) 중에 기호가 있다. 기호와 수는 모두 자연에서 나온 것으로, 만물에는 모두 象과 數가 있으며, 주역에 포함된 이(理)·상(象)·수(數)를 이해하면 우주 만물의 변화의 이치를 알 수 있다. 상과 수는 역경의 핵심이다. 역경을 기본으로 파생된 동양의 모든 학문들은 역경의 理·象·數를 해석한 것이다.

현공풍수는 역경의 괘(卦)의 상(象)과 수리(數理)를 바탕으로 한 '변화'를 키워드로 삼아 결과를 추산해낸다. 풍수의 열쇠는 『주역』이 말하고 있는 것처럼 변화의 실서와 규칙을 찾는 데 있다.

【하도(河圖)】

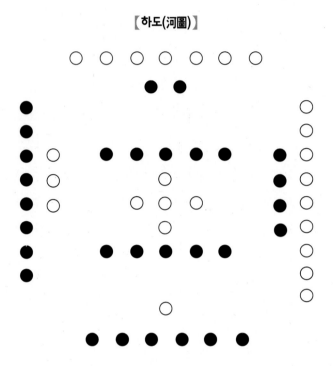

하도는 5천여 년 전 중국 삼황오제(三皇五帝)시대 복희(伏羲) 때에 황하(黃河)에서 나온 용마(龍馬)의 등에 그려져 있던 그림이다.

홀수는 양점(陽點, ○)으로, 짝수는 음점(陰點, ●)으로 표시되어 있다. 점은 모두 55개이다.

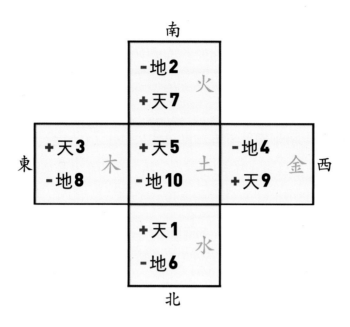

1·6水北   2·7火南   3·8木東   4·9金西   5·10土中央

1·3·5·7·9 천수(天數, 홀수)는 陽이고,
2·4·6·8·10 지수(地數, 짝수)는 陰이다.

하도를 설명할 때 "天1生水 地6成之, 地2生火 天7成之, 天3生木 地8成之, 地4生金 天9成之, 天5生土 地10成之."란 말은 상수학의 측면에서 본 것으로, 풀이하면 "天1은 水를 낳고 地6은 그것을 완성한다. 地2는 火를 낳고 天7은 그것을 완성한다. 天3은 木을 낳고 地8은 그것을 완성한다. 地4는 金을 낳고 天9는 그것을 완성한다. 天5는 土를 낳고 地10은 그것을 완성한다."이다. 우주와 생명의 생성원리를 말해 주고 있다.

1·2·3·4·5는 만물을 生하는 숫자(生數)이고, 6·7·8·9·10은 만물을 成하는 숫자(成數)이다. 생수에 5를 더하면 성수가 된다. 1과 6, 2와 7, 3과 8, 4와 9, 5와 10은 연수(聯數)이다.

하도의 오행은 시침방향으로 회전하면서 **수생목**(水生木) → **목생화**(木生火) → **화생토**(火生土) → **토생금**(土生金) → **금생수**(金生水)한다. 하도는 오행이 상생순환하여 만물이 형성되는 원리를 보여준다.

역경은 5천여 년 전에 천지의 수가 55라고 밝혔다. "천수(天數) 1·3·5·7·9를 전부 합하면 25가 되고 지수(地數) 2·4·6·8·10을 모두 합하면 30이 된다. 이로써 천지의 수는 55이다. 바로 이 수가 귀신같은 조화를 부린다_天數二十有五, 地數三十, 凡天地之數五十有五, 此所以成變化而行鬼神也."

생수(生數) 중 양수(陽數)는 1·3·5이고 음수(陰數)는 2·4이다. 양수의 합은 9이고 음수의 합은 6이다. 양이 극에 달하면 9가 되고, 음이 극에 달하면 6이 되므로, 양을 대표하는 수는 9, 음을 대표하는 수는 6이 되었다. 하도는 선천적인 체(體)를 보여주므로 하도의 숫자는 선천수(先天數)라 한다. 하도는 삼라만상의 근본 바탕인 體이고 낙서는 삼라만상이 운행하는 현상으로 用이 된다.

【낙서(洛書)】

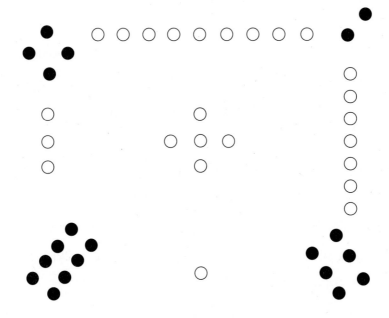

낙서는 하(夏)나라를 건국한 우왕(禹王)이 왕이 되기 전에 치수공사를 하던 중, 낙수(洛水)에서 떠오른 거북의 등에 새겨져 있던 45개의 점무늬 그림이라고 전해진다.

하도처럼 낙서도 홀수는 양점(陽點, ○)으로, 짝수는 음점(陰點, ●)으로 표시되어 있다.

하도와 다른 점은 중앙에 10이 없어지고 5만 남았다. 하도에서는 양과 음의 수가 짝이 되어 동서남북 사방에 있지만, 낙서에서는 각각의 수가 서로 떨어져서 따로 자리를 잡고 있다.

낙서의 오행은 시침 반대방향으로 회전하면서 **수극화**(水剋火) → **화극금**(火剋金) → **금극목**(金剋木) → **목극토**(木剋土) → **토극수**(土剋水)한다.

낙서는 사정(四正)·사우(四隅)로 분열하고 상극순환하며 변화·성장하는 우주변화의 원리를 설명한다.

9는 1의 덮개이다. 좌우측에는 3과 7이 있으며 2와 4는 어깨이고, 6과 8은 다리가 된다_載9履1, 左3右7, 24爲肩, 68爲足, 5居其腹, 洛書數也.

위의 9, 아래 1, 왼쪽 3, 오른쪽 7은 모두 陽數로서 사방을 점하고 있다. 오른쪽上 2, 왼쪽上 4는 양 어깨와 같고, 오른쪽下 6, 왼쪽下 8로 두 다리와 같으며 모두 陰數이다.

1·9合十, 2·8合十, 3·7合十, 4·6合十을 이룬다.

9개 숫자가 격자로 새겨진 낙서 숫자는 배열이 특이하다. 가로, 세로, 대각선의 직선으로 연결되는 숫자들을 합하면 15가 된다. 이 숫자는 1년을 24절기로 나누었을 때 나오는 수와 거의 일치한다.

③ 선천팔괘와 후천팔괘

선천팔괘(先天八卦)

하(夏)나라가 세워지기 전, 중국은 전설적인 시대인 삼황오제(三皇五帝)시대였다. 삼황의 한 사람인 복희가 하도를 보고 팔괘(八卦)를 그렸다고 전해진다. 이것을 선천팔괘(先天八卦) 또는 복희팔괘(伏羲八卦)라고 한다. 팔괘는 천지만물의 모습과 변화로부터 그 형상을 뽑아낸 것으로 우주의 법칙을 반영하고 있다.

선천복희팔괘방위도

복희의 선천팔괘는 우주의 기본구조인 體를 표시하고 하늘과 땅 사이의 공간적 위치를 그림으로 나타냈다. 우주가 형성되는 대현상을 나타낸 것이다. 선천복희팔괘도는 음양이 조화를 이루고 있으며 그 순서가 순리대로 되어 있다. 선천도의 숫자는 1乾 · 2兌 · 3離 · 4震으로 왼쪽으로 회전하고, 또 다른 한 쪽은 5巽 · 6坎 · 7艮 · 8坤으로 오른쪽으로 회전한다.

송(宋)나라의 소강절(邵康節)은 『주역周易』의 괘도(卦圖)를 해설하고 선천도(先天圖)와 후천도(後天圖)를 구분하여, 복희의 팔괘는 선천이요 문왕(文王)의

팔괘는 후천이라 하였다. 복희는 팔괘 문화를 대표하는 인물이다. 팔괘는 복희가 지었다고 전해지지만, 그러나 그 도안(圖案)은 인류 탄생의 순간부터 천문현상에 대한 관찰과 연구가 누적됨으로써 가능하였다고 보는 것이 더 타당할 것 같다.

선천복희팔괘도(先天伏羲八卦圖)

구궁도에 선천팔괘를 접목시킨 것이다.

공자(孔子)는 『설괘전』 3장에서 "하늘과 땅의 위치가 정해지고, 산과 호수의 기운이 서로 통하며, 번개와 바람이 서로 견제하고, 물과 불이 서로 대립하면서 팔괘가 서로 엇갈려 있다. 숫자를 차례대로 쭉 나열하는 것이 '순'이라면, 미래를 아는 것은 반대로 '역'이다_天地定位, 山澤通氣, 雷風相薄, 水火不相射 八卦相錯. 數往者順, 知來者逆." 라고 하였다.

南		
兌 2 ☱	乾 1 ☰	巽 5 ☴
離 3 ☲		坎 6 ☵
震 4 ☳	坤 8 ☷	艮 7 ☶
北		

東 （좌측） / 西 （우측）

후천팔괘(後天八卦)

후천문왕팔괘는 문왕이 낙서의 무늬를 보고 선천팔괘를 수정하여 그린 것으로, 후천팔괘 또는 낙서팔괘라고 부른다. 후천팔괘는 우주의 변화와 운용의 법칙을 나타낸다. 『역경易經』을 응용하고자 한다면 후천팔괘를 잘 알아야 한다.

후천문왕팔괘방위도(後天文王八卦圖)

후천팔괘의 방위와 수는 낙서에서 왔다. 그러나 후천팔괘의 방위와 수는 선천팔괘의 방위나 수와 같지 않다. 후천팔괘에서 마주보는 괘끼리 선을 그어 합해 보면 합십(合十)이 된다. 같은 방법으로 하면 선천팔괘에서는 9를 얻게 된다.

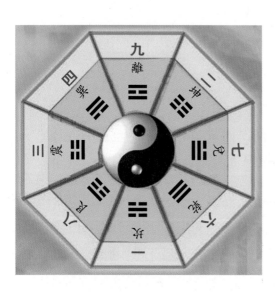

문왕의 후천팔괘는 우주의 운용 방법인 用을 표시한 것이다. 하늘과 땅 사이에서 일어나는 변화의 모습을 그림으로 나타내었다. 선천에서는 체(體)를 위주로 하지만, 후천에서는 용(用)을 중시한다. 선천괘가 근본이라면 후천괘는 그 작용이므로 풍수에서는 1坎·2坤·3震·4巽·5中·6乾·7兌·8艮·9離의 후천문왕괘의 數를 사용한다.

『설괘전』의 설명은 다음과 같다.

"하늘은 팔괘를 통해 자연의 조화를 행한다. 만물은 震에서 나오고, 巽에서 가지런히 되고, 離에서 모두 드러나고, 坤에서 크게 자라고, 兌에서 결실을 맺고, 乾에서 다투고, 坎에서 되돌아가고, 艮에서 다시 시작한다_帝出乎震. 齊乎巽. 相見乎離. 致役乎坤. 說言乎兌. 戰乎乾. 勞乎坎. 成言乎艮."

이는 **동·서·남·북·중앙**의 오방(五方)과 木·火·土·金·水의 오행(五行)을 팔괘에 분배한 최초의 구상이다.

후천문왕팔괘도(後天文王八卦圖)

구궁도에 후천 팔괘를 접목시킨 것이다.

南

巽 -4	離 -9	坤 -2
震 +3	中 ±5	兌 -7
艮 +8	坎 +1	乾 +6

東　　　　西

北

木 ☞ 3·4　火 ☞ 9　土 ☞ 2·5·8
金 ☞ 7·6　水 ☞ 1 중에서
4·9·2·7은 陰數이고,
3·8·1·6은 陽數로 활용된다.

後天數는 낙서에 배열된 후천
卦의 순서로,
坎은 1, 坤은 2, 震은 3, 巽은 4,
중앙은 5, 乾은 6, 兌는 7,
艮은 8, 離는 9이다.

팔괘에는 '中宮'이 없지만, 현공풍수나 구성학, 기문둔갑에서는 8개의 宮에 中宮을 포함하여 九宮을 사용한다.

3·4 ☞ 木, 9 ☞ 火, 2·5·8 ☞ 土, 6·7 ☞ 金, 1 ☞ 水이다.

이 중에서 1·3·6·8은 陽이고, 2·4·7·9는 陰이다.

양괘(陽卦)는 3震·8艮·1坎·6乾이고, 음괘(陰卦)는 4巽·9離·2坤·7兌이다. 陽卦에는 陰이 많고 陰卦에는 陽이 많다.

괘를 보고 낙서의 음양과 육친을 감별하는 원리는 "소위귀 少爲貴 ☞ 적은 것이 귀함"이다. 하나의 괘(卦)는 세 개의 효(爻)로 이루어지며, 괘의 제일 하단을 초효라 하고 위로 올라가면서 이효, 상효라 부른다. 초효는 첫째〔長〕, 이효는 둘째〔中〕, 상효는 셋째〔少〕를 뜻한다.

━는 陽으로 남자를 의미하고 ▬▬는 陰이며 여자를 의미한다. 따라서 한 괘에서 陽이 귀하면 남자, 陰이 귀하면 여자이며, 해당 효가 있는 위치를 보고 長·中·少를 정한다.

【팔괘와 인물】

☴ 長女 巽	☲ 中女 離	☷ 老母 坤
중년부인 · 주부 · 중개인 · 귀부인 · 현모양처 · 점잖은 사람	지식인 · 법조인 · 경찰 · 학자 · 미인 · 사기꾼	어머니 · 부인 · 노파 · 서민 · 농민 · 빈곤한 사람
☳ 長男 震	中	☱ 少女 兌
중년남자 · 허풍쟁이 · 음악가 · 몽둥이를 든 깡패	황제 · 원로 · 폭력배 · 살인자	어린 여자 · 칼을 든 강도 · 배우 · 금융업 종사자 · 변호사 · 화류계
☶ 少男 艮	☵ 中男 坎	☰ 老父 乾
어린 남자 · 수도승 · 죄수 · 친척 · 형제 · 상속자	연구자 · 학자 · 철학자 · 도둑 · 노숙자 · 임산부 · 승려 · 애인	아버지 · 가장 · 귀인 · 남편 · 권력자 · 책임자

玄空風水 高手秘訣

시대	인물	작품	역(易)
삼황오제시대 (BC 21세기~BC 16세기)	복희 (伏羲)	하도, 선천팔괘	
하(夏)나라 (BC 2070~1600년)	우왕(禹王)	낙서	연산역(連山易)
은(殷)나라 (BC 1600~1046년)			귀장역(歸藏易)
주(周)나라 (BC 1046~476년)	문왕(文王)	후천팔괘	주역(周易)
춘추전국시대 (BC 770~221)	공자(孔子)	『십익』	

복희팔괘도(伏羲八卦圖)와 문왕팔괘도(文王八卦圖)는 『**주역**』 본문에는 실려 있지 않다. 한대(漢代)의 상수역학(象數易學)에서 주로 논의된 것인데, 중국 남송 때의 학자인 주희(朱熹, 1130~1200)가 『**역학계몽**易學啓蒙』에서 오늘날과 같은 모습으로 확정지었다.

【 **선·후천팔괘 정위도(先·後天八卦 正位圖)** 】

上 : 선천팔괘

下 : 후천팔괘

후천팔괘를 기준으로 선천팔괘
를 보면,
1坎-2坤, 2坤-4巽, 3震-9離,
4巽-7兌, 6乾-8艮, 7兌-1坎,
8艮-3震, 9離-6乾이 대응된다.

玄空風水 高手秘訣

【 선·후천팔괘호변도(先·後天八卦互變圖) 】

_출처 ☞ 종의명(鐘義明), 『지리명사수도결규(地理明師授徒訣竅)』

【 선천팔괘(先天八卦)와 후천팔괘(後天八卦)의 상관관계 】

후천 팔괘	卦 象	선천 팔괘	卦 象	오행 생극	설 명
坎1水	水	坤2土	地	土剋水	땅 속의 지하수이니 농작물을 성장시킨다.
坤2土	地	巽4木	風	木剋土	땅을 뚫고 올라오는 새싹은 언젠가는 수확을 한다.
震3木	雷	離9火	火	木生火	태양 아래 화려한 巨木이 速發하니 주의하여 관리한다.
巽4木	風	兌7金	澤	金剋木	바람에 넘어진 관목(灌木)을 칼로 공예품을 만드니 기쁘다.
乾6金	天	艮8土	山	土生金	산 속에 숨어 있는 광물(鑛物)이니 고생하여 개발하면 부자가 된다.
兌7金	澤	坎1水	水	金生水	水澤節과 澤水困으로 한랭하니 힘써 수양하면 고난을 극복한다.
艮8土	山	震3木	雷	木剋土	산의 나무를 벌목하여 가치 있게 사용한다.
離9火	火	乾6金	天	火剋金	풀무질에 거센 불도 한때이고 언젠가는 꺼지지만 역시 아름답다.

선천은 體가 되고 후천은 用이 되어 선천과 후천은 서로 통한다.

동양학은 體用의 학문이다. 현공풍수 해석의 바탕은 주로 후천의 낙서수와 후천문왕팔괘이다. 선천팔괘는 體로 사용하고 후천팔괘의 음양, 오행, 숫자, 괘상 등의 원리는 현공학을 운용하는 用으로 쓰인다.

중요한 것은 선천과 후천은 서로 왕래하는 개념이라는 것이다. 예를 들면 2와 7은 선천〔體〕에서는 火이다. 후천〔用〕에서는 2는 土로 7은 金으로 쓰인다. 따라서 2는 근본〔體〕은 火이면서 土로 쓰이고〔用〕, 7은 근본〔體〕은 火이면서 金으로 쓰인다〔用〕. 후천에서 火는 9火 하나뿐이다.

宮의 숫자 조합이 2와 7로만 되어 있을 때는 火라고 보지 않는다. 그러나 9를 만나게 되면 2와 7은 본래 가지고 있던 體의 火氣를 드러낸다. 여기에 4陰木이 불쏘시개가 되어 부추기면 화재가 난다. 2와 7은 단독으로 火가 되지 않지만 9를 보면 불의 성질이 발현되는 것이다. 여기에 추가하여 火를 북돋는 형기가 있고 연자백이나 월자백 또는 일자백에 2·4·5·7·9 같은 숫자가 이르면 해당되는 연월일시에 불이 난다. 이와 같이 선천과 후천의 특성을 이해하여 자유자재로 넘나들며 잘 응용하면 적중률을 높일 수 있다.

④ 구성(九星)과 구궁(九宮)

구성(九星)과 구궁(九宮)은 사람과 사물이 처해 있는 시간과 공간을 나타낸다. 1부터 9까지 9개의 숫자로 이루어진 구성(九星)은 시간을 나타낸다. 9개의 칸으로 이루어진 구궁(九宮)은 방위와 공간을 나타내며 구성이 머무는 장소이다. 현공학은 낙서의 1에서 9까지의 수를 시간을 상징하는 구성으로 사용하고, 낙서의 9개 칸을 공간을 상징하는 구궁으로 사용한다.

① 구성(九星)

고대의 천문학을 성상학(星象學)이라고도 한다. 28수〔宿〕의 운행 또는 괘(卦)가 대표하는 별자리, 별자리가 다른 별자리에 미치는 영향 등을 연구하는 학문이다. 옛 사람들은 북두칠성을 매우 중요하게 생각하였다. 북두칠성은 서로 떨어져 있는 7개의 별이지만, 천문을 관찰하면서 별과 별 사이를 보이지 않는 선으로 이어서 하나의 그림으로 만들어 낸 것이다. 『**역경**』에서 말하는 상(象)과 같은 것이다.

九星은 별을 의미하는 1부터 9까지의 숫자이다. 수와 색깔과 오행에 따라 각기 이름이 있으며 북두칠성에 배속된다. 북두칠성의 7개의 별에 좌보성과 우필성을 더하여 구성이 된다.

구성의 첫째 별 1은 색깔이 하얗고 오행으로는 **水**이며 탐랑성과 대응되므로, 일백수성(一白水星)이며 탐랑성(貪狼星)이라고도 부른다.

2는 이흑토성(二黑土星)이며 거문성(巨門星)이다.

3은 삼벽목성(三碧木星)이며 녹존성(祿存星)이다.

4는 사록목성(四綠木星)이며 문곡성(文曲星)이다.

5는 오황토성(五黃土星)이며 염정성(廉貞星)이다.

6은 육백금성(六白金星)이며 무곡성(武曲星)이다.

7은 칠적금성(七赤金星)이며 파군성(破軍星)이다.

8은 팔백토성(八白土星)이며 좌보성(左輔星)이다.

9는 구자화성(九紫火星)이며 우필성(右弼星)을 말한다.

'재수(財數)'란 '재물(財物)의 운수(運數)'의 줄임말이다. 수량이 많고 적음을 뜻하는 것이 아니라 '재물은 모두 1에서 9까지의 숫자의 운에 달려 있다.'는 의미이다. 재수뿐만 아니라 운수(運數), 신수(身數), 술수(術數)라는 말도 보면 '수(數)'와 관련이 있으니 숫자를 활용하여 풀어야 한다.

선현들은 별[星]을 숫자로 표현하였다. 현공풍수도 어떤 면에서는 숫자로 풀어내는 학문이다. 수(數)로 표현된 구성의 조합을 이용하여 시간과 공간의 이기(理氣)적인 길흉을 판단한다. 현공풍수에서 가장 중요한 것 중의 하나는 1~9까지 구성에 대한 정확한 이해이다.

(1) 구성의 의미

1白水星 _ 坎宮 _ 陽

달, 처음·시작, 구멍, 귀, 생식기, 임신, 물, 술, 中男을 의미한다. 坎괘는 감중련(坎中連 ☵)으로 가운데 효(爻)만 陽이며 인체에서 가운데인 배가 부른 모양이다. 신체로는 남자는 신(腎)으로 비뇨기나 생식기가 되고 여자는 자궁이 되어 임신을 주관하는 태신(胎神)이다. 실운하면 유산(流産)한다. 형기살(形氣殺)의 형태와 정도에 따라 낙태일 수도 있다.

2黑土星 _ 坤宮 _ 陰

땅, 평지(平地), 피부, 모든 질병, 위장, 배, 종이, 문서, 음모, 부인, 어머니를 의미한다. 좋을 때는 양처(良妻), 나쁠 때는 악처(惡妻)가 된다. 2運에 득운(得運)하면 천의(天醫)가 되어 건강하고 명의(名醫)가 나며 五行으로는 土이기 때문에 부자가 된다. 실운(失運)하면 남자는 홀아비가 되고 여자는 과부가 된다. 대개 과부는 2자로 된다. 2는 음수 중에서노 가상 강한 음수이다. 모든 질병은 2로 온다. 2가 5黃을 만나면 고치기 매우 어려운 암(癌), 불구나 난치병 같은 악질적인 질병이 된다.

3碧木星 _ 震宮 _ 陽

우레, 천둥과 번개, 진동, 지진, 소리[聲], 가수, 長男, 다리, 거목, 몽둥이,

玄空風水 高手秘訣

증오, 투쟁, 오해, 소송, 전쟁의 신 치우(蚩尤), 간, 차량, 음란, 龍을 의미하는 별이다.

3震은 凶象일 때에는 '치우(蚩尤)' 또는 '적성(賊星)'이다. 치우는 동이족(東夷族)이며 전쟁의 신으로 일컫는 인물이다. 구리로 된 머리와 철로 된 이마를 가졌고 머리에는 긴 뿔로 장식하였으며 중국의 황제헌원(黃帝軒轅)과 싸운 신으로 매우 모질고 사나웠다고 한다. 우리나라 축구 응원단인 '붉은 악마'는 치우신에서 유래한 것이다. 흉할 때는 火氣로 설기(泄氣)해야 한다.

4祿木星 _ 巽宮 _ 陰

바람, 장녀, 현모양처, 젊고 화려하고 육체적인 여자, 작은 나무, 화초, 덩굴, 밧줄, 불쏘시개가 될 수 있는 나무, 色, 性, 주식, 도박 등을 의미한다. 문곡성(文曲星)·문창성(文昌星)으로 文氣가 있는 吉星이다. 득운하여 운이 좋을 때는 주식으로 돈을 벌 수도 있지만, 실운하거나 불합국(不合局) 시에는 주식이나 도박으로 한순간에 모든 것을 날린다. 4巽風 바람에 쓸려 순식간에 남는 것이 없게 되기 때문이다.

5黃土星 _ 中宮

5는 陰數도 아니고 陽數도 아니지만, 5運 合局을 제외하면 통상적으로 陰數로 해석한다.

5는 당운에는 당운수(當運數)의 음양(陰陽)을 따른다. 즉, 8運에는 8이 양(陽)이므로 陽으로 보고 7運에는 7이 음(陰)이므로 陰으로 해석한다.

5黃은 부모, 형제, 처자 등 육친(六親)에 배속되지 않으며, 때로는 황제나 귀신으로도 풀이된다. 九星 중에 5黃 염정성(廉貞星)은 가장 흉한 성요이다. 지구로 표현하면 지구 가운데 액체 상태로 된 마그마이다. 터지면 화산

분출이 된다. 또한 벌집으로도 비유되므로 건드리면 손해가 난다.

5는 질병의 숫자이다. 염증, 암, 불치병, 피고름, 기형(畸形)을 의미한다. 5는 5運을 제외하고는 모든 운에서 매우 악질적이다. 결합하는 숫자에 따라 질병의 종류가 달라진다. 예를 들어 〈**52**〉는 위암이다.

홀아비는 5자나 6자 때문에 발생한다. 5는 원래 자리가 中宮으로 최고의 위치를 뜻하므로 家長이 되고 6乾은 老父이기 때문이다.

6白金星 _ 乾宮 _ 陽

하늘, 머리, 아버지, 좋으면 군자 나쁘면 소인배, 말〔馬〕 등의 象이 있다. 무(武)를 뜻하지만 권력과 권위를 나타내기도 한다. 1·6·8 삼길수(三吉數) 중의 하나이며 기본적으로 吉한 숫자이다. 그러나 6은 함께 배합되는 숫자에 따라 길흉이 달라진다. 일반적으로 1과 만나면 吉이고 8과 만나면 상황에 따라 다르며 9를 만나면 火剋金으로 흉이다.

7赤金星 _ 兌宮 _ 陰

연못, 기쁨, 소녀, 입〔입술, 혀도 포함〕에서 폐까지, 폐, 대장, 금속, 금전, 가수, 역학·명리학 등을 의미한다. 득운(得運)하면 발재왕정(發財旺丁)하고 무(武)로 인해 귀(貴)해진다. 변호사·법관(法官)·미녀(美女)·명의(名醫)가 나오는 이유는 7金이 관성(官星)이기 때문이다. 참고로 변호사는 9도 된다. 실운(失運)하면 횡사, 화재, 구설시비, 폐병, 농아, 파재, 음란, 형살, 감옥에 가는 의미가 있다. 7金은 입술에서 폐까지의 질병이 되는데, 구체적으로 어떤 질병인지는 신체에서 약한 쪽으로 문제가 발생한다. 사주나 관상 등을 겸하여 감정하면 더욱 정확한 감정을 할 수 있다. 7은 시비구설(是非口舌)이 된다. 7은 선천으로는 火이고, 후천으로는 金이다. 7이 실운하면 화재가 나기도 하는데, 후천 9火가 결합되면 더욱 더 확실해진다.

8白土星 _ 艮宮 _ 陽

산, 튀어나온 것, 척추, 관절, 少男, 뇌, 머리, 손가락, 발가락, 왼쪽다리 등을 뜻한다. 득운(得運)하면 충의효량(忠義孝良), 부귀면원(富貴綿遠), 수명장수(壽命長壽), 변혁(變革) 등의 뜻이고 실운(失運)하면 콧병, 척추병, 곱추, 난장이, 머리울림, 우울증, 정신병, 손·발가락병 등이 발생한다.

머리울림〔頭鳴〕병이 생기는 이유는 선천과 후천이 서로 통하기 때문이다. 8艮은 6乾〔머리〕과 통하고, 3震〔진동, 울림〕은 8艮과 통한다.

9紫火星 _ 離宮 _ 陰

중녀, 경사, 출산, 열림, 눈, 광명, 정신, 심장, 소장, 불, 화약, 화재, 사랑, 욕정, 화려한 꽃, 아름다움〔美〕, 적색, 빠름, 하늘, 높은 곳, 비행기 등의 象이 있다. 9의 속성 중 아름다움이나 미인은 9가 배속된 離卦가 이허중(離虛中☲)으로 가운데 부분이 陰으로 되어 허리가 날씬한 모양이기 때문이다. 득운하면 경사(慶事), 수명장수하며, 中女나 中男 등 中房이 잘 된다. 실운하면 정재양패, 심장병, 소장병, 화병, 토혈, 목질, 난산, 화재, 화상, 음란, 절손(絕孫), 교통사고가 난다. 9紫가 생왕(生旺)한 때에는 홍란성(紅蘭星)으로 기쁨이나 즐거움을 뜻하고, 실령시에는 곡읍성(哭泣星)으로 슬픔을 뜻한다.

9는 진짜 불이 날 수도, 화상을 입을 수도, 가슴에 불이 붙어 바람이 나거나 연애를 할 수도 있다. 9火는 성질이 급하다. 나쁜 일이 생기면 갑작스럽게 생긴다. 현대에서 대표적인 것은 교통사고이다. 적색, 빨간색이며, 피가 보이는 사고나 피를 토하는 폐병도 포함된다. 9로 인해 눈에 문제가 있을 때는, 9에 배합되는 조합수나 연자백, 또는 형살(形殺)의 정도에 따라 안질이 날지, 눈을 다칠지, 실명할지 등이 결정된다. 질병일지 사고가 날지 그리고 경중(輕重)은 어떠할지가 달라진다.

구성은 그 자체로 吉하거나 凶함이 있다. 종의명(鐘義明) 선생은 『**현공지리총담**玄空地理叢譚』 1권에서 구성의 길흉은 一白·六白·八白은 三吉星이고, 二黑·三碧은 小凶星이며, 五黃·七赤은 大凶星이고 四綠·九紫는 半凶半吉星이라고 설명하였다.

(2) 구성의 조합

서로 다른 별이 만나 일으키는 작용의 의미를 숫자로 표현한 것이 성요조합(星曜組合)이다. 기본적으로 좋은 숫자와 숫자조합이 있으며, 이들이 서로 相生하면 吉하고 相剋하면 凶하다. 삼길수, 연성수, 정배조합, 합십조합 등은 길한 조합이고 투우살, 천심살, 교검살 등의 조합은 흉한 조합이다. 이들 조합이 어떤 형태와 강도로 발응할지는 형기(形氣)를 감안해서 해석한다.

◉ 길수(吉數)와 길수조합

❶ **1 · 6 · 8** 삼길수(三吉數)

❷ 〈**16**〉·〈**27**〉·〈**38**〉·〈**49**〉로 연성수(聯星數)가 될 때

❸ 〈**19**〉·〈**26**〉·〈**34**〉·〈**78**〉의 정배(正配)조합

❹ 〈**19**〉·〈**28**〉·〈**37**〉·〈**46**〉의 합십(合十)조합

❺ 富를 주는 조합은 〈**68**〉토금상생(土金相生, 현금부자)과 〈**92**〉·〈**98**〉 화토상생(火土相生, 土地부자) 조합이 대표적이다.

❻ 貴를 가져오는 조합은 〈**39**〉·〈**49**〉목화상생(木火相生)과 〈**13**〉·〈**14**〉 수목상생(水木相生)조합이다.

❼ 공부를 잘하고 시험운에 좋은 〈**14**〉水生木조합, 특별승진이나 선거로 출세하는 〈**16**〉金生水 조합, 부자나 대부호가 되는 〈**68**〉, 경사스러운 일·결혼·취직·출생·장수를 의미하는 〈**89**〉 조합은 모든 운에서 다 좋다. 8運에 〈**88**〉·〈**89**〉·〈**81**〉·〈**91**〉도 아주 좋은 성요조합이다.

◉ 흉수(凶數)와 흉수조합

❶ 5는 5運을 제외하고는 흉하다. 각 숫자의 질병이 2나 5를 만나면 심각한 질환이 된다.

❷ 투우살(鬪牛殺) ☞ 〈23〉·〈24〉 木剋土조합이다. 시비구설수, 민사재판, 모자불화(母子不和), 모녀불화(母女不和)의 象이다.

❸ 천심살(穿心殺) ☞ 〈63〉·〈64〉·〈73〉·〈74〉 金剋木 조합으로, 득운하지 못하면 특별히 흉한 조합이 된다. 이 중에서도 〈73〉은 구궁에서 서로 마주보는 위치에 있기 때문에 더욱 흉하다.

❹ 교검살(交劍殺) ☞ 〈67〉 金金 조합으로, 싸움이나 전쟁·살인·형제간의 싸움을 의미한다. 칼과 칼이 부딪치는 격으로 살벌한 분위기를 만들고 심하면 횡화(橫禍)를 당하기도 한다.

(3) 성요조합의 해석

❶ 득운(得運)이면 吉이고 실운(失運)이면 凶이다. 득운한 數를 왕기(旺氣)·생기(生氣)·차생기(次生氣)·보좌기(輔佐氣)라 하고, 실운한 數를 퇴기(退氣)·사기(死氣)·살기(殺氣)라 한다.

❷ 득운했어도 형기가 따라주어야 眞吉이다. 좌향과 시운에 따른 사국(四局)이 합국(合局)으로 비성이 生·旺氣라도 형기가 맞아야 眞吉이다. 득운한 길수조합도 충살, 흉악한 살성 등 형기살이 있으면 그 격이 떨어진다.

❸ 衰·死氣로 失運했어도 형기가 없으면 假凶이다.

❹ 음양이 상배하여야 격이 높다. 조합숫자가 陽陽이면 홀아비가 되거나 폭력사태가 발생한다. 陰陰조합이면 女權우세, 음란, 질병, 귀신발동 등이 발생한다.

❺ 4괘호교(四卦互交)의 이치를 잘 해석하여야 한다. 4괘호교란 향성(向星)·산성(山星)·운반(運盤)·원단반(元旦盤)이 서로 교류하고 조합하는

것을 말한다. 이 중에서 향성과 산성의 조합이 가장 중요하다.

❻ 가장 좋은 때는 득운했을 때, 음양이 상배하여 조화와 균형을 이루었을 때, 그리고 서로 상생해 줄 때이다.

성요조합을 좋게 해석하려면, 合局이어야 하고 길수(吉數)조합에 맞는 형기가 있어야 한다. 반면, 성요조합이 흉하여도 그에 따른 산수(山水)가 없으면, 흉함은 잠재되어 있지만 당장 드러나지는 않는다. "길흉회린은 움직일 때에 나타난다_吉凶悔吝者 生乎動者也."라는 〈괘사전〉의 말을 기억하자. 좋은 것도 나쁜 것도 動하게 하는 것이 있거나 動하게 하는 시기가 올 때 비로소 길흉이 발현된다.

성요조합에 대한 더욱 자세한 설명은 〈부록 ⑩ 성요조합풀이(435페이지)〉를 참고하기 바란다.

『역학』에는 의리역학(義理易學)과 상수역학(象數易學)이 있다. 『주역』의 사상과 도덕을 바탕으로 사물의 윤리적 의의를 설명하는 것이 의리역학이고, 『주역』 64괘의 象과 數를 활용하여 미래의 운을 예측하는 것은 상수역학이다.

현공풍수는 상수역학의 한 갈래로서, 좌향에 따른 구성(九星)을 구궁팔괘(九宮八卦)에 배지하여 그 의미와 속성을 참고하여 길흉을 판단한다. 구성 각각의 함의와 다양한 성질을 이해하고 구성이 두 개 이상 서로 조합되었을 때의 의미를 파악해 내는 것이 매우 중요하다.

【구성(九星)과 색상(色相)】

구성	오행	색 상	
		전 통	현 대
1	水	白	검정색
2	土	黑	황색, 갈색
3	木	碧	벽색(碧色), 짙은 청색
4	木	祿	녹색, 옅은 청색
5	土	黃	황색, 갈색
6	金	白	백색, 황금색, 은색
7	金	赤	백색, 황금색, 은색
8	土	白	황색, 갈색
9	火	紫	적색, 자색

【 구성(九星)의 길흉과 함의(含意) 】

九星	八卦	名稱	吉凶		異名	吉凶象
1 白水	坎	貪狼 탐랑	吉	得	牙笏아홀 胎神태신	少年科甲소년과갑　名播四海명파사해 聰明知慧男子총명지혜남자
				失	淫佚음일	刑妻형처　瞎眼할안　夭亡飄蕩요망표탕
2 黑土	坤	巨門 거문	小凶	得	天醫천의	發田財발전재　旺人丁왕인정　武貴무귀 陰謀鄙吝음모비린
				失	病符병부 寡婦과부	寡婦과부　難産난산　腹病복병　惡疾악질
3 碧木	震	祿存 녹존	小凶	得	諸侯제후	財祿豊盈재록풍영　興家創業흥가창업 成均館성균관　　　長房大旺장방대왕
				失	蚩尤치우 賊星적성	刑妻형처　中風중풍　官訟是非관송시비
4 綠木	巽	文曲 문곡	平	得	文星문성	文章名世문장명세　科甲聯芳과갑연방 女美而貴미녀이귀
				失	淫蕩음탕	中風, 自殺, 淫蕩, 破家, 漂流滅絶
5 黃土	中宮	廉貞 염정	大凶	得	巨富거부	驟發취발　旺丁왕정　極貴극귀　極富극부 奇人기인　聖賢仙佛성현선불
				失	溫疫온역	災殃재앙　孟仲官訟맹중관송 季子昏迷痴獃계자혼미치애
6 白金	乾	武曲 무곡	吉	得	官星관성 靑龍청룡	權威震世귀위진세　武職勳貴무직훈귀 巨富多丁거부다정
				失	鰥夫환부	刑妻孤獨형처고독　寡母守家과모수가
7 赤金	兌	破軍 파군	大凶	得	天喜천희	發財旺丁발재왕정　武途仕宦무도사환 小房發福소방발복
				失	刑曜형요	盜賊離鄕도적이향　役軍橫死역군횡사 牢獄뇌옥　口舌구설　火災화재　損丁손정
8 白土	艮	左輔 좌보	吉	得	魁星귀성	孝義忠良효의충량　富貴綿遠부귀면원 小房洪福소방홍복
				失	善曜선요	小口損傷소구손상　膨脹팽창
9 紫火	離	右弼 우필	平	得	紅鸞홍란	文章科第문장과갑　驟至榮顯취지영현 中房受蔭중방수음
				失	哭泣곡읍	吐血토형　目疾목질　産死산사　回祿회록 官災관재

_출처 ☞ 최명우(崔明宇),『현공풍수의 이론과 실제』

玄空風水 高手秘訣

② 구궁(九宮)

九宮은 洛書에 있는 9개의 칸이다. 宮은 위치나 방위를 의미한다.

【洛書九宮圖】

4	9	2
3	5	7
8	1	6

낙서의 구궁도는 氣의 흐름을 보여준다. 눈에 보이지 않는 氣를 파악하는데 구궁 숫자 체계를 이용한다.

구궁은 구성이 순회하는 공간이다.

구궁에는 동·서·남·북의 사정방(四正方)과 동북·동남·서남·서북의 사유방(四維方)에 중앙을 더하여 9개의 방위가 있다.

구궁에 들어가는 구성 숫자는 시간이 변화함에 따라서 배열이 바뀐다.

【九宮의 名稱】

巽宮 ☴	離宮 ☲	坤宮 ☷
震宮 ☳	中宮	兌宮 ☱
艮宮 ☶	坎宮 ☵	乾宮 ☰

각 宮은 후천팔괘를 이용하여

중궁(中宮) ☞ 중앙

감궁(坎宮) ☞ 북쪽

간궁(艮宮) ☞ 동북쪽

진궁(震宮) ☞ 동쪽

손궁(巽宮) ☞ 동남쪽

이궁(離宮) ☞ 남쪽

곤궁(坤宮) ☞ 서남쪽

태궁(兌宮) ☞ 서쪽

건궁(乾宮) ☞ 서북쪽이라고 부른다.

玄空風水 高手秘訣

현공풍수는 낙서구궁에 九星과 八卦를 배치하여 九宮의 조합수(組合數)인 애성(挨星)을 추리(推理)함으로써, 시공간의 에너지 상태를 해석하고 길흉화복을 추단하는 학문이다.

후천팔괘와 구성의 물상(物象)과 속성(屬性)에 대해 깊이 이해할수록 더 정교하고 정확한 풍수 감정을 할 수 있다.

【九星과 後天八卦】

四綠木星 ☴	九紫火星 ☲	二黑土星 ☷
三碧木星 ☳	五黃土星 中宮	七赤金星 ☱
八白土星 ☶	一白水星 ☵	六白金星 ☰

【九星과 後天八卦의 의미와 속성】

八卦 九星	명칭	오행	九宮	24坐 陰陽	三元龍	卦象	음양	계절(節氣)	인물	방위	동물	속성	인체	오장육부 五臟六腑	질병
☵ 1白	貪狼 탐랑	陽水	+坎	壬+ 子- 癸-	地天人	水	中陽	冬(冬至)	中男	북	猪	陷	耳	신장 子宮 血, 구멍	신장병 성병 耳病
☷ 2黑	巨門 거문	陰土	-坤	未- 坤+ 申+	地天人	地	老陰	夏秋間(立秋)	老母	서남	牛	順	腹	비장 피부 복부	위장병 피부병
☳ 3碧	祿存 녹존	陽木	+震	甲+ 卯- 乙-	地天人	雷	太陽	春(春分)	長男	동	龍	動	足	간, 담낭 발, 성대 인후	간담병 足傷
☴ 4綠	文曲 문곡	陰木	-巽	辰- 巽+ 巳+	地天人	風	太陰	春夏間(立夏)	長女	동남	鷄	入	股	肝(간) 乳(유)	간담병 중풍
5黃	廉貞 염정	土	中宮							중앙			神經	內臟(내장)	전염병 암 염증
☰ 6白	武曲 무곡	陽金	+乾	戌- 乾+ 亥-	地天人	天	老陽	秋冬間(立冬)	老父	서북	馬	建	首	左肺 腦(뇌) 骨(골)	骨病 두통 뇌질환
☱ 7赤	破軍 파군	陰金	-兌	庚+ 酉- 辛-	地天人	澤	少陰	秋(秋分)	少女	서	羊	悅	口肺	右肺 치아 기관지 大腸	호흡기 폐질환 구강병
☶ 8白	左輔 좌보	陽土	+艮	丑- 艮+ 寅+	地天人	山	少陽	冬春間(立春)	少男	동북	狗	止	手	척추,배, 관절,코, 등과 허리	척추병 관절염 콧병
☲ 9紫	右弼 우필	陰火	-離	丙+ 午- 丁-	地天人	火	中陰	夏(夏至)	中女	남	雉	附	目	심장, 눈, 소장, 혈액, 혈압	눈병 심장병 火傷

5 음양오행론(陰陽五行論)

　　동양학에서는 우주의 본원(本源)을 기(氣)라 한다. 氣는 어느 곳이든 없는 곳이 없고[無所不在] 새로 생기거나 없어지지도 않는 불생불멸(不生不滅)이며, 시작도 끝도 없는 무시무종(無始無終)한 것이다. 氣가 만물을 형성하고 작용하는 것은 음양과 오행의 법칙에 의해 이루어진다.

　　음양오행사상은 동양학이 세상을 해석하는 가장 기본적인 원칙이다. 모든 동양학이 음양오행사상에 뿌리를 내리고 있고 풍수지리학 역시 음양오행에 근본을 둔다.

　　한민족 최대의 문화적 성과인 훈민정음 창제의 기본적 논리 구조를 이루고 있는 것도 음양오행사상이다. 훈민정음 창제의 제자해(制字解)를 보면 "천지의 도(道)는 오직 음양오행일 뿐이다."라고 하였고, "곤괘(坤卦)와 복괘(復卦)의 사이가 태극이 되며 동(動)하고 정(靜)한 후에 음양이 된다."며 역리(易理)가 훈민정음의 기본 원리가 됨을 밝히고 있다.

　　음양(陰陽)과 오행(五行)은 원래 서로 상관이 없는 두 개의 관념이었지만 은(殷 ☞ BC 1600~BC 1046) 주(周 ☞ BC 1046~BC 771) 교체기를 지나면서 오행이 적극적으로 음양과 결합함으로써 체계적인 이론이 되었다. 음양오행사상은 고대 천문학, 의학, 화학의 발전에 큰 영향을 미쳤다. 고대의 과학자들은 음양과 오행을 상이한 성질을 가진 물질적 원소로 파악하여 물질의 구성을 설명하기도 하였고 음양오행의 상호작용을 통해서 물질현상의 상호연관을 설명하기도 하였다. 음양과 오행의 결합, 그리고 오행의 상생상극설을 완성한 인물은 중국 전국시대(戰國時代) 후기 사상가인 추연(鄒衍)이라고 알려져 있다.

남회근 선생은 『**역경잡설**易經雜說』에서 "역경의 문화는 상고시대의 중원(中原)문화, 즉 산서(山西)와 하남(河南) 일대의 문화가 발전한 것이며, 음양오행의 문화는 황제나 복희시대 문화와 마찬가지로 황하 하류인 북경이나 하북(河北) 일대의 문화로 역경문화에 비해 보다 더 오래된 문화라 할 수 있다."라며 음양오행론의 역사가 매우 오래되었음을 언급하였다.

고대 천문가들은 대부분 점술가들로, 음양오행론을 발전시키고 활용한 선구자들이었다. 이들은 음양오행을 통해서 하늘[天]과 인간의 관계를 보다 구체화시켰으며, 그에 입각하여 천인(天人)의 감응을 강조하였다

---

1 음양론(陰陽論)

음양은 만물을 낳는 우주의 두 가지 기본적인 원소이다. 음양의 변화와 활동은 우주만물의 창조와 변화를 해석할 수 있는 대원칙이다.

음양(陰陽)의 원리는 햇빛이 비치는 언덕을 관찰한 데에서 나왔다고 한다. 햇빛이 비치는 밝고 따뜻한 쪽은 양(陽)이고, 어두운 반대쪽은 음(陰)이다.

모든 사물은 음양으로 나눌 수 있다. 자연계에서 태양·불·하늘·용·빨강·남쪽·홀수·왼쪽 등은 陽에 속하고, 달·검정·북쪽·짝수·오른쪽 등은 陰에 속한다. 또한 존귀·남자·임금·부친·남편 등은 陽에 속하고, 비천·여자·신하·딸·아내 등은 陰에 속한다. 陽의 성질은 남성적이고 활동적이며 창조적이고 밝고 딱딱하다. 陰의 성질은 여성적이고 수동적이고 감성적이며 고요하고 어둡고 부드럽다.

『**주역**周易』을 연구하는 학자들은 음양학설을 한층 더 체계화하였다. 음양은 우주 사이에 존재하는 두 가지 모순된 힘과 속성으로서 그 성격을 논할

때, 강한 것·움직이는 것·더운 것·위에 있는 것·건강한 것·외향적인 것 등은 陽에 속하고, 유연한 것·조용한 것·차가운 것·아래에 있는 것·연약한 것·내향적인 것 등은 陰에 속한다. 『**주역**周易』에 나오는 "일음일양지위도_一陰一陽之謂道"는 우주 간에 모든 것은 一陰一陽하는 법칙이 있다는 뜻이다.

음양의 특성은 상호대립(相互對立)·상호의존(相互依存)·상호전화(相互轉化)한다는 것이다.

남자가 있으면 반드시 여자가 있고, 앞면이 있으면 반드시 뒷면이 있기 마련이다. 男女, 大小, 天地, 明暗, 動靜 등 양이 있으면 상대적으로 음이 존재하게 된다.

모든 사물이 그 내부에 두 가지 서로 대립적인 면을 공유하고 있는 것도 음양이 상호대립(相互對立)하는 특성이다. 음양의 비율이나 상황에 따라 발현되는 양상이 다르게 나타날 뿐이다.

물이 수챗구멍으로 빠지는 것을 보면 한 방향으로만 운동하지 않는다. 시계방향으로 회전하다가, 찰나의 순간 멈췄다가, 다시 방향을 바꾸어 운동한다. 이 같은 현상은 행성의 운동에서도 볼 수 있다. 五星은 서쪽에서 동쪽으로 순행(逆行)운동을 하다가 어떤 시기가 되면 순방향 운동을 하지 않고 멈춰 있는 것처럼 보인다. 그러다가 다시 동쪽에서 서쪽으로 움직이는 역행(逆行)운동을 한다. 주기적으로 운동방향이 바뀌는 것이다. 이것은 모두 음과 양이라는 상반된 힘이 함께 존재하기 때문에 보이는 현상이다.

상호의존(相互依存)은 한쪽이 있어야 다른 쪽도 있고, 이편이 없으면 다른 편도 없다는 말이다. 산은 스스로 생긴 것이 아니고 물이 계곡을 만들어 주었기 때문에 생긴 것이고, 물 역시 산이 솟았기 때문에 계곡으로 흐를 수 있게 된다.

마지막으로는 상호전화(相互轉化)하는 성질인데, 음이 극에 달하면 양이 생기고[陰極陽] 양이 극에 달하면 곧 음으로 향하는[陽極陰] 특징을 갖는다.

이렇게 음양은 우주만물의 운동이나 변화를 낳는 원인으로 인식되던 것에서부터 출발하여, 사물 내부에 존재하는 두 가지 힘의 대립과 통일적 관계나 내재적 모순을 파악하는 변증법적 사유의 논리적 과정을 설명하는 이론으로 발전하였다.

음과 양은 평등하며 비록 정과 반의 관계이지만 서로 조화함으로써 균형을 유지한다. 한의학의 보사법(補瀉法)도 음양의 원리를 이용한 것이다. 인체의 음양이 평형을 이루면 건강하고 평형이 깨지면 질병이 생긴다. 부족하면 '보(補)' 해 주고, 지나치면 '사(瀉)' 해 주어 균형을 맞추어 주는 치료법이다.

음과 양이 조화되어 지나치거나 모자라지 않으면 가운데[中]에 있게 되므로 만물은 오래 유지할 수 있으며 '알맞은 방법' 즉 중도(中道)를 얻을 수 있다. 중도를 터득한 사람은 만사를 뜻대로 이룬다.

음양은 경쟁하는 관계가 아니라 조화하는 관계이다. 이를 잘 표현한 말이 『설심부雪心賦』와 『현기부玄機賦』에서 말한 "고양불생_孤陽不生 독음부장_獨陰不長"이다. 陽 하나만으로는 낳을 수 없고, 陰 하나만으로는 성장하게 할 수 없다. 모든 만물은 음양의 교구에 의해 생겨나며 음양의 조화(調和)로 길러진다. 음양이 화합하여 합쳐지면 길[合者爲吉]하다. 산이 물을 만나는 곳에서 穴이 맺힌다. 陰인 산을 여자로, 陽인 물을 남자로 비유하면 남녀가 만나야 생명이 잉태되는 것과 같다.

『도천보조경都天寶照經』〈중편(中篇)〉에 이르기를 "산수에도 음양이 있는데 산은 음이고 물은 양이다_陰山陽水."라고 하였다.

玄空風水 高手秘訣

『청오경靑烏經』에서는 "음과 양이 서로 합해지고 하늘과 땅이 서로 통하면 내기는 생명을 싹틔우고 외기는 그 형체를 이룬다. 내기와 외기가 서로 의지하는 곳에 풍수는 저절로 이루어진다_陰陽符合天地交通 內氣萌生外氣成形 內外相乘風水自成."고 하였다.

『장서葬書』에서는 "대개 음양의 기는 내쉬면 바람이 되고, 올라가면 구름이 되고, 내려오면 비가 되며, 땅속으로 다니면 생기가 된다_夫陰陽之氣 噫而爲風 升而爲雲 降而爲雨 行乎地中 則而爲生氣."고 하였다. 이 구절은 땅 속에 있는 생기의 원천은 陰陽의 氣이며, 氣는 순환한다는 의미이다.

태양계 내의 모든 물리법칙은 음양이 마찰함으로써 생긴다. 음양은 사물을 변화시킨다. 『주역』은 "강유가 서로 밀어 변화가 생긴다_剛柔相推而生變化."라고 하였다. '강유(剛柔)'란 음양이다. 剛은 陽이고 柔는 陰이다. 세상의 모든 변화는 음양의 상호작용에서 일어난다. 『주역』은 음양사상의 상징체계이며 64괘는 우주와 인생의 모든 음양변화를 포함하고 있다. 음양은 천지의 道이며, 변화의 어머니이고, 삶과 죽음의 근본이 된다.

② 오행론(五行論)

옛 사람들은 만물을 구성하는 모든 것들은 오행(五行), 즉 木·火·土·金·水의 다섯 가지 요소 또는 다섯 가지 기(氣)로 이루어졌으며, 또한 우주에 존재하는 모든 사물들은 다섯 종류로 나뉘어서 오행 속에 편입된다고 생각하였다.

이들은 서로 낳고 살리고 북돋아주면서 상생(相生)하거나, 누르고 이기고 억제하면서 상극(相剋)하는 관계로 상호 연결된다. 생극(生剋)이 균형을 이루어야 사물은 평형을 유지하고 생명을 지속해 갈 수 있다.

아래는 오행의 상생상극도(相生相剋圖)이다.

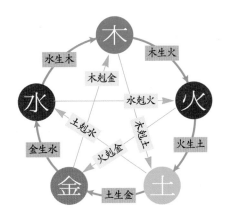

상생관계란 **금생수**(金生水), **수생목**(水生木), **목생화**(木生火), **화생토**(火生土), **토생금**(土生金)이다.

상극관계란 **금극목**(金剋木), **목극토**(木剋土), **토극수**(土剋水), **수극화**(水剋火), **화극금**(火剋金)을 말한다.

오행의 방위는 木은 東이요, 火는 南, 土는 中央, 金은 西, 水는 北이다.

오행은 천문을 관찰한 결과이기도 하다. 태양계의 행성들은 망원경이 발명되기 전에는 동양이나 서양 모두, 수성·화성·목성·금성·토성 등 5개만 알려져 왔다. 이들은 밤하늘에서 맨눈으로 확인할 수 있는 행성들이다. 여기에 태양과 달을 합하여 일월오성(日月五星)이라고 부르며, 지상에 영향을 미치는 중요한 일곱 천체라는 뜻으로 '칠정(七政)'이라고도 한다. 조선 세종 때에 편찬된 『**칠정산**七政算』은 일곱 천체의 운행을 계산하는 방법에 관한 책이다.

풍수고전 『**장서**葬書』에는 부모와 자손이 감응하는 원리에 대해 설명하는 부분이 있다. "장사(葬事)는 생기를 탄다. 다섯 가지의 기가 땅 속을 다니다가 부모의 몸이 기운을 받으면 자녀들이 음덕을 입는다. 사람은 부모로부터 몸을 받는

다. 땅 속에 묻힌 부모의 몸이 생기를 받으면 자손도 복을 받게 된다_葬者乘生氣
也 五氣行乎地中 人受體於父母 本骸得氣 遺體受蔭 經曰氣感而應 鬼福及人."에서
땅 속을 다니는 다섯 가지의 氣가 '생기(生氣)'라며 오행을 언급하고 있다.
저자 곽박(郭璞)이 활동했던 시기 이전부터 풍수에 오행이 접목되어 활용되
어 왔다는 것을 알 수 있다.

현공풍수에서 성요조합의 해석은 오행의 생극제화(生剋制化)를 기본으로 한
다. 단순하게 상생은 좋고 상극은 흉한 것으로만 판단하는 것은 너무 단편적이
다. 오행의 상생상극(相生相剋)은 그렇게 간단하지가 않다. 논어에 나오는 '과
유불급(過猶不及)'이란 말처럼 무엇이든지 너무 지나치면 오히려 모자란 것만
못하다.

명리학으로 유명한 서락오(徐樂吾) 선생의 『**자평진전평주**子平眞銓評註』에
나오는 음양생극론(陰陽生剋論)은 상생과 상극에 대해 다음과 같이 설명하고
있다.

金生水로 相生하지만 金이 태과(太過)하면 금다수탁(金多水濁)하니 오히려
　　물만 탁해지고,

水生木으로 相生하지만 水가 태과하면 수다목표(水多木漂)하여 나무가 떠
　　내려가고,

木生火로 相生하지만 木이 태과하면 목다화식(木多火熄)으로 오히려 불이
　　꺼지며,

火生土로 相生하지만 火가 태과하면 화다토초(火多土焦)로 강한 불에 땅이
　　그을리고,

土生金으로 비록 相生하지만 土가 태과하면 토다금매(土多金埋)하여 金이
　　땅 속 깊은 곳에 매몰되어 버리게 된다.

【 오행분류표(五行分類表) 】

분류 / 五行	木	火	土	金	水
自然界 天干천간	甲+ 乙-	丙+ 丁-	戊+ 己-	庚+ 辛-	壬+ 癸-
地支지지	寅+ 卯-	午+ 巳-	辰戌+ 丑未-	申+ 酉-	子+ 亥-
五方오방	東·東南	南	中央·西南·東北	西·西北	北
五數 선천	3·8	2·7	5·10	4·9	1·6
오수 후천	3·4	9	2·5·8	6·7	1
五宮오궁	靑龍(청룡)	朱雀(주작)	黃龍(황룡)	白虎(백호)	玄武(현무)
五味오미	酸(실 산)	苦(쓸 고)	甘(달 감)	辛(매울 신)	鹹(짤 함)
五化오화	生(날 생)	長(길 장)	化(될 화)	收(거둘 수)	藏(저장할 장)
五色오색	靑(청)·綠(녹)	赤(적)·紅·紫	黃(황)	白(백)·金(금)	黑(흑)
五音오음	角(각) 가·카	徵(치) 나·다·라·타	宮(궁) 아·하	商(상) 사·자·차	羽(우) 마·바·파
五季오계	春(춘)	夏(하)	長夏(장하)	秋(추)	冬(동)
五氣오기	風(풍)	暑(더울 서)	濕(습할 습)	燥(마를 조)	寒(찰 한)
五象오상	直(곧을 직)	尖(뾰족할 첨)	方(모 방)	圓(둥글 원)	曲(굽을 곡)
五牲오생	羊(양 양)	鷄(닭 계)	牛(소 우)	犬(개 견)	豕(돼지 시)
助運인형	새끼고양이·토끼	말·거북·뱀	양·용·개·소	원숭이·참새	작은 돼지· 미키마우스
五蟲오충	鱗(비늘 린)	羽(깃털 우)	裸(벗을 라)	毛(털 모)	介(껍질 개)
五穀오곡	麻(삼 마)	麥(보리 맥)	米(쌀 미)	黍(기장 서)	豆(콩 두)
五辰오신	星(성)	日(일)	地(지)	宿(별 수)	月(월)
五器오기	規(규)	衡(저울 형)	繩(먹줄 승)	矩(곡척 구)	權(저울추 권)
五臭오취	膻(누린내 단)	焦(그을릴 초)	香(향기 향)	腥(비릴 성)	朽(썩을 후)
助運物品 조운물품	분재·꽃·책· 녹수정	붉은꽃·금강석· 자수정·뾰족한 물건	도자기·황옥· 황수정	금속·백수정· 유리·길조(吉鳥)	어류·배· 선상용품·남수정
人事社會 五臟오장	肝(간)	心(심)	脾(비)	肺(폐)	腎(신)
六腑육부	膽(담)	小腸(소장)	胃腸(위장)	大腸(대장)	膀胱(방광)
形體형체	筋(근)	脈(맥)	肉(육)	毛皮(모피)	骨(골)
情志정지	怒(성낼 노)	喜(기쁠 희)	思(생각 사)	悲(슬플 비)	恐(두려울 공)
變動변동	握(쥘 악)	嘔(노래할 구)	噦(새소리 홰)	欬(기침 해)	慄(여물 율)
五官오관	目(눈 목)	舌(혀 설)	口(입 구)	鼻(코 비)	耳(귀 이)
五聲오성	呼(부를 호)	笑(웃을 소)	歌(노래 가)	哭(울 곡)	呻(신음할 신)
五神오신	魂(넋 혼)	神(정신 신)	意(뜻 의)	魄(형체 백)	志(마음 지)
五液오액	淚(흐를 루)	汗(땀 한)	涎(침 연)	涕(눈물 체)	唾(침 타)
五事오사	視(볼 시)	言(말씀 언)	思(생각 사)	聽(들을 청)	貌(얼굴 모)
五政오정	寬(너그럴 관)	明	恭(공손할 공)	力	靜(고요할 정)
五性오성	仁(인)	禮(예)	信(신)	義(의)	智(지)

_출처 ☞ 최명우(崔明宇), 『현공풍수의 이론과 실제』

6 천간(天干)과 지지(地支)

풍수에서 坐向은 천간(天干)과 지지(地支)로 표시한다. 천간과 지지는 은대(殷代)의 갑골문자에서도 흔적을 찾을 수 있을 만큼 오랜 역사를 가지고 있다.

천문학(天文學)의 발전이 최고도에 이르렀을 때 그것을 귀납시켜 부호로 만든 것이 간지(干支)이다. 지구는 각 행성들과 상호인력 작용으로 서로 영향을 주고받는다. 『주역』 이전의 시대부터 이런 천체의 운동을 이해하여 오행이나 상생상극의 이치로 설명하려는 노력이 있어왔다.

五行·八卦·九星·天干·地支 등은 복잡한 성상학(星象學)을 일반 사람들도 쉽게 알 수 있도록 간략화한 것이다. 과학과 철학이 발달하면서 오행의 생극법칙을 더 보충하기 위해 만들어졌다.

【천간 · 지지 방위도】

	丙 · 丁 巳 · 午 (火, 南)	
甲 · 乙 寅 · 卯 (木, 東)	戊 · 己 辰 · 戌 · 丑 · 未 (土, 中央)	庚 · 辛 申 · 酉 (金, 西)
	壬 · 癸 亥 · 子 (水, 北)	

천간과 지지를 오행의 위치에 배열시킨 방위도이다.

천간(天干)은 **갑(甲)·을(乙)·병(丙)·정(丁)·무(戊)·기(己)·경(庚)·신(辛)·**
임(壬)·계(癸)로 10개이다.

甲·丙·戊·庚·壬은 陽, 乙·丁·己·辛·癸는 陰에 속한다.

지지(地支)는 **자(子)·축(丑)·인(寅)·묘(卯)·진(辰)·사(巳)·오(午)·미(未)·**
신(申)·유(酉)·술(戌)·해(亥)로 12개이다.

地支도 음양과 오행으로 나눌 수 있다.

남회근 선생은 지지(地支)가 만들어진 과정을 『**역경잡설** 易經雜說』에서 다음
과 같이 설명하였다.

"지지는 천문학상에서 말하는 '황도12궁'이다. '황도(黃道)'란 태양이 동쪽에서
떠올라 서쪽으로 지기까지 그리는 궤적으로, 황도면(黃道面)이라고도 하는데 황도
면은 월마다 달라진다. 저녁에 동쪽에서 솟아오르는 28개 별자리는 황도면 상에서
매달 위치가 달라지며, 이 현상을 12개 宮으로 귀납시켜 글자로 표현한 것이 12지
지이다. 이렇게 천문현상을 추상적 형태로 변형시켜 쉽게 활용할 수 있도록 단순화
시키는 작업을 할 수 있을 정도로, 상고시대 인류의 지혜가 극도로 뛰어났으며 과
학과 철학의 발달 역시 극치에 이르렀다는 것을 알 수 있다. 그러나 현재에 와서는
단지 운용만 할 수 있을 뿐이고 그렇게 된 원인을 모르는 것이 아쉬운 일이다."

현공풍수에서 천간과 지지는 중궁을 제외한 나머지 8궁에 3개씩 배속되어
좌향을 표시하는 24坐向에 배열된다.

현공풍수의 운의 주기인 3元 9運에서 20년을 주기로 하는 소운의 시작이
甲子년, 甲申년, 甲辰년 순으로 돌아가므로 60甲子에 대한 기초적인 이해가
있으면 공부하는데 도움이 된다.

60甲子는 천체 운행 60년을 하나의 주기로 삼은 것이다.

천간(天干)인 **갑(甲)·을(乙)·병(丙)·정(丁)·무(戊)·기(己)·경(庚)·신(辛)·**

임(壬)·계(癸)의 10개와 자(子)·축(丑)·인(寅)·묘(卯)·진(辰)·사(巳)·오(午)·미(未)·신(申)·유(酉)·술(戌)·해(亥)의 12개의 지지(地支)가 순차적으로 배합하여 만들어진 60개의 간지(干支)를 말한다.

동양오술(東洋五術)은 역(易)을 이용하여 인류의 삶에 도움을 주고자 만든 술법(術法)들이다. 오랜 시간 동안 체계적으로 발전하여 크게 산(山), 명(命), 의(醫), 복(卜), 상(相)의 다섯 분야로 나뉘었다. 산(山)은 수련을 통해 정신과 육체를 단련하는 분야이고, 명(命)은 사주명리(四柱命理), 자미두수(紫微斗數) 등을 말한다. 의(醫)는 의술(醫術)이며, 복(卜)은 주역점(周易卜), 육임점(六壬占), 태을신수(太乙神數), 기문둔갑(奇門遁甲) 등이 포함된다. 상(相)은 현상으로 나타나는 상(象)과 기(氣)를 파악하는 분야로써, 풍수지리(風水地理), 관상학(觀相學) 등이 있다.

동양의 모든 학문은 역경을 바탕으로 음양, 오행, 팔괘, 구성, 간지 등을 배합시켜 추산한다. 수천 년이 흐르는 세월 동안 이들을 연구하고 정리하여 동양오술을 체계화한 인물들은 제갈량(諸葛亮), 이순풍(李淳風), 유백온(劉伯溫), 사마계주(司馬季主), 초연수(焦延壽)와 경방(京房), 진(晉)나라의 우번(虞翻), 곽박(郭璞), 송대의 소강절(邵康節) 등 당대를 이끌어 간 일류 학자이자 천재들이었다.

7 체용(體用)

체(體)는 '사물의 본체(本體)'를 의미하며, 용(用)은 '사물의 작용(作用)'을 의미한다. 우리가 사용하는 운명(運命)이란 말은 태어날 때부터 이미 정해져 있어 변하지 않는 명(命)과 시기에 따라 항상 변하는 운(運)이 합쳐진 말이다. 命은 체(體)이고 運은 용(用)이 된다.

체용(體用)은 사물의 본체와 작용을 통틀어 말하는 것이다. 體는 유형(有形)에 속하고, 用은 무형(無形)에 가까운 성분이라 할 수 있다. 예컨대 사람의 육체는 체(體)요 정신은 용(用)이다. 육체와 정신은 온전한 인간이 가지고 있는 두 가지 측면이며 분리가 되면 이미 생명력을 잃은 것이다.

體와 用은 상대적인 개념이지만, 경쟁하거나 대립하는 관계가 아니라 상호 보완적인 관계이다. 體와 用은 근본적으로 우열(優劣), 대소(大小), 강약(强弱)이 없으며 음중양(陰中陽)이나 양중음(陽中陰)처럼 體가 用으로, 用이 體로 서로 모습을 바꾸기도 한다. 또한 體用은 고정적으로 정해진 것이 아니라 상황에 따라 유동적이며, 비율로 따질 수 있다.

한 집안에 은퇴한 아버지와 직장에 다니는 젊은 아들이 있다면 이들 중에서 누가 가장일까? 제사를 지낼 때의 주인공은 항렬이 높은 아버지가 중심이고, 가정 경제를 기준으로 볼 때는 돈을 벌어오는 아들이 중심이 된다.

풍수지리학은 체용(體用)의 학문이다. 용혈사수(龍穴砂水)를 판단하는 형기(形氣)풍수는 체(體)이고 좌향(坐向)과 시기(時期)를 감정하는 이기(理氣)풍수는 용(用)이다.

理氣風水에서 體의 역할은 오행이다. 낙서 구궁에서 1水, 2・5・8土, 6・7金, 3・4木 이것은 體로, 변하지 않는다. 그러나 풀이할 때 궁에 배속된 숫자가 2・7火, 3・8木, 4・9金, 1・6水로 하도의 연성수(聯星數)가 되면 오행도 변화시켜〔用〕 해석한다.

선천으로 보면 2와 7은 火이고 후천으로 보면 2는 土, 7은 金이다. 〈27〉 단독으로는 오행이 변하지 않는다. 火가 되지 않는다. 그러나 27이 9火를 만났을 때는 火로 변한다. 2는 근본[體]은 火이면서 쓰임[用]은 土이다. 9의 火가 100%이라면 2는 50%의 火氣를 가지고 있다고 보면 될 것이다.

한 宮 안에 숨은 낙서수까지 포함하여 2(선천 火)·7(선천 火)·9(후천 火)·4(木)가 함께 있고, 그 방향에 형기상 화체(火體)의 산이나 건물이 있다면 화재가 날 위험이 있다. 이렇게 體와 用의 근본과 쓰임은 변화무상(變化無常)하다.

심소훈 선생의 『심씨현공학』에서는, "1·6·8은 吉한 수이고 5·7·9는 凶한 수로 본다. 그러나 1·6·8이 시운을 얻지 못하면 쇠살기(衰殺氣)가 되고, 5·7·9도 운을 얻으면 생왕기(生旺氣)가 된다."고 하였다. 정해진 길흉수(吉凶數)가 있다는 것은 體이고, 시운에 따라 길흉이 달라진다고 해석하는 것은 用이다.

현공풍수는 體와 用 중에서 用에 초점이 맞추어져 있다. 홀수는 음이고 짝수는 양이라는 선천팔괘의 원리는 현공풍수에서 體가 되어 24좌향의 음양부호를 정할 때 사용된다.

1·3·6·8은 양, 2·4·7·9는 음이라는 후천팔괘의 원리는 현공풍수에서 用이 되어 24좌향의 길흉을 판별할 때 사용한다.

현공풍수는 시간의 흐름에 따른 천기의 변화를 낙서(洛書)와 후천팔괘(後天八卦)의 상(象)과 수(數)로 파악하여 시간에 따른 坐向의 길흉을 논함으로써, 하늘과 땅, 시간과 공간, 天氣와 地氣, 體와 用을 온전하게 아우르는 새로운 차원을 열어주고 있다.

體	用
하도	낙서
의리역(義理易)	상수역(象數易)
형기풍수	이기풍수
山·水	방향·시간(시기)
혈(穴)	장법, 택일, 좌향
학(學)	술(術)
중심(中心)	중심(重心)
1·6水, 2·7火, 3·8木, 4·9金, 5·10土	1水, 9火, 3·4木, 6·7金, 2·5·8土
1·3·5·7·9 홀수 陽 2·4·6·8·10 짝수 陰	1·3·6·8陽 2·4·7·9陰
관상학, 수상학	명리학, 자미두수
원단반(元旦盤)	비성반(飛星盤)

8 주객(主客)

主는 주인이고, 客은 손님이다. 혈은 주인이고 혈 주변의 산수(山水)는 손님이다. 주인공이 훌륭한 연기를 보여주지 못하면 영화나 연극 또는 드라마의 중심이 흐트러진다. 主客은 풍수를 해석할 때 어떤 것에 더 비중을 두어야 할지, 그리고 어떤 순서로 해석해야 할지를 판단하는 기준이 된다.

主를 무엇으로 볼지를 결정하는 것은 매우 중요하다. 해석은 주성(主星)을 위주로 한다. 득운(得運)한 별〔숫자〕이 주성(主星)이다. 8運에 득운한 숫자 8·9·1은 주(主)가 되고 그 외 실운(失運)한 숫자는 객(客) 또는 부(副)가 된다. 산성(山星)이 주성(主星)인 宮이 득운하였고 형기도 좋고, 향성(向星)이 주성인 궁이 실운이고 형기도 좋지 않다면, 그 음·양택은 人丁은 좋고 재물은 없다고 해석한다.

주객은 상황에 따라 바뀌기도 한다. 九宮 중에서는 향궁(向宮)이 主宮이다. 그러나 만일 좌궁(坐宮)에 노충(路衝)이나 창살(槍殺)같은 특별한 형기살(形氣殺)이 있다면 해석을 할 때 좌궁에 큰 비중을 두고 해석한다.

현공풍수 비성반의 九宮에는 각 궁마다 주성(主星)과 객성(客星)이 있다. 어떤 궁은 산성이 주성이고 또 다른 궁은 향성이 주성일 수 있다. 한 궁(宮) 내의 형기나 이기를 보아 주성(主星)과 객성(客星)을 결정한다. 한 궁 내의 산성과 향성 중에서 물이나 산 등 형기가 있는 쪽이 주성(主星)이고 형기가 없는 쪽은 객성(客星)이다. 산성에 산이나 큰 건물이 있으면 산성을 主로 본다. 향성에 가깝고 큰 물이나 교차하는 도로가 있으면 향성을 主로 보고 해석해 준다.

주객은 사(砂)와 수(水)의 원근대소에 따라서 경중이 달라진다. 가깝고 큰 것이 주성(主星)이 되고 멀고 작은 것은 객성(客星)이 된다. 가깝고 큰 것은 빨리 일어나고 큰 사건이며, 멀고 작은 것은 나중에 일어나고 작은 사건이다.

공망에도 주객이 있다. 좌향과 사격이 모두 공망이라면, 좌향이 공망인 것이 主가 되고, 사격(砂格)이 공망인 것은 客이 된다.

主客은 때로는 주종(主從)으로도 볼 수 있다. 어떤 것이 먼저 가면, 후에 다른 것이 뒤를 따른다. 주성(主星)은 선지자(先至者)이고 객성(客星)은 후지자(後至者)이다.

❶ 원단반(元旦盤)은 주성(主星)이고, 운반(運盤)은 객성(客星)이다.

❷ 운반은 주성이고, 산성(山星)과 향성(向星)은 객성이다.

❸ 산성을 爲主로 하면 향성은 객성이다.

❹ 향성을 爲主로 하면 산성은 객성이다.

❺ 원단반·운반·산성·향성은 주성이고, 유년(流年)또는 자백년(紫白年)과 유월(流月)또는 자백월(紫白月)은 객성이다.

종의명(鐘義明) 선생은 『**현공지리총담**玄空地理叢譚』 1권에서 주객(主客)의 관계와 상호작용을 다음과 같이 정리하였다.

◉ 主가 客을 극하면 '극출(剋出)' 이며 왕(旺)이다. 발복이 신속하게 일어나고 재부가 크다.

◉ 客이 主를 극하는 것은 '극입(剋入)' 이며 수(囚)라 한다. 인정과 재물이 쇠퇴한다.

◉ 主가 客을 생하는 것은 '생출(生出)' 이며 휴(休)라 한다. 향은 쇠하고 인정은 왕하다.

◉ 客이 主를 생하는 것은 '생입(生入)' 이며 왕(旺)이라 한다. 재물과 인정이 모두 왕하다. 발복이 더디고 느리며 오래 간다.

◉ 주객이 비화(比和)되어 같으면 '왕(旺)' 으로 산과 향이 모두 길하다.

9 동정(動靜)

동(動)은 움직이는 것이고 양(陽)이며, 정(靜)은 움직이지 않고 고요한 음(陰)이다. 동정을 살피는 것은 움직였다 멈추었다 하며 변화하는 현상을 관찰하는 것이다.

노자는 "구부러지면 온전하다_曲則全"고 하였다. 자연의 動을 관찰하고 적용할 때 깊이 새겨볼 만한 말씀이다. 우주의 법칙에는 직선적인 것이 없으며 만물은 모두 곡선의 길을 쫓아가며 성장하기 때문이다.

動은 변화를 만든다. 풍수의 핵심적인 가치는 변화라고 할 수 있다. 풍수는 動과 靜을 관찰하여 변화처를 찾아내고 나아가 변화를 만들고자 하는 학문이다.

공자는 『주역周易』〈繫辭傳〉下篇에서 "길흉회린은 움직일 때 나온다_吉凶悔吝者 生乎動者也."고 하였다. 회(悔)는 번뇌이며 린(吝)은 곤란한 것이다. 회와 린은 대흉은 아니지만 좋은 것은 아니다. 길흉은 靜하면 발생하지 않고 움직여야 생긴다. 動象은 길흉화복의 원인이 된다.

이기(理氣)적인 측면에서 動이란 산이 있어야 할 곳에 산이 있고 물이 있어야 할 곳에 물이 있는 것을 말한다. 풍수는 動해야 할 곳은 動하고, 靜해야 할 곳은 靜해야 吉이 된다.

向星 旺氣와 生氣 방향은 움직여야 좋다. 양택에서는 門도 물(水)로 본다. 따라서 向星 旺氣·生氣·次生氣 方向에 門이 있으면 向星을 動하게 하는 효과가 있어 吉한 작용을 한다.

반면 움직이지 말아야 할 곳을 건드리고 충(衝)하면 흉이 된다. 動해 주지 않으면 아무리 흉한 오황살(五黃殺)도 작용하지 않는다. 잠재되어 있다가 動해 줄 때 그 흉한 기운을 발생시킨다.

동양학의 핵심이 되는 근본원리는 體用, 主客, 動靜이라고 하여도 과언이 아니다. 의문이 생길 때는 이들 원리에 대입하여 다시 생각해 보자. 이들 원리를 잘 이해해야 자연의 변화를 감지할 수 있고 山水를 보는 안목도 높아질 수 있다.

  "산은 陰이고 體는 靜이니 動하는 것이 귀하고, 물은 陽이고 體는 動이니 靜하는 것이 귀하다."는 말도 쉽게 이해할 수 있을 것이다.

  이 원리들을 깊이 이해하고 능숙하게 활용하는 것은 풍수지리학을 터득하고 운용하는데 핵심적인 역할을 한다는 것을 꼭 기억해야 한다.

玄空風水 高手秘訣

제2장
현공풍수학의 개념과 역사

1 현공풍수의 개념

풍수는 시간과 공간의 학문이다.

현공풍수의 '현(玄)'은 하늘과 시간 등 눈으로 볼 수 없는 무형의 氣를 말하고, '공(空)'은 땅을 포함한 공간이며 눈으로 볼 수 있는 현상을 의미한다.

玄	天	시간. 3元 9運. 九星의 변화	이기풍수
空	地	평면적 공간. 24좌향	
		입체적 공간. 용혈사수	형기풍수

공간의 기운은 항상 변화한다. 고정된 氣와 시간에 따라 오고 가는 氣는 대립과 통일을 하면서 기운이 변화된다. 현공풍수는 이 변화의 이치를 연구하

는 학문으로, 같은 장소라도 시운에 따라 길흉이 어떻게 달라지는지를 분석한다. 이 점이 다른 이기풍수이론들과는 확연히 다른 현공풍수만의 뛰어난 장점이다.

이기풍수인 현공풍수는 동양학의 다른 학문들과 마찬가지로 역(易)에 바탕을 두고 하도(河圖)와 선천팔괘(先天八卦)를 체(體)로 삼고 낙서(洛書)와 후천팔괘(後天八卦)를 용(用)으로 삼아 팔괘 구궁(九宮)에 배합시켜 시기에 따른 쇠왕(衰旺)을 구분하여 길흉을 추론하는 실용학문이다.

시운에 적합한 좌향에 山水를 배합하여 합국과 불합국으로 나눈 후, 24좌향의 음양순역하는 이치에 따라 좌향과 사용 시기를 결정한다. 나아가 음양오행의 생극제화를 이용하여 길흉화복을 감정하고 추길피흉하는 구조를 가지고 있다.

남회근 선생은 "역경의 점치는 방법을 '의통(依通)'이라고 한다. 의통은 숫자에 의지하는 것이다. 제갈량이 손가락으로 계산할 수 있었던 것은 수(數)를 알고 있었기 때문이다. 수를 알면 더 이상 점을 칠 필요가 없다. 숫자만 있으면 모든 것을 알 수 있다." 하였다.

현공학은 1에서 9까지 낙서수(洛書數)로 비성법(飛星法)을 운용하므로 마치 디지털처럼 분명하고 명쾌하다. 간단명료하여 배우기 쉽고 현장에서 적용하면 높은 적중률을 보이는 최고급 이론이다.

현공풍수학은 '애성학', '애성장법', '현공대괘', '대현공오행학', '활역경' 등 여러 가지 이름으로 다양하게 불리고 있으나 일반적으로 '현공학(玄空學)'이라 부른다.

2 현공풍수의 역사

삼원현공풍수학(三元玄空風水學)은 이기풍수의 최고급 이론으로 천년이 넘도록 극소수의 사제지간에만 비밀리에 구전으로 전수되어 온 학문이었다. 1925년에 발간된 『**심씨현공학**沈氏玄空學』을 계기로 세상에 대공개되었다.

현공풍수학이 언제 누구에 의하여 시작되었는지는 정확하지 않다. 현공학 자들은 중국 진(晉)나라의 곽박(郭璞, 자는 景純, 276~324년)을 현공학의 시조로 삼는다. 그가 저술한 『**장서**葬書』는 '장경(葬經)' 또는 '금낭경(錦囊經)'으로 불리며, 우리나라에서도 조선시대 국가에서 실시하는 과거제도인 잡과(雜科)의 '지리학' 고시과목으로 중요시하였다.

중국 당나라 양균송(楊筠松, 救貧 834~900년) 선생은 『**청낭오어**青囊奧語』와 『**천옥경**天玉經』 內傳上에서 "하늘과 땅은 시간에 따라 변한다. 이것이 바로 현공의 비밀이며, 가장 비밀스러운 비법은 현공에 있다_翻天倒地對不同 基中密秘在玄空."고 하였다.

남회근 선생은 『**주역강의**周易講義』에서 "양구빈은 쉽게 남의 묘 자리를 봐주지 않았는데, 충신·효자·절부(節婦)·의사(義士) 네 유형의 사람만 봐주었고, 그가 지정해 주는 위치에 부모를 매장한 사람은 삼년이 지나지 않아 반드시 뚜렷한 효과를 보았다. 양구빈은 운세의 흐름을 찾아 썼다. 어떤 곳에 운이 이르면 마치 광선이 내려 쬐는 것처럼 물이 있는 곳이나 황량한 언덕뿐 아니라 도로 옆이라 하더라도 모두 이 빛을 받게 되고, 이때 사람을 매장하면 반드시 좋은 결과가 있다. 이것이 당대(唐代) 양구빈이 활용했던 방법의 개요이다."라고 소개하였다.

송대(宋代)에 와서 진희이(陳希夷)는 오극성(吳克誠)에게 전했고 오극성은

玄空風水 高手秘訣

아들인 오경란(吳景鸞)에게 전했다. 오경란 선생은 중국 삼대풍수소사(三大風水祖師) 중의 한 분으로 국사(國師)이자 명사(明師)였다. 제자인 홍사량(洪士良)과 함께 주씨 집안의 정(程)씨 할머니를 금두양상혈(金斗梁上穴)에 소점해 주면서 공자와 버금가는 성현이 나올 것을 예언하였다. 이후 후손 중에서 주자(朱子)가 태어났다고 하는 전설적인 이야기가 『**인자수지**人子須知』에 소개되어 있다. 정씨는 주자의 고조모이다. 오경란 선생은 『**현공비지**玄空秘旨』, 『**천기부**天機賦』 등을 세상에 내놓았으나 비전은 감추었다.

오경란 선생은 송나라 중엽 때 사람이고 장대홍은 명나라 말기 때 사람이므로 거의 오백년의 격차가 있지만 그 기간 동안 학통이 전해진 학맥은 기록이 없다.

장대홍(蔣大鴻, 1616~1705) 선생은 중국 상해(上海) 출생이며 字는 평계(平階)이다. 명나라 말기에서 청나라 초기에 활동한 명사(明師)이다. 무극자(無極子)라는 선인에게서 비전을 얻었다고 하며, 양균송 선생의 현공풍수이론이 담긴 고서들에 주(註)를 단 『**지리변정**地理辨正』을 펴내어 현공풍수이론을 세상에 알렸다. 그래서 풍수가들은 양균송 선생을 현공풍수의 시조로, 장대홍 선생을 근대 삼원현공풍수지리학의 종사(宗師)로 삼고 있다.

장대홍 선생은 『**지리변정**』 외에 『**평사옥척변위**平砂玉尺辨僞』, 『**천원오가**天元五歌』, 『**양택지남**陽宅指南』 등을 저술했으며, 현공풍수의 체괘를 산출하는 비법을 그의 제자인 강요(姜垚)에게 전수하였다. 그는 천기누설을 막기 위해 문호(門戶)를 폐쇄하고 진결(眞訣)을 극비로 엄수(嚴守)했다고 한다.

강요 선생은 스승인 장대홍 선생을 따라다니며 용사한 자리와 감평한 바를 기록한 풍수현장 사례집인 『**종사수필**從師隨筆』을 후세에 전하였다. 이 책에는 체괘구결과 칠성타겁, 성문결이 들어 있고 스승과 함께 실증한 예까지 있

어 후학들이 연구할 수 있도록 하였으니 현공풍수학계에 가장 큰 공신 중의
한 분이다.

청나라 중기에 활동한 장중산(章仲山) 선생은 『**현공비지 직해**玄空秘旨 直解』
를 저술했으며 묘나 집을 현공으로 감평한 사례집인 『**음양이택녹험** 陰陽二宅
錄驗』을 남겼고 『**지리변정**』에 주(註)를 달기도 하였다. 이 서적들은 그 집안
의 가보로 전해 내려 왔다.

심죽잉(沈竹礽, 호는 소훈_紹勳 1849~1906년) 선생은 근대 현공풍수지리학
의 역사에서 가장 중요한 인물이다. 『**지리변정**』, 『**종사수필**』, 장중산의 감정기
록 등 현공풍수와 관련된 책들을 수집하여 현공의 비결을 40여 년간 연구하
였다. 심선생이 출판하지 못하고 58세를 일기로 작고하였으나, 아들 심조면
(沈組縣) 선생과 제자들이 선생의 뜻을 받들어 유고(遺稿)를 정리하여 『**심씨현
공학**沈氏玄空學』을 중국 상해에서 발간하였다.

1925년 출간된 『**심씨현공학**』은 그동안 구전심수되던 현공풍수학이 세계적
으로 알려지게 된 계기가 되었다. 위대한 학자가 평생에 걸쳐 노력한 결과로
현공학이 세상에 빛을 발하게 되었던 것이다. 이후 『**심씨지리변정결요**地理辯
正抉要』도 출간되었고 일반 풍수사에게도 현공풍수가 보급되기 시작하였다.

심선생이 현공풍수를 연구한 결과를 세상에 내놓으려고 하자, 어떤 이가 물
었다.

"장대홍 선생이 천기를 누설하면 안 된다고 하여 모든 이가 누설하지 않았는데
비술을 밝혀 버리면 부귀한 사람이 땅을 얻기 쉬우니 계속해서 부귀를 누릴 것이
아닙니까?"

그러자 선생은 다음처럼 답하였다고 한다.

"좋은 땅을 얻는 것은 적덕지가(積德之家)가 아니면 불가능하다. 적선을 못한 집

玄空風水 高手秘訣

안에서 大地를 구하려다 오히려 화패를 당한 경우를 평생에 여섯 번이나 보았다. 그러니 그러한 염려는 공연히 할 필요가 없다. 비밀이라고 감추는 어리석은 짓을 할 필요가 없다."

그는 진정한 대인의 면모를 갖춘 인물이었다.

이후 아쉽게도 중국은 내전, 일본과의 중일전쟁(1937년), 공산정권의 미신타파(迷信打破) 정책과 전국민 화장(火葬)제도 시행, 1966년 문화대혁명 등을 겪으면서 중국 본토에서는 현공풍수의 명맥이 거의 끊어졌다. 그러나 중국의 풍수사들 중 일부가 대만과 홍콩으로 이주하여 전파한 덕분에 대만과 홍콩에서 명맥을 유지하여 오다가 1990년대에 이후 현공풍수학 관련 서적이 400여 권이 넘게 출판되면서 급속도로 보급되었다.

현재 현공풍수는 중국, 홍콩, 대만에서는 이기풍수의 대명사로 확고하게 자리매김을 하였고, 초학들이 풍수공부를 시작할 때는 현공풍수를 먼저 공부하는 것이 당연한 일이 되었다. 홍콩이 중국에 반환된 후에 홍콩에 살던 외국인들이 영어를 공용어로 하는 미국, 호주, 유럽 등 자국을 비롯한 세계 각지로 돌아가서 현공풍수를 보급하여 이제는 전 세계인들이 가장 많이 공부하는 이기풍수학문이 되었다.

현대 현공풍수 대가(大家)로는 홍콩에 왕정지(王亭之) 선생과 대만취영서재(臺灣翠影書齋) 종의명(鐘義明) 선생이 있다. 왕정지 선생은 제자 30여 명에게 전수하여 주고 현재는 캐나다에 거주하고 있다. 종의명 선생은 세 분의 스승에게 형기와 현공법을 직접 전수받았기 때문에 현공풍수의 이론과 실제에서 종선생의 실력은 매우 유명하다. 수십여 권의 현공풍수 서적을 출판하였는데 그의 저서는 이미 여러 판을 거듭하고 있으며 최고로 가치 있는 서적으로 평가받아 인기도 대단하다.

우리나라는 겸산(謙山) 최명우(崔明宇) 선생이 2000년대 초 대한현공풍수지리학회(大韓玄空風水地理學會)를 창립하여 현공풍수를 보급·연구·발전시키는 데 힘쓰고 있다. 선생은 현공풍수 이론을 서적을 통하여 독학으로 터득한 후, 『**이택실험**二宅實驗』과 『**택운신안**宅運新案』에 나오는 중국의 강소성 일대를 수차례 현지 답사하여 검증하기도 하였으며, 대만 현공풍수학의 최고 대가(大家)로 알려진 종의명 선생의 정식 제자가 되어 직접 현공풍수의 비법을 사사받았다. 양균송-장대홍-장중산-심소훈-유훈승-종의명-최명우로 이어지는 학맥을 잇고 있다.

현재 대한현공풍수지리학회 연구소장으로 활발한 연구와 강의 활동을 하고 있으며 많은 후학들을 배출하고 있다. 『**한국 최고의 명당**』(1997년), 『**현공풍수의 이론과 실제**』(2003년), 『**시간과 공간의 철학 현공풍수**』(2005년), 『**도선국사 명당도**』(2005년), 『**꽃피는 아침 달뜨는 저녁**』(2013년), 『**심룡점혈**(尋龍點穴)』(2013년) 등의 저서와 여러 번역본이 있다. 인터넷 사이트 '대한현공풍수지리학회(http://cafe.daum.net/gusrhdvndtn)'에서 많은 자료를 볼 수 있다.

현공풍수가 우리나라에 소개된 것은 최근의 일이다. 그동안 우리나라 양택풍수이론은 삼합풍수이론이 가장 많이 사용되었는데, 이 이론이 훌륭해서라기보다는 그 외에는 비교·선택하여 취할 만한 이론을 알지 못했기 때문이다. 삼합풍수이론은 잘 맞지 않기 때문에 현장에서 적용해 보면 실망하기 일쑤이며 심지어 나경무용론자들을 양산한 원인이 되기도 하였다.

대만에서도 현공풍수가 자리를 잡는데 10여 년 정도 걸렸지만, 그러나 지금은 모든 풍수가들이 현공풍수의 기초이론 정도는 알고 있다고 한다. 우리나라에 현공풍수가 전해진 지 이제 20여 년이 채 안 되어 아직은 정보가 풍부하지 않은 상태이지만, 앞으로는 많은 연구물들이 나오고 유용하게 사용되어 큰 성과가 있을 것으로 보며 세계적인 흐름도 그렇게 가고 있다.

❸ 현공풍수의 양서(良書) 소개

당(唐)나라 양균송(楊筠松) 선생은 현공풍수의 종사이다. 그가 남긴 **『천옥경**天玉經』·**『청낭오어**青囊奧語』·**『도천보조경**都天寶照經』, 그리고 양균송 선생의 제자 증구기(曾求己, 號는 公安) 선생의 **『청낭서**青囊書』 등의 서적에 현공풍수의 체계적인 이론이 있다. **『천옥경』**·**『청낭오어』**·**『청낭서』**는 중국의 **『사고전서**四庫全書』 자부(子部) 술수편(術數編)에 전문(全文)이 실려 있을 정도로 유명한 풍수서이다.

양균송 선생의 **『천옥경』**은 현공이기서적 중 최고의 내용이다. **『도천보조경』**과 **『청낭오어』**도 현공이기 책이다. 후일 강요(姜垚) 선생을 비롯하여 많은 풍수가들이 주(註)를 달았다. 제자 증구기가 저술한 **『청낭서』**는 후에 장대홍(蔣大鴻) 선생이 보주(補註)를 달았다.

중국 송나라 때의 명사(明師)인 오경란(吳景鸞) 선생은 **『현공비지**玄空秘旨』와 **『현기부**玄機賦』를 저술하였다. **『현기부』**는 **『천기부**天機賦』, **『현수경**玄髓經』이라고도 불리며 현공풍수의 애성(挨星) 조합숫자에 대한 단결(斷訣)이다.

현공의 성요(星曜)조합, 숫자해석법을 자세히 공부하고 싶다면 **『현기부』**·**『비성부**飛星賦』·**『현공비지』**·**『자백결**紫白訣 上·下』를 보기 바란다.

『현기부』와 **『비성부』**는 홍콩의 백학명(白鶴鳴) 선생이 상세하게 주(註)를 단 **『현기부비성부정해**玄機賦飛星賦精解』를 보면 이해하기가 쉽다. 백선생은 "송나라 오경란 선생이 지은 『현기부』는 문장은 비록 간단하지만 내용은 아주 풍부하다. 아깝게도 문자가 지나치게 간결하여 구절마다 현기玄機 ☞ 현묘한 열쇠를 감추고 있어서 초학자는 이해할 수가 없다. 이에 현기부를 아주 상세하게 주를 달아 쉽게 풀이하여 연구하는 이들이 흥미를 가지고 비교적 이해하기 쉽게 하였다."고 말하고 있다. **『현기부』**와 **『비성부』**는 비교적 쉽고, **『현공비지』**는 어려운 편이다.

『비성부』와 『자백결』은 작자미상이다.

청나라 초기 당대 최고의 명사 장대홍(蔣大鴻) 선생의 『지리변정地理辨正』
은 양균송 선생의 현공풍수이론이 담긴 저서들에 주(註)를 단 책인데, 현공풍
수의 깊은 이치를 설명한 최고의 양서이다. 그의 제자 강요(姜垚) 선생은 스
승이 용사한 자리와 감평한 바를 기록한 현장사례집인 『종사수필從師隨筆』을
냈는데, 이 책에는 체괘구결과 칠성타겁 성문결이 들어 있어 매우 귀중한 서
적이다.

또 다른 사례집으로는 장중산(章仲山) 선생의 현공사례집인 『음양이택녹험
陰陽二宅錄驗』, 영백운(榮伯雲) 선생이 지은 『이택실험二宅實驗』과 우석음(尤
惜陰) 선생의 『택운신안宅運新案』이 있다.

현공풍수를 공부하는데 대만의 종의명(鐘義明) 선생과 홍콩의 백학명(白鶴
鳴) 선생의 저서를 많이 공부하기를 추천한다.

종의명 선생은 현대 현공풍수의 대가(大家)로, 『현공성상지리학玄空星相地
理學』·『현공지리고험주해玄空地理考驗註解』·『현공현대주택학玄空現代住宅
學』·『현공지리총담玄空地理叢譚』〈1~6권〉 등 많은 현공풍수 서적을 출판하였
다. 또한 풍수뿐만 아니라 명리나 자미두수, 한의학에도 조예가 깊어 20권이
넘는 풍수서를 포함하여 동양학 관련서적을 총 50여 권 이상 저술하였다. 한
의학을 공부하여 『사주와 한의학』을 저술하였다. 사주분석을 통해 질병을 치
료하는 방법을 담은 이 책은 국내에도 번역되어 한의학을 공부하는 이들에게
큰 참고서가 되고 있다.

백학명 선생은 홍콩에서 풍수학에 관한 책을 백여 권 펴낸 분으로 유명하
다. 이분의 책은 풍수의 초보들도 잘 이해할 수 있도록 쉽게 서술된 것이 특

玄空風水 高手秘訣

징이다. 현공학을 세상에 알린 심죽잉 선생의 『**심씨현공학**沈氏玄空學』은 백학명 선생의 『**심씨현공학 上·中·下**』를 읽어보면 이해하기가 쉬울 것이다.

우리나라에도 현공풍수 고전을 연구하여 출간한 서적이 있다. 최중두 선생은 『**풍수지리학 원론**』(1983년)에 『**청낭서**』와 『**청낭오어**』를 주석하였다. 기문학의 대가(大家)인 이기목 선생의 『**지리대성육경정해**地理大成六經精解』(1995년, 온고당)는 현공풍수의 4대 고전을 모두 번역한 책인데, 섭구승의 저서인 『**지리육경주**』를 번역한 것이다.

이후 최명우(崔明宇) 선생이 『**시간과 공간의 철학 현공풍수**』와 『**현공풍수의 이론과 실제**』를 통해 우리나라에 현공풍수의 이론을 체계적으로 소개하였다. 2000년 이후 우리나라에서 현공풍수를 처음 시작하는 사람들은 거의 이 두 권의 책으로 공부를 시작했을 정도로 매우 유명하고 중요한 서적이다.

그 밖에 형기론의 기초가 되는 고서(古書)들로는 『**청오경**青烏經』·『**장서**葬書』·『**감룡경**撼龍經』·『**의룡경**疑龍經』·『**인자수지**人子須知』·『**심안지요**心眼指要』·『**산양지미**山洋指迷』·『**지리강목**地理綱目』·『**지학**地學』 등이 있다. 우리나라에서 출간된 서적들 중에서 1721년(경종1) 정두만(鄭斗晩) 선생이 저술한 『**무감편**無憾篇』과 최명우 선생의 『**심룡점혈**尋龍點穴』은 보기 드문 훌륭한 형기서(形氣書)로 꼭 권하고 싶은 책이다. 특히 『**심룡점혈**』은 용혈사수를 보는 핵심을 짧은 결(訣)의 형식으로 설명하였다.

지은이	책 명	시 기
곽박(郭璞)	장서葬書, 葬經, 錦囊經	晉
구연한(丘延翰)	건곤국보乾坤國寶	唐
양균송(楊筠松)	청낭오어靑囊奧語 천옥경天玉經 도천보조경都天寶照經	唐
증구기(曾求己)	청낭서靑囊序	唐
하령통(何令通)	영성정의靈城精義	南唐
오경란(吳景鸞)	현기부玄機賦 현공비지玄空秘旨	宋
장대홍(蔣大鴻)	지리변정地理辯正 천원오가天元五歌 팔택천원부八宅天元賦 고경가古鏡歌	淸
강요(姜垚)	종사수필從師隨筆 청낭오어주靑囊奧語註	淸
장중산(章仲山)	지리변정직해地理辯正直解 음양이택녹험陰陽二宅錄驗 심안지요心眼指要	淸
요정란(姚廷鑾)	자백단紫白斷	淸
심죽잉(沈竹礽)	심씨현공학沈氏玄空學 심씨지리변정결요沈氏地理辯正抉要 주역역해周易易解	淸
마태청(馬泰靑)	삼원지리변혹三元地理辯惑	淸
심조면(沈祖緜)	현공고의사종통역玄空古義四種通譯	中國
공소소(孔昭蘇)	공씨현공보감孔氏玄空寶鑑 공씨역반역해孔氏易盤易解	中國
우석음(尤惜陰)	택운신안宅運新案, 一二集 인간천안지남人間天眼指南	中國
우석음(尤惜陰) 참회학인(懺悔學人) 共著	이택실험二宅實驗, 宅運新案 三集	中國
유훈승(劉訓昇)	계통음양학系統陰陽學	中國

_참고 ☞ 최명우, 『현공풍수의 이론과 실제』, 종의명, 『현공성상지리학(玄空星相地理學)』

玄空風水 高手秘訣

청조(淸朝) 건륭제(乾隆帝)가 1741년에 천하의 서(書)를 수집한다는 소(詔)를 내려 1772년에 편찬소(編纂所)인 사고전서관이 개설되었고, 1781년 '사고전서'의 첫 한 벌이 완성되었다. 그 후 궁정에 4벌(熱河의 文津閣, 北京圓明園에 文源閣, 紫禁城 안에 文淵閣, 奉天의 文溯閣), 민간에 열람시키는 3벌 등 7벌이 만들어졌다. 수록된 책은 3,458종 7만 9582권에 이르렀으며, 경(經)·사(史)·자(子)·집(集)의 4부로 분류·편집되었다. 중국 최고의 서적만 집성한 사고전서에 나오는 풍수고전은 모두 11권으로, 풍수서적은 『사고전서 자부(子部)』에 있다.

	도서명	저자	특징
1	택경 (宅經)	황제 (黃帝)	陽宅風水書
2	장서 (葬書, 錦囊經)	晉나라 곽박(郭璞)	形氣·理氣風水書
3	감룡경 (撼龍經)	唐나라 양균송(楊筠松)	形氣風水書
4	의룡경 (疑龍經)	唐나라 양균송(楊筠松)	形氣風水書
5	장법도장 (葬法倒杖)	唐나라 양균송(楊筠松)	形氣風水書
6	청낭서 (青囊序)	唐나라 증구기(曾求己)	玄空理氣書
7	청낭오어 (青囊奧語)	唐나라 양균송(楊筠松)	玄空理氣書
8	천옥경 (天玉經)	唐나라 양균송(楊筠松)	玄空理氣書
9	영성정의 (靈城精義)	南唐나라 하보(何溥)	形氣·理氣風水書
10	최관편 (催官篇)	宋나라 뇌문준(賴文俊)	形氣·理氣風水書
11	발미론 (發微論)	宋나라 채원정(蔡元定)	形氣風水書

위의 서적들 중에서 『청낭서』·『청낭오어』·『천옥경』에 『도천도보경』을 추가하면 현공풍수의 4대 고전이다. 사고전서에 『청낭서』와 『청낭오어』는 원문만 있고, 『천옥경』은 원문과 주석이 함께 실려 있다.

玄空風水 高手秘訣

💿 자평명리학(子平命理學)과 현공풍수학(玄空風水學)의 상관관계

명리학과 풍수지리학의 중심에는 '사람'이 있다. 두 학문 모두 사람이 변화되어 온 과정을 이해하고 앞으로 어떻게 변화해 나갈 것인지를 예측하는 데에 관심의 초점이 있다.

두 학문을 들여다보면 천지인(天地人) 삼재(三才)가 어우러져 빚어내는 다채로운 변화를 알 수 있으며, 그 안에서 추길피흉(追吉避凶)하는 방법도 찾아볼 수 있다. 풍수학자가 명(命)을 알고, 명리학자가 풍수적인 식견을 가지고 있다면, 자연과 사람과 변화하는 현상에 대한 이해와 안목이 확연히 넓고 깊어질 것이며 각기 자기 분야를 더 잘 활용하는데 도움을 받을 수 있을 것이다.

명리학과 풍수학은 천문학적 지식을 기반으로 한다.

상(相)을 보거나 산명(算命)을 하는 것을 성상(星相)의 학문이라 하는데, 그것은 이들이 과학적인 천문의 변화에 근거하고 있기 때문이다. 명리학과 풍수학은 모두 천문학적 부호격인 10천간(天干)과 12지지(地支)를 활용한다.

명리학(命理學)은 사람이 태어난 연(年)·월(月)·일(日)·시(時)의 네 간지(干支) 여덟 글자로 운명(運命)을 추리한다. 팔자학(八字學)·추명학(推命學)·산명학(算命學)·사주학(四柱學)이라고도 부른다. 사주추명술이 체계화된 시기는 대략 중국의 오대(五代)에서 송대(宋代)에 걸친 시기이다. 사주(四柱)에 근거하여 음양과 오행의 배합과 생극제화를 보고 그 사람의 부귀와 빈천, 부모, 형제, 질병, 직업, 결혼, 성공, 길흉 등의 제반사항을 판단하는데, 이것은 결국 별(星)들이 인간에게 미치는 길흉을 보는 것이다. 사주(四柱)는 천체의 어떤 별자리에서 모년 모일 모시에 방사(放射)되는 작용과 기능을 표현한 것이다. 이 작용과 기능은 지구에서 새로 태어나는 생명에 영향을 미친다. 추명법의 이면에는 탄생시의 우주적 상태, 혹은 천체의 배치상황이 개인의 명운을 결정한다는 생각이 전제되어 있다. 사주에 전제되어 있는 탄생시각의 천체들의 배치상태를 정확히 파악하려면 정확한 역법이 마련되어 일정 수준 이상으로 발전해야 가능한 일이다.

풍수학은 지세(地勢)와 시기에 따른 좌향의 길흉을 알아보기 위한 도구로 나경(羅經)을 사용하는데, 나경의 24좌향은 戊己를 제외한 8天干과 乾坤艮巽 4隅, 그리고 12地支로 구성되어 있다. 현공풍수에서 시운을 결정하는 3元 9運의 주기는 지구와 지구에 살고 있는 생명들에게 영향을 끼치는 별의 운행주기에 따른 것이다.

명리학과 풍수학은 운명(運命)을 알고자 하는 학문이다.

자연의 이치를 이해하여 보다 나은 삶을 살고자 하는 욕망은 사주명리학과 풍수지리학을 발전시킨 원동력이다.

명리학은 '사람의 운명'에, 풍수학은 '공간의 운명'을 알고자 하는데 그 목적이 있다. '운(運)'은 움직인다는 뜻이고 언제나 상황에 따라서 변화될 수 있다는 의미를 가진다. 반면, 명(命)은 천명(天命)에 해당하며 '변하지 않는 것'이다. 태어날 때 한 번 정해지면 불변이다. 易이 변역과 불역을 말했듯이, 변하는 가운데 변하지 않는 것이 있고 변하지 않는 가운데 변화가 있다. 변화하는 運은 用이라 말할 수 있고 변하지 않는 命은 體라고 말할 수 있다.

命을 알면 運에 따라 달라지는 길흉도 가늠할 수 있다. 命은 명리학에서는 사람의 사주팔자요, 풍수학에서는 음·양택의 비성반이다. 사람이 태어난 바로 그 시점, 음·양택이 조성된 바로 그 시점의 천지기운이 각인된 것이 命이다. 태어난 시점의 연월일시를 기준으로 사주팔자가 정해지고, 양택과 음택의 입주시기와 좌향을 기준으로 비성반이 정해진다. 백지에 도장이 찍히듯 명리학의 사주팔자와 풍수학의 비성반은 한 번 정해지면 바꿀 수가 없으며 사람과 공간은 정해진 命의 궤적대로 생존해 가게 된다. 사주팔자는 연월일시의 천간과 지지 여덟 글자가 기본이 된다. 비성반은 9개의 각 궁마다 향성수·산성수·운반수가 있는데 이 27자를 기본으로 길흉을 해석한다.

두 학문은 모두 시간에 따라 찾아오는 '운(運)'의 작용을 중시한다.

어떤 사람은 팔자가 좋아 귀한 명(命)으로 태어났지만 평생 좋은 운을 만나지 못하기도 한다. 때를 만나지 못하면 아무리 귀한 팔자라도 소용이 없다. 좋은 운을 만나야 빛을 보는 것은 사람이나 땅이나 마찬가지이다. 명리학에서 體이자 命인 팔자가 변하지 않는 것처럼 현공풍수학의 비성반도 변하지 않는다. 만일 비성반이 상산하수 복음(伏吟)이면 운이 바뀌고 시간이 흘러도 상산하수 복음이다. 그러나 명리학이나 풍수학이나 시간이 흘러감에 따라 運은 변동이 있다. 더 좋아질 수도 있고 더 나빠질 수도 있다. 마치 마당에 있는 감나무에 올해는 감이 조금 열렸지만, 10년쯤 후에는 여러모로 최적의 조건이 되어 올해보다 다섯 배나 더 열릴 수도 있는 것과 같은 이치이다. 運에 따라 결과에 변동이 생긴다.

만일 運을 안다면 삶은 더 지혜로워지고 행복해질 것이다. 비가 올 것이

玄空風水 高手秘訣

라는 일기예보를 듣고 우산을 준비하면 모르고 그냥 나갔을 때보다 비를 덜 맞을 수 있다. 가고자 하는 방향으로 순풍이 불어줄지 역풍이 불지를 안다면 출항을 할 것인지 쉴 것인지를 결정할 수가 있다. 선원들이 일기예보에 귀를 기울이는 것처럼 상황을 분석하고 어려움에 미리 대비하고자 하는 것에 두 학문의 목적이 있다.

때를 모르고 경거망동하면 피해가 눈덩이처럼 커질 수도 있다. 무엇보다 사람의 노력이 가장 중요하겠지만 이에 못지않게 시기(運)도 중요하다. 때에 따라 노력하는 방법과 강도를 조절해야 한다. 현명하고 지혜로운 사람은 운의 흐름을 알아 효율을 극대화시킨다.

자평명리학은 해석할 때 10년 주기 대운의 길흉을 보며, 현공풍수학은 20년 주기로 길흉을 판단한다. 현공풍수학은 특히 '시운에 맞는지'를 가장 중요하게 생각한다. 진혈명당(眞穴明堂)이라도 당운에 맞지 않는 불합국이면 복을 받을 수 없기 때문에 사용하지 않고, 이후에 쓸 수 있는 시기가 될 때까지 기다리는 것이다.

옛 선현들은 天文·地理·人事를 통합적으로 공부하였다.

『황제내경』의 氣交變大論에서 황제와 기백의 問答을 보면, "도에 정통한 사람은 위로는 천문을 알고, 아래로는 지리를 알며, 가운데로는 인사를 알아야 하며, 그래야 오랫동안 끊이지 않는다." 또한, "이는 氣에 근거하여 위치를 정한 것으로, 天氣의 위치를 연구한 것이 天文이고, 地氣의 위치를 연구한 것이 地理이며, 이를 통해 인체의 氣 변화에 통달하는 것을 人事라 한다."라고 하였다.

《上經》 曰 "夫道者, 上知天文, 下知地理, 中知人事, 可以長久, 此之謂也. 本氣, 位也. 位天者, 天文也. 位地者, 地理也. 通於人氣之變化者, 人事也. 故太過者先天, 不及者後天, 所謂治化, 而人應之也."

동양학은 그 근본이론이 서로 일맥상통하고 서로 보완하여 사용할 수 있으니 가급적이면 풍수와 명리를 함께 운용하는 것이 좋다.

예를 들어 8運에 불합국이며, 산성8·9·1에 산이 전혀 없고 오히려 합수되는 물이 있고, 산성5에 가깝고 큰 산이 있으며, 향성이 산성을 극하는 조합인 비성반을 가진 음·양택이라면 인명이 손상된다. 이런 조건에서 만일 아들이 다섯 명이 있다면 세 네 명은 망하거나 죽거나 크게 다치게 된다. 그러면 왜 한두 명은 괜찮을까? 그것은 본인이 타고난 운명, 즉 사주팔자에 따른 것이다. 사주팔자가 왕성하고 운이 좋은 사람은 피해갈 수 있기 때문이다.

풍수가 인간사의 모든 것을 완전하게 결정해 줄 수는 없다. 성적이 10등인 사람을 2~3등으로 올려줄 수 있으나 풍수만의 힘으로 만년 꼴등을 수석으로 올려주기는 매우 어려운 일이다. 사람의 자유의지와 타고난 운명에 따라서도 많은 것들이 결정되므로 어느 것 한가지로만 결정된다고는 말할 수 없다.

한 사람의 길흉화복은 사주팔자의 영향이 크고, 한 가문의 흥망성쇠는 풍수가 가장 큰 영향을 준다. 따라서 명리와 풍수를 보완하여 함께 연구해야 한다. 대만이나 홍콩에서는 명리를 연구하는 사람이 풍수도 연구하고 풍수서적을 쓴 사람이 명리서적도 출판한다.

보통 자평명리학을 공부하고자 하면 『**자평진전**子平眞詮』을 보고 『**궁통보감**窮通寶鑑』과 마지막으로 『**적천수**滴天髓』를 보는 것이 일반적인 순서이다. 이 책들은 명리학의 삼대 보서(寶書)이다. 유백온(劉伯溫)이 지은 『**적천수천미**滴天髓闡微』에도 풍수에 관한 내용이 나오고, 『**궁통보감**』에도 풍수에 대한 내용이 있다.

다음은 『**궁통보감**』 三冬 乙木中 11월에 나오는 구절의 일부분이다.

"한두 점의 丙火가 천간(天干)에 나타나고, 癸水가 제(制)함이 없으면, 과거급제(科擧及第)할 수 있다. 또는 丙火가 지지(地支) 안에 감추어져도, 역시 선발(選拔)되어 왕의 봉직(封職)을 받는 것이 있다. 이런 조건(條件)을 얻고도 貴하지 못하면, 필시 원인은 풍수(風水)가 박(薄)하기 때문이다_有一二點丙火出干, 無癸制者, 可許科甲, 卽丙藏支內, 亦有選拔恩封. 得此不貴,必因風水薄."

간결하지만 아주 명쾌한 지적이다.

필자의 경험으로 풍수적인 측면에서 명리를 볼 때도 음·양택의 풍수가 좋지 않은 사람은 해당되는 대운 기간이 흉한 운인 경우가 많았다.

재물과 사람 둘 다에게 문제가 있을 가능성이 높을 때 재물을 잃을지 사람에게 더 피해가 갈 지는 풍수와 사주를 다 볼 수 있어야 판단할 수 있다. 약한 부분이 더 크게 손상 받기 때문이다. 한 집에서 생활하던 두 사람 중, 큰아들은 맹장염에 걸리고, 둘째아들은 맹장수술을 한데다 결국 익사까지 하였다고 하자. 그런 불행이 왜 일어났는지 원인을 규명하고 수정·보완하는 일이 풍수사에게 맡겨질 수도 있다. 이 작업은 명리학과 풍수지리학 모두를 섭렵하고 꿰뚫어야 가능하다. 그래야 공간적 해악을 잠재우고 개인별로 필요한 생기를 보완해 주는 고차원적인 컨설팅을 할 수 있다.

수험생의 공부방을 비보·제화해 주는 것은 풍수학의 영역이고 수험생의 기운을 북돋아줄 수 있는 옷의 색상을 추천해 주는 것은 명리학의 영역이다. 체계적인 이론〔學〕과 다양한 현장경험〔術〕을 거치고 나면, 때와 장소와 사람의 삼박자가 맞도록 조절하여 최적의 해법을 제공하는 예술적인 창조 작업의 단계로 넘어갈 수 있다.

玄空風水 高手秘訣

제3장
현공풍수학의 운용을 위한 토대

1 3元 9運 현공풍수

현공풍수법은 공간(空間)과 시간(時間)을 배합한 풍수학문이다.

공간은 시간과 공존한다. 시간이란 개념이 더해지면 변하지 않는 것은 하나도 없다. 고정되어 있는 것처럼 보이는 땅도 사실은 늘 변하고 있다. 현공풍수는 시간 즉, 운(運)에 따라 길흉화복(吉凶禍福)이 항상 변화된다는 점을 가장 중요시한다. 이런 관점은 시간적 변화를 고려하지 않는 기존의 다른 이기풍수이론들을 뛰어넘는 가치를 지니고 있다.

낙서 구궁에는 시간적 인소(因素)가 포함되어 있는데 삼원구운(三元九運)이라 부른다. 낙서에는 9개의 宮이 있고, 地運은 한 궁에서 20년을 작용하므로 낙서의 구궁이 일주(一週)하려면 180년이 걸린다.

20년을 주기로 시기에 따라 운(運)이 변화되는데, 運은 1運에서 9運까지 있으며 9運이 지나면 다시 1運부터 연속적으로 되풀이된다.

1運에서 3運까지 60년간은 '상원(上元)', 4運에서 6運까지 60년간은 '중원(中元)', 7運에서 9運까지 60년간은 '하원(下元)'이며, 이들을 총칭하여 '삼원구운(三元九運)'이라고 한다. 삼원은 대단위인 '대삼원(大三元)'과 소단위인 '소삼원(小三元)'으로 나뉜다.

【대·소삼원 연대표】

〈大三元〉

上·中·下元	運										연대
上元	1運		2457	1917	1377	837	297	244	787	1324	1864~1923
	2運		2397	1857	1317	777	237	304	844	1384	1924~1983
	3運		2337	1797	1257	717	177	364	904	1444	1984~2043
中元	4運		2777	1737	1197	657	117	424	964	1504	2044~2103
	5運		2217	1677	1137	597	57	484	1024	1654	2104~2163
	6運	2697	2157	1617	1077	537	AD 04	544	1084	1624	2164~2223 / 皇帝元年 BC 2697
下元	7運		2637	2097	1557	1017	477	64	604	1144	1684
	8運		2577	2037	1497	957	417	124	664	1204	1744
	9運		2517	1977	1437	897	357	184	724	1264	1804

〈小三元〉

연대	運	干支	上·中·下元
1864~1883	1運	甲子~癸未	上元
1884~1903	2運	甲申~癸卯	
1904~1923	3運	甲辰~癸亥	
1924~1943	4運	甲子~癸未	中元
1944~1963	5運	甲申~癸卯	
1964~1983	6運	甲辰~癸亥	
1984~2003	7運	甲子~癸未	下元
2004~2023	8運	甲申~癸卯	
2024~2043	9運	甲辰~癸亥	

_출처 ☞ 최명우, 『현공풍수의 이론과 실제』

삼원(三元)의 첫해는 BC 2697(甲子)년으로 중국의 황제(皇帝) 1년이다.

현재(2004~2023년)는 대삼원(大三元)으로는 3運이며 소삼원(小三元)으로는 8運이다. 서기 1983(癸亥)년까지 78번의 1元甲子가 지나갔고, 현재~2043년까지는 79번째의 甲子元年 속에 있다.

【조선 이후 삼원 연대표】							〈立春 起點〉
上元	1運	甲子 – 癸未	1324 ~ 1343	1504 ~ 1523	1684 ~ 1703	1864 ~ 1883
	2運	甲申 – 癸卯	1344 ~ 1363	1524 ~ 1543	1704 ~ 1723	1884 ~ 1903
	3運	甲辰 – 癸亥	1364 ~ 1383	1544 ~ 1563	1724 ~ 1743	1904 ~ 1923
中元	4運	甲子 – 癸未	1384 ~ 1403	1564 ~ 1583	1744 ~ 1763	1924 ~ 1943
	5運	甲申 – 癸卯	1404 ~ 1423	1584 ~ 1603	1764 ~ 1783	1944 ~ 1963
	6運	甲辰 – 癸亥	1424 ~ 1443	1604 ~ 1623	1784 ~ 1803	1964 ~ 1983
下元	7運	甲子 – 癸未	1444 ~ 1463	1624 ~ 1643	1804 ~ 1823	1984 ~ 2003
	8運	甲申 – 癸卯	1464 ~ 1483	1644 ~ 1663	1824 ~ 1843	2004 ~ 2023
	9運	甲辰 – 癸亥	1484 ~ 1503	1664 ~ 1683	1844 ~ 1863	2024 ~ 2043

다시 60갑자(甲子)로 설명을 하면

1運 · 4運 · 7運은 갑자(甲子)년부터 계미(癸未)년까지 **20년**이며

2運 · 5運 · 8運은 갑신(甲申)년부터 계묘(癸卯)년까지 **20년**이며

3運 · 6運 · 9運은 갑진(甲辰)년부터 계해(癸亥)년까지 **20년**이다.

【 3元 9運과 60甲子 일람표 】

運＼順	1	2	3	4	5	6	7	8	9	10	11	12
1·4·7 運	甲子 1924 1984	乙丑 1925 1985	丙寅 1926 1986	丁卯 1927 1987	戊辰 1928 1988	己巳 1929 1989	庚午 1930 1990	辛未 1931 1991	壬申 1932 1992	癸酉 1933 1993	甲戌 1934 1994	乙亥 1935 1995
	丙子 1936 1996	丁丑 1937 1997	戊寅 1938 1998	己卯 1939 1999	庚辰 1940 2000	辛巳 1941 2001	壬午 1942 2002	癸未 1943 2003				
2·5·8 運									甲申 1944 2004	乙酉 1945 2005	丙戌 1946 2006	丁亥 1947 2007
	戊子 1948 2008	己丑 1949 2009	庚寅 1950 2010	辛卯 1951 2011	壬辰 1952 2012	癸巳 1953 2013	甲午 1954 2014	乙未 1955 2015	丙申 1956 2016	丁酉 1957 2017	戊戌 1958 2018	己亥 1959 2019
	壬子 1960 2020	辛丑 1961 2021	壬寅 1962 2022	癸卯 1963 2023								
3·6·9 運					甲辰 1964 2024	乙巳 1965 2025	丙午 1966 2026	丁未 1967 2027	戊申 1968 2028	己酉 1969 2029	庚戌 1970 2030	辛亥 1971 2031
	壬子 1972 2032	癸丑 1973 2033	甲寅 1974 2034	乙卯 1975 2035	丙辰 1976 2036	丁巳 1977 2037	戊午 1978 2038	己未 1979 2039	庚申 1980 2040	辛酉 1981 2041	壬戌 1982 2042	癸亥 1983 2043

【 下元 60甲子 서기년도 일람표 】

7運	甲子 1984	乙丑 1985	丙寅 1986	丁卯 1987	戊辰 1988	己巳 1989	庚午 1990	辛未 1991	壬申 1992	癸酉 1993
	甲戌 1994	乙亥 1995	丙子 1996	丁丑 1997	戊寅 1998	己卯 1999	庚辰 2000	辛巳 2001	壬午 2002	癸未 2003
8運	甲申 2004	乙酉 2005	丙戌 2006	丁亥 2007	戊子 2008	己丑 2009	庚寅 2010	辛卯 2011	壬辰 2012	癸巳 2013
	甲午 2014	乙未 2015	丙申 2016	丁酉 2017	戊戌 2018	己亥 2019	壬子 2020	辛丑 2021	壬寅 2022	癸卯 2023
9運	甲辰 2024	乙巳 2025	丙午 2026	丁未 2027	戊申 2028	己酉 2029	庚戌 2030	辛亥 2031	壬子 2032	癸丑 2033
	甲寅 2034	乙卯 2035	丙辰 2036	丁巳 2037	戊午 2038	己未 2039	庚申 2040	辛酉 2041	壬戌 2042	癸亥 2043

甲子는 60년을 주기로 순환하기 때문에 上元과 中元의 〈60甲子〉도 동일

하다.

60甲子는 천체 운행 60년을 하나의 주기로 삼은 것이다. 60년 순환주기는 세차(歲差)와 무관하며 긴 세월이 흐르더라도 차이가 나지 않는다.

☯ 왜 20년 주기인가?

풍수지리에서 땅의 운명(地運)은 20년을 주기(週期)로 바뀐다. 하나의 소운이 어째서 20년 주기인지에 대해서 종의명(鐘義明) 선생은 『**현공현대주택학 玄空現代住宅學**』에서 다음과 같이 밝혔다.

"20년을 주기로 삼는 각 운(運)은 목성과 토성이 서로 만나는 주기와 관계가 있다. 목성이 태양의 주위를 도는 주기는 11.86년이고, 토성이 태양의 주위를 도는 주기는 29.46년이다. 하늘은 360도이므로 목성과 토성이 1년 동안 평균적으로 운행하는 도수는

매년 목성은 360도 ÷ 11.86 = 30.354131도를 이동하고

매년 토성은 360도 ÷ 29.46 = 12.219959도를 이동한다.

토성은 목성보다 18.134172도가 매년 느리다.

즉 360 ÷ 18.134172 = 19.852023년은 토성과 목성이 1차로 만나는 때이며, 이것을 한 개의 '운'으로 삼는다. 삼원구운(三元九運) 동안 목성과 토성은 아홉 차례 만나는데, 이것은 약 180년이다."

목성의 공전주기는 약 12년, 토성의 공전주기는 약 30년 정도이고 이들의 최소공배수는 60년이다. 따라서 상원·중원·하원의 각 주기는 60년씩이 된다.

순	계절	음력월	24절기	양력일자
1 **2**	春	1	**입춘 立春** 우수 雨水	2월 4 ~ 5일 2월 19 ~ 20일
3 **4**	春	2	경칩 驚蟄 춘분 春分	3월 5 ~ 6일 3월 21 ~ 22일
5 **6**	春	3	청명 淸明 곡우 穀雨	4월 5 ~ 6일 4월 20 ~ 21일
7 **8**	夏	4	입하 立夏 소만 小滿	5월 6 ~ 7일 5월 21 ~ 22일
9 **10**	夏	5	망종 芒種 하지 夏至	6월 6 ~ 7일 6월 21 ~ 22일
11 **12**	夏	6	소서 小署 대서 大署	7월 7 ~ 8일 7월 23 ~ 24일
13 **14**	秋	7	입추 立秋 처서 處署	8월 8 ~ 9일 8월 23 ~ 24일
15 **16**	秋	8	백로 白露 추분 秋分	9월 8 ~ 9일 9월 23 ~ 24일
17 **18**	秋	9	한로 寒露 상강 霜降	10월 8 ~ 9일 10월 23 ~ 24일
19 **20**	冬	10	입동 立冬 소설 小雪	11월 7 ~ 8일 11월 22 ~ 23일
21 **22**	冬	11	대설 大雪 동지 冬至	12월 7 ~ 8일 12월 22 ~ 23일
23 **24**	冬	12	소한 小寒 대한 大寒	1월 6 ~ 7일 1월 20 ~ 21일

☞ 20년의 주기(週期)에서 지운(地運)이 바뀌는 날짜는

음력 1월 1일이 아니고 입춘(立春)일이다. 입춘일은 매년 2월 4일이다.

2004년 2월 4일(양력) 이후 20년간은 8運에 속한다.

玄空風水 高手秘訣

② 24좌향(坐向)의 음양(陰陽)과 순역(順逆)

① 24좌향

풍수지리에서는 공간을 주역의 팔괘 방위에 따라 8개의 방위로 나눈다. **감**(坎 북쪽), **간**(艮 동북쪽), **진**(震 동쪽), **손**(巽 동남쪽), **이**(離 남쪽), **곤**(坤 서남쪽), **태**(兌 서쪽), **건**(乾 서북쪽)이다.

팔괘는 각각 다시 지원룡(地元龍)·천원룡(天元龍)·인원룡(人元龍)의 3개 방위로 나뉘어 총 24개 방위가 된다. 이를 24坐 또는 24山이라고 부른다.

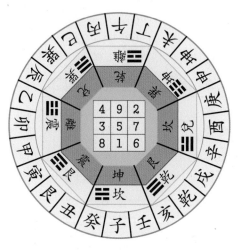

가운데부터 시작하여 바깥으로 낙서구궁-선천팔괘-후천팔괘-24좌향이 배열되어 있다.

_그림출처 ☞ 종의명(鐘義明), 『현공현대주택학(玄空現代住宅學)』

이 24좌향(坐向)을 24산(山), 또는 24좌산(坐山)이라고도 부른다. 중국에서는 坐山이란 용어를 더 많이 사용하지만, 우리나라에서는 坐向이란 말을 더 많이 사용한다. 또한 중국에서는 向을 더 중시하여 丙向 또는 壬山丙向으로 표기하지만, 우리나라에서는 坐를 더 중시하므로 壬坐 또는 壬坐丙向으로 표기한다. 이 책에서는 독자들이 쉽게 이해할 수 있도록 좌산(坐山) 대신에 '좌향(坐向)'이라는 용어로 통일하여 설명하였다.

玄空風水 高手秘訣

【8宮(卦)과 24坐向】

8宮(卦)	24좌향		
	地元龍	天元龍	人元龍
감궁(坎宮)	임(壬)	자(子)	계(癸)
간궁(艮宮)	축(丑)	간(艮)	인(寅)
진궁(震宮)	갑(甲)	묘(卯)	을(乙)
손궁(巽宮)	진(辰)	손(巽)	사(巳)
이궁(離宮)	병(丙)	오(午)	정(丁)
곤궁(坤宮)	미(未)	곤(坤)	신(申)
태궁(兌宮)	경(庚)	유(酉)	신(辛)
건궁(乾宮)	술(戌)	건(乾)	해(亥)

☞ 한 개의 宮에는 세 개의 좌(坐)가 있으므로 모두 24좌이다.

8개의 宮은 각 宮마다 地·天·人 三才로 나뉜다. 시침 방향으로 지원룡(地元龍), 천원룡(天元龍), 인원룡(人元龍) 순으로 순차적으로 배속되어 24좌향이 된다.

360도가 8개의 궁(宮)으로 나뉘므로, 1개 宮의 범위는 45도씩이다. 각 宮에는 地·天·人 3개의 坐가 있어 24坐向이 되므로, 1개의 坐는 15도씩이다.

나경(羅經)을 보면 이해가 쉽다. 24개 坐는 1개의 宮에 3개 坐를 묶어서 암기하면 공부하는 데 편리하다. 예를 들면 坎宮에는 壬子癸, 艮宮에는 丑艮寅, 震宮은 甲卯乙, 巽宮은 辰巽巳…… 등이다.

24坐에서 坐의 정반대편에 있는 向도 같이 기억해 두면 편리하다. 坐에 따른 向은 서로 반대편에 고정되어 있기 때문에 절대로 변하지 않는다. 예를 들어 子坐라면 向은 언제든지 午向이 되며 '자좌오향(子坐午向)'이라고 부른다.

24개의 坐는 각기 陰陽이 있는데 1개의 宮 안에서 '天元 과 人元'은 성질이 같아 음음(陰陰)이나 양양(陽陽)으로, 음양(陰陽)이 항상 같다. 그러나 '地元 과 天元' 그리고 '地元과 人元'은 성질이 달라 陰陽이 서로 반대이다.

삼원룡(三元龍)은 육친(六親)에 비유하여 기본이 되는 천원(天元)은 '부모괘 (父母卦)'라 하고, 인원(人元)은 천원을 따르므로 '순자괘(順子卦)', 지원(地元) 은 천원과 음양이 반대가 되기 때문에 '역자괘(逆子卦)'라고 한다.

【삼원룡(三元龍)의 특성】

삼원룡(三元龍)	지원룡(地元龍)	천원룡(天元龍)	인원룡(人元龍)
좌향(坐向)	辰戌丑未 甲庚丙壬	子午卯酉 乾坤艮巽	寅申巳亥 乙辛丁癸
주관하는 화복(禍福)	빈부(貧富)	귀천(貴賤)	수복(壽福)·행복
발응의 특성	복이 빨리 오고 기운이 비교적 빨리 끝난다.	대명당인 경우가 많고 地氣가 강하고 발복도 오래 간다.	발복이 비교적 느린 대신 오래 가는 속성이 있다.

풍수에서 坐向은 기본적으로 24개의 좌국(坐局)이지만 현공풍수에서 坐向 은 실질적으로는 16坐局이다. 왜냐하면 천원(天元)과 인원(人元)인 子癸·艮 寅·卯乙·巽巳·午丁·坤申·酉辛·乾亥는 서로 陰陽이 같기 때문이다.

天元과 人元은 陰陽이 같기 때문에 비성반도 동일하다. 예를 들면 8運에 子坐午向〔天元〕과 癸坐丁向〔人元〕은 둘 다 쌍성회향으로 비성반이 같으며, 8 運에 艮坐坤向〔天元〕과 寅坐申向〔人元〕은 둘 다 상산하수로 비성반이 같다. 따라서 실질적인 坐는 壬·子癸·丑·艮寅·甲·卯乙·辰·巽巳·丙·午丁·

未·坤申·庚·酉辛·戌·乾亥의 16개 坐라 할 수 있다. 이런 연유로 현공풍수의 실질적인 하괘(下卦) 비성반은 216개(9運×24개 坐向)가 아니라 144개(9運×16개 坐向)가 된다.

【 24坐 陰陽 분류표 】

三元龍	陰	陽
地元龍(逆子卦)	-辰 -戌 -丑 -未	+甲 +庚 +丙 +壬
天元龍(父母卦)	-子 -午 -卯 -酉	+乾 +坤 +艮 +巽
人元龍(順子卦)	-乙 -辛 -丁 -癸	+寅 +申 +巳 +亥

현공풍수에서는 辰戌丑未가 모두 陰이다. 이에 대해 많은 이들의 의문과 오해를 사는데, 동양학에 사용하는 오행은 정오행만 있는 것이 아니다. 팔괘오행, 삼합오행, 사국오행, 성수오행, 홍범오행, 현공오행 등 오행의 종류가 다양하며 그에 따라 배속되는 陰陽과 干支가 조금씩 다르다. 현공오행은 辰戌丑未가 모두 陰이다. 이에 대해 유훈승(劉訓昇) 선생이 『계통음양학系統陰陽學』에서 설명한 내용을 소개한다.

◉ 하도와 낙서에서

1, 3, 5, 7, 9는 명성(明星)이며 陽이고 ○으로 표시한다.

2, 4, 6, 8, 10은 암성(暗星)으로 陰이며 ●으로 표시한다.

◉ 10개의 天干 중에서

甲丙戊庚壬은 陽에 속한다.

乙丁己辛癸는 陰에 속한다.

● 12개의 地支 중에서

子의 지지장간(地支藏干)에는　癸

午의 地支藏干에는　丁己

卯의 地支藏干에는　乙

酉의 地支藏干에는　辛이 있다.

乙丁己辛癸는　陰에 속하므로　子午卯酉는　陰이다.

寅의 地支藏干에는　戊丙甲

申의 地支藏干에는　戊壬庚

巳의 地支藏干에는　戊庚丙

亥의 地支藏干에는　戊甲壬이 있다.

甲丙戊庚壬은 陽에 속하므로 寅申巳亥는 陽이다.

辰의 地支藏干에는　乙癸戊

戌의 地支藏干에는　辛丁戊

丑의 地支藏干에는　癸辛己

未의 地支藏干에는　丁乙己가 있다.

24山에는 戊己가 없으며, 乙丁辛癸는 陰에 속한다.

그러므로 辰戌丑未는 陰이다.

즉, 乙丁辛癸子午卯酉辰戌丑未의 12山은 陰이고,

甲丙庚壬寅申巳亥의 8山은 陽이다.

陰陽은 성쇠(盛衰)가 없으며 陰이 있으면 陽이 있다〔一陰一陽之謂道〕.

그러므로 乾坤艮巽의 4山은 陽에 속한다.

【24坐向의 陰陽과 順逆】

분류 순	八卦	羅經 方位	三元	陰陽	順逆	方位	360周天度 右邊 ← 中央 → 左邊
1	坎감	壬임	地	＋	順		337.5 ← 345 → 352.5
		子자	天	－	逆	北	352.5 ← 360 → 007.5
		癸계	人	－	逆		007.5 ← 015 → 022.5
2	艮간	丑축	地	－	逆		022.5 ← 030 → 037.5
		艮간	天	＋	順	東北	037.5 ← 045 → 052.5
		寅인	人	＋	順		052.5 ← 060 → 067.5
3	震진	甲갑	地	＋	順		067.5 ← 075 → 082.5
		卯묘	天	－	逆	東	082.5 ← 090 → 097.5
		乙을	人	－	逆		097.5 ← 105 → 112.5
4	巽손	辰진	地	－	逆		112.5 ← 120 → 127.5
		巽손	天	＋	順	東南	127.5 ← 135 → 142.5
		巳사	人	＋	順		142.5 ← 150 → 157.5
5	離이	丙병	地	＋	順		157.5 ← 165 → 172.5
		午오	天	－	逆	南	172.5 ← 180 → 187.5
		丁정	人	－	逆		187.5 ← 195 → 202.5
6	坤곤	未미	地	－	逆		202.5 ← 210 → 217.5
		坤곤	天	＋	順	西南	217.5 ← 225 → 232.5
		申신	人	＋	順		232.5 ← 240 → 247.5
7	兌태	庚경	地	＋	順		247.5 ← 255 → 262.5
		酉유	天	－	逆	西	262.5 ← 270 → 277.5
		辛신	人	－	逆		277.5 ← 285 → 292.5
8	乾건	戌술	地	－	逆		292.5 ← 300 → 307.5
		乾건	天	＋	順	西北	307.5 ← 315 → 322.5
		亥해	人	＋	順		322.5 ← 330 → 337.5

玄空風水 高手秘訣

【9宮 24坐 陰陽圖】

+巽	+巳	+丙	-午	-丁	-未	+坤
-辰	4巽		9離		2坤	+申
-乙						+庚
-卯	3震		5		7兌	-酉
+甲						-辛
+寅	8艮		1坎		6乾	-戌
+艮	-丑	-癸	-子	+壬	+亥	+乾

이 陰陽圖는 洛書九宮과 동일한 기본 음양도(陰陽圖)이다.

+는 陽, -는 陰을 표시한다.

5運에는 5가 中宮에 들어가므로 陰陽圖도 이와 동일하다.

運이 바뀌면 運에 따라 坐의 陰陽이 변화되므로 陰陽圖도 바뀌게 된다.

예를 들어 8運 坐向陰陽順逆圖를 보면 다음과 같다.

【下元 8運(2004~2023年 坐向陰陽順逆圖)】

+巽		+巳	+丙	-午	-丁	-未		+坤
	-酉	-申	+甲	-卯	-乙	-己	+戌	
-辰	+庚	7兌		3震		5中	+戌	+申
-乙	+亥						+壬	+庚
-卯	+乾	6乾	**8艮運**			1坎	-子	-酉
+甲	-戌						-癸	-辛
+寅	+辛	2坤		4巽		9離	+丙	-戌
	+坤	-未	+巳	+巽	-辰	-丁	-午	
+艮		-丑	-癸	-子	+壬	+亥		+乾

下元 8運(2004~2023年)

8運에는 中宮에 5黃을 대신하여 8艮이 왔다.

동서남북의 방향은 바뀌지 않으나 陰陽은 바뀐다.

乾宮을 예로 들면, 원단반 6乾宮(-戌, +乾, +亥)에 9離가 오면 9離(+丙, -午, -丁)에 해당되는 陰陽으로 바뀐다. 다른 宮들도 이와 같다.

③ 하괘(下卦)와 체괘(替卦)

나경 360도를 8괘(卦)로 나누면 한 괘당 45도씩이고, 한 괘에는 세 개의 좌(坐)가 배속되므로 한 좌는 15도씩이다.

坎(45도)					
癸(15도)		子(15도)		壬(15도)	
庚子	丙子	庚子	丙子	辛亥	丁亥

☞ 坎卦에는 壬 · 子 · 癸의 세 개의 坐가 있다.

한 개의 좌는 5개의 분금(分金)으로 나뉜다. 이를 분금 5격(格)이라 한다.

分金에서 '分'은 나눈다는 말이고, '金'은 선(線) 또는 하늘을 뜻하는 '乾'인즉, 하늘을 세분한다는 뜻이다. 다시 말하자면 풍수지리에서 坐向을 결정할 때에 360도를 세밀하게 나누어 坐向을 결정한다는 말이다.

4층 지반정침 '子'는 오른쪽부터 갑자(甲子)·병자(丙子)·무자(戊子)·경자(庚子)·임자(壬子) 순으로 나뉘며, 1개 분금은 3도이다.

풍수지리 최고의 고전인 『**장서**葬書』에는 "털끝만큼의 차이에 따라 화복에는 천리만큼의 차이가 생긴다_**毫釐之差 禍福千里**"라는 말이 있다. 坐向을 정할 때에 分金을 정확하게 놓기를 강조한 말이다. 1도의 차이가 1000m 거리가 떨어지면 약 17m 차이가 생기는 것을 생각하면 '**豪釐之差**'라는 말은 지나친 과장이 아니다.

또한 『**장서**葬書』〈귀혈편(貴穴編)〉에 있는 "음양(陰陽)이 어긋나고 뒤섞이는

〔差錯〕것이 첫 번째 凶이다_陰錯陽差爲一凶."란 구절도 좌향을 놓을 때 각별히 주의하라는 의미이다. 이 구절은 '여섯 가지의 흉(六凶)' 중에 첫 번째로 나올 만큼 중요한 대목이다. 최명우 선생은 "음양차착(陰陽差錯)에 대한 해석은 구구하겠지만 坐向論에 관한 귀중한 문구라고 생각한다. 보름달이라고 해서 언제나 월식(月蝕)이 일어나는 것은 아니다. 해와 달과 지구가 정확히 일직선상에 있어야 나타나고 약간만 각도가 맞지 않아도 월식은 일어나지 않는다. 이와 마찬가지로 풍수지리에서도 좌향의 각도는 아주 중요한 부분이다."라고 강조하였다.

坐向을 놓는 1개 坐는 下卦, 替卦, 小空亡이나 大空亡으로 나누어지는데 下卦와 替卦, 替卦와 大·小空亡 등은 '호리지차' 차이로 길흉화복이 다르게 나타난다.

현공풍수에서는 지반정침만 사용하여 24개 모든 坐를 하괘(下卦)와 체괘(替卦)로 구분한다. 하괘는 1개 坐, 15도 중에서 중앙에 丙子·戊子·庚子 9도 범위이다.

체괘는 하괘를 제외한 양쪽 끝을 말한다. 고전에서는 겸괘(兼卦)라고도 한다. '겸하는 괘'라는 말이지만, 글자의 뜻을 보면 替(체)는 '쓸모없다'는 뜻을 갖고 있다. 하괘는 정격(正格)이고 체괘는 변격(變格)이다.

1運에서 9運까지 총 216局(9運×24坐) 중에서 하괘와 동일한 비성반을 제외하면, 체괘는 138局이 있다.

같은 運의 같은 坐向이라도 하괘와 체괘의 비성반은 같을 때도 있고 다를 때도 있다.

	중궁수	
	하괘(下卦)	체괘(替卦)
子坐午向	+4 -3 八	+6 -2 八
丑坐未向	-2 -5 八	-2 -5 八

8運의 子坐午向은 하괘와 체괘의 중궁수가 다르고,
8運의 丑坐未向은 중궁수가 같다.

같은 좌향이라도 하괘냐 체괘냐에 따라 중궁수가
달라지므로 길흉화복(吉凶禍福)도 달라진다.

24개 모든 坐는 하괘이든지 체괘이든지 합국이 된 곳에 사용하면 吉한 坐가 되고, 불합국이 되면 凶한 坐가 된다.

장대홍(蔣大鴻) 선생이 이르기를 "같은 장소일지라도 내가 묘를 쓰면 왕후가 나오지만 다른 사람이 쓰면 도적이 나온다_我葬出王侯 他葬出賊寇."라고 하였다. 자칫하면 오해의 소지가 있는 말이지만 체괘(替卦)의 비법을 알면 이 말의 중요성과 진정한 의미를 알 수 있게 된다.

체괘는 하괘가 상산하수이거나, 체괘가 하괘보다 더 좋을 때 사용한다. 예를 들어 배산임수 형국에서 8運의 辰坐戌向의 경우 하괘라면 상산하수가 되어 정재양패(丁財兩敗)한다. 그러나 공망을 피해 체괘로 좌향을 조금만 돌려 놓으면 왕산왕향은 기본이고 연주삼반괘가 되어 四局 중에서도 최고의 局이 된다.

이와 같이 간혹 하괘에서 체괘로 좌향을 조금만 바꾸어주면 길흉이 천양지차로 달라지는 경우도 있다.

그러나 체괘는 음·양택 용사시에는 가급적 사용하지 말고 해석용으로만 참고해야 한다. 그 이유는 다음과 같다.

첫째, 체괘는 공망과 겹친다. 체괘는 3도 내에 대공망이나 소공망을 가지고

玄空風水 高手秘訣

있다. 넓은 의미로 보면 체괘는 공망이라고 보아도 무방하다. 좁은 의미로 보면 체괘는 실질적으로 한 좌의 양끝 3도에서 공망에 속하지 않는 1~2도를 이용한다. 체괘는 가용 범위가 너무 좁으며, 매우 흉한 공망(空亡)이 포함되어 있다.

둘째, 정밀한 측정을 해야 한다. 단 1도라도 틀리면 공망에 빠지거나 체괘와 하괘로서 해석이 달라지고 길흉화복도 달라지므로 대단히 세밀하고 정확한 측정이 필요하다. '나경이 가질 수 있는 오차'와 '측정자가 범할 수 있는 오차'를 완벽하게 극복하지 못한 채 체괘를 이용한다는 것은 모험이다. 연구해 보면 초보자가 사용하기에는 현실적으로 거의 불가능하다는 것을 알 수 있을 것이다.

셋째, 체괘 합국이라도 人丁에는 불리할 수 있다. 합국인 下卦는 부귀가 大發하고 대개 가족 전체에게 발복이 가지만 체괘는 효과가 떨어져 복이 일부에게만 전해지고 어떤 자손은 오히려 해(害)를 받는 경우도 있다. 또한 체괘 합국이라도 재물과 人丁이 모두 旺하는 것이 아니라, 재물복만 받는 경우가 많으며 人丁에는 불리할 수 있다.

넷째, 체괘에는 당운(當運) 입수(入囚)가 있다. '인장묘발(寅葬卯發)'이란 인시에 장사하고 묘시에 발복한다는 말로, 즉시 발복하는 것을 말한다. 이와 반대로 '인장묘절(寅葬卯絶)'은 묘를 쓰자마자 바로 퇴패하거나 복이 있더라도 아주 잠깐인 경우를 말한다. 종의명(鐘義明) 선생은 『**현공지리고험주해**玄空地理考驗註解』에서 "당운에 입수가 되면 인장묘절(寅葬卯絶)이 된다. 하괘에는 당운에 입수되는 경우가 없지만 체괘의 경우에는 간혹 당운에 입수하는 경우가 종종 있다."라고 하였다.

玄空風水 高手秘訣

다섯째, 下卦와 替卦가 서로 같으면 吉할 때에는 체괘가 하괘보다 못하고, 흉할 때에는 체괘가 더욱 흉하게 작용하기 때문에 굳이 체괘를 사용할 필요가 없다.

체괘는 고수용이다. 사실은 고수들도 실전에서 체괘를 잘 사용하지 않는다. 최명우 선생도 "체괘로 坐를 해준 음·양택이 없으며 체괘로 쓸 수밖에 없는 자리는 쓰지 않는다."고 한다. 그러니 양택이든 음택이든 체괘로는 좌향을 놓지 마시기를 바란다.

체괘는 '해석용으로만' 사용하는 것이 바람직하다. 공망에 든 음·양택을 감정할 때, 이웃한 체괘 두 개를 놓고 감정하면 더 정확한 해석을 할 수 있다. 예를 들면 甲坐와 卯坐 사이 소공망인 자리라면 甲坐 체괘 비성반과 卯坐 체괘 비성반을 둘 다 놓고 해석하면 잘 맞는다. 이러한 이유로 이 책에서는 기본적으로 하괘 위주로 설명해 나가려고 한다.

4 체괘구결(替卦口訣)

현공풍수 좌향법은 24坐마다 하괘(下卦)와 체괘(替卦)로 나누어 사용한다. 1개 坐인 15도 중에서 중앙의 9도는 하괘가 되고 9도를 제외한 좌변(左邊) 3도와 우변(右邊)의 3도, 즉 양변의 6도에 좌향을 놓으면 체괘가 된다. 다만 체괘 6도 중에는 대·소공망(大·小空亡)도 포함되어 있다.

坐	子(15度)				
分金	【壬子】	庚子	【戊子】	丙子	【甲子】
범위	3度	3度	3度	3度	3度
구분	替卦(3度)	下卦(9度)			替卦(3度)

체괘로 입향(立向)할 때 비성반(飛星盤) 작성법은 지금은 공개되어 쉽게 배울 수 있지만, 예전에는 天下의 비중지비(秘中之秘)였다. 체괘를 산출하는 방법은 현공풍수 고전인 양균송 선생의 『청낭오어靑囊奧語』에 나오기는 하지만 난해하다.

강요(姜垚) 선생의 저서인 『종사수필從師隨筆』에는 강요 선생의 스승인 장대홍(蔣大鴻) 선생에게 당시에 거금(巨金)인 이천금(二千金)을 보답하고 〈체괘구결(替卦口訣)〉을 얻었다는 내용과 함께 체괘구결 비법이 나온다.

강요 선생은 체괘구결을 얻은 후에 양균송의 제자 증공안(曾公安)이 쓴 『청낭오어靑囊奧語』의 비밀을 이해하게 되었고, 이 책에 주해(註解)를 달게 되었다고 한다.

이후에 심소훈 선생은 『종사수필從師隨筆』을 연구하여 체괘비법을 『심씨현공학沈氏玄空學』에 남겼다.

장대홍 선생이 제자인 강요에게 전수해 준 〈체괘구결(替卦口訣)〉은 50자로 다음과 같다.

장대홍 선생의 替卦口訣		九星	개수
子癸竝甲申 [貪狼]一路行	자계병갑신 [탐랑]일로행	貪狼 1	4
酉辛丑艮丙 天星說[破軍]	유신축간병 천성설[파군]	破軍 7	5
壬卯乙未坤 五位爲[巨門]	임묘을미곤 오위위[거문]	巨門 2	5
寅午庚丁上 [右弼]四星臨	인오경정상 [우필]사성림	右弼 9	4
乾亥辰巽巳 連戌[武曲]名	건해진손사 연술[무곡]명	武曲 6	5
			합계 24

구결을 풀이하면 다음과 같다.

子, 癸, 甲, 申은 　　　　　　　替卦立向시　　　貪狼 (1)로,

酉, 辛, 丑, 艮, 丙은 　　　　　替卦立向시　　　破軍 (7)로,

壬, 卯, 乙, 未, 坤은 　　　　　替卦立向시　　　巨門 (2)로,

寅, 午, 庚, 丁은 　　　　　　　替卦立向시　　　右弼 (9)로,

乾, 亥, 辰, 巽, 巳, 戌은 　　　替卦立向시　　　武曲 (6)으로 바뀐다.

이때 숫자는 바뀌고 陰陽은 바뀌지 않는다.

【 구성(九星)의 명칭(名稱) 】

數	1	2	3	4	5	6	7	8	9
九星	탐랑 (貪狼)	거문 (巨門)	녹존 (祿存)	문곡 (文曲)	염정 (廉貞)	무곡 (武曲)	파군 (破軍)	보성 (輔星·左輔)	필성 (弼星·右弼)

八卦	坐	下卦	替卦	변화	八卦	坐	下卦	替卦	변화
坎	壬	+1	+2	✔	離	丙	+9	+7	✔
	子	-1	-1	=		午	-9	-9	=
	癸	-1	-1	=		丁	-9	-9	=
艮	丑	-8	-7	✔	坤	未	-2	-2	=
	艮	+8	+7	✔		坤	+2	+2	=
	寅	+8	+9	✔		申	+2	+1	✔
震	甲	+3	-1	✔	兌	庚	+7	+9	✔
	卯	-3	-2	✔		酉	-7	-7	=
	乙	-3	-2	✔		辛	-7	-7	=
巽	辰	-4	-6	✔	乾	戌	-6	-6	=
	巽	+4	+6	✔		乾	+6	+6	=
	巳	+4	+6	✔		亥	+6	+6	=

같은 좌향이라도 하괘냐 또는 체괘냐에 따라 비성반이 같은 경우도 있지만, 완전히 다른 경우도 있다. 이에 따라 길흉화복의 상황도 달라진다.

체괘산출법(替卦算出法)

체괘를 산출하는 방법은 下卦와 같다. 다만 中宮의 숫자가 체괘구결에 따라 바뀌게 된다.

【체괘 산출의 例】

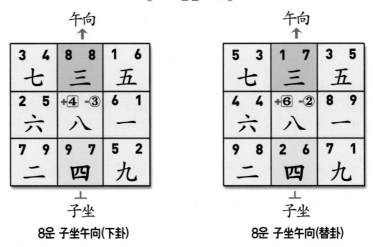

8運에 子坐午向(替卦)으로 立向할 경우이다.

❶ 8運이므로 먼저 '8'자를 中宮에 넣고 순행하는 것은 하괘와 동일하다.

❷ 下卦 中宮의 向星은 [③]인데 [③]은 [震宮]에 해당되고, [震宮 : 甲卯乙]에서도 子坐午向은 天元이므로 天元에 해당되는 [卯]는 체괘구결 '壬卯乙未坤 五位爲巨門'에서 [卯]는 [巨門(2)]이기 때문에 향성의 [③]은 [②]로 바뀌게 된다. 이때에 음양(陰陽)은 변하지 않아 하괘의 음양과 동일하다.

❸ 下卦 中宮의 山星은 [④]인데 [④]는 [巽宮]에 해당되고 [巽宮]에서도 子坐午向은 天元이므로 同元에 해당되는 [巽]은 체괘구결 '乾亥辰巽巳 連戌武曲名'에서 [巽]은 [武曲(6)]이기 때문에 山星의 [④]는 [⑥]으로 바뀌게 된다. 이때도 역시 음양은 변하지 않는다.

❹ 中宮의 향성과 산성을 양순음역(陽順陰逆)시켜 체괘 비성반을 완성한다.

※ 替卦口訣은 양균송(楊筠松)의 『청낭오어 靑囊奧語』에 나오는데, 현공풍수 학파별로 해석이 서로 달라 지금도 논란 중이다. 『청낭오어』의 첫 구절은 다음과 같다.
"坤壬乙, 巨門從頭出. 艮丙辛, 位位是破星. 巽辰亥, 盡是武曲位. 甲癸申, 貪狼一路行……"

※ 하괘가 正法이라면, 체괘는 편법(便法)이며 비법(秘法)이므로 특별한 경우에 한하여 사용하는 특수한 방법이다. 정확한 나경(羅經)과 측정이 필요하므로 체괘는 가급적 사용하지 않는 것이 좋다.

玄空風水 高手秘訣

運　坐	1運	2運	3運	4運	5運	6運	7運	8運	9運
壬	+6 -5	+9 -6	-7 +9	+7 -7	+2 +7	-2 +2	+1 -2	-6 +1	+5 -6
子	+6 -5	-7 +6	+7 -7	-9 +7	-1 -9	+2 -1	-2 +2	+6 -2	-5 +6
癸	↑	↑	+9 -7	-9 +9	↑	+1 -1	-2 +1	↑	↑
丑	-6 +9	-5 -7	-6 +7	+9 +2	-7 -2	+7 +1	+2 -6	-2 -5	+1 -6
艮	+6 -7	+5 +7	+6 -9	-7 -1	+7 +2	-9 -2	-1 +6	+2 +5	-2 +6
寅	↑	+5 +9	↑	↑	+9 +1	↑	↑	+1 +5	↑
甲	-7 +1	+7 -6	+2 +5	-2 -6	+1 +9	-6 -7	+5 +7	-6 +2	+9 -2
卯	+7 -2	-9 +6	-1 -5	+2 +6	-2 -7	+6 +7	-5 -9	+6 -1	-7 +2
乙	+9 -2	↑	↑	+1 +6	↑	+6 +9	↑	↑	-7 +1
辰	+7 -2	+2 +1	-2 -6	+1 -5	-6 -6	-5 +9	-6 -7	+9 +7	-7 +2
巽	-9 +2	-1 -2	+2 +6	-2 +5	+6 +6	-5 +7	+6 +7	-7 -9	+9 -1
巳	-9 +1	↑	+1 +6	↑	↑	↑	+6 +9	↑	+9 -1
丙	+5 -6	-6 +9	+9 -7	-7 +7	+7 +2	+2 -2	-2 +1	+1 -6	-6 +5
午	-5 +6	+6 -7	-7 +7	+7 -9	-9 -1	-1 +2	+2 -2	-2 +6	+6 -5
丁	↑	↑	-7 +9	+9 -9	↑	-1 +1	+1 -2	↑	↑
未	+9 -6	-7 -5	+7 -6	+2 +9	-2 -7	+1 +7	-6 +2	-5 -2	-6 +1
坤	-7 +6	+7 +5	-9 +6	-1 -7	+2 +7	-2 -9	+6 +1	+5 +2	+6 -2
申	↑	+9 +5	↑	↑	+1 +9	↑	↑	+5 +1	↑
庚	+1 -7	-6 +7	+5 +2	-6 -2	+9 +1	-7 -6	+7 +5	+2 -6	-2 +9
酉	-2 +7	+6 -9	-5 -1	+6 +2	-7 -2	+7 +7	-9 -5	-1 +6	+2 -7
辛	-2 +9	↑	↑	+6 +1	↑	+9 +6	↑	↑	+1 -7
戌	-2 +7	+1 +2	-6 -2	-5 +1	-6 -6	+9 -5	-7 -6	+7 +9	+2 -7
乾	+2 -9	-2 -1	+6 +2	+5 -2	+6 +6	-7 +5	+7 +6	-9 -7	-1 +7
亥	+1 -9	↑	+6 +1	↑	↑	↑	+9 +6	↑	-1 +9

☞ 노란색은 체괘 중 旺山旺向을 표시한 것이다.

玄空風水 高手秘訣

【下卦 · 替卦 中宮數 一覧表】

坐＼運	1運 下	1運 替	2運 下	2運 替	3運 下	3運 替	4運 下	4運 替	5運 下	5運 替	6運 下	6運 替	7運 下	7運 替	8運 下	8運 替	9運 下	9運 替
壬	-6 +5	←	+7 -6	+9 -6	-8 +7	-7 +9	+9 -8	+7 -7	+1 +9	+2 +7	-2 +1	-2 +2	+3 -2	+1 -2	-4 +3	-6 +1	+5 -4	+5 -6
子	+6 -5	←	-7 +6	←	+8 -7	+7 -7	-9 +8	+9 +7	-1 -9		+2 -1	←	-3 +2	-2 +2	+4 +3	+6 -2	-5 +4	+5 +6
癸	↑	↖	↑	↖	↑	+9 -7	↑	-9 +9	↑		↑	+1 -1	↑	-2 +1	↑	↑	↑	↑
丑	-4 +7	-6 +9	-5 -8	-5 -7	-6 +9	-6 +7	+7 +1	+9 +2	-8 -2	-7 -2	+9 +3	+7 +1	+1 -4	+2 -6	-2 -5	←	+3 -6	+1 -6
艮	+4 -7	+6 -7	+5 +8	+5 +7	+6 -9	←	-7 -1	←	+8 +2	+7 +2	-9 -3	-9 -2	+1 +4	+1 +6	+2 +5	←	-3 +6	+2 +6
寅	↑	↑	↑	+5 +9	↑	↖	↑		↑	+9 +1	↑		↑		↑	+1 +5	↑	↑
甲	-8 +3	-7 +1	+9 -4	+7 -6	+1 +5	+2 +5	-2 -6				-4 -8	-6 -7	+5 +9	+5 +7	-6 -1	-6 -2	+7 -2	+9 -2
卯	+8 -3	+7 -2	-9 +4	-9 +6	-1 -5	←	+2 +6				-3 -7	-2 -7	+4 +8	+5 +7	-5 -9		+6 -1	←
乙	↑	+9 -2	↑	↑	↑	↖	↑	+1 +6			↑	+6 +9	↑	↖	↑	↑	↑	-7 +1
辰	+9 -2	+7 -2	+1 +3	+2 +1	-2 -4	-2 -6	+3 -5	+1 -5	-4 -6	-6 -6	-5 +7		-6 -8	-6 -7	+7 +9	+9 +7	-8 +1	+7 +2
巽	-9 +2	←	-1 -3	-1 -2	+2 +4	+2 +6	-3 -5	+2 +5			+5 +7		+6 +8	+6 +7	-7 -9		+8 +1	←
巳	↑	-9 +1	↑	↑	↑	+1 +6	↑		↑		↑		↑	+6 +9	↑	↖	↑	+9 -1
丙	+5 -6	←	-6 +7	-6 +9	+7 -8	+9 -7	-8 +7	+7 +7	+9 +1	+7 +2	+1 -2	-2 -2	+2 -3	-2 -1	+3 -4	+1 -6	-4 +5	-6 +5
午	-5 +6	←	+6 -7	←	-7 +8	+7 -9	+8 -9	+7 -9	-9 -1	←	-1 +2		+2 -3	-2 -2	-2 +2	+6 +6	+4 -5	+6 -5
丁	↑	↖	↑	↑	↑	-7 +9	↑	+9 -9	↑	↖	↑	-1 +1	↑	+1 -2	↑	↑	↑	↑
未	+7 -4	+9 -6	-8 -5	-7 -5	+9 -6	+7 -6	+1 +2	+2 +9	-2 -8	-2 -7	+3 +9	+1 +7	-4 +1	-6 +2	-5 -2	←	+6 -3	+1 -6
坤	-7 +4	-7 +6	+8 +5	+7 +5	-9 +6	←	-1 -7				+8 +4	+6 +7	-7 +5		←		+5 -3	←
申	↑	↑	↑	+9 +5	↑	↖	↑	↖	↑	+1 +9	↑		↑	+5 +1	↑		↑	↑
庚	+3 -8	+1 -7	-4 +9	-6 +7	+5 +1	+5 +2	-6 -2	←	+7 +3	+9 +1	-8 -4	-7 -6	+9 +5	+5 +7	+1 -6	+2 -6	-2 +7	+2 +9
酉	-3 +8	-2 +7	+4 -9	+6 -9	-5 -1	←	+6 +2		-7 -3	-7 -2	+8 +4	+7 +6	-9 -5	←	-1 +6		+2 -7	←
辛	↑	-2 +9	↑	↑	↑	↖	↑	+6 +1	↑		↑	+9 +6	↑	↖	↑	↖	↑	+1 -7
戌	-2 +9	-2 +7	+3 +1	+1 +2	-4 -2	-6 -2	-5 -3	-5 +1	-6 -4	-6 -6	+7 -5	+5 +6	-8 -6	-7 -6	+9 +7	+7 +9	+1 -8	+2 -7
乾	+2 -9	←	-3 -1	-2 -1	+4 +2	+6 +2	+5 -3	+1 +5	+6 +4	+4 +6	-7 +5	←	+8 +6	+6 +6	-9 -7		-1 +8	-1 +7
亥	↑	+1 -9	↑	↑	↑	+6 +1	↑		↑	↖	↑	+9 +6	↑	↖	↑	↑	↑	-1 +9

玄空風水 高手秘訣

_출처 ☞ 최명우(崔明宇), 『현공풍수의 이론과 실제』

1運에서 9運까지 24좌향의 하괘와 체괘의 中宮數이다.

체괘로 입향(立向)할 때 中宮의 숫자는 변하기도 하고, 下卦와 동일한 경우도 있다. 체괘는 1運~9運에 총 9運×24坐＝216局이다. 여기에서 하괘와 동일한 명반 78局을 제외하면 체괘는 138局이 된다. 따라서 1運에서 9運까지 하괘 144局＋체괘 138局으로 전체 282局이 된다.

⑤ 무기교역법(戊己交易法)

비출(飛出)된 5土가 中宮에 든 괘(卦)의 陰陽을 따르는 것을 무기교역법이라 한다.

下元 8運(2004~2023年)

5는 土이다. 10天干 중에서 戊己는 土이다. 戊土는 陽(+)이고 己土는 陰(-)이다. 따라서 5는 음양부호가 陽일 때는 戊로, 陰일 때는 己로 표기한다.

運이 바뀌면 중궁에 있던 5는 밖으로 나가서 다른 궁으로 비출(飛出)된다. 8運에 5는 坤宮으로 간다. 8이 중궁으로 들어가 순행(順行)하였기 때문에 중궁에 있어야 할 5는 坤宮에 배속되었다. 따라서 중궁에서 비출된 5를 8艮으로 본다.

낙서 구궁에서 8艮은 丑艮寅이며 음양부호는 丑(-) 艮(+) 寅(+)이다. 따라서 陰인 丑은 己로 표시하고, 陽인 艮과 寅은 戊로 표시한다. 곤궁으로 이동한 丑은 -未, 艮은 +坤, 寅은 +申에 대응된다.

玄空風水 高手秘訣

【삼원구운(三元九運) 24坐 음양순역(陰陽順逆)과 무기교역도(三戊己交易圖)】

1運

-午	-丁	+戊	-己	-己	+庚	-酉
+丙	9離		5中		7兌	-辛
+寅						+甲
+艮	8艮		1運		3震	-卯
-丑						-乙
+巳	4巽		6乾	2坤		-未
+巽	-辰	+亥	+乾	-戌	+申	+坤

上元 1白運(1864～1883年)

2運

-子	-癸	-戌	+乾	+亥	-丑	+艮
+壬	1坎		6乾		8艮	+寅
-丁						-辰
-午	9離		2運		4巽	+巽
+丙						+巳
+戊	5中		7兌	3震		+甲
+戊	-己	-辛	-酉	+庚	-乙	-卯

上元 2黑運(1884～1903年)

3運

+坤	+申	+庚	-酉	-辛	+丙	-午
-未	2坤		7兌		9離	-丁
-癸						+戊
-子	1坎		3運	5中		-己
+壬						-己
+亥	6乾		8艮	4巽		-辰
+乾	-戌	+寅	+艮	-丑	+巳	+巽

上元 3碧運(1904～1923年)

4運

-卯	-乙	-丑	+艮	+寅	+壬	-子
+甲	3震		8艮		1坎	-癸
+申						-戌
+坤	2坤		4運		6乾	+乾
-未						+亥
-辛	7兌		9離	5中		-己
-酉	+庚	-丁	-午	+丙	+戊	+戊

中元 4祿運(1924～1943年)

5運

+巽	+巳	+丙	-午	-丁	-未	+坤
-辰	4巽		9離		2坤	+申
-乙						+庚
-卯	3震		5運		7兌	-酉
+甲						-辛
+寅	8艮		1坎	6乾		-戌
+艮	-丑	-癸	-子	+壬	+亥	-乾

中元 5黃運(1944～1963年)

6運

+戊	+戊	+壬	-子	-癸	+甲	-卯
-己	5中		1坎		3震	-乙
+巳						-丑
+巽	4巽		6運		8艮	+艮
-辰						+寅
-丁	9離		2坤	7兌		+庚
-午	+丙	+申	+坤	-未	-辛	-酉

中元 6白運(1964～1983年)

7運

+乾	+亥	-未	+坤	+申	-辰	+巽
-戌	6乾		2坤		4巽	+巳
-己						+丙
-己	5中		7運		9離	-午
+戊						-丁
-癸	1坎		3震	8艮		-丑
-子	+壬	-乙	-卯	+甲	+寅	+艮

下元 7赤運(1984～2003年)

8運

-酉	-辛	+甲	-卯	-乙	-己	+戊
+庚	7兌		3震		5中	+戊
+亥						+壬
+乾	6乾		8運		1坎	-子
-戌						-癸
+申	2坤		4巽	9離		+丙
+坤	-未	+巳	+巽	-辰	-丁	-午

下元 8白運(2004～2023年)

9運

+艮	+寅	-辰	+巽	+巳	-戌	+乾
-丑	8艮		4巽		6乾	+亥
-辛						-未
-酉	7兌		9運		2坤	+坤
+庚						+申
-乙	3震		5中	1坎		-壬
-卯	+甲	-己	-己	+戊	+癸	-子

下元 9紫運(2024～2043年)

6 비성반(飛星盤)

풍수지리에서는 하늘의 별(星)을 매우 중요하게 생각한다. 최명우 선생의 저서 『꽃피는 아침 달뜨는 저녁』에서는 "풍수지리학에서 별(星)을 중요시하는 이유는 하늘의 별과 지상의 산(山)이 서로 대응하고 있다는 동양의 전통적인 사고방식 때문이다. 그래서 풍수지리에서는 산을 '성(星)'이라고 부르는 경우가 많다. 예를 들면 산의 종류를 모양에 따라 목성(木星), 화성(火星), 토성(土星), 금성(金星), 수성(水星)으로 구분해서 부르는데 오성에 따른 특별한 길흉은 없다."고 설명하였다.

하늘의 별이 지상의 산과 연결되어 있으면서 인간에게 길흉화복을 준다는 것은 동양문화권의 오래된 이론이다. 숙명(宿命)이란 말도 별을 뜻하는 '수(宿)'에서 나왔다. 참고로 성(星)이나 요(曜), 또는 성요(星曜)는 비슷한 말이지만, 대개 성(星)은 좋은 뜻으로, 요(曜)는 비교적 나쁜 뜻으로, 성요(星曜)는 통상적으로 '별'을 지칭할 때에 쓰는 용어이다.

1 원단반(元旦盤)과 운반(運盤)

원단반은 현공풍수의 기본이 되는 낙서(洛書) 구궁도이다. 중궁에 5가 들어가 순행(順行)하기 때문에 '5運의 운반(運盤)', 또는 '지반(地盤)'이라고도 한다.

운반(運盤)은 해당 운을 대표하는 숫자인 당운수(當運數)가 중궁에 들어가 팔괘의 배열이 바뀐 것을 말한다. 1運에는 1이 중궁에 들어가고, 2運에는 2가 중궁에 들어간다. 나머지 運도 같은 방법을 사용한다. 運에 따라 중궁의 숫자인 천심(天心)이 바뀐다. 중궁의 숫자에 따라 낙서의 숫자도 바뀌게 된다. 따라서 공간에서 나타나는 현상도 달라지며 吉凶도 달라진다. 이때 낙서의 숫자는 바뀌지만 동서남북은 변하지 않는다. 운에 따라 변화하는 운반(運盤)을 비성반(飛星盤) 또는 애성반(挨星盤)이라고도 한다.

巒頭基本圖形

用＼體	金	木	水	火	土
五星正體	員	直	曲	尖	方
楊公九星	高 무곡(武曲)	高大 高大	如蛇行 문곡(文曲)	如火焰 염정(廉貞)	端正方整 거문(巨門)
楊公九星	氏 좌보(左輔)	탐랑(貪狼)	蛛絲馬跡 우필(右弼)	頭高氏尾 파군(破軍)	上方下散 녹존(祿存)
廖公九星	如月 태음(太陰)	上金下木 고요(孤曜)	上金多水 금수(金水)	上圓下尖 천강(天罡)	雙腦
廖公九星	身高頭圓 태양(太陽)	高直尖圓 자기(紫氣)	彎曲活動 소탕(掃蕩)	尖銳斜欹 조화(燥火)	如馬 천재(天財)
廖公變體九星	如燕巢 開口太陽	如帶劍 弓脚紫氣	如蛇行 平面掃蕩	金鷄鼓翅 雙臂天罡	上鼓下瓜 祿存
廖公變體九星	仙人曉足 弓脚太陽	旅三旗 出陣貪狼	如梅花 金水	如令旗 開口燥火	如螃蟹
廖公變體九星	如麒麟 懸乳太陽	如拜笏 平面紫氣	左掃蕩	如紗帽 雙臂燥火	如牙梳 天財
廖公變體九星	如鏡如月 平面金	如駱駝 側腦紫氣	如飛鵝 懸乳金水	如牛出欄 側腦燥火	如伏虎 平面雙臂

현공풍수의 핵심이론은 낙서의 九宮 숫자를 고정시키지 않고, 運에 따라 九宮의 숫자가 변함에 따라 陰陽과 吉凶이 달라진다는 것이다.

8運에는 중궁의 숫자가 8로 바뀌고 나머지 궁은 낙서와 같은 방향으로 순행(順行)한다.

【원단반(元旦盤) 또는 5운반(運盤)】

巽 4	離 9	坤 2
震 3	中 5	兌 7
艮 8	坎 1	乾 6

➡

【8運의 운반(運盤)】

兌 7	震 3	5
乾 6	艮 8	坎 1
坤 2	巽 4	離 9

중궁에 5黃土가 있는 원단반은 변하지 않는 '불역(不易)' 에, 시간에 따라 8運에 8艮이 중궁에 들어가 순행하는 운반은 '변역(變易)' 이 된다.

원단반 감궁(坎宮)의 자리에 8運의 운반에서는 4巽이 왔다. 그러나 4巽이 있는 감궁은 역시 북쪽이다. 4綠木星의 본래 위치는 동남 巽宮이지만, 운의 변화에 따라 북쪽에 임한 것이다. 괘의 위치가 바뀌어도 동서남북이 고정되어 있는 특성은 '불역(不易)' 의 이치이며, 運에 따라 괘의 위치가 바뀌는 것은 '변역(變易)' 의 이치이다.

8運의 운반을 보면, 원단반의 중궁에 있던 5가 밖으로 나갔다. 5는 8때문에 비출(飛出)되었으므로, 이때의 5黃은 8艮으로 보며 비출된 5土가 8艮의 음양을 따르는 것은 '교역(交易)' 의 이치라고 할 수 있다.

이와 같이 현공풍수는 주역의 불역(不易)·변역(變易)·교역(交易)의 이치들을 모두 담고 있다.

九	五	七
八	一	三
四	六	二

1運

一	六	八
九	二	四
五	七	三

2運

二	七	九
一	三	五
六	八	四

3運

三	八	一
二	四	六
七	九	五

4運

四	九	二
三	五	七
八	一	六

5運

五	一	三
四	六	八
九	二	七

6運

六	二	四
五	七	九
一	三	八

7運

七	三	五
六	八	一
二	四	九

8運

八	四	六
七	九	二
三	五	一

9運

玄空風水 高手秘訣

　해당되는 運의 숫자는 중궁에 들어가서 항상 순행(順行)한다. 7運이라면 七이 中宮에 들어가 순행하고, 8運이면 八이 中宮에 들어가 순행한다. 이때의 수(數)를 운반수(運盤數)라 한다. 이 책에서는 다른 숫자와 혼동을 피하기 위하여 운반수(運盤數)는 항상 한자(漢子)로 기입하였다.

② 애성(挨星)

현공풍수에서는 運(時間 또는 時期)에 따라 길흉화복이 달라진다. 해당 운을 보기 위해 '애성법(挨星法)'을 사용한다.

애(挨)는 '밀친다'는 뜻이고, 성(星)은 별이다. 일정한 시기가 되면 기존에 있던 별을 밀치면서 또 다른 별이 진입한다. 새로운 별이 진입하여 중심이 되면 다른 별들도 위치와 배치가 바뀐다. 이에 따라 공간의 길흉이 달라진다. 마치 야구경기에서 만루인 상태에서 포볼이 되면 자동으로 1루씩 밀려서 옮겨가는 것을 상상하면 이해가 쉽겠다.

양균송(楊筠松) 선생은 현공의 이치이며 비결인 애성(挨星)에 대해 『청낭오어』에 "성진(星辰)을 이해해야 한다. 길흉화복이 이에 따라 나타난다_權君再把星辰辨, 吉凶禍福如神現."고 하였다. 또한 "만약 천기를 알고 있다면 당연히 부귀하지만, 천기를 모른다면 가세(家勢)는 점점 퇴패(退敗)하게 된다."고도 하였다. 여기에서 말하는 성진(星辰)과 천기(天氣)란 '애성(挨星)'을 뜻한다.

『천옥경天玉經』〈內傳中〉에서는 "오직 최고로 귀한 것은 애성에 있다. 이것은 천기의 비밀을 누설하는 것이다_惟有挨星爲最貴 洩漏天機密."라고 하였다. 애성의 이치를 알면 『천옥경』·『청낭오어』·『도천보조경』등 양공의 저서들을 이해하기 쉽다. 현공의 오묘한 비술(秘術)의 이치는 애성법에 있다.

고서에서는 '애성(挨星)'이라 표현하였고, 같은 의미로 현대에서는 비성(飛星)이란 말을 많이 쓰고 있다. 『심씨현공학沈氏玄空學』에서 심소훈 선생이 비성(飛星)이란 말을 쓴 이후부터다.

정확한 표현은 애성이지만, 영어권 국가에서는 통상적으로 '비성(飛星)', '비성풍수(Flying Star Feng Shui)'라고 부른다. 이 책에서도 애성을 '비성' 그리고 애성반을 '비성반'으로 표현하였다.

③비성반(飛星盤)

비성(飛星)이란 '별이 날아다닌다'는 뜻이다. 20년을 주기로 바뀌는 운에 따라 원단반(元旦盤)의 숫자가 변하기 때문에 붙여진 이름이다.

낙서(洛書 또는 元旦盤)는 항상 中宮數가 5이지만, 현공풍수의 비성법은 1에서 9까지 運에 따라 해당 運의 숫자가 中宮數가 되고 나머지 여덟 개 궁의 숫자는 변하게 된다. 이로 인해 氣의 작용도 다르게 나타난다.

비성반은 운반수와 애성이 九宮에 배속된 것으로, 각 궁마다 운반수, 산성수, 향성수를 기입하여 작성한다. 비성반은 運이 바뀜에 따라 해당 運이 中宮數가 되며, 같은 運이라도 좌향에 따라 산성과 향성의 숫자가 달라진다. 9宮에 3개씩 모두 27개의 숫자가 기록된 비성만을 만들어 놓기만 해도 풍수적인 길흉화복을 반쯤은 유추할 수 있다.

비성법(飛星法)에는 순행(順行)과 역행(逆行)의 두 가지 방식이 있다.

'양순음역(陽順陰逆)'의 원칙에 따라 陽이면 순행(順行)시키고, 陰이면 역행(逆行)시킨다.

【 순행(逆行)과 역행(逆行)의 순서 】

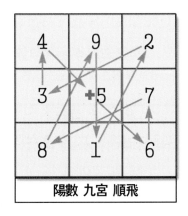

陽數 九宮 順飛

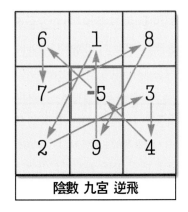

陰數 九宮 逆飛

順行은 中宮에서 시작하여 → 乾 → 兌 → 艮 → 離 → 坎 → 坤 → 震 → 巽으로 이동한다. 逆行은 順行과 반대로 中宮에서 시작하여 → 巽 → 震 → 坤 → 坎 → 離 → 艮 → 兌 → 乾으로 이동한다.

암기하기 쉬운 방법은 먼저 順行하는 순서를 암기하여, 逆行할 때에는 순행과 같은 방향으로 가되, 숫자를 하나씩 빼주면 된다.

8운 자좌오향(子坐午向) 비성반

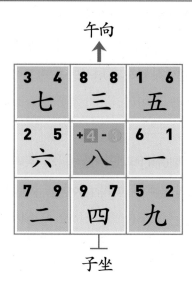

●바둑판 모양의 구궁에는 각 궁마다 숫자가 세 개씩 들어간다.

●한자(漢字)로 된 숫자는 각 궁의 운반수이다.

●중궁의 八자는 이 비성반이 8運이라는 것을 말해 준다.

●각 궁에서 오른쪽 위의 숫자는 향성(向星)이다. 물의 길흉을 볼 때는 향성을 위주로 본다. 재성(財星) 또는 수성(水星)이라고도 하며 재물운을 주관한다.

●왼쪽 위의 숫자는 산성(山星) 또는 정성(丁星)이다. 丁星의 丁은 人丁을 줄인 말이다. 젊은 사내를 뜻하는 '장정(壯丁)'과 같은 뜻의 丁으로 사람을 의미한다. 산성으로는 산의 길흉을 본다. 산성은 사람[人丁]의 건강과 수명, 우정이나 연애운 같은 인간관계, 학업, 수험, 승진과 같은 사회적인 성공과 관련된 사람의 운을 주관한다.

玄空風水 高手秘訣

비성반을 구성하고 있는 27개의 숫자를 분석함으로써 집이나 묘의 吉凶을 알아낼 수 있으며 구체적으로 어떤 쪽으로 吉하고 凶하며, 나아가 어떻게 보완하고 비보(裨補)하여야 삶을 윤택하게 할 수 있을지 그 방법도 찾아낼 수 있다.

④ 비성반 작성하기

나경으로 측정한 좌향을 알아야 비성반을 작성할 수 있다. 또한 같은 좌향이라도 운에 따라 비성반이 달라지므로 음·양택이 어떤 運에 해당되는가를 알아야 한다. 이때 기준은 준공시점과 입주시점인데, 준공시점보다는 입주시점이 더 중요한 기준이 된다.

양택을 예로 들어 설명하자면, 8運에 준공된 집으로 8運에 입주하면 8運의 비성반을 적용받는다. 그러나 8運에 지은 집으로 9運에 이사를 갔다면 그 집은 9運의 비성반을 적용한다. 8運에 건축을 시작해서 9運에 준공하고 다른 사람에게 세를 주다가 1運에 입주했다면 1運의 비성반이 기준이 된다.

비성반을 작성하는 순서는 다음과 같다.

> **해당 운의 구궁도를 그려 운반수를 기입한다.**

> **중궁(中宮)에 향성수(向星數)와 산성수(山星數)를 기입한다.**

> **중궁의 향성수와 산성수의 음양을 결정하여
> 순비(順飛) 또는 역비(逆飛)시켜 비성반을 완성한다.**

玄空風水 高手秘訣

8運 子坐午向을 예로 들어 **비성반**을 작성해 보자.

❶ 8運의 운반수 八을 중궁에 기입한다.

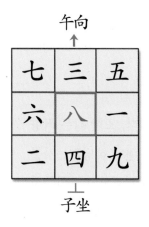

午向
↑

七	三	五
六	八	一
二	四	九

⊥
子坐

운반수의 비행(飛行)은 中宮에서 시작하고 항상 순행 또는 순비(順飛)한다.

8運이니까 운반수 '八' 자를 중궁에 넣고 순비시킨다.

중궁(八)에서 시작하여 → 乾(九) → 兌(一) → 艮(二) → 離(三) → 坎(四) → 坤(五) → 震(六) → 巽(七)으로 순행(順行)한다.

중궁에는 **5**黃 대신 **8**艮, 향궁에는 **9**離 대신 **3**震, 좌궁에는 **1**坎 대신 **4**巽이 왔다.

❷ 중궁에 향성수(向星數)와 산성수(山星數)를 기입한다.

8運에 子坐午向이므로 구궁도에서 향(向)과 좌(坐)에 어떤 별〔숫자〕이 와 있는지를 확인한다. 향궁에는 三이, 좌궁에는 四가 비도(飛到)하였다.

중궁 운반수의 오른쪽 상단에는 전통적으로 向에 해당하는 구궁도의 숫자를 기입하고, 중궁 운반수의 왼쪽 상단에는 坐에 해당하는 수를 기입한다. 이렇게 하면 중궁의 운반수 八의 오른쪽 위에는 향성수〔向〕가, 왼쪽 위에는 산성수〔坐〕가 만들어진다.

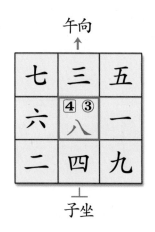

午向
↑

七	三	五
六	④③ 八	一
二	四	九

⊥
子坐

午向에 있는 '三' 자를 中宮 상단 오른쪽에 아라비아 숫자 **③**으로 기입한다.

子坐에 있는 '四' 자를 中宮 상단 왼쪽에 **④**로 기입한다.

中宮 오른쪽의 **③**은 '향성(向星)' 이고,

왼쪽에 있는 **④**는 '산성(山星)' 이다.

읽을 때는 향성 **③** → 산성 **④** → 운반수 八 순으로 '삼, 사, 팔' 이라고 읽는다.

❸向星③과 山星④에 陰陽부호를 붙인다.

좌향이 24좌의 地·天·人 삼원룡(三元龍) 중 무엇이냐에 따라 음양이 결정된다.

아래의 표는 원단반과 8運의 비성반을 함께 담은 것이다. 표의 바깥쪽은 기본이 되는 원단반 24坐의 배열이고 안쪽은 8運 비성반과 24坐 배열이다.

+巽		+巳	+丙	−午	−丁	−未		+坤
			地	天	人			
		−酉	−申	+甲	−卯	−乙	−己	+戌
−辰	+庚	7兌	3震(✔)			5中	−戊	+申
−乙	+亥					+壬	+庚	
−卯	+乾	6乾	8艮		1坎	−子	−酉	
+甲	−戌					−癸	−辛	
+寅	+辛	2坤	4巽(★)		9離	+丙	−戌	
	+坤	−未	+巳	−巽	−辰	−丁	−午	
			人	天	地			
+艮		−丑	−癸	−子	+壬	+亥		+乾

8運 坐向陰陽順逆圖(2004∼2023年)

번서 향성(向星)의 음양을 알아보자.

표의 상단 午向 쪽을 보면 원단반 離宮의 +丙(地元龍), −午(天元龍), −丁(人元龍)은 8運 비성반에서는 三碧木星(✔)의 +甲(地元龍), −卯(天元龍), −乙(人元龍)로 변화되었다.

원단반과 비성반에서 地元龍은 +丙과 +甲, 天元龍은 −午와 −卯, 人元龍은 −丁과 −乙이 대응된다. '午'는 천원룡에 해당되는데 같은 천원룡인 '卯'가

玄空風水 高手秘訣

-(陰)이기 때문에 中宮의 향성은 陰이 되고 '-③'으로 표시한다.

中宮 좌측 상단의 산성(山星) ④의 음양부호도 같은 방법으로 찾는다. 子坐의 원래 궁인 坎宮의 원단반에는 +壬(지원룡), -子(천원룡), -癸(인원룡)가 있었지만, 8運 비성반에는 四綠木星(★)의 -辰(지원룡), +巽(천원룡), +巳(인원룡)가 와 있다.

지원룡은 +壬과 -辰, 천원룡은 -子와 +巽, 인원룡은 -癸와 +巳가 대응된다. 子坐는 천원룡이므로 같은 천원룡에 해당되는 +巽의 부호를 따라 ④ 앞에 +부호를 붙여 '+④'로 표시한다.

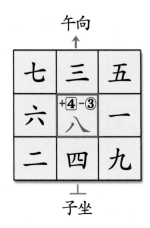

午向 ↑

七	三	五
六	+④-③ 八	一
二	四	九

⊥
子坐

향성 -③은 午(천원룡)에 대응하는 卯(천원룡)가 陰이므로 '-'로 기입한다.

산성 +④는 子(천원룡)에 대응하는 巽(천원룡)이 陽이므로 '+'로 기입한다.

중궁의 向星과 山星의 陰陽부호는 飛到한 구성의 본 宮에 대응하는 삼원룡(三元龍)의 부호를 따른다.

❹ 중궁의 산성과 향성의 음양부호에 따라 순비 또는 역비시키면 비성반이 완성된다.

中宮의 向星인 -③은 陰이므로 九宮 전체에 逆行시키고, 山星인 +④는 陽이므로 順行시켜 아라비아 숫자로 기입하면 비성반이 완성된다.

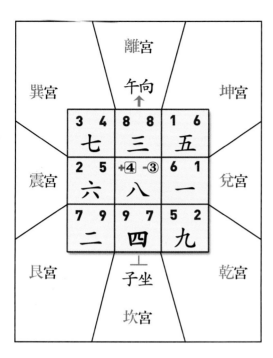

중궁의 산성과 향성의 부호가
陽이면 順行하고 陰이면 逆行한다.

중궁 향성 −③ 의 −는 陰을 뜻하며 逆行한다.
−③→2→1→9→8→7→6→5→4
中→乾→兌→艮→離→坎→坤→震→巽
순행과 같은 방향으로 가면서 숫자를 하나씩
빼주면 쉽다.

중궁 산성 +④의 +는 陽을 뜻하며 순행한다.
+④→5→6→7→8→9→1→2→3
中→乾→兌→艮→離→坎→坤→震→巽

중궁의 음양에 따라 네 가지 국(局)이 생기게 된다.

산성	향성	구궁도의 비성	4局
−	−	산성수와 향성수 모두 역행한다	왕산왕향(旺山旺向)
+	−	향성수만 역행한다	쌍성회향(雙星會向)
−	+	산성수만 역행한다	쌍성회좌(雙星會坐)
+	+	산성수와 향성수 모두 순행한다	상산하수(上山下水)

【1~9運 下卦 中宮數 일람표】

運\坐	1運	2運	3運	4運	5運	6運	7運	8運	9運
壬	+6 -5	+7 -6	-8 +7	+9 -8	+1 +9	-2 +1	+3 -2	-4 +3	+5 -4
子·癸	+6 -5	-7 +6	+8 +7	-9 +8	-1 -9	+2 -1	-3 +2	+4 -3	-5 +4
丑	-4 +7	-5 -8	-6 +9	+7 +1	-8 -2	+9 +3	+1 -4	-2 -5	+3 -6
艮·寅	+4 -7	+5 +8	+6 -9	-7 -1	+8 +2	-9 -3	-1 +4	+2 +5	-3 +6
甲	-8 +3	+9 -4	+1 +5	-2 -6	+3 +7	-4 -8	+5 +9	-6 +1	+7 -2
卯·乙	+8 -3	-9 +4	-1 -5	+2 +6	-3 -7	+4 +8	-5 -9	+6 +1	-7 +2
辰	+9 -2	+1 +3	-2 -4	+3 -5	-4 -6	-5 +7	-6 -8	+7 +9	-8 +1
巽·巳	-9 +2	-1 -3	+2 +4	-3 +5	+4 +6	+5 -7	+6 +8	-7 -9	+8 -1
丙	+5 -6	-6 +7	+7 -8	-8 +9	+9 +1	+1 -2	-2 +3	+3 -4	-4 +5
午·丁	-5 +6	+6 -7	-7 +8	+8 -9	-9 -1	-1 +2	+2 -3	-3 +4	+4 -5
未	+7 -4	-8 -5	+9 -6	+1 +7	-2 -8	+3 +9	-4 +1	-5 -2	-6 +3
坤·申	-7 +4	+8 +5	-9 +6	-1 -7	+2 +8	-3 -9	+4 -1	+5 +2	+6 -3
庚	+3 -8	-4 +9	+5 +1	-6 -2	+7 +3	-8 -4	+9 +5	+1 -6	-2 +7
酉·辛	-3 +8	+4 -9	-5 -1	+6 +2	-7 -3	+8 +4	-9 -5	-1 +6	+2 -7
戌	-2 +9	+3 +1	-4 -2	-5 +3	-6 -4	+7 -5	-8 -6	+9 +7	+1 -8
乾·亥	+2 -9	-3 -1	+4 +2	+5 -3	+6 +4	-7 +5	+8 +6	-9 -7	-1 +8

☞ 노란색은 旺山旺向局이다

7 4局의 이해

시기와 좌향에 따라 만들어진 비성반(飛星盤)은 왕산왕향(旺山旺向), 상산하수(上山下水), 쌍성회향(雙星會向), 쌍성회좌(雙星會坐)의 4개의 局으로 나누어진다. 4局은 중궁수의 음양에 따라 쉽게 구별할 수 있다.

다음에 설명할 4局은 中宮에 묘나 건축물이 있다는 것을 가정으로 한다. 4

局의 합국도는 최명우 선생의 『시간과 공간의 철학 현공풍수』를 인용하였다.

[1] 왕산왕향(旺山旺向)

왕산왕향이란 향궁(向宮)의 향성(向星)에 왕기수(旺氣數)가 비도(飛到)하고 좌궁(坐宮)의 산성(山星)에 왕기수(旺氣數)가 비도(飛到)한 것을 말한다. 왕기수란 8運에 8자를 뜻한다.

왕산왕향(旺山旺向)은 지형이 합국(合局)이 되면 정재양왕(丁財兩旺)하고 4局 중에서 가장 좋은 局이 된다.

왕산왕향은 1~9運 24坐向 中 총 48局이 있으며 1運과 9運에는 왕산왕향이 없다. 8運에 왕산왕향이 되는 좌향은 축좌미향(丑坐未向), 손좌건향(巽坐乾向), 사좌해향(巳坐亥向), 미좌축향(未坐丑向), 건좌손향(乾坐巽向), 해좌사향(亥坐巳向)의 6개 좌향이 있다.

【 8運 乾坐巽向 왕산왕향 합국도 】

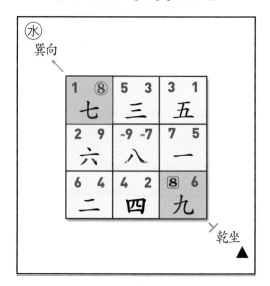

중궁(中宮)의 산성(山星)과 향성(向星)의 부호가 모두 –이므로 왕산왕향이다. 坐 쪽에 산이 있어 높고, 向 쪽에 물이 있어 낮은 배산임수 지형이면 왕산왕향 합국이 된다.

8運에 乾坐巽向으로 새로 묘를 쓰거나(이장 포함) 건축을 하면 왕산왕향이 되기 때문에 坐 쪽에 산이 있으면 인물이 왕성하고, 向 쪽에 물이 있으면 재물도 왕성하다.
반대로 坐 쪽에 물이 있고 向 쪽에 산이 있는 지형이면 불합국(不合局)이 되기 때문에 '정재양쇠(丁財兩衰 ☞ 인물과 재물 모두 쇠퇴)' 한다.

8運에는 8이 당운수(當運數)이며 가장 비중이 있기 때문에 향성⑧과 산성⑧을 가장 비중 있게 본다.

좌궁(坐宮)인 乾宮의 산성⑧이 좌궁에 제대로 이르렀기 때문에 '도산(到山)' 또는 '왕산(旺山)'이라고 부르며 吉象이 된다. 향궁(向宮)인 巽宮에 향성⑧자가 向宮에 제대로 이르렀기 때문에 '도향(到向)' 또는 '왕향(旺向)'이라고 부르며 길상(吉象)이 된다.

도산도향(到山到向)과 왕산왕향(旺山旺向)은 같은 말이다. 중국에서는 도산도향이라는 용어도 많이 사용하지만 '도산'은 재산(財産)을 탕진한다는 의미의 도산(倒産)과 발음이 같기 때문에 우리는 주로 '왕산왕향'이란 용어를 많이 사용한다. 따라서 이 책에서는 왕산왕향으로 통일하여 표현하였다.

향성 방위에 물이 있으면 재물에 이롭게 된다. 산성 방위에 산이 있으면 인정(人丁, 사람)에 좋다. 향궁인 巽宮의 향성⑧의 의미는 巽宮 방위에 물이 있으면 좋다는 뜻이고, 좌궁인 乾宮의 산성⑧의 의미는 乾宮 방위에 山이 있어야 좋다는 뜻이다.

다음은 旺山旺向이 갖추어야 할 지형적인 조건을 충족한 그림이다.

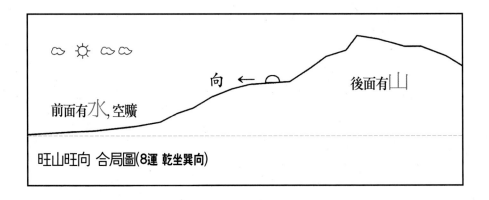

旺山旺向 合局圖(8運 乾坐巽向)

【8運 子坐午向 쌍성회향 합국도】

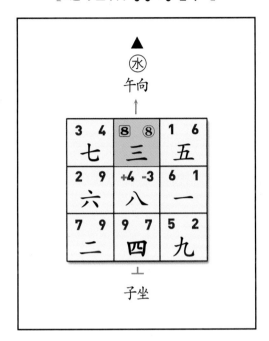

8運에는 산성**8**과 향성**8**이 용신(龍神)이 되며 왕기(旺氣)에 해당된다. 쌍8성(雙8星, **8****8**)이 향궁(向宮)에 동궁(同宮)하므로 '쌍성회향(雙星會向)'이라고 부른다. 쌍성회향은 묘나 집을 기준으로 전면이 낮아 물이 있고 물 뒤로 산이 있으면 합국이다.

8運에 子坐午向으로 새로 묘를 쓰거나 건축을 할 때, 집이나 묘를 기준으로 앞에 물이 있으면 재물이 풍족하고, 물 뒤로 멀리 산이 있으면 인물은 왕산왕향에 비하여는 떨어지지만 어느 정도는 왕성하다고 해석한다.

증구기(曾求己) 선생의 『청낭서青囊序』에 "산상용신불하수_山上龍神不下水"라는 구절이 있는데, 직역을 하자면 "山의 龍神은 下水에 있으면 안 된다."는 말이다. 여기에서 '용신(龍神)'은 '비중이 있다'는 뜻이다. '山星 왕기성(旺氣星)은 산이 있어야 할 곳에 있어야지 물이 있어야 할 곳으로 가면 안 된다.'는 말과 같은 뜻이다.

쌍성회향국에서 산성**8**은 향쪽에 있으므로, 합국이 되려면 산은 坐宮이 아니라 向宮에 있어야 한다.

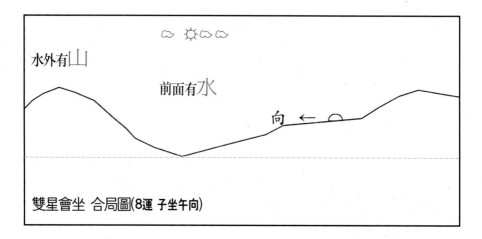

水外有山

前面有水

向 ← ◯

雙星會坐 合局圖(8運 子坐午向)

8運에 子坐午向은 향성⑧이 향궁에 왔기 때문에 왕향(旺向)이 되어 재물이 왕성하다.

반면 산성⑧도 향궁에 이르렀기 때문에 하수(下水)를 범(犯)하였다. 그러나 위의 그림처럼 합국이 된다면 인정(人丁)도 보통 이상은 된다.

쌍성회향 합국과 왕산왕향 합국은 재물은 둘 다 '왕향(旺向)'이 되어 좋다. 그러나 쌍성회향 합국은 왕산왕향 합국에 비해 人丁이 비교적 약하고 늦게 발복받는다. 그럼에도 불구하고 쌍성회향 합국은 4局 중에서 왕산왕향 합국 다음으로 길한 局이다.

③ 쌍성회좌(雙星會坐)

8運의 壬坐丙向은 쌍성회향인 子坐午向과는 불과 15도 차이가 나지만, 내용은 정반대인 쌍성회좌가 된다.

향궁인 離宮에 있어야 할 향성⑧자가 좌궁인 坎宮에 이르렀기 때문에 '상산(上山)을 범(犯)하였다.'고 표현한다.

玄空風水 高手秘訣

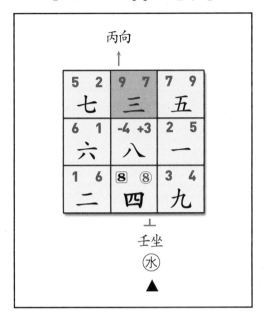

【8運 壬坐丙向 쌍성회좌 합국도】

배산임수 지형이라면, 산은 왕산(旺山)이 되어 人丁은 좋지만 향은 상산(上山)으로 不合局이 되어 재물은 손해를 보게 된다. 지형이 배산임수인 경우에 쌍성회향은 재물은 좋으나 인물은 떨어지고, 쌍성회좌는 인물은 좋으나 재물에는 인연이 없다.

『**청낭서**靑囊序』의 "수리용신불상산_水裡龍神不上山"이란 "水의 龍神이 上山에 있으면 안 된다."는 말로, 향궁에 있어야 할 물이 좌궁으로 가면 안 된다는 뜻이다. 그런데 위의 표를 보면 쌍성회좌국은 물이 좌궁으로 갔다. 산성⑧과 향성⑧이 모두 좌궁에 있다. 따라서 쌍성회좌 합국이 되려면 물이 음·양택의 뒤쪽에 있어야 한다.

만일 배산임수 지형이라면 向星 旺氣星 ⑧이 좌궁에 있으므로 향성수는 不合局이 되어 재물에는 凶象이 된다.

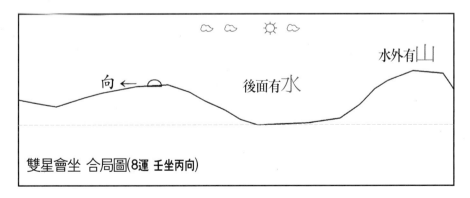

雙星會坐 合局圖(8運 壬坐丙向)

앞의 그림처럼 물이 뒤에 있고 물 뒤편으로 산이 있어 쌍성회좌 합국이 되는 지형이라면 재물은 양호하지만, 기준점에서 산이 멀리 있으므로 人丁은 대체적으로 비교적 약하여 늦게 복을 받는다.

음택에서 쌍성회좌는 묘 뒤에 물이 있어야 합국이 되는데, 이런 지형을 가진 穴은 산에서는 쉽게 찾아보기 어렵다. 따라서 쌍성회좌는 가급적 사용하지 않는 것이 좋다. 그러나 양택에서는 집 뒤편의 지대가 낮거나 물이 있을 수 있으므로 쌍성회좌 合局과 不合局을 쉽게 구분할 수 있어 초보자도 사용이 가능하다.

쌍성회좌나 쌍성회향은 합국일지라도 왕산왕향 합국과는 차이가 있다. 합국이 되면 재물면에서는 왕산왕향과 같지만 人丁면에서는 차이가 난다. 왕산왕향은 바로 뒤에 산이 있기 때문에 人丁면에서 발복이 빠르고 강하게 작용을 하지만 쌍성회좌나 쌍성회향은 둘 다 물 뒤편에 산이 있어야 합국이 되기 때문에, 기준점이 되는 묘나 건축물에서 산과의 거리가 떨어진 만큼 人丁 발복의 역량도 적고 복이 오는 시기도 늦어진다. 일반적으로 쌍성회좌 또는 쌍성회향 합국일지라도 왕산왕향 합국보다는 역량이 떨어진다.

④ 상산하수(上山下水)

상산하수는 『청낭서 靑囊序』의 "山上龍神不下水 水裡龍神不上山"에서 온 말로, "山의 龍神은 下水에 있으면 안 되고, 水의 龍神은 上山에 있으면 안 된다."는 뜻이다. 산의 용신(旺氣山星)이 좌궁에 있지 않고 향궁에 있으면 '하수(下水)'라고 한다. 물의 용신(旺氣向星)이 향궁에 없고 좌궁으로 가면 '상산(上山)'이라고 한다. 따라서 상산하수를 일명 '산전수도(山顚水倒)'라고도 부른

나. 배산임수 지형에서 상산하수국은 산과 물이 있어야 할 장소에 있지 않고 반대편에 있기 때문에 凶한 局이 된다.

【8運 戌坐辰向 상산하수 합국도】

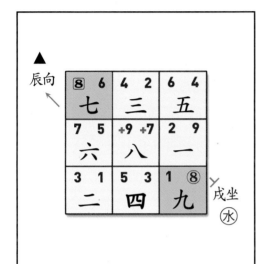

8運에 戌坐辰向은 산성❽이 향궁에 있고, 향성⑧은 좌궁에 있다.

배산임수의 지형이라면 정재양패(丁財兩敗)하는 凶象의 局이 된다.

合局이 되려면 배산임수의 반대 상황 즉, 뒤는 낮거나 물이 있고 앞은 높아서 산이 있어야 한다.

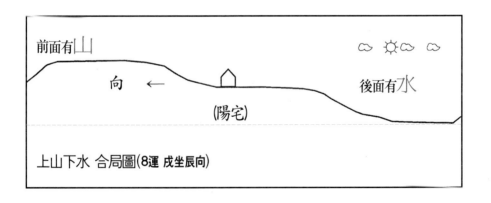

前面有山　向　←　(陽宅)　後面有水

上山下水 合局圖(8運 戌坐辰向)

　현실적으로 음택(陰宅)에서 앞이 높고 묘 뒤가 낮거나 물이 있으면서 穴이 되는 경우는 거의 없으므로 山地의 음택으로 사용하면 흉한 局이 된다. 양택의 경우는 집 뒤편이 낮거나 물이 있고 전면은 비교적 높은 지대가 되면 상산하수 합국이 되므로 吉象이 되어 사용하여도 좋다.

다만, 상산하수 합국이 되더라도 왕산왕향 합국보다는 비교적 吉한 정도가 적다. 왜냐하면 상산하수 합국이 되려면 앞에 산이 있어야 人丁이 좋은데 앞쪽 가까운 곳에 높은 산이 있으면 형기풍수법으로는 압살(壓殺)을 받는 凶象이 되기 때문이다. 따라서 상산하수 합국은 평지에서만 사용 가능하며 人丁은 왕산왕향에 비하여 떨어진다.

조정동(趙廷棟, 號는 九峰) 선생의 『지리오결地理五訣』(1786년) 八券에 "山上龍神不下水 水裡龍神不上山"라는 말이 나온다. 이 책의 국내 번역본에서는 "山上龍身不下水 水裏龍身不上山"로 오기(誤記) 번역하였다. 또한 그 뜻은 '산지에서는 水를 龍으로 찾지 아니하고, 평양지에서는 山만을 龍으로 논하지 않는다.' 라고 해석하였다. '현공풍수학' 과 '지리오결'과의 해석상의 차이가 판이하게 다른 것을 알 수 있는 부분이다.

5 4局의 합국(合局)과 불합국(不合局)

4局에 따른 합국과 불합국은 현공풍수의 핵심이 되는 아주 중요한 이론이다. 각 局은 산이 있어야 할 방위에 산이 있고, 물이 있어야 할 방위에 물이 있어야 '합국(合局)' 이 되며 길상(吉象)으로 본다. 반면, 산과 물이 있어야 할 곳에 있지 않아 형기가 맞지 않으면 '불합국(不合局)'으로 흉상(凶象)이 된다. 이처럼 현공풍수는 이기풍수에 속하지만 형기풍수를 병행하여 볼 수 있어야 진정한 풍수법이 된다.

현공풍수는 4국의 이해와 해석이 50% 이상을 차지한다.

왕산왕향(旺山旺向)의 局은 배산임수의 지세로, 앞에 물이 있고 뒤에 높은 山이 있으면 합국이다. 물 뒤에 안산은 당연히 있어야 한다. 형기풍수도 겸하여야 하기 때문이다.

쌍성회향(雙星會向)의 局은 8運이라면 당운성(當運星)이 8이 향궁에 몰려 있다. 궁의 숫자를 읽을 때 향성⑧ − 산성❽ − 운반수의 순서로 향성을 먼저 읽는 것은 한문은 우측에서 좌측으로 이동하면서 사용하며 향성이 중요하기 때문이다. 형기적으로도 앞에 물이 먼저 있고 물 뒤에 산이 있어야 합국이다. 쌍성회향은 왕산왕향과 비슷하지만 산의 유무에 따라 차이가 난다. 물 뒤에 山이 없다면 人丁에는 문제가 따른다.

쌍성회좌(雙星會坐)의 局은 앞은 평탄하고 뒤에 물이 있고 물 뒤에 산이 있으면 합국이기 때문에 양택에서는 가능한 경우가 종종 있지만, 陰宅에서는 合局이 되기가 거의 불가능하므로 초급자는 가급적 피하는 것이 좋다.

상산하수(上山下水)의 局은 배산임수의 반대되는 지형으로 앞에 山이 있고 뒤에 물이 있으면 합국이다. 상산하수국은 평지에서는 사용할 수도 있다. 그러나 배산임수 지형에서는 정재양패하므로 음·양택 모두 사용하지 않아야 한다.

만약 **배산임수의 지형**이라면, **왕산왕향국**이 가장 길한 국이 되어 정재양왕(丁財兩旺)하며, **쌍성회향국**〔犯下水〕은 대개 재물은 왕성한데 人丁은 불리할 수도 있다. **쌍성회좌국**〔犯上山〕이 되면 대개 人丁은 왕성하지만 재물은 불리할 수 있으며, **상산하수국**〔犯上山·犯下水〕은 인정과 재물 모두 불리하여 丁財兩敗한다.

合局이면 일단 九宮의 모든 숫자 조합을 좋은 쪽으로 해석하고 不合局이라면 凶한 방향으로 해석한다.

4局	중궁의		슴局이 되기 위한 형기적인 조건	배산임수 지형에서는
	山星	向星		
왕산왕향	−	−	앞에 물, 뒤에 산 (배산임수 지형)	재물 좋고 인정 좋다.
쌍성회향	+	−	앞에 물, 물 건너 산	재물은 좋고 인정은 비교적 늦다
쌍성회좌	−	+	뒤에 물, 물 건너 산	인정은 좋고 재물은 문제가 있을 수도 있다
상산하수	+	+	앞에 산, 뒤에 물 (역배산임수 지형)	인정과 재물 모두 흉하다

지세가 배산임수로 된 조건에서 8運에 건택조장 建宅造葬 ☞ 집을 짓고 묘를 쓰는 일
을 할 경우 현공풍수법을 모른다고 가정하고 四局에 대한 확률을 보면 다음
과 같다.

4局	中宮의		8運 해당 坐		24坐向(100%)
	山星	向星			
왕산왕향	−	−	丑·巽·巳·未·乾·亥		6개坐, 25%
쌍성회향	+	−	子·癸·卯·乙·丙·庚		6개坐, 25%
쌍성회좌	−	+	壬·甲·午·丁·酉·辛		6개坐, 25%
상산하수	+	+	상산하수	辰·戌	6개坐, 25%
			상산하수+복음	艮·寅·坤·申	

玄空風水 高手秘訣

배산임수의 지형이라면 24개 坐向 중에 6개 坐向은 旺山旺向이 되어 재물과 인정 모두에게 좋고, 6개 坐向은 雙星會向이 되어 재물에만 이롭고, 6개 坐向은 雙星會坐가 되어 人丁에만 이롭고 6개 坐向은 上山下水가 되어 재물과 人丁 모두 해롭다.

배산임수 지형에 100개의 음택을 조성한다면 형기풍수로 아무리 좋은 吉地라 하더라도 확률적으로 25개의 陰宅은 본의 아니게 정재양패(丁財兩敗)하는 상산하수 또는 상산하수 복음인 묘를 쓰게 된다.

🌀 고일촌위산(高一寸爲山) 저일촌위수(低一寸爲水)

고일촌위산 저일촌위수란, 한 치만 높아도 山이고, 한 치만 낮아도 물이라는 말이다.

양균송은 『감룡경撼龍經』에서 "평평한 중에도 물이 제방을 쌓아 감아 도는 곳이 있다. 물보다 한 치〔一寸〕만 높아도 언덕〔산줄기〕이다_坪中還有水流坡. 高水一寸卽是阿." 하였다. 이 말은 용세가 희미한 '평양지에서 혈'을 찾을 때는 땅의 높낮이의 차이, 평소에는 물이 없다가도 비가 오면 물길이 되는 곳 등을 유심히 살펴보라는 뜻이다.

꼭 산이 있어야 산이 아니고, 물이 있어야만 물이 되는 것은 아니다. 묘나 건축물을 기준으로 주변 지형이 조금이라도 높으면 '山'으로 간주하고, 비교적 낮으면 비록 물이 없더라도 '水'로 판단하여 본다. 논밭이나 평지에서 용맥은 땅 속 깊이 들어가기 때문에 주변보다 약간 높은 곳은 용맥이 지나는 흔적이다. 지형의 굴곡을 없애 평탄하게 다듬어 만든 도심지에서 변형되기 전의 땅의 모습을 알아내려면 세심한 관찰이 필요하다.

시내 陽宅에서는 주변 건축물을 '山'으로 보고, 도로를 '水'로 보므로, 도심지에서는 주변의 상황과 시기에 따라 山이나 水가 생기거나 없어지는 경우도 있다.

『심씨현공학沈氏玄空學』에서는 "양택은 氣를 얻는 것을 기본으로 하며 문과 도로가 수로(水路)이다."라며 '도로가 물'이라고 하였다.

백학명 선생은 『가거풍수20결家居風水20訣』에서 "양택 풍수에서 어항의 물은 집안에서 영향력이 아주 크다. 그러나 바깥의 물은 아파트 전체가 영향을 받기 때문에 한 집에 대해서는 영향력이 약하다. 또한 도로나 복도 같은 허수(虛水)도 살고 있는 집에 영향을 줄 수 있다." 하였다. 도시의 기찻길·고가도로·육교도 물로 간주한다. 논이나 주차장은 물이기는 하지만 역량이 비교적 약하며, 연못이나 고인 물도 흐르는 물에 비하여 비중이 약하다.

아파트나 빌딩, 건물은 산으로 본다. 실제 산은 속이 흙과 돌 등으로 꽉 차있다. 그에 비해 아파트는 허술하다. 아파트는 산으로 보기는 하지만 실제 산은 아니므로 힘이 약하다고 본다. 체(體)는 유지하고 있지만 공간이 많은 비닐하우스는 아파트보다 기운이 더 약한 산으로 본다. 즉, 주변환경을 분석할 때는 허실(虛實)의 비중을 고려하여 해석한다.

만일 음택의 뒤쪽 산비탈에 인공으로 만든 저수지가 있다면 墓보다 고도(高度)는 높아도 물이 있을 수 있다. 이때 저수지를 산으로 봐야 할까, 아니면 물로 보아야 할까? 어렵게 생각할 필요 없이 있는 그대로 해석하면 된다.

陰陽의 특성에는 순음(純陰)이나 순양(純陽) 외에도 음중양(陰中陽)이나 양중음(陽中陰)도 있듯이, 높은 지대에 물이 있으면 '山中水'로 해석한다. 기본적으로 지대(地帶)가 높은 곳에 있으니 山으로 보되, 山 속에 물이 있으니까 산의 작용력(作用力)이 약해지고 물의 작용력이 생긴 것이다. 물의 양(量)과 거리 등을 감안하여 통변(通變)하면 된다.

산은 원근(遠近), 고저(高低), 대소(大小)와 미추(美醜)에 따라, 물은 유속(流速), 수량(水量)이나 모양, 청탁(淸濁), 색상(色相) 등에 따라 해석이 달라진다.

산이 크고 높고 가까이 있으면 그에 비례해서 영향력이 커지고, 작고 낮고 멀리 있으면 작용력도 적어진다. 따라서 평평한 초원이나 사막에 집을 짓고 산다면 현공풍수의 작용력은 매우 적다고 보아야 한다.

현공풍수는 혈 주변이 경사도가 심할수록 적중률이 더 높다. 주변의 높낮이가 클수록 길흉의 차이도 분명하게 나타난다. 현장에서 적용해 보면 산이나 물이 없는 평야 지대보다는 산지나 구릉지에서, 그리고 평지의 양택보다는 산지의 음택에서 적중률이 높다는 것을 알 수 있다. 양택이 도심지가 아니라 山水가 명확하게 구분되는 농촌에 있다면 현공풍수이론은 적중률이 더욱 높다. 음택이라도 평평한 밭에 용사(用事)하였으면 대개는 좋거나 나쁜 정도가 낮아진다.

【 山水의 分類 】

구분 \ 山水		해당되는 山과 水
陰宅	山	산, 언덕, 흙더미, 고압선철탑, 고층건물, 돌다리, 큰 나무, 平地에서는 1m 이상 되는 지대
	水	바다, 강물, 호수, 시냇물, 도랑, 샘, 저수지, 연못, 깊은 골짜기, 건류(乾流 : 비가 오면 흐르는 물), 높이가 1m 이하 되는 도로
陽宅	山	신위(神位), 사당(祠堂), 침대, 탁자, 주방(廚房), 가스레인지, 큰 나무, 담장, 신장(身長) 높이 이상의 무거운 물건, 가산(假山 : 인공으로 만든 山)
	水	대문, 內外통로, 복도, 우물, 창문, 통풍구, 하수구, 도로교차로, 화장실, 에스컬레이터, 엘리베이터.

8 기국(奇局)

4局 외에도 九宮의 숫자 조합이 기묘한 局을 이룬 경우가 종종 있다. 이를 '기국(奇局)'이라고 하는데 기국의 종류에는 '합십국(合十局)'과 '연주삼반괘(連珠三般卦)', '부모삼반괘(父母三盤卦)' 3가지 종류가 있다.

1 합십국(合十局)

비성반의 성요(星曜)조합이 특수한 경우가 있는데, '합십국(合十局)'도 그중의 하나이다. 합십국은 9宮 전체의 '향성(向星)과 운반(運盤)' 또는 '산성(山星)과 운반(運盤)'의 수를 더하여 10이 되는 경우를 말한다. 주의할 것은 향성과 산성과의 합십은 기국(奇局)이 아니다.

合十의 명칭은 본래 부부합십(夫婦合十)에서 나온 말이다. 따라서 합십이 되는 집에서 살면 부부간의 불화가 말끔히 사라지고 좋은 인연이 생기게 된다.

합십에는 〈**19**〉·〈**28**〉·〈**37**〉·〈**46**〉·〈**55**〉가 있다.

합십은 '부족한 부분을 채워준다.' '귀인의 도움을 받는다.'는 '완성'의 의미를 갖는다. 합십국은 모든 일들이 원하는 대로 되고 곳곳에서 귀인이 도와줄 뿐만 아니라, 凶을 만나도 오히려 吉하게 변하는 逢凶化吉의 아주 좋은 局으로 왕산왕향에 버금간다. 다만, 8運에는 합십들 중에서 〈**19**〉·〈**28**〉 합십을 쓴다. 왜냐하면 8運에 해당되는 좋은 수는 8·9·1이기 때문이다. 각 운에 해당하는 숫자들이 들어간 합십이어야 그 운에 좋다. 당운(當運)에 해당되는 숫자가 없는 합십은 특별히 좋은 것이 없다.

합십국에는 '향성합십국(向星合十局)'과 '산성합십국(山星合十局)'이 있다. 향성합십(向星合十) 기국은 9宮 전체가 향성과 운반의 숫자를 더하여 合十이 되어 재물로 大旺하다.

산성합십국은 산성과 운반의 수가 합십이 되며 인물이 大旺한다. 다만, 기국이라도 형기풍수와 함께 보아 合局이어야 제대로 복을 받는다. 물이 있어야 할 곳에 물이 있고 산이 있어야 할 곳에 산이 있어야 한다.

8運에 丑坐未向〔下卦, 替卦〕과 未坐丑向〔下卦, 替卦〕은 '왕산왕향'에 '전반합십(全盤合十)'이 되는 아주 특별한 기국(奇局)이 된다. 또한 왕산왕향은 아니지만 8運에 子坐午向〔替卦〕, 午坐子向〔替卦〕, 癸坐丁向〔替卦〕, 丁坐癸向〔替卦〕은 合十局이 된다.

'전반합십(全盤合十)'은 九宮이 모두 합십이다. 반면에 1개의 宮만 합십이 되는 경우도 있는데 이를 '부분합십(部分合十)'이라고 한다. 이때에는 해당 방위의 宮만 吉하다고 풀이한다.

8運 子坐午向(下卦)

巽宮만 산성3과 운반七이
부분합십이 된다

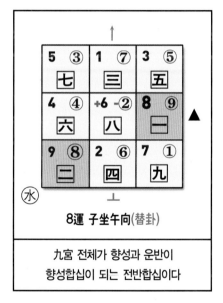

8運 子坐午向(替卦)

九宮 전체가 향성과 운반이
향성합십이 되는 전반합십이다

체괘는 체괘에 따른 山水가 배합되어야 합국이 되며 吉象이 된다. 위의 子坐午向 체괘는 艮宮에 물이 있어야 하고 兌宮에 山이 있어야 합국이 된다. 다시 강조하지만 체괘는 정확한 나경이 필요할 뿐만 아니라 사용 가능한 범위가 극히 제한적이므로 가급적 사용하지 않는 것이 상책이다.

【山星向星 合十局】

運卦 / 坐	1運下	1運替	2運下	2運替	3運下	3運替	4運下	4運替	5運下	5運替	6運下	6運替	7運下	7運替	8運下	8運替	9運下	9運替
壬																		
子					向	向							山			向		
癸					向	向							山			向		
丑			向												山	山		
艮																		
寅																		
甲							向	向			山							
卯																		
乙																		
辰																		
巽	山	山															向	向
巳	山	山															向	向
丙						向												
午					山	向							向			山		
丁					山	向							向			山		
未			山												向	向		
坤																		
申																		
庚						山	山	山			向							
酉																		
辛																		
戌																		
乾	向	向															山	山
亥	向	向															山	山

하괘의 합십은 1運·9運에서는 乾坐·巽坐·巳坐·亥坐, 2運·8運에서는 丑坐·未坐, 3運·7運에서는 子坐·癸坐·午坐·丁坐, 4運·6運은 庚坐·甲坐에서 나타난다.

1運과 9運에는 왕산왕향이 없다. 따라서 1運과 9運에는 '合十'이 되면 왕산왕향으로 간주한다.

玄空風水 高手秘訣

② 연주삼반괘(連珠三般卦)

삼반괘(三般卦)는 현공풍수의 특별한 비법으로 '연주삼반괘(連珠三般卦)'와 '부모삼반괘(父母三般卦)' 두 종류가 있다.

연주삼반괘는 '연여격(連茹格)'이라고도 하는데, 구궁(九宮) 전체의 향성(向星)·산성(山星)·운반수(運盤數) 3개의 숫자가 〈**123**〉, 〈**234**〉, 〈**345**〉, 〈**456**〉, 〈**567**〉, 〈**678**〉, 〈**789**〉, 〈**891**〉과 같이 연속적으로 되어 있다.

연주삼반괘는 1~9運 중에 하괘(下卦)에 16局과 체괘(替卦)에 2局으로 총 18局이 있다.

연주삼반괘가 되면 인간관계가 원활하고 귀인이 곳곳에서 도와주는 격이 되기 때문에 생각하지도 못한 좋은 일이 생기고, 凶함을 만나도 오히려 吉로 바뀌게 된다. 凶한 '복음(伏吟)'과 '반음(反吟)'의 화(禍)도 합국이 된다면 풀어주는 아주 길한 局이다. 반면, 불합국일 때에는 흉사가 계속 이어지게 되어 더욱 흉한 局이 된다.

비록 연주삼반괘가 기국(奇局)으로 좋기는 하지만, 조심해야 할 사항은 연주삼반괘가 되는 하괘 16局이 모두가 上山下水이기 때문에 반드시 지형이 '평양지〔平洋局, 平地〕에 좌공조만坐空朝滿 ☞ 뒤가 낮고 앞이 높음'인 형기적인 조건을 만족한 경우에만 사용이 가능하며 삼반괘의 효능이 비로소 발휘된다는 점을 기억해야 한다. 삼반괘가 된다고 하더라도 주변의 지세와 合局이 되어야 하므로 앞이 높고 뒤가 낮은 평야지대의 양택에서는 가능하지만, 산에 있는 음택에는 거의 사용할 수가 없다.

다만, 8運에 辰坐戌向 체괘와 戌坐辰向 체괘는 왕산왕향(旺山旺向)이기 때문에 상산하수(上山下水) 하괘 16局과는 달리 좌실조공坐實朝空 ☞ 뒤가 높고 앞이 낮음의 지형이 되어야 한다.

즉, 연주삼반괘라도 局에 맞는 지형이어야 효력이 발생하는데, 하괘 상산하수국이라면 좌공조만(坐空朝滿)해야 하고, 체괘 왕산왕향국이라면 좌실조공(坐實朝空)해야 한다.

● 좌실조공(坐實朝空)

앞에는 물이 있고 뒤에는 산이 있는 지형으로 배산임수(背山臨水)와 동일한 의미이다.

● 좌공조만(坐空朝滿)

배산임수의 반대. 묘나 건축물을 기준으로 뒤쪽이 낮거나 물이 있고, 앞쪽은 높거나 山이 있는 곳이다.

【연주삼반괘 상산하수(上山下水) 16局, 왕산왕향(旺山旺向) 2局】

運 \ 坐	2運	3運	5運	7運	8運 下卦	8運 替卦
	1884~1903	1904~1923	1944~1963	1984~2003	2004~2023	
辰	9 2　5 7　7 9 一　六　八 8 1　1 3　3 5 九　二　四 4 6　6 8　2 4 五　七　三				6⑧　2 4　4 6 七　三　五 5 7　7 9　9 2 六　八　一 1 3　3 5　⑧1 二　四　九	⑧6　4 2　6 4 七　三　五 7 5　9 7　2 9 六　八　一 3 1　5 3　1⑧ 二　四　九
巽·巳		1 3　6 8　8 1 二　七　九 9 2　2 4　4 6 一　三　五 5 7　7 9　3 5 六　八　四	3 5　8 1　1 3 四　九　二 2 4　4 6　6 8 三　五　七 7 9　9 2　5 7 八　一　六	5 7　1 3　3 5 六　二　四 4 6　6 8　8 1 五　七　九 9 2　2 4　7 9 一　三　八	↑ <上山下水>	↑ 〈旺山旺向〉
戌	2 9　7 5　9 7 一　六　八 1 8　3 1　5 3 九　二　四 6 4　8 6　4 2 五　七　三				⑧6　4 2　6 4 七　三　五 7 5　9 7　2 9 六　八　一 3 1　5 3　1⑧ 二　四　九	6⑧　2 4　4 6 七　三　五 5 7　7 9　9 2 六　八　一 1 3　3 5　⑧1 二　四　九
乾·亥		3 1　8 6　1 8 二　七　九 2 9　4 2　6 4 一　三　五 7 5　9 7　5 3 六　八　四	5 3　1 8　3 1 四　九　二 4 2　6 4　8 6 三　五　七 9 7　2 9　7 5 八　一　六	7 5　3 1　5 3 六　二　四 6 4　8 6　1 8 五　七　九 2 9　4 2　9 7 一　三　八	↑ <上山下水>	↑ 〈旺山旺向〉

◉ 하괘 상산하수16局

　2運:辰坐·戌坐　3運:巽坐·巳坐·乾坐·亥坐　5運:巽坐·巳坐·乾坐·亥坐

　7運:巽坐·巳坐·乾坐·亥坐　8運:辰坐·戌坐

◉ 체괘 왕산왕향2局

　8運:辰坐·戌坐

玄空風水 高手秘訣

③ 부모삼반괘(連珠三般卦)

'부모삼반괘(父母三般卦)'는 九宮 전체 모든 궁의 조합이 〈**147**〉, 〈**258**〉, 〈**369**〉 세 숫자로만 되어 있어 지속적인 발복을 받게 된다. 이들 숫자가 향성·산성·운반의 어디에 있든 상관이 없다.

2·4·5·6·8運에만 있고 1·3·7·9運에는 없다.

2·5·8運에서는 艮坐·寅坐·坤坐·申坐로 4局, 그리고 4·6運에는 丑坐·未坐 2局이 있다.

180년 동안 하괘에서만 16局이 나타난다.

체괘에는 부모삼반괘가 없다.

부모삼반괘의 효력은 연주삼반괘와 마찬가지로 인간관계가 원활하고 귀인이 곳곳에서 도와주어 생각지도 못한 좋은 일이 생기고, 봉흉화길(逢凶化吉)하고, 복음(伏吟)과 반음(反吟)의 흉화(凶禍)도 풀어버리는 아주 좋은 괘가 되어 기국이 된다.

부모삼반괘가 특별한 기국으로 좋기는 하지만 조심해야 할 것은 9運 동안 부모삼반괘가 되는 하괘 16局 모두가 上山下水로 되어 있기 때문에 반드시 상산하수 합국이어야만 사용이 가능하다. 평양국에 수전현무水纏玄武 ☞ 물이 뒤로 돌아가는 것하고 좌공조만(坐空朝滿)하는 지형조건을 충족할 때에만 효력이 발생한다.

運＼坐	2運	4運	5運	6運	8運
	1884~1903	1924~1943	1944~1963	1964~1983	2004~2023
丑		6 9　2 5　④7 三　八　一 5 8　7 1　9 3 二　四　六 1④　3 6　8 2 七　九　五		8 2　4 7　⑥9 五　一　三 7 1　9 3　2 5 四　六　八 3⑥　8 5　1 4 九　二　七	
艮·寅	4 7　9 3　②5 一　六　八 3 6　5 8　7 1 九　二　四 8②　1 4　6 9 五　七　三		7 1　3 6　⑤8 四　九　二 6 9　8 2　1 4 三　五　七 2⑤　4 7　9 3 八　一　六		1 4　6 9　⑧2 七　三　五 9 3　2 5　4 7 六　八　一 5⑧　7 1　3 6 二　四　九
未		9 6　5 2　7④ 三　八　一 8 5　1 7　3 9 二　四　六 ④1　6 3　2 8 七　九　五		2 8　7 4　9⑥ 五　一　三 1 7　3 9　5 2 四　六　八 ⑥3　8 5　1 4 九　二　七	
坤·申	7 4　9 3　5② 一　六　八 6 3　8 5　1 7 九　二　四 ②8　4 1　9 6 五　七　三		1 7　6 3　8⑤ 四　九　二 9 6　2 8　4 1 三　五　七 ⑤2　7 4　3 9 八　一　六		4 1　9 6　2⑧ 七　三　五 3 9　5 2　7 4 六　八　一 ⑧5　1 7　6 3 二　四　九

2運：艮坐·寅坐·坤坐·申坐

4運：丑坐·未坐

5運：艮坐·寅坐·坤坐·申坐

6運：丑坐·未坐

8運：艮坐·寅坐·坤坐·申坐

玄空風水 高手秘訣

제4장
현공풍수 운용을 위해
더 알아야 할 이론들

1 득운(得運)과 실운(失運)

현공풍수 이론에서 '運을 얻었다.'는 뜻의 '득운(得運)'은 '득령(得令)'이라고도 하고, 運을 얻지 못하였다는 '실운(失運)'은 '실령(失令)'이라고도 한다. 홍콩이나 중국의 현공풍수 서적들은 '득령(得令)과 실령(失令)'이라는 용어를 주로 사용하지만, 이 책에서는 독자들이 더 쉽게 이해할 수 있도록 '득운(得運)과 실운(失運)'으로 표현하였다.

득령(得令)이란 '시기가 적당하다.'는 의미이다. 영(令)은 명령, 우두머리, 좋다는 의미도 있지만, '농가월령가農家月令歌 ☞ 농가에서 일 년 동안 할 일을 가사(歌辭) 형식으로 만든 노래'에서 사용한 것처럼 '시기'의 의미도 있다. 즉, 득령은 '좋은 때를 얻었다.'는 말이다. 반면 실령(失令)이란 '시기가 적당하지 못하다. 때를 만나지 못하였다.'는 의미이다.

현공의 해석은 득운했는지를 제일 먼저 보며, 음양과 오행의 생극제화(生

剋制化)는 그다음 순서로 본다. 현공의 이치는 득운자(得令者)는 吉이고 실운자(失令者)는 凶이다.

❶ 좌향과 시운에 따른 四局이 合局이면 득운한 것이고 不合局이면 실운한 것이다. 4局이 合局되었다는 것은 山水의 형국이 비성반과 합국이 된 것이다.

❷ 당운(當運)에 애성이 왕기(旺氣)·생기(生氣)·차생기(次生氣)·보좌기(補佐氣)에 해당되면 득운이고, 퇴기(退氣)·사기(死氣)·살기(殺氣)에 해당되면 실운이다.

모든 기운은 흥망성쇠가 있다. 감정이나 해석을 할 때 가장 우선해야 하는 것은 '당운에 旺한 기운인지 衰한 기운인지'를 구분하는 일이다.

모든 運에는 '길기(吉氣)'와 '흉기(凶氣)'가 있다. 왕기(旺氣)·생기(生氣)·차생기(次生氣 또는 進氣)는 좋고, 퇴기(退氣)·살기(殺氣)·사기(死氣)·쇠기(衰氣)는 나쁘다. 8運에 8·9·1처럼 왕기·생기·차생기이면 得運했다고 본다. 8運에 7은 퇴기, 6은 쇠기, 2는 사기, 3·4·5는 살기로 이들은 모두 失運하였다.

현공풍수에서 2·5·7·9는 體로 보면 살성(殺星)이므로 좋지 않다. 그러나 2·5·7·9가 時運에 따라 왕기·생기·차생기로 得運하면 吉星이 되고, 失運하면 쇠기·사기·살기가 되어 凶星이 된다. 이렇게 시운에 따라 吉星이 되기도 하고 凶星이 되기도 하는 것은 用의 쓰임새이다.

5黃은 5運을 제외하고는 어떤 방위에 비도(飛到)하든 凶星이 된다. 기본적으로 5자는 5運을 제외하고는 다 나쁘다. 자백구성 중에서 가장 흉한 별이다. 5가 흉한 수라는 것은 '체(體)'이고 5運에는 5자가 득운을 하여 왕성(旺星)이 되는 것은 '용(用)'이다.

그렇다면 4運의 5자는 어떻게 해석할까? 5黃土星은 매우 흉악하여 4運에는 생기, 3運에는 차생기의 數이지만 좋은 영향력이 아주 미약하다. 오히려 조합수에 따라 좋지 않은 영향을 끼치는 경우가 많다.

1은 上元을, 6은 中元을, 8은 下元을 대표하고 관장하는 통령수(統領數)이다. 따라서 1·6·8을 삼길수(三吉數)라 하며 吉星이다. 그러나 예를 들어 1의 경우 2運에 퇴기(退氣)가 되어 실운하면 凶星이 된다. 역시 시운에 맞아야 吉한 것이 된다.

【1~9運別 衰旺表】

運 \ 氣		退氣	吉氣			凶氣			補佐氣	統氣
			旺氣 大吉	生氣 吉	次生氣 平	衰氣 小凶	死氣 大凶	殺氣 大凶		
上元	1運	9	1	2	3·4	7	6	5·7	8	
	2運	1	2	3	4	9	6	5·7	8	1
	3運	2	3	4	5	1	6	7·9	8	
中元	4運	3	4	5	6	2	8	7·9	1·8	
	5運	4	5	6	7	3	2	9	1·8	6
	6運	5	6	7	8	4	9	2·3	1·8	
下元	7運	6	7	8	9	5	4	2·3	1	
	8運	7	8	9	1	6	2	3·4·5	1	8
	9運	8	9	1	2	7	6	3·4·5	1	

_출처 ☞ 최명우, 『현공풍수의 이론과 실제』

● 8運에 9는 生氣이지만, 8土를 9火가 火生土로 상생하기 때문에 旺氣와 거의 같다.
● 8運에 1은 차생기이면서 보좌기이기 때문에 실질적인 吉의 비중은 生氣와 같다.
● 대략 왕기(旺氣)는 100%, 생기(生氣)는 60%, 차생기(次生氣)는 30~40%의 비중으로 평가한다.

玄空風水 高手秘訣

氣	氣에 따른 용도	8運
왕기(旺氣)	대문이나 현관문을 내면 아주 좋다	8
생기(生氣)	왕기의 차선책으로 代用할 수 있다	9
차생기(次生氣)	생기의 차선책으로 代用할 수 있다 조합수에 따라 길흉이 나뉜다	1
퇴기(退氣)	기본적으로는 길흉이 없지만, 흉수와 조합되면 흉이 된다	7
쇠기·사기·살기 (衰氣·死氣·殺氣)	흉하다	6·2· 3·4·5
보좌기(補佐氣)	후문·창문·계단·침대·탁자 등이 있으면 吉象이 된다	1

_출처 ☞ 최명우, 『현공풍수의 이론과 실제』

山水가 生·旺氣에 있어야 眞吉이다.

비성반과 비교하여 산이 있어야 할 곳에 산이 있고 물이 있어야 할 곳에 물이 있다면 금상첨화(錦上添花)이다. 이기로 보아 旺山旺向이라도 해당 방위에 산수가 갖추어져서 형기적으로 맞아야 길한 응험이 있다.

산성 왕기·생기·차생기 방향에 산이 있고 향성 왕기·생기·차생기 방향에 물이 있는 것처럼 득운한 방향에 그에 맞는 적합한 것이 있어야 한다. 득운한 길수조합도 충살, 흉악한 살성 등 형기살(形氣殺)이 있으면 그 정도에 따라 격이 떨어지거나 흉이 된다.

❹ 『비성부飛星賦』에 이르기를 '실운하였거나 불합국이면 길사(吉砂)라도 오히려 피해를 본다.'고 하였다.

_至若蛾眉魚袋, 衰卦非宜, 猶之旗鼓刀鎗, 賤龍則忌.

백학명 주: 蛾眉女貴, 魚袋男貴, 失運反賤, 旗鼓刀鎗, 用不合法, 反主盜賊也.

❺ 비성이 衰·死·殺氣로 실운했을 때 형기가 있으면 진흉(眞凶)이고, 형기가 없으면 가흉(假凶)이다. 山水가 없어야 할 곳에 山水가 없다면 凶으로 해석하지 않는다.

吉하지 않은 숫자의 해당 방위에는 山이나 물이 없는 것이 제일 좋고, 멀리 있는 것은 凶이 아니다. 해당 방위에 山이나 물이 보이지 않으면 상대할 대상이 없으므로 凶한 작용도 없다. 독악(毒惡)인 5가 있는 곳이라도 山水가 없다면 응험이 나타나지 않는다. 그러므로 5가 있는 방향이라도 물이나 산이 없다면 두려워하지 않아도 된다.

비성이 생·왕기라도 반드시 吉하다 할 수 없고 쇠·사기라도 반드시 凶하다고 할 수 없다. 길흉의 진가(眞假)는 체용(體用)에 있다. 체용이 合이면 眞吉이고 체용이 不合이면 眞凶이다. 비성이 생·왕기일 때 그곳에 해당하는 산과 물이 있어야 진짜 吉이고, 비성이 쇠·사기일 때 흉한 숫자가 있는 곳에 반드시 흉한 산수가 있어야 진짜 凶이다.

삼길수인 1·6·8도 山水가 없으면 吉이 덜하고, 흉수인 2·5·7도 山水가 없으면 凶이 덜하다. 제 아무리 당운성(當運星, 예를 들면 8運에 8)이라도 해당 방위에 山水가 없으면 좋은 효과가 없다. 현공에서 형리겸찰(形理兼察)하기를 강조하는 것은 이 때문이다.

【구성의 득운(得運)과 실운(失運)】

星數	意義	득운(生·旺) 또는 合局	실운(衰·死·殺) 또는 不合局
1白坎水	괴성재예 魁星才藝	智慧지혜 發科多男발과다남 出人聰慧출인총혜	喪妻상처 夭亡요망 瞽目고목 放蕩방탕
2黑坤土	재정거부 財丁巨富	發財旺丁발재왕정 武貴무귀 女掌權여장권	難產난산 惡疾악질 夭亡요망
3碧震木	공명수사 功名秀士	長男興家장남흥가 納粟成名납속성명	喪妻상처 官災口舌관재구설
4綠巽木	과갑문인 科甲文人	科甲連登과갑연등 女貌端妍여모단연	弔縊조액 瘋哮풍효 男女淫蕩남녀음탕
5黃中土	지존살기 至尊殺氣	端正忠良단정충량 淑順正直숙순정직	官訟連連관송연연 損丁손정
6白乾金	수령관리 首領官吏	登武職등무직 功名震世공명 진세 丁財旺정재왕	刑妻剋子형처극자 孤寡貧窮과주빈궁
7赤兌金	무사창우 武士倡優	出武職출무직 丁財興旺정재흥왕	盜賊官非도적관비 牢獄뇌옥 橫死횡사 火災화재
8白艮土	군자은사 君子隱士	出人忠義출인충의 少男富貴소남부귀 일이 순조롭고, 아들을 낳고, 재물이 왕하다.	근골이 상하고 다리가 부러진다 未成年不利미성년불리 瘟瘟惡疾온황악질
9紫離火	총명통인 聰明通人	發科甲발과갑 中房大利중방대리	難產血症난산혈증 눈병 심장병 官司관사 火災화재

② 지운법(地運法)

이 세상의 모든 것은 시간의 흐름에 따라 변한다. 우주의 운동은 규칙적인 변화이다. 만물은 생장소멸의 주기〔Cycle〕를 가지고 끊임없이 그 형체를 변화시켜 간다. 명당도 예외가 아니다. 명당에 형성된 기(氣)의 장(場)은 생왕휴

수(生旺休囚)가 있다. 시기에 따라 왕쇠(旺衰)가 있으며 때가 되면 지운(地運)이 끝난다.

지운법이란 땅의 길흉이 언제 시작되고 언제 소멸될 것인가를 가늠하는 계산법이다. 지운법으로 특히 명당이 언제 발복할지 그 시기를 알아낼 수 있다.

지운이 끝나는 시기가 되면 '입수(入囚)되었다.'고 한다. 입수가 되면 지기(地氣)가 휴식상태가 되므로 재정양패(財丁兩敗)가 되는데 그 정도는 上山下水의 피해보다 더욱 심하다.

입수(入囚)란 '중궁이라는 감옥에 갇히게 된다.'는 뜻이다.

향성(向星)이 감옥에 갇히면 좋은 것이든 나쁜 것이든 모든 길흉이 끝난다. 향성이 입수되면 해당 運의 地氣는 결정적으로 소멸되고, 산성(山星)이 입수되면 人丁에 불리하여 출산(出産)이 매우 적어지거나 건강이 나빠진다. 출세나 승진에 지장이 오게 된다.

玄空風水 高手秘訣

1 소지(小地)의 지운(地運) 계산법

형기풍수로 판단하였을 때 小地, 中地, 大地에 따라 지운의 계산법이 달라진다.

다음은 小地의 地運 계산법이다.

❶ 旺山旺向局, 雙星會坐局, 上山下水局의 지운 계산법

입수(入囚)는 향성(向星)으로 논하는데, 입수되는 시점은 중궁의 향성 숫자를 보고 안다. 향성이 중궁으로 들어가면 지운이 끝난다. 향성이 중궁에 들어가는 것을 비유한다면, 중앙 지점에 물이 있어서 건축물이나 墓가 물 속에 있게 된다는 말이다. 中宮의 운반수(運盤數)에서 中宮의 향성수(向星數) 직전까지가 지운기간이 된다.

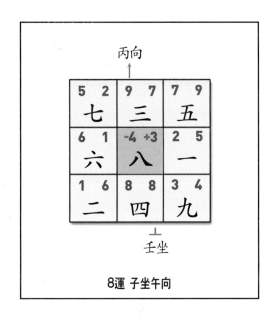

8運 子坐午向

8運에 壬坐丙向은 쌍성회좌국으로 지운은 中宮의 운반수(運盤數) 八부터 시작하여 中宮의 향성수(向星數) **3**이 되기 직전인 2運까지이며 3運에 入囚된다.

즉 8運 → 9運 → 1運 → 2運, 4개 運 동안이 지운기간이 된다.

8運 첫해에 건택조장하였다면 지운기간은 최고 80년이 된다.

❷ 雙星會向局의 지운 계산법

쌍성회향(雙星會向)은 다른 局들과 계산하는 방법이 다르다.

向宮의 向星이 坐宮의 向星에 이르면 入囚된다.

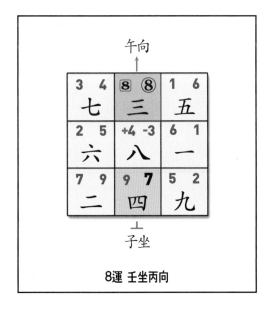

8運 壬坐丙向

8運에 子坐午向은 쌍성회향국이다.

지운기간은 向宮의 向星 ⑧에서 시작하여 坐宮의 向星인 7運 직전인 6運까지이며 7運에 入囚된다.

즉 8運 → 9運 → 1運 → 2運 → 3運 → 4運 → 5運 → 6運까지가 지운기간이다.

8運이 된 첫해에 용사(用事)를 하였다면 지운기간은 최고 160년이 된다.

최명우 선생은 『尋龍點穴』에서 "형기풍수를 적용하여 용혈사수(龍穴砂水)가 부실하면 현공풍수의 지운법을 따르지 않고 당운발복(當運發福)으로 끝난다." 하였다. 진혈(眞穴)이 아니거나 형기적인 조건이 부족한 곳에 용사하여 얻은 향발복은 길게 가지 못하고 잠깐 동안만 일어난다는 뜻이다.

② 大地의 지운(地運) 계산법

형기풍수로 대명당[大地]일 경우에는 지운을 계산하는 방법이 다르다. 지운기간이 추가로 180년이 연장된다.

내룡(來龍)이 장원(長遠)하며 진혈(眞穴)이 되고 合十이 되는 등 형기와 이기의 모든 면에서 조건에 합당하면 540년(180년 × 3회)이 갈 수도 있고, 더 좋은 땅일 경우에는 1080년(540년 × 2회)도 될 수 있다.

발복기간의 장단(長短)은 형기(形氣)상으로는 순수국(順水局)은 발복기간이 짧고 역수국(逆水局)은 길다. 이기(理氣)상으로는 좌향과 시기에 따라 각기 다르다.

③ 수부주(囚不住)

수부주(囚不住)는 '중궁이라는 감옥에 가서 머무르지(갇히지) 않는다.' 또는 '입수(入囚)가 되지 않는다.'는 말이다.

수부주는 『심씨현공학』에서도 사례도 없이 이론만 간단하게 언급하였다는 점을 고려해 보면 더욱 연구하여야 할 부분이다.

❶ 雙星會向에서 坐宮에 물이 있을 때

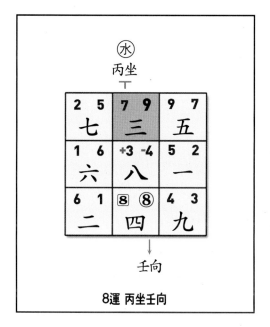

8運 丙坐壬向

쌍성회향은 향궁의 향성이 좌궁의 향성에
이르면 입수(入囚)된다.

8運 丙坐壬向은 본래는 9運이 되면 입수되
므로 지운기간이 20년으로 매우 짧다.
그러나 만약 입수궁(入囚宮)인 좌궁(離宮)
에 물이 있거나 공광(空曠)하거나 도로가
있으면 입수되지 않는다.

❷ 向宮의 향성수가 5黃이고 向宮에 물이 있을 때

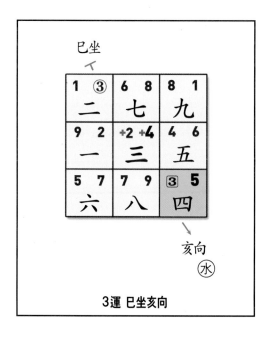

3運 巳坐亥向

3運 巳坐亥向은 상산하수국이다.
이 局은 中宮의 운반수(運盤數) 三에서
中宮의 향성수(向星數) **4** 직전까지
20년이 지운기간이다.
4運에 入囚된다.

그러나 4運의 생기수(生氣數)는 **5**이고, 이
생기수가 향궁 방향에 있으며, 이쪽에 물이
있거나 공광(空曠)하거나 문로(門路)가 있
으면 4運에 입수가 되지 않는다.

❸ 中宮의 향성수가 5黃이고 向宮에 물이 있을 때

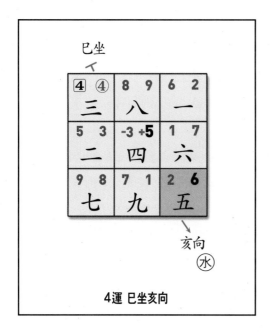

4運 巳坐亥向

4運의 巳坐亥向은 쌍성회좌국이다. 이 局은 5運에 入囚되지만, 만약 向宮에 물이 있거나 공광(空曠)하거나 문로(門路)가 있으면 5運에 '수부주(囚不住)'되어 입수하지 않는다.

❹ 왕산왕향 양택은 전방에 도로가 있거나 공활하고 탁 트여 있으면 입수가 되지 않고 음택에서는 전방에 물이 있으면 입수가 되지 않는다.

❺ 종의명 선생은 "용진혈적(龍眞穴的)하고 현공이기법에도 맞으면, 입수되지 않고 삼원불패(三元不敗)한다."고 『현공성상지리학玄空星相地理學』에서 밝혔다.

【地運이 入囚되는 시점】

運卦 / 坐	1運 下	1運 替	2運 下	2運 替	3運 下	3運 替	4運 下	4運 替	5運 下	5運 替	6運 下	6運 替	7運 下	7運 替	8運 下	8運 替	9運 下	9運 替
壬	5	5	1	6	7	9	3	7	9	7	1	2	6	2	3	①	8	6
子	9	9	6	6	2	7	8	7	9	9	5	5	2	2	7	2	4	6
癸	9	9	6	6	2	7	8	7	9	9	5	1	2	1	7	2	4	6
丑	7	9	8	7	9	7	1	2	2	2	3	3	1	6	5	5	3	6
艮	4	7	8	7	6	6	1	1	2	2	3	5	4	6	5	5	6	6
寅	4	7	8	9	6	6	1	1	2	1	3	2	4	6	5	5	6	6
甲	3	①	6	6	5	5	6	6	7	9	8	7	9	⑦	1	2	4	2
卯	5	2	4	6	5	5	6	6	7	7	8	9	9	9	3	3	2	2
乙	5	2	4	6	5	5	6	6	7	7	8	9	9	9	3	3	2	1
辰	3	2	3	1	4	6	6	5	6	7	7	9	8	⑦	9	7	1	2
巽	2	2	3	②	4	6	5	5	6	6	7	7	8	⑦	9	9	2	1
巳	2	①	3	②	4	6	5	5	6	6	7	7	8	8	9	9	2	1
丙	2	2	7	6	4	7	9	7	1	1	2	2	3	1	9	6	5	5
午	6	6	3	3	8	8	5	9	1	1	2	2	8	8	4	4	1	5
丁	6	6	3	3	8	8	5	5	1	1	2	1	8	8	4	6	1	5
未	7	6	5	5	9	6	7	9	8	8	9	9	1	1	2	2	3	3
坤	4	6	5	5	6	6	7	7	8	8	9	9	4	1	2	1	6	2
申	4	6	5	5	6	6	7	7	8	8	9	9	4	4	2	1	6	2
庚	6	7	9	7	1	2	2	2	3	1	4	⑥	5	5	4	6	7	⑨
酉	8	7	7	9	1	1	2	2	3	3	4	⑥	5	5	6	6	5	5
辛	8	9	9	9	1	1	2	1	3	2	4	⑥	5	5	6	6	5	7
戌	9	7	1	②	2	2	3	3	4	4	5	6	6	6	7	7	7	7
乾	8	7	1	1	2	2	2	2	4	4	5	5	6	6	7	7	8	7
亥	8	9	1	1	2	1	2	2	4	4	5	5	6	6	7	7	8	⑨

● 당운(當運)에 바로 입수되는 좌향은 체괘에만 있다.

위의 표에서는 ○안의 숫자로 표현하였다. 이들은 지운기간이 채 20년도 안 된다.

1運: 甲坐・巳坐 체괘, 2運: 巽坐・巳坐・戌坐 체괘, 6運: 庚坐・酉坐・辛坐 체괘,

7運: 甲坐・辰坐・巽坐 체괘, 9運: 庚坐・亥坐 체괘이다.

玄空風水 高手秘訣

運 坐	1運	2運	3運	4運	5運	6運	7運	8運	9運
壬	80년	160	80	160	80	80	160	80	160
子·癸	160	80	80	80	80	160	80	160	80
丑	120	120	120	120	120	120	60	120	60
艮·寅	120	120	60	120	120	120	120	120	120
甲	40	80	40	40	40	40	40	40	80
卯·乙	80	40	40	40	40	40	40	80	40
辰	40	20	20	40	20	20	20	20	20
巽·巳	20	20	20	20	20	40	20	20	40
丙	20	100	20	100	100	20	100	20	100
午·丁	100	20	100	20	100	100	20	100	20
未	120	60	120	60	60	60	60	60	60
坤·申	60	60	60	60	60	60	120	60	120
庚	100	140	140	140	140	140	140	100	140
酉·辛	140	100	140	140	140	140	140	140	100
戌	160	160	160	160	160	140	160	160	140
乾·亥	140	160	160	140	160	160	160	160	160

☞ 위 표의 지운기간은 해당 運의 첫해에 건택조장한 것으로 산출하였다

3 복음(伏吟)과 반음(反吟)

삼반괘나 합십처럼 비성반의 조합이 특별한 경우는 좋은 영향을 끼치지만, 반대로 복음이나 반음처럼 나쁜 영향을 끼치는 조합도 있다.

玄空風水 高手秘訣

복음(伏吟)이란 '엎드려 신음한다.'는 뜻으로, 현공풍수에서는 가장 흉한 비성반이 된다. 복음이 되면 비성반을 해석해 볼 필요도 없을 만큼 흉하고 그 피해가 엄중하다.

풍수에서는 변화를 매우 중요시한다. 변화가 있으면 살아 있는 것이고, 변화가 없으면 죽은 것이다. 형기풍수에서 변화가 없는 용을 사룡(死龍)이라고 부르듯이 '복음'은 낙서반과 숫자가 동일하여 음양이 교구(交媾)되지 않아 변화가 없기 때문에 사국(死局)이라고 부른다. 복음이 흉하게 되는 이치는 무변화(無變化)이기 때문이다.

향성수와 산성수가 같거나, 향성수나 산성수가 운반수나 원단반(元旦盤)인 낙서수와 같으면 복음이다. 이 책에서는 복음이 되는 局은 中宮에 ⊠로 표시하였다.

정사각형	직사각형

옆의 두 건물 중에서 더 좋은 건물의 형태는 무엇일까?

정사각형보다 직사각형이 더 좋다. 왜냐하면 변화가 있기 때문이다.

정사각형은 가로와 세로의 길이가 같아 변화가 없고, 직사각형은 가로 세로의 길이가 달라서 정사각형에 비해 변화가 많다.

복음을 쉽게 찾는 방법이 있다. '중궁의 산성이나 향성의 숫자가 5가 되어 순행(順行)하면 九宮 전체가 원단반과 같게 되는데, 이런 경우를 '만반복음(滿盤伏吟)'이라고 한다.

8運에는 艮坐(下卦와 替卦), 寅坐(下卦), 坤坐(下卦와 替卦), 申坐(下卦) 총 4개의 坐 6개의 局이 伏吟이 되므로 특별히 조심해야 한다.

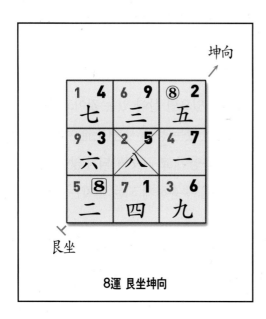

坤向

中宮에 向星 **5**가 入中되어 순행하니, 만반 복음이 된다. 8運에 艮坐坤向은 상산하수 국이다.

뒤가 높고 앞이 낮은 좌실조공(坐實朝空)의 지형으로 불합국이라면, 복음의 피해를 당하게 되므로 사용하지 말아야 한다.

8運에 艮坐坤向은 평지에서만 사용이 가능하다.

艮坐

8運 艮坐坤向

8運의 艮坐坤向은 구궁 전반의 비성이 ⟨**147**⟩, ⟨**258**⟩, ⟨**369**⟩로 구성되어 부모삼반괘가 된다. 만일 뒤가 낮고 앞이 높아 지형이 상산하수 합국이 되면, 복음의 피해가 없어지게 되는 것은 물론이고 오히려 부모삼반괘의 영향으로 '전화위복(轉禍爲福)' 되는 특별한 기능이 있다.

山地龍에서 복음의 길흉 정도는 대공망에 복음이 추가된 경우가 가장 나쁘다. 다음으로는 소공망에 복음이고, 그다음은 상산하수에 복음이며, 쌍성회좌에 복음, 쌍성회향에 복음 순으로 흉하다.

5運에는 복음이 없고, 왕산왕향과 상산하수도 복음이 없다. 쌍성회향과 쌍성회좌는 합국이 되면 복음의 凶이 없다. 상산하수는 大凶이니 사용할 수 없으나, 평지룡이며 주변에 높은 산이 없으면 복음이 되더라도 거의 무관하다.

玄空風水 高手秘訣

단궁복음(單宮伏吟)은 九宮 중 한 개의 宮만 복음이 될 때를 말한다. 단궁복음은 향성 또는 산성과 운반의 숫자가 같을 때, 향성과 산성의 숫자가 같을 때, 산성이나 향성과 원단반의 숫자가 같을 때가 있다.

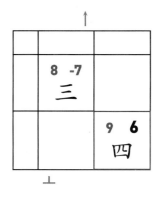

3運 癸坐丁向은 쌍성회좌로 乾宮에 향성이 **6**이다. 乾宮은 본래 **6**인데 그 자리에 또 **6**이 왔다. 다른 궁은 복음이 아니며 乾宮만 복음이 되니 단궁복음이다. 이때는 乾宮 방향이 '탁 트여야' 복음을 벗어난다. 만일 이처럼 이기(理氣)상 복음인데다가 복음인 乾宮 방향에 형기적으로도 산이나 건물이 있어 가로막히면 그 피해가 크다.

장대홍 선생의 제자 강요 선생이 지은 『**종사수필**』에 있는 복음의 피해사례를 소개한다.

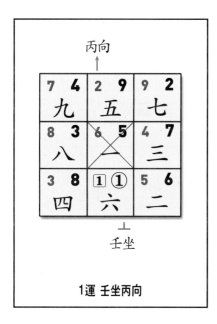

1運 壬坐丙向

모씨는 지사를 널리 모아 국세가 좋은 땅을 구하여 강희(康熙) 23년(1684년) 甲子년에 이장을 하였다. 1運(1684~1703년) 壬坐丙向이었다.

이장을 한 후에 1년도 되지 않아 가족이 전염병에 걸려 죽었으며 남은 아들들은 상속문제로 재판을 하고 있었다.

장대홍 선생이 산에 올라 묘를 보더니 "땅은 좋지만 아깝게도 복음에 걸려, 화가 바로 닥쳤구나." 말하였다. 묘는 쌍성회좌 불합국이며 감궁의 산성과 향성의 숫자가 원단반 숫자인 **1**과 같은 복음이었다.

복음인 방향에 가로막힌 산이 없어 '통기(通氣)'가 되면 복음이 해제된다.

		四局〔坐〕	四局〔坐〕			四局〔坐〕	四局〔坐〕
1運	四 九 二 / 三 **五** 七 / 八 **一** 六	7 4　2 9　9 2 / 九 五 七 8 3　-6+5　4 7 / 八 **一** 三 3 8　①①　5 6 / 四 **六** 二	4 7　9 2　2 9 / 九 **五** 七 3 8　+5-6　7 4 / 八 **一** 三 8 3　①①　6 5 / 四 **六** 二	**9運**	四 **九** 二 / 三 五 七 / 八 一 六	4 5　**⑨⑨**　2 7 / 八 四 六 3 6　+5-4　7 2 / 七 **九** 二 8 1　1 8　6 3 / 三 **五** 一	5 4　**⑨⑨**　7 2 / 八 **四** 六 6 3　-4+5　2 7 / 七 **九** 二 1 8　8 1　3 6 / 三 五 一
〔丙·壬〕		▲雙星會坐 〔壬坐〕	◎雙星會向 〔丙坐〕	〔丙·壬〕		◎雙星會向 〔壬坐〕	▲雙星會坐 〔丙坐〕
2運	四 九 **二** / 三 五 七 / 八 一 六	4 7　9 3　**②** / 一 六 八 3 6　+5+8　7 1 / 九 **二** 四 8**②**　1 4　6 9 / 五 七 三	7 4　3 9　5**②** / 一 六 **八** 6 3　+8+5　1 7 / 九 **二** 四 **②**8　4 1　9 6 / 五 七 三	**8運**	四 九 二 / 三 五 七 / **八** 一 六	1 4　6 9　**⑧②** / 七 三 五 9 3　+2+5　4 7 / 六 **八** 一 5**⑧**　7 1　3 6 / 二 四 九	4 1　9 6　2**⑧** / 七 三 五 3 9　+5+2　7 4 / 六 **八** 一 **⑧**5　1 7　6 3 / 二 四 九
〔坤·申〕 〔艮·寅〕		✗ 山上下水 〔艮·寅坐〕	✗ 山上下水 〔坤·申坐〕	〔坤·申〕 〔艮·寅〕		✗ 山上下水 〔艮·寅坐〕	✗ 山上下水 〔坤·申坐〕
3運	**四** 九 二 / **三** 五 七 / 八 一 六	9 4　5 9　7 2 / 二 七 九 8**③**　+1+5　**③⑦** / **三** 五 4 8　6 1　2 6 / 六 八 四	4 9　9 5　2 7 / 二 七 九 **③**8　+5+1　7**③** / 三 五 8 4　1 6　6 2 / 六 八 四	**7運**	四 九 二 / 三 五 **七** / 八 一 六	4 8　9 4　2 6 / 六 二 四 3**⑦**　+9+5　**⑦**2 / 五 **七** 九 8 3　1 5　6 1 / 一 三 八	8 4　4 9　6 2 / 六 二 四 **⑦**3　+5+9　2**⑦** / 五 **七** 九 3 8　5 1　1 6 / 一 三 八
〔甲·庚〕		✗ 山上下水 〔甲坐〕	✗ 山上下水 〔庚坐〕	〔甲·庚〕		✗ 山上下水 〔甲坐〕	✗ 山上下水 〔庚坐〕
4運	**四** 九 二 / 三 五 七 / 八 一 六	**④④**　8 9　6 2 / **三** 八 一 5 3　-3+3　1 7 / 二 **四** 六 9 8　7 1　2 6 / 七 九 五	**④④**　9 8　2 6 / 三 八 一 5 3　+3-3　7 1 / 二 **四** 六 8 9　1 7　6 2 / 七 九 五	**6運**	**四** 九 二 / 三 五 七 / 八 一 **六**	4 8　9 3　2 1 / 五 一 三 3 9　+5-7　7 5 / 四 **六** 八 8 4　1 2　**⑥⑥** / 九 二 七	8 4　3 9　1 2 / 五 一 三 9 3　-7+5　5 7 / 四 **六** 八 4 8　2 1　**⑥⑥** / 九 二 七
〔巽·巳〕 〔乾·亥〕		▲雙星會坐 〔巽坐〕	◎雙星會向 〔乾坐〕	〔巽·巳〕 〔乾·亥〕		◎雙星會向 〔巽坐〕	▲雙星會坐 〔乾坐〕

② 반음(反吟)

중궁에 들어간 5가 순행을 하면 복음이 된다. 이와는 반대로 5가 중궁에 들어가서 '역행(逆行)' 하면 반음(反吟)이 된다. 반음도 복음처럼 매우 흉하다.

반음은 원래의 자기 자리와 마주보게 되어 氣가 대치(對峙)하는 현상, 즉 원단반의 숫자와 대충(對沖)하는 방위에 있는 숫자가 서로 바뀌는 현상을 보인다.

예를 들면, 一白水星이 離宮으로 비도(飛到)하고 대신에 九紫火星이 坎宮으로 오고, 二黑土星과 八白土星, 三碧木星과 七赤金星, 四綠木星과 六白金星이 위치가 서로 바뀌어 마주보게 되는 것이다. 반음이 흉이 되는 이유는 서로 상대의 자리를 차지하고 있기 때문이다.

【복음 順行】

4	9	2
3	5	7
8	1	6

【반음 逆行】

6	1	8
7	-5	3
2	9	4

중궁의 산성수나 향성수가 **-5**가 되어 역비(逆飛)하면 반음이 된다.
1의 사리에 **9**가 오고 **9**의 자리에 **1**이 가서 대치하니 서로 자기 자리를 차지하기 위해 싸움이 일어난다.

종의명(鐘義明) 선생은 『**현공지리총담**玄空地理叢譚』 2권에서 "山向兩星이 중궁에 5로 들어가서 순국(順局)을 이루면 복음이요, 역국(逆局)을 이루면 반음이다."라고 하였다.

복음은 원단반과 같아 변화가 없기 때문에 '사국(死局)' 이고 반음은 내 자리에 다른 숫자가 와서 마주보며 싸움이 일어나기 때문에 '투국(鬪局)' 이라고 부른다.

주변의 산세가 합국이 되면 비록 반음이라도 무난하며, 향(向)이나 해당 방위에 산(山)이 없고 막힘 없이 공활하면 이론적으로는 반음이더라도 실제적으로는 무난하다. 반대로 산이나 건물이 있어 막혔다면 반음의 흉상(凶象)이 적용된다.

복음과 반음이 언급된 고전은 양균송의 『**도천보조경**都天寶照經』이다. "반음 복음에 걸리면 그 화를 감당하기 어렵다_本山來龍立本向, 返吟伏吟禍難當." 또 장중산(章仲山) 선생의 『**음양이택녹험**陰陽二宅錄驗』에도 반음과 복음이 나온다. 그 외에 반음에 대해 자세하게 설명한 고전은 없다. 다만 심소훈 선생이 반음과 복음을 나누었으므로 후학들이 그의 이론을 따라준 것이다.

중국의 현공관련 서적들에서도 반음에 대한 명쾌한 설명이나 특별한 사례를 찾아보기는 어렵다. 반복음(反伏吟)이라고 두리뭉실하게 표현하고 넘어간 것이 대부분이다. 따라서 실증사례를 통한 연구가 요망(要望)되는 이론이다.

玄空風水 高手秘訣

●수전현무(水纏玄武)란 물이 현무봉(玄武峰)을 감고 돌아간다는 의미로, 주로 횡룡(橫龍)이나 회룡(回龍)으로 결혈(結穴)될 때 물의 모습을 표현한 풍수용어이며, 吉한 용도로 많이 사용된다(223페이지).

【反吟 · 伏吟表】

● ☞ 凶   ◉ ☞ 大凶

運\坐	下卦 1運	2運	3運	4運	5運	6運	7運	8運	9運	運\坐	替卦 1運	2運	3運	4運	5運	6運	7運	8運	9運
壬	◉		●		●		●			壬	◉						●		
子		●		●					◉	子					●				
癸		●		●		●			◉	癸		●							
丑	●		●			●				丑									
艮		◉			◉	◉				艮								●	●
寅		◉								寅									
甲			◉			◉				甲				●					
卯		●		●		●				卯									●
乙		●		●		●				乙									
辰	●							●		辰									
巽				◉			●			巽				●	◉				
巳				◉						巳	●								
丙					●		●			丙									◉
午	◉		◉			●				午	●					●	●		
丁	◉									丁	●								
未								●		未									
坤	●	◉		●						坤	●	●					●		
申							◉			申		●							
庚		●					◉			庚							◉		
酉		●								酉				●				●	
辛		●								辛									
戌						◉				戌					◉				
乾			●		●	●		●		乾			●			●			
亥			◉		●	●		●		亥						●	●		

_출처 ☞ 종의명(鐘義明), 『현공지리일편신해(玄空地理逸篇新解)』

◉ 坐의 뒤가 實하고 산봉우리가 높고 험한 곳에서는 사용이 불가하며,
물이 현무봉 뒤를 감싸고 坐의 뒤가 낮고 공활한 곳에서는 사용이 가능하다.
_背後坐實, 山峯高逼者不可用 ; 要水纏玄武, 坐空者才可使用.

④ 지반정침(地盤正針)과 천반봉침(天盤縫針)

국내에서 제작된 나경(羅經)은 대개 9층이다. 나경은 중앙에서부터 1층, 2층, 3층, 4층 순으로 부른다. 이중에서 4층은 지반정침(地盤正針)이라고 하는데 24좌향을 표시한다. 지반정침은 하도선천을 體로 삼고 낙서후천을 用으로 삼아 남북을 子午의 정위로 나타낸 24개의 방위이다.

풍수에서는 무엇보다도 지반정침이 가리키는 북쪽이 중요하다. 지반정침은 자북(磁北)을 가리킨다. 풍수는 '어떤 방향이 진북(眞北)이냐?' 가 아니라, '인간에게 영향을 끼치는 지자기의 방향이 어디인가?'에 관심이 있다. 자침이 가리키는 자북은 자기장(磁氣場)의 방향을 알려준다.

현공풍수에서는 지반정침만 사용한다.

명말청초(明末淸初) 현공풍수의 종사인 장대홍 선생의 나경도면에는 24좌의 지반만 있고 인반이나 천반은 없다.

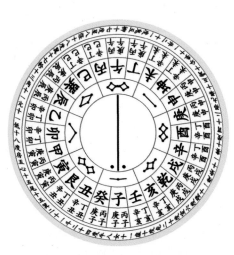

장대홍 선생이 설계한 나경도(羅經圖)

기존의 삼합풍수이론에서는 나경의 4층 지반정침(地盤正針)은 고정적으로 움직이지 않는 땅이나 용을 측정하고, 6층 인반중침(人盤中針)은 주위의 사격(砂格)을 측정하고, 8층 천반봉침(天盤縫針)으로는 得水·合水·破口 등 물의 방향을 측정할 때 활용한다고 알려져 있다.

즉, 좌(坐)는 4층 지반정침으로, 사격(砂格)은 6층 인반중침으로, 물과 향(向)은 8층 천반봉침으로 측정한다는 것이다. 이는 특히 『**지리오결**地理五訣』에서 천반봉침(天盤縫針)으로 입향수수(立向收水)하여야 한다고 강조한 원인이 크다.

【 地盤・人盤・天盤 비교 】

층 구분			
8층 天盤 (順時針 방향)	丙 ← 7.5度 →	← 15度 → 午	
6층 人盤 (逆時針 방향)	午 ← 7.5度 →	← 15度 → 丁	
4층 地盤	← 15度 → 午	← 7.5度 → 丁	

천반봉침을 사용하여 입향(立向)하는 방법에 대해서는 삼합이론 학파마다 의견이 분분하다. 그러나 향을 천반으로 맞추려다 보면 자칫 다른 좌향이 될 수도 있다. 또 어떤 풍수사는 천반의 정중앙분금에 맞추어 가운데로 입향하기도 한다. 이렇게 하면 현공풍수로는 100% 대·소 공망선에 걸리게 된다.

현공풍수에서는 인반중침과 천반봉침을 쓰지 않는다.

종의명(鐘義明) 선생은 『**현공지리고험주해**玄空地理考驗註解』 下권에서 "필자가 일부 풍수사들이 천반봉침이나 인반중침으로 입향(立向)하는 것을 본 적이 있는데, 대부분 〈大空亡〉이나 〈小空亡〉을 범하게 되어, 비극이 발생하게 되므로 입향할 때에 모름지기 조심하여야 하고, 절대로 이를 사용하지 말아야 한다!"라고 강조하였다.

현공풍수에서 좌향을 비롯한 모든 방위 측정은 지반을 사용한다.

현공풍수는 龍·穴·砂·水·坐向·方位를 측정할 때 모두 지반정침만 이용한다.

5 공망(空亡)

공망이란 '비었고 망(死亡)했다'는 뜻이다. 공망을 범하면 아주 빨리 운행하는 배나 비행기를 탄 것처럼 판단력이 흐려지고 정신이 혼미해져 정신착란을 일으키거나 매사가 무상(無常)하게 된다. 大空亡이나 小空亡이 되면 陰·陽宅을 막론하고 무조건 사용해서는 안 된다.

그동안 경험에 의하면 경매에 자주 나오는 건물이나 관리가 안 되는 묘의 경우는 대부분 공망에 걸려 있다. 지관을 모시고 집을 짓거나 묘를 쓰고도 패절한 집안의 사례를 현공으로 풀어보면 공망이나 상산하수에 걸려 있다. 무연고 묘는 공망인 경우가 많다. 현재 관리가 잘 되고 있어도 공망인 묘는 어딘지 모르게 외롭고 쓸쓸하고 힘이 없어 보인다. 형기 실력이 아주 뛰어나면 굳이 나경으로 좌향을 측정하지 않아도 공망을 알아낼 수 있다.

음택이 공망이면 가장 많이 발견되는 현상은 후손들의 별거나 이혼이다. 공망 같기도 하고 체괘 같기도 하면 "혹시 이 묘를 쓰고 난 후에 이혼한 직계 자손이 있습니까?" 하고 물어본다. "네, 여러 명이 있습니다."라고 대답하면 공망이고, "아니요. 아무도 이혼 안 했습니다."라고 대답하면 공망이 아니다. 이런 방식의 발문(發問)은 정확한 좌향을 알아내기 위한 방법이 된다.

공망은 坐向뿐만 아니라 내룡, 수구, 용신사(用神砂), 용신수(用神水) 등 모든 것에 적용한다. 용신사는 가깝고 높은 산이고 용신수는 가깝고 수량이 많은 물을 의미한다.

좌향이 대·소공망에 걸리면 해당기간 동안에 대흉이 발생하여 재물을 잃고 사람마저 상(傷)하여 후사도 잇기 어렵게 된다.

형기를 보아 쓸 법한 자리가 있을 때 나경을 놓아 보니, 巳坐를 놓자니 기울고, 그렇다고 丙坐를 놓자니 이것도 기울고 그렇다고 巳와 丙의 중간은 대공망이 되는 자리가 있다고 하자. 좌향이 공망이라면 형기를 다시 한 번 잘 살펴보라. 대부분 가화(假花)이므로 버려야 할 것이다.

특별히 아름다우며 조응해 줄 **안산이 공망선상**에 있다면 가혈(假穴)이거나 재혈이 어긋난 경우이다. 이 점은 아주 중요하며 형기풍수에도 결정적인 도움이 되므로 잘 활용하기 바란다.

수구(水口)공망도 砂공망과 같은 이치이다. 수구가 공망을 범하면 재물에 피해를 보게 된다.

나경으로 측정하여 자연적인 좌향이나 砂나 水가 대공망이거나 소공망이 되면 이기풍수로 공망이지만, 이전에 이미 형기풍수로도 적합한 혈이 되지 못한다. 형기풍수는 體가 되고 이기풍수는 用이 되어 실과 바늘처럼 항상 맞물려가기 때문이며 일종의 검증하는 방법이 된다.

사(砂)가 공망이면 어떻게 될까? 砂공망은 경험상 때가 되면 人丁에 문제가 생긴다. 여기에서의 砂란 주산이나 안산을 포함하여 특별히 높은 산의 경우이다. 성수대교 다리 위에서 남산을 바라보면 남산이 공망선에 걸린다. 용신(用神)이 되는 중요한 山이 공망이므로 흉으로 본다.

큰 도로가 공망선에 걸리면 도로에 평행으로 지은 집들도 좌향이 공망이 된다. 이렇게 되면 도시가 활력이 없고 침체되어 썰렁해진다. 도로 계획을 할 때 '도로 공망' 은 반드시 피해야 한다. 짓고 있는 집이 공망선에 걸리면 공사 중에 사고율이 높아지고, 분양이 잘 되지 않고, 건축주가 불행한 일을 겪고, 입주 후에도 좋지 않은 일이 자주 일어나게 된다.

2008년 2월 10일 국보 제1호인 숭례문 화재 사건은 현공의 공망이론으로 설명할 수 있다. 숭례문은 1년 내내 주변의 여러 개의 도로가 직충(直衝)을 하여 노충(路衝)을 받는다. 건물은 공망이 아니지만 특히 건물을 치고 나가는 형상인 세종대로와 남대문로 두 개의 도로가 대공망과 소공망에 걸려 있다.

게다가 화재가 난 날짜는 5 · 7 · 9가 완전히 밀집한 날이다. 중궁에서 비출 된 5는 〈9火〉로 본다. 7은 金이지만 선천으로는 火다. 7이 〈9火〉를 만나면 火로 변한다. 이런 상황에서는 다시 또 年紫白이나 月紫白으로 2 · 4 · 5 · 7 · 9가 이르면 화재가 날 확률이 높다.

배치공망이란 좌향은 공망이 아니지만 집안의 침대, 책상 그리고 대문 등의 중요한 위치가 공망선상에 위치하는 경우이다. 자연히 사람도 공망선에서 공부를 하거나 잠을 자게 되는데, 소흉(小凶)이 발생한다. 배치공망선은 평면도에 투시입극척을 겹쳐놓고 보면 쉽게 찾을 수 있다.

공망에는 크게 대공망과 소공망(小空亡)이 있다.

艮宮	坎宮(45도)						
丑	癸(15도)		子(15도)		壬(15도)		
丁丑	庚子	丙子	庚子	丙子	辛亥	丁亥	
대공망	하 괘	체괘 소공망 체괘	하 괘	체괘 소공망 체괘	하 괘		대공망
地元龍	人元龍		天元龍		地元龍		
역자괘 陰	순자괘 陰		부모괘 陰		역자괘 陽		

대공망(6도)　　　　天人소공망(3도)　　　　地天소공망(3도)

① 대공망(大空亡)

대공망은 팔괘에서 괘와 괘 사이에 좌향을 놓은 것을 말한다.

'괘를 벗어났다.' 하여 출괘(出卦)라고도 한다.

대공망은 8개 방위의 경계선인 인원룡(人元龍)과 지원룡(地元龍) 사이로,
癸·丑, 寅·甲, 乙·辰, 巳·丙, 丁·未, 申·庚, 辛·戌, 亥·壬 사이에
모두 8개가 있다. 인원룡의 3도와 지원룡의 3도를 합하여 6도가 대공망에 속
하게 된다.

이러한 좌향으로 입향히면 대흉이 발생한다. 집이나 묘의 좌향이 대공망에
걸리면 처방이 없을 만큼 아주 흉한데 주로 절손의 흉이 있으며 제화법도 효
과가 없다. 대공망에 걸리면 후손들이 되는 일이 없다. 만일 자녀가 5명이 있
다면 보통 3명은 사업에 실패하거나 이혼하는데, 아주 잘 맞는다. 대공망은
최대한 피해야 한다. 음택 감정에서 가족 중에 이혼한 사람이 많다면 하괘가
아니라 공망으로 쓰여진 자리라는 것을 알 수 있다.

대공망은 사용해서는 안 되는 좌향이지만 놓여진 방위가 계축공망(癸丑空亡)이라면 임해공망(壬亥空亡)에 비해 훨씬 더 흉한 방위로 본다. 같은 공망이지만 癸丑공망은 오행상 土剋水의 작용까지 겸하고 있기 때문이다. 을진공망(乙辰空亡)도 같은 경우인데, 오행상 木剋土의 작용까지 겸하고 있기 때문이다.

대공망의 경우라도 왕산왕향의 공망시 산과 물이 합국이 되면 해당운의 초년에 속발하는 경우도 있으나 6~7년쯤 후에는 퇴패하므로 조심해야 한다.

최명우 선생은 『**현공풍수의 이론과 실제**』에서 "만일 8運에 兒宮의 辛坐와 乾宮의 戌坐 사이 大空亡으로 用事하였을 경우에는 기본적으로 凶한 것은 사실인데, 더욱 자세하게 감정방법은 두 가지의 방법이 있다."며 우석음 선생과 종의명 선생의 대공망 감정법을 소개하였다.

『**이택실험**二宅實驗』의 저자인 우석음 선생은 辛坐〔쌍성회좌〕와 戌坐〔상산하수〕두 개의 하괘좌향(下卦坐向)으로 보되 凶한 방향으로 해석한다.

다른 하나는 종의명 선생의 감정방법인데, 두 개 좌향의 체괘(替卦) 비성반으로 감정하는 것이다. 경험에 의하면 종의명 선생의 감정 방법이 적중률이 더 높다.

② 소공망(小空亡)

소공망이란 대공망을 제외한 坐와 坐 사이를 말한다. 한 宮〔一卦〕내에서 坐와 坐 사이는 소공망이 된다. 소공망으로 입향하는 것도 흉하므로 반드시 피하여 소공망에 걸리지 않도록 해야 한다. 소공망은 壬子·子癸·丑艮·艮寅·甲卯·卯乙·辰巽·巽巳·丙午·午丁·未坤·坤申·庚酉·酉辛·戌乾·乾亥로 모두 16개이다.

소공망에는 地天소공망과 天人소공망이 있다.

地天소공망은 지원룡(地元龍)과 천원룡(天元龍) 사이의 역자공망이다. 공망은 기본적으로 나쁘지만 특히 地天소공망은 음양차착陰陽差錯 ☞ 음양이 어긋나 섞임으로 문제가 많다.

天人소공망은 음양이 같은 천원룡(天元龍)과 인원룡(人元龍) 사이의 순자공망이다. 天人소공망은 부모괘와 순자괘의 음양이 같으므로 地天소공망보다는 흉이 비교적 약하다.

8運에 비교적 좋은 공망과 좋지 않은 공망이 있다. 왕산왕향 합국이면서 乾坐와 亥坐 사이 天人소공망인 경우에는 둘의 기운을 한꺼번에 받아 짧은 시간 안에 폭발적으로 돈을 벌기도 한다.

예로, 강원도에 7運에 巽坐와 巳坐 사이 天人소공망에 걸렸던 상산하수 不合局인 식당이 있다. 8運이 되기 전에 이 가게에서 장사를 했던 다른 사람들은 모두 망해서 나갔다. 그런데 희한하게도 8運에 인수받아 장사한 사람은 대발(大發)하였다. 가게는 업종과 인테리어가 바뀌면 환천심(換天心)을 한 것이 된다. 입점하여 장사를 시작한 시점을 기준으로 운을 계산한다. 입주한 시기는 8運이고, 8運에 巽坐나 巳坐는 왕산왕향이다. 巽坐와 巳坐 사이 天人소공망에 배산임수로 합국이 되어 돈을 많이 벌었다.

그러나 다른 사람은 다 망했는데 자기만 잘 된다고 마냥 좋아하면서 오랫동안 장사하겠다고 할 일이 아니다. 공망은 발복이 그리 길지 않으니 가게가 잠깐 흥하면 빨리 이사해야 한다. 공망은 혹시 잘 되어도 사람이나 재물 둘 중의 하나에만 이익이 있다.

대체로 人丁이 잘 되기는 드물고, 간혹 재물이 잠깐 흥한다. 1년에 몇 억을 벌 수도 있으나 9運으로 바뀌면 망한다. 운이 바뀌기 전에도 소공망으로 재물이 흥하는 기간은 길어야 6~7년이다.

타워 크레인도 일종의 건축물이다. 『**현공풍수의 이론과 실제**』에서 최명우 선생은 타워 크레인이 소공망에 걸려, 석 달 사이에 원인불명으로 두 명이 사망한 예를 소개하기도 하였다.

【대·소공망선】

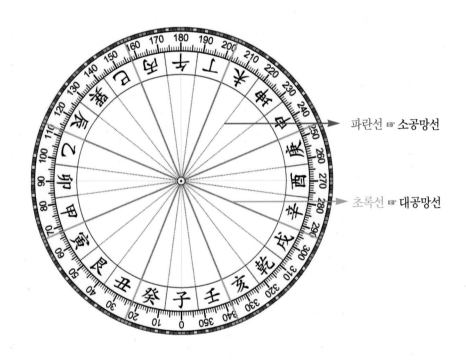

파란선 ☞ 소공망선

초록선 ☞ 대공망선

③ 공망의 범위

한 坐 15도 내에는 가운데 하괘 9도와 하괘의 양 옆에 3도씩 체괘가 있다. 24坐는 어떤 것이든 체괘 중에 대공망이나 소공망을 포함하고 있다. 어떤 좌는 대·소공망을 모두 가지고 있고, 어떤 좌는 소공망만 두 개를 가지고 있다.

宮과 宮 사이의 대공망 8곳의 범위는 6도이며, 한 궁(同宮) 내에서 坐와 坐

사이의 地天소공망과 天人소공망의 범위는 3도이다. 한 좌에 대공망이 있으면 대공망 쪽으로는 체괘로 쓸 수 있는 범위가 없으며, 소공망이 있는 쪽의 1.5도를 체괘로 사용할 수 있다. 한 좌의 양쪽 끝에 소공망만 있다면 소공망의 옆 1.5도씩을 체괘로 사용할 수 있다.

【 下卦 · 替卦 · 空亡의 범위 】

【甲·庚·丙·壬·辰·戌·丑·未】			
××× ▲▲▲ ○○○○○○○○○○○○○○○○○○○○○ ××××××			
小空亡	替卦	下 卦	大空亡

【子·午·卯·酉·乾·坤·艮·巽】				
純陰		↓		
××× ▲▲▲ ○○○○○○○○○○○○○○ ▲▲▲ ×××				
小空亡	替卦	下 卦	替卦	小空亡

【乙·辛·丁·癸·寅·申·巳·亥】			
			純陰
×××××× ○○○○○○○○○○○○○○○○○○○○○ ▲▲▲ ×××			
大空亡	下 卦	替卦	小空亡

'↓' 표시는 子〔正北〕·午〔正南〕·卯〔正東〕·酉〔正西〕와 乾〔西北〕·坤〔西南〕·艮〔東北〕·巽〔東南〕 坐의 정중앙선(正中央線)으로, 귀갑공망(龜甲空亡)이리고 힌다.

귀갑공망은 대형건축물이나 음택 대명당 같은 특별한 경우를 제외하고는 사용하지 않는다. 최명우 선생은 "많은 명묘를 간산한 경험상으로도 중앙 분금으로 좌를 놓은 자리가 없었다."라고 하였다.

대공망이나 소공망이나 공망의 정중앙 부분이 피해가 가장 심하고 하괘 쪽으로 벗어날수록 공망의 피해가 약해진다.

일부 학자들은 艮寅·巽巳·坤申·乾亥 네 곳의 소공망 범위는 1도이며 나머지 소공망 12곳은 약 3도라고 주장한다. 삼원룡의 陰陽에 따라 소공망의 범위가 달라진다는 것이다.

이 부분은 현장에서 많은 경험을 통한 실증 연구가 필요하다.

더 자세히 알고 싶은 독자는 종의명 선생의 『현공지리고험주해玄空地理考驗註解』와 『현공현대주택학玄空現代住宅學』의 입향수지(立向須知) 부분을 참고하기 바란다.

大·小공망과 替卦의 범위에 대한 명쾌한 이론은 아직 없으며 앞으로도 계속 연구해야 할 부분이다.

⑥ 성문결(城門訣)

성문결(城門訣)은 현공풍수에서 수법(水法)에 관한 중요한 부분이다.

성문결에 해당되는 방위에 성문[合水나 水口]이 있으면 금상첨화(錦上添花)로 좋고, 급히 필요할 때 필요한 도움을 받을 수 있는 길상(吉象)이 된다는 이론이다.

'성문(城門)'이란 용어는 양균송 선생이 지은 현공풍수 고전인 『청낭오어靑囊奧語』에 "第六秘 八國城門鎖正氣"라는 구절과 그의 다른 책 『도천보조경都天寶照經』 〈중편(中篇)〉의 "五星一訣非眞術, 城門一訣最爲良"에서 찾아 볼 수 있다.

일반 풍수이론은 수구(水口)를 중시한다. 우리나라 풍수지리학 관련 서적들에서 수구는 '출수구(出水口)'를 일컫는다. 출수구는 물이 局內에서 최종적으로 빠져나가 보이지 않게 되는 파(破) 지점이다. 그러나 현공풍수의 성문결(城門訣) 수구(水口)는 합수(合水)지점이다.

종의명(鐘義明) 선생은 『**현공성상지리학**玄空星相地理學』에서 "성문은 용의 혈맥이 나가는 곳이므로 양쪽에 산이 있는 가운데에 있고, 물이 끼어 있다. 두 물줄기 사이에 하나의 산이 끼어 있는 것처럼 말이다. 그러므로 물이 흐르는 것을 관찰해 보면 산이 어떠하다는 것을 알 수 있다. 산이 돌면 물도 따라서 돈다. 성문을 알면 용이 어디로 나가는지를 알 수 있고, 용이 나가는 곳을 관찰해 보면 성문을 알 수 있다. '성문은 혈의 향 쪽의 합수처 또는 혈 앞에서 물이 흘러나가는 지점'을 말한다."라고 하였다.

즉, 성문결에서 말하는 수구는 혈 앞에서 물이 합한 합수 지점으로, 계수즉지(界水則止)하는 곳이고, 내수구(內水口)로 1차 수구가 된다. 두 물줄기가 합수되는 지점은 영향력이 크기 때문에 '성문'이라 하여 중요시하고 비중 있게 감정한다. 1차 수구 외에 또 다른 수구가 있다면 외수구(外水口) 또는 2차 수구라고 부르면 적합할 것이다.

성문결에는 '정성문(正城門)'과 '부성문(副城門)'이 있는데 정성문은 효력이 강하고 부성문은 비교적 약하다.

4	9	2
3	5	7
8	1	6

성문은 향궁(向宮)의 좌우편에 있는 宮이 해당된다.
좌우편의 宮에서 향궁과 연성(聯星)이 되는 宮,
즉 1·6, 2·7, 3·8, 4·9가 되는 宮은 '정성궁(正城宮)'이
되고 연성이 되지 않는 宮은 '부성궁(副城宮)'이 된다.

☯ 성문결 방위 계산하기

　　운반(運盤)을 입중(入中)시켜 정성궁과 부성궁의 숫자를 中宮에 넣고 해당
숫자가 음이면 역행(逆行)시키고, 양이면 순행(順行)시켜 성문궁에 이르는 숫
자가 당운성(當運星)이 오면 성문결에 해당되고 당운성이 오지 않으면 성문
결에 해당되지 않는다.

　　8運 乾坐巽向의 성문결 방위를 보자.

【8運 乾坐巽向의 正城門과 副城門】

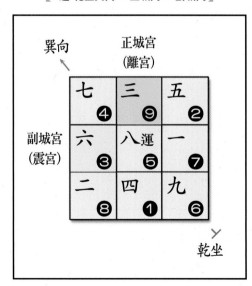

향궁인 ❹巽宮의 양옆에 있는 ❸震宮과 ❾
離宮 중에서 ❾離宮은 〈**49**〉로 연성이 되
므로 정성궁이 되고, ❸震宮은 부성궁이
된다.

정성궁인 離宮〔丙·午·丁〕에서도 乾坐가
天元이므로, 同元인 午方〔天元〕만 정성문
이 되고,
부성궁인 震宮〔甲·卯·乙〕에서도 乾坐와
同元인 卯方〔天元〕만 부성문이 된다.

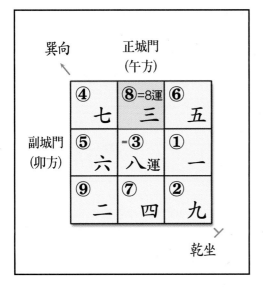

【 正城門 '-③卯' 入中 逆行 】

巽向

正城門
(午方)

副城門
(卯方)

乾坐

④
七

⑧=8運
三

⑥
五

⑤
六

-③
八運

①
一

⑨
二

⑦
四

②
九

정성궁인 離宮에는 8運에 三震이 왔다. 원래 震宮에는 +甲 · -卯 · -乙이 있는데, 이 중에서 天元에 해당되는 것은 '-卯'이므로 -③을 중궁에 들여놓는다.

중궁의 -③은 음이므로 역행시키면 離宮에 ⑧이 이르는데, 8運의 **8**과 동일한 숫자가 되므로 성문결에 해당된다.

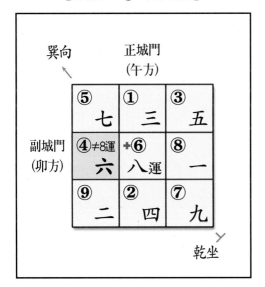

【 副城門 '+⑥' 入中 順行 】

巽向

正城門
(午方)

副城門
(卯方)

乾坐

⑤
七

①
三

③
五

④≠8運
六

+⑥
八運

⑧
一

⑨
二

②
四

⑦
九

부성궁인 震宮에는 8運에 六乾이 있다. 乾에 배속되는 -戌 · +乾 · +亥에서도 天元인 '+乾'이므로 +⑥을 중궁에 들여보내 순행시키면 震宮에 ④가 이르며, **8**과 동일한 숫자가 아니므로 부성문결에 해당되지 않는다.

따라서 8運에 乾坐巽向은 午方만 城門이 되고 卯方은 城門이 되지 않는다.

성문결은 계산하는 법이 복잡하니 원리만 알고 정리된 〈표〉를 이용하기 바란다. 표를 보면 시기와 좌에 따라 정성문과 부성문이 모두 성문결에 해당되는 경우도 있고, 둘 중 하나만 되는 경우도 있고 모두 되지 않는 경우도 있다.

坐宮	坐	向宮	正城宮	正城門	副城宮	副城門
	壬			辰		未
1坎	子	9離	4巽	巽	2坤	坤
	癸			巳		申
	丑			庚		丙
8艮	艮	2坤	7兌	酉	9離	午
	寅			辛		丁
	甲			未		戌
3震	卯	7兌	2坤	坤	6乾	乾
	乙			申		亥
	辰			壬		庚
4巽	巽	6乾	1坎	子	7兌	酉
	巳			癸		辛
	丙			戌		丑
9離	丁	1坎	6乾	乾	8艮	艮
	午			亥		寅
	未			甲		壬
2坤	坤	8艮	3震	卯	1坎	子
	申			乙		癸
	庚			丑		辰
7兌	酉	3震	8艮	艮	4巽	巽
	辛			寅		巳
	戌			丙		甲
6乾	乾	4巽	9離	丁	3震	卯
	亥			午		乙

성문결은 해당되는 방위에 성문이 있으면, 눈이 오는 추운 겨울에 누군가 땔감을 보내주는〔雪中送炭〕 것처럼 도움을 받는 吉象이 된다. 향궁의 좌우 방위에 수구, 또는 합수 지점인 삼차수가 있거나 양택에서 교차로가 있으면 성

립한다. 이때 성문결의 여부는 해당궁의 운반수를 중궁에 들여보내 순행 또는 역행시켜 해당궁에 당왕성(當旺星)이 도달하는지 여부를 보며, 효력은 당운에 끝난다.

삼합풍수가들은 수구(水口)를 제일 중요하게 여기기 때문에 현공을 배우면 성문결에 대한 지나친 관심으로 성문결에 해당되면 수구 방위부터 측정하는 경향이 있다. 그러나 현공풍수에서는 향성과 산성에 따른 합국 여부를 먼저 확인해야 한다. 현공에서 성문결은 삼합풍수와 달리 吉한 작용만 한다. 이 점이 성문결을 볼 때 주의할 점이다.

심소훈 선생은 『**지리변정**』과 『**종사수필**』 그리고 장중산(章仲山) 선생의 저서 『**음양이택녹험**陰陽二宅錄驗』을 기본서로 현공학의 이치를 터득한 대단한 인물이다. 그러나 심선생은 스승 없이 무사독학(無師獨學)하였으므로 구전심수로 배우는 '결(訣)'이 없었다. 스승에게 배운 제자는 스승의 '결'을 배웠다고 인정해 준다. 책을 통해 배운 제자는 스승의 '결'을 전수받지 못하고 독학으로 공부하기 때문에 의미를 완전정복하기가 어렵다.

현공풍수학은 사제지간에만 극비에 전수되어 온 관계로 비록 참고할 저서가 있다고 하더라도 원문이 난해하여 올바른 법을 전수받지 못하고 독학으로 현공의 깊은 이치를 깨닫기에는 어려움이 많이 있다. 이런 이유로 『**심씨현공학**』 내용 중 일부분에는 오류가 있다. 『**계통음양학**系統陰陽學』의 저자 유훈승 선생은 심선생의 성문결이 맞지 않다고 하였다. 일부는 맞고 일부는 오류가 있다는 것이 최근 학자들의 공통된 의견이다.

성문결(城門訣)은 현공풍수에서 중요한 부분이지만 현재 시중에 출판된 현공 관련 서적들의 성문결도 올바른 법이 없다. 현공법 중에서 심소훈 선생이 스승의 '결'이 없어 완전 정복을 못한 이론이 성문결과 칠성타겁법이다.

【城門訣】

坐	正城門	副城門	1運		2運		3運		4運		5運		6運		7運		8運		9運	
壬	辰	未	X	X	X	未	辰	X	X	X	辰	未	辰	X	辰	未	X	未	辰	未
子	巽	坤	巽	坤	巽	坤	X	X	坤	巽	坤	X	X	坤	X	X	巽	X	X	X
癸	巳	申	巳	申	巳	申	巳	X	X	申	巳	申	X	X	申	X	巳	X	X	X
丑	庚	丙	X	X	庚	丙	庚	X	庚	丙	X	X	庚	X	X	丙	X	X	庚	丙
艮	酉	午	酉	午	酉	X	X	X	X	午	酉	X	X	X	酉	X	酉	午	X	X
寅	辛	丁	辛	丁	辛	X	X	X	X	丁	辛	X	X	丁	辛	X	辛	丁	辛	X
甲	未	戌	X	戌	未	X	X	戌	X	戌	未	戌	X	戌	未	戌	X	未	未	X
卯	坤	乾	坤	乾	坤	X	X	乾	坤	X	坤	乾	坤	X	X	X	X	乾	X	乾
乙	申	亥	申	亥	申	X	X	亥	申	X	申	亥	申	X	X	X	X	亥	X	亥
辰	壬	庚	壬	X	X	庚	壬	X	X	庚	壬	X	X	庚	X	X	壬	X	X	庚
巽	酉	子	X	酉	子	X	X	酉	子	X	X	酉	子	X	X	子	X	酉	酉	子
巳	癸	辛	X	癸	辛	X	X	癸	辛	X	X	癸	辛	X	癸	辛	X	辛	癸	X
丙	戌	丑	戌	丑	X	丑	戌	丑	戌	X	戌	丑	戌	X	戌	X	X	丑	戌	丑
午	乾	艮	X	X	乾	X	X	X	乾	艮	乾	X	X	艮	乾	艮	乾	X	乾	艮
丁	亥	寅	X	X	亥	X	X	X	亥	寅	亥	X	X	寅	亥	寅	亥	X	亥	寅
未	甲	壬	甲	壬	甲	X	X	壬	甲	壬	甲	X	X	壬	甲	壬	X	壬	甲	壬
坤	卯	子	X	子	卯	X	卯	子	卯	X	X	子	卯	子	X	子	卯	X	卯	子
申	乙	癸	X	癸	乙	X	乙	癸	乙	X	X	癸	乙	癸	X	癸	乙	X	乙	癸
庚	丑	辰	丑	辰	丑	X	丑	X	丑	辰	X	X	丑	辰	X	辰	丑	X	X	辰
酉	艮	巽	艮	X	X	巽	X	巽	艮	X	艮	X	艮	X	艮	X	X	巽	艮	X
辛	寅	巳	寅	X	X	巳	X	X	X	X	寅	X	X	X	寅	X	寅	巳	寅	X
戌	丙	甲	丙	甲	X	甲	丙	X	丙	X	X	甲	丙	X	X	甲	丙	甲	X	甲
乾	午	卯	X	卯	午	X	X	卯	午	卯	X	卯	午	X	X	卯	午	X	X	卯
亥	丁	乙	X	乙	丁	X	X	X	丁	乙	X	乙	丁	乙	X	乙	丁	X	X	X

7 북두칠성타겁(北斗七星打劫)

현공풍수에서 최고의 비법은 '칠성타겁(七星打劫)'이다. '타겁(打劫)'은 '미래의 길운(吉運)을 지금 미리 빼앗아 내 것으로 만든다.'는 뜻이다. 이 기묘한 비법을 활용하면 금시발복(今時發福)을 하게 되는데 특히 재복(財福)을 끌어 당겨준다. 칠성타겁은 사제지간(師弟之間)이라도 아주 특별한 경우에만 전수하였다고 한다.

많은 중국의 현공풍수 연구가들은 『심씨현공학沈氏玄空學』의 칠성타겁법이론을 그대로 따르고 있다. 다만 대만 현공풍수학의 대가(大家)인 종의명(鐘義明) 선생의 경우는 심선생의 칠성타겁법을 오류라고 지적하였으며, 최명우 선생도 같은 의견으로, "많은 현장에서 감정해본 결과 심죽잉 선생의 칠성타겁법은 오류라고 판단되니 독자들은 用心硏究하여 解悟하기를 바란다."고 당부하였다.

아래에 심죽잉 선생의 『심씨현공학』에 실린 타겁법을 정리하였다. 연구하는데 참고만 하기를 바란다.

심선생의 타겁법에는 진타겁(眞打劫)인 이궁상합(離宮相合) 24局, 가타겁(假打劫)인 감궁상합(坎宮相合) 24局을 합하여 모두 48局이 있다고 설명하였다.

❶ **이궁타겁**(진타겁) : 離·乾·震 3개 宮의 山星과 向星이 147, 258, 369 중의 하나로 될 때 성립한다.

❷ **감궁타겁**(가타겁) : 坎·巽·兌 3개 宮의 山星과 向星이 147, 258, 369 중의 하나로 될 때 성립한다.

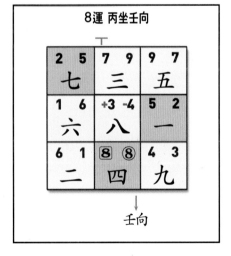

◉ 丙坐壬向은

7運에는 쌍성회좌이며, 離·乾·震 3개 宮의 山星과 向星이 147로, 이궁타겁이다.

8運에는 쌍성회향이며, 坎·巽·兌 3개 宮의 山星과 向星이 258로, 감궁타겁이 된다.

【眞打劫 24局(離宮相合)】

運 坐	1(④) 147	2(⑤) 258	3(⑥) 369	4(⑦) 147	6(⑨) 369	7(❶) 147	8(❷) 258	9(③) 369
壬		76 2② 49 一 六 八 5⑧ 7 9 4 九 二 四 1 3 3 1 8⑤ 五 七 三		89 4④ 62 三 八 一 7① 9 8 2 6 二 四 六 3 5 5 3 1⑦ 七 九 五		2 3 7⑦ 9 5 六 二 四 1④ 3 2 5 9 五 七 九 68 8 6 4① 一 三 八		45 9⑨ 27 八 四 六 3⑥ 5 4 7 2 七 九 二 81 1 8 6③ 三 五 一
子·癸	56 1① 38 九 五 七 4⑦ 6 5 8 3 八 一 三 92 2 9 7④ 四 六 二		78 3③ 51 二 七 九 6⑨ 8 7 1 5 一 三 五 24 4 2 9⑥ 六 八 四		12 6⑥ 84 五 一 三 9③ 2 1 4 8 四 六 八 57 7 5 3⑨ 九 二 七		34 8⑧ 16 七 三 五 2⑤ 4 3 6 1 六 八 一 79 9 7 5② 二 四 九	<反伏吟>
辰	83 4⑦ 56 九 五 七 7④ 9 2 2 9 八 一 三 38 5 6 1① 四 六 二			26 7① 98 三 八 一 1⑦ 3 5 5 3 二 四 六 62 8 9 4④ 七 九 五				
巽·巳					4 8 9③ 2 1 五 一 三 3⑨ 5 7 7 5 四 六 八 8 4 1 1 6⑥ 九 二 七			72 3⑥ 54 八 四 六 6③ 8 1 1 8 七 九 二 27 4 5 9⑨ 三 五 一
庚	29 7④ 92 九 五 七 1① 3 8 5 6 八 一 三 65 8 3 4⑦ 四 六 二						97 5② 79 七 三 五 8⑧ 1 6 3 4 六 八 一 43 6 1 2⑤ 二 四 九	
酉·辛		31 8⑤ 13 一 六 八 2② 4 9 6 7 九 二 四 76 9 4 5⑧ 五 七 三						18 6③ 81 八 四 六 9⑨ 2 7 4 5 七 九 二 54 7 2 3⑥ 三 五 一

【假打劫 24局(坎宮相合)】

運\坐	1(④)	2(⑤)	3(⑥)	4(❼)	6(❾)	7(❶)	8(❷)	9(❸)
	147	258	369	147	369	147	258	369
壬								
子·癸								
丑								
艮·寅								
甲		8⑤ 4 9 6 7 一　六　八 7 6 9 4 2② 九　二　四 3 1 5⑧ 1 3 五　七　三						6③ 2 7 4 5 八　四　六 5 4 7 2 9⑨ 七　九　二 1 8 3⑥ 8 1 三　五　一
卯·乙	7④ 3 8 5 6 九　五　七 6 5 8 3 1① 八　一　三 2 9 4⑦ 9 2 四　六　二						5② 1 6 3 4 七　三　五 4 3 6 1 8⑧ 六　八　一 9 7 2⑤ 7 9 二　四　九	
辰								
巽·巳								
丙	4⑦ 9 2 2 9 九　五　七 3 8 5 6 7④ 八　一　三 8 3 1① 6 5 四　六　二（Ｘ印）		6⑨ 2 4 4 2 二　七　九 5 1 7 8 9⑥ 一　三　五 1 5 3③ 7 8 六　八　四		9③ 5 7 7 5 五　一　三 8 4 1 2 3⑨ 四　六　八 4 8 6⑥ 2 1 九　二　七		2⑤ 7 9 9 7 七　三　五 1 6 3 4 5② 六　八　一 6 1 8⑧ 4 3 二　四　九	
午·丁	<反伏吟>	5⑧ 1 3 3 1 一　六　八 4 9 6 7 8⑤ 九　二　四 9 4 2② 7 6 五　七　三		7① 3 5 5 3 三　八　一 6 2 8 9 1⑦ 二　四　六 2 6 4④ 9 8 七　九　五		1④ 6 8 8 6 六　二　四 9 5 2 3 4① 五　七　九 5 9 7⑦ 3 2 一　三　八		3⑥ 8 1 1 8 八　四　六 2 7 3 4 6③ 七　九　二 7 2 9⑨ 5 4 三　五　一
未								
坤·申								
庚								
酉·辛								
戌					6⑥ 2 1 4 8 五　一　三 5 7 7 5 9③ 四　六　八 1 2 3⑨ 8 4 九　二　七			9⑨ 5 4 7 2 八　四　六 8 1 1 8 3⑥ 七　九　二 4 5 6③ 2 7 三　五　一
乾·亥	1① 6 5 8 3 九　五　七 9 2 2 9 4⑦ 八　一　三 5 6 7④ 3 8 四　六　二			<反伏吟> 4④ 9 8 2 6 三　八　一 3 5 5 3 7① 二　四　六 8 9 1⑦ 6 2 七　九　五（Ｘ印）				

『천옥경天玉經』에 나오는 '북두타겁이궁요상합(北斗打劫離宮要相合)'은 북두칠성타겁에 관한 내용인데, 離宮이란 '양록병행(兩鹿竝行)', '근위이, 원위별(近爲離, 遠爲別)'이란 의미이며, '離宮'은 '兩宮', '近宮'이고, '合'이란 '同', '配' 라는 뜻이다.

심선생이 타겁법으로 소개한 48局 중에는 일부 우연하게 타겁이 되는 경우도 있다. 타겁법에 해당되는 예로는 3運에 丙坐壬向 체괘가 있으니 이 卦를 잘 연구하기 바란다.

표 '64卦〔天盤·地盤〕方位圖와 綜卦'를 잘 관찰하고 연구하면 칠성타겁을 이해하는데 많은 도움이 될 것이다.

1층 ☞ 8卦

2층 ☞ 2坐

3층 ☞ 종괘(綜卦)

4층 ☞ 地盤 64卦

5층 ☞ 天盤 64卦

綜卦는 예를 들어 震宮에

☱☲	택화	澤火革(혁) 卦는	☲☴	화풍	火風鼎(정) 卦로 바뀐다

革卦에

上爻(▬ ▬) 陰爻는 그대로 初爻(▬ ▬)로 가고,

5爻(▬▬) 陽爻는 그대로 2爻(▬▬)로 가고,

4爻(▬▬) 陽爻는 그대로 3爻(▬▬)로 가고,

3爻(━) 陽爻는 그대로 4爻(━)로 가고,

2爻(━━) 陰爻는 그대로 5爻(━━)로 가고,

初爻(━) 陽爻는 그대로 上爻(━)로 가면 鼎卦가 된다.

반대편에서 卦를 본 모양과 같다.

최근 대만이나 홍콩에서 현공풍수에 관한 양서가 계속 출간되고 있지만 칠성타겁에 관한 이론만은 밝히지 않고 있다. 몰라서 쓰지 않는 사람도 있겠지만, 알면서도 공개를 하지 않는 경우도 있다.

그러므로 현공풍수를 공부하는 학인들은 현공풍수의 비결로 알려진 성문결과 칠성타겁법을 익히려고 많은 시간을 투자하기보다는 4局만 잘 이해하고 활용해도 현공풍수를 운용하는 데에는 아무 문제가 없다. 심선생의 칠성타겁법을 현장에서 운용하여 보면 잘 맞지 않기 때문에 초학자가 애써 공부할 필요가 없다.

타겁법에 대한 내용을 자세히 공부하려면 양균송 선생의 『천옥경天玉經』, 강요 선생의 『종사수필從師隨筆』, 종의명 선생의 『현공지리고험주해玄空地理考驗註解』와 『현공대괘비결파역』 등의 서적들을 통하여 깊이 연구해 보면 알수 있게 될 것이다.

玄空風水 高手秘訣

※ 본문 중에 이미 칠성타겁에 대한 비밀을 누설하였는데, 그 이치를 이해하였다면 절대로 가볍게 누설하지 말기를 바란다. 玄空書에 의하면 칠성타겁을 누설하면 '하늘의 꾸지람〔天譴〕을 받게 되어 집안에 적지 않은 환자가 발생한다.'고 하였다.

【64卦(天盤·地盤) 方位圖와 綜卦】

상단 가로 열 번호: 9 · 4 · 3 · 8 · 2 · 7 · 6 · 1 · 8 · 3 · 4 · 9 · 1 · 6 · 7 · 2

지천泰	산천大畜	수천需	풍천小畜	뇌천大壯	화천大有	택천夬	천천乾	천풍姤	택풍大過	화풍鼎	뇌풍恒	풍풍巽	수풍井	산풍蠱	지풍升
지천泰	지택臨	지화明夷	지뢰復	지풍升	지수師	지산謙	지지坤	뇌지豫	뇌산小過	뇌수解	뇌풍恒	뇌뢰震	뇌화豊	뇌택歸妹	뇌천大壯
천지否	천뢰无妄	천수訟	천택履	천산遯	천화同人	천풍姤	천천乾	택천夬	택풍大過	택화革	택산咸	택택兌	택수困	택뢰隨	택지萃

중앙 방위도

좌측(辰乙卯甲寅) · 상단(巳丙午丁未) · 우측(坤申庚酉辛戌乾) · 하단(艮丑癸子壬亥)

八卦: 離 · 巽 · 坤 · 震 · 兌 · 艮 · 坎 · 乾

方位: 南(상) · 東(좌) · 西(우) · 北(하)

좌측 세로 열

6	천택履	산지剝	풍천小畜
1	택택兌	산산艮	풍풍巽
2	화지睽	산수蒙	풍화家人
7	뇌택歸妹	산풍蠱	풍산漸
3	풍택中孚	산뢰頤	풍택中孚
8	수택節	산화賁	풍수渙
9	산택損	산택損	풍뢰益
4	지택臨	산천畜	풍지觀
7	천화同人	수지比	화천大有
2	택화革	수산蹇	화풍鼎
1	화화離	수수坎	화화離
6	뇌화豊	수풍井	화산旅
4	풍화家人	수뢰屯	화택睽
9	수화既濟	수화既濟	화수未濟
8	산화賁	수택節	화뢰噬嗑
3	지화明夷	수천需	화지晉

우측 세로 열

			번호
수천需	화지晉	천수訟	3
수풍井	화산旅	택수困	8
수화既濟	화수未濟	화수未濟	9
수산蹇	화풍鼎	뇌수解	4
수택節	화뢰噬嗑	풍수渙	6
수수坎	화화離	수수坎	1
수뢰屯	화택睽	산수蒙	2
수지比	화천大有	지수師	7
뇌천大壯	택지萃	천산遯	4
뇌풍恒	택산咸	택산咸	9
뇌화豊	택수困	화산旅	8
뇌산小過	택풍大過	뇌산小過	3
뇌택歸妹	택뢰隨	풍산漸	7
뇌수解	택화革	수산蹇	2
뇌뢰震	택택兌	산산艮	1
뇌지豫	택천夬	지산謙	6

하단 가로 열

산천大畜	산풍蠱	산화賁	산산艮	산택損	산수蒙	산뢰頤	산지剝	지지坤	지뢰復	지수師	지택臨	지산謙	지화明夷	지풍升	지천泰
풍지觀	풍산漸	풍수渙	풍풍巽	풍뢰益	풍화家人	풍택中孚	풍천小畜	천천乾	천택履	천화同人	천뢰无妄	천풍姤	천수訟	천산遯	천지否
천뢰无妄	택뢰隨	화뢰噬嗑	뇌뢰震	풍뢰益	수뢰屯	산뢰頤	지뢰復	지지坤	산지剝	수지比	풍지觀	뇌지豫	화지晉	택지萃	천지否

하단 가로 열 번호: 2 · 7 · 6 · 1 · 9 · 4 · 3 · 8 · 1 · 6 · 7 · 2 · 8 · 3 · 4 · 9

8 대괘파(大卦派)

대만에는 현공학파가 6대 문파가 있지만 크게 보면 둘로 나눌 수 있다. 비성파(飛星派)와 대괘파(大卦派)이다.

비성파는 '삼원구운파(三元九運派)'라고도 한다. 장중산, 심소훈, 왕정지, 유훈승, 종의명, 최명우 선생은 비성파에 속한다. 현재 대만 홍콩의 현공학자들도 90% 이상 대다수는 현공비성파이다.

대만의 종의명(鐘義明) 선생은 비성파를 주로 하되 대괘파를 참고하며, 운을 구분하는 법은 3元 9運을 사용한다. 종의명 선생의 저서들 중에서 『**현공지리고험주해**』上下와 『**현공지리총담**』2집에 실린 〈음양이택녹험신해(陰陽二宅錄驗新解)〉를 공부하면 현공풍수에 대한 올바른 이론과 원리를 알게 된다. 〈음양이택녹험신해〉는 종선생이 장중산 선생의 저서인 『**음양이택녹험**陰陽二宅錄驗』을 주해(註解)한 것이다.

대괘파는 '양원팔운파(兩元八運派)'라고도 부른다. 대괘파 이론에는 중원(中元)과 5運이 없으며 『**주역**』의 64괘를 이용하며 각 궁을 육효로 푼다.

현공풍수의 시조 당나라 양균송 선사의 시대에는 나경에 64괘가 없었다. 64괘는 송나라 소강절 선생 때 완성되었다. 명말청초 장대홍 선생은 양균송 이후 최고 대가인데, 장선생의 저서에 3元 9運이라는 용어가 등장한다.

국내의 대괘파 서적들이 대괘파의 원리나 운용을 완전히 이해하고 있다고 말하기는 어려운 까닭에 추천할 만한 것이 없다. 종의명 선생도 대괘파에 대해서는 "나도 연구 중이다."라고 말씀할 정도이다. 또한 대괘파는 현장사례집을 찾아보기 어렵다. 대괘파는 홍콩에 다수 있지만, 그들도 비성파를 기본으로 하고 대괘파를 연구한다.

따라서 대괘파는 일단 보류하고 비성파를 완전히 익히는 데 주력하는 것이

玄空風水 高手秘訣

현공풍수를 익히는 효율적인 학습방법이 될 것이다. 대괘파를 사용하지 않고 비성파만 깊이 연구하여 활용해도 부족함이 없으며 풍수적인 해석을 하는 데 무리가 없다. 비성파를 잘 운용하면 현장에서 감정할 때 신통하게 잘 맞는 높은 적중률에 놀라게 될 것이다.

비성파의 현공만 잘 하여도 현공풍수의 고수가 될 수 있다. 비성파의 실력을 알고 싶으면 『**음양이택녹험**』을 읽어보기 바란다. 엄청난 수준이며 아주 좋은 현공풍수 교재다. 이 책을 읽고 장중산 선생의 음·양택 감정에 대한 이치를 이해한다면 귀하의 풍수 실력은 한국 최고의 고수 중에 한 분일 것이다.

제3부

현공풍수학의 적용
(玄空風水學)

제1장
감정평가와 해석

1 감정평가의 내용

현공풍수학으로 감정·평가하여 운용할 수 있는 사항은 다음과 같다.

❶ 기존 음·양택을 감정하여 길흉의 내용·정도·원인을 밝힐 수 있다. 집안에 아들이 많을지 딸이 많을지, 자녀가 없는 이유, 건강상태는 어떠하며 누구에게 어떤 질병이 생길지, 현재와 미래의 재물운은 어떠할지, 혼인이 가능할지, 언제 승진운이 있을지, 시험에 합격할지, 언제 어떤 사고가 일어날지, 가족 간의 관계나 집안의 분위기, 그 집의 한 해나 매년의 운세, 발복의 속도와 크기, 명당의 복을 누가 받을지, 명당이라도 발복이 없는 까닭이나 잠깐 흥했다가 망하는 이유 등도 설명할 수 있다.

❷ 장래 건택조장(建宅造葬)할 음·양택을 감정할 수 있다. 시운에 맞아 이로움

을 줄 수 있는 땅인지, 이 묘를 쓰면 어떤 후손이 태어날지, 이 땅에 건물을 어떻게 지으면 부자가 될 수 있는지, 언제 어떻게 사용하면 좋을지 등을 알 수 있다.

❸ 현공택일로 양택에 입주할 시기나 음택의 용사 시기를 결정할 수 있다.

❹ 사주를 보완할 수 있는 방법, 행운은 크게 하고 불운을 예측하여 최소화시키는 등 배치, 인테리어, 제화물의 설치 등을 통해 비보나 보완이 가능하다.

② 일반적인 해석 방법

다음은 현공풍수로 음·양택을 감정할 때 모든 運에서 고려할 점들이다. 조합 숫자의 풀이는 중궁에 묘나 집이 있다는 것을 전제로 한다.

① 형기법으로 취기(聚氣)가 된 혈(穴)인지 살핀다

② 자리가 시기에 적합한지 여부를 평가한다

지형·지세인 形氣와 좌향·시간인 理氣를 함께 분석하여 4국의 합국 여부를 결정한다. 자연적으로 정해진 향을 보고, 당운에 쓸 수 없는 좌향이면 억지로 쓰지 않아야 하며 사용하기에 적합한 운을 기다린다.

九宮 중에서도 먼저 向宮과 坐宮 그리고 中宮의 조합에 비중을 두고 해석하고, 다음에 나머지 6개의 宮에 대해서도 해석해 준다.

③ 산이 있어야 할 곳에 산이 있고 물이 있어야 할 곳에 물이 있어야 吉하다

당운에 왕기·생기·차생기이면 득운하여 吉하고, 나머지 숫자라면 실운이

玄空風水 高手秘訣

다. 득운한 숫자가 어디에 있는지를 보고 이기와 형기가 조화를 이루는지를 평가하는 것은 감정할 때 매우 중요한 것으로, 이는 오행의 생극제화(生剋制化)보다 우선시된다.

山水는 있어야 할 곳에 있어야 한다. 산[山星]은 인정(人丁)을 주관하고 물[向星]은 재물을 주관하지만, 평지에서 향성은 재물뿐만 아니라 인정도 주관한다. 특히 평지에 있는 음·양택은 향성을 보아 인물에 관한 것도 해석해 준다.

만일 산이나 건물이 있어야 할 곳에 물이나 도로가 있으면 흉하다고 본다. 吉하지 않은 숫자가 있는 방위에는 산이나 물이 없는 것이 제일 좋은데, 해당 방위에 山이나 물이 보이지 않는다면 상대할 대상이 없는 것과 같으므로 凶한 작용도 없다. 형기를 자세히 관찰하면 길흉의 정도를 가늠할 수 있으며 용혈사수를 보는 안목이 높을수록 감정 실력은 높아진다.

④ 向宮 · 坐宮 · 中宮이 중요하다

현공은 향궁(向宮)이 가장 중요하다. 향궁은 눈 앞 정면에서 항상 보이는 방향이기 때문에 다른 궁들보다 특히 더 중요하게 다룬다. 그다음으로는 坐宮, 中宮 순이다. 음택은 먼저 향궁과 좌궁을 보고, 양택은 추가로 중궁으로 가정의 분위기와 가족 간의 유대관계를 감정한다. 中宮은 왕이나 황제와 같은 지존(至尊)으로, 양택의 경우 중궁은 가정의 분위기를 관장한다.

向宮 · 中宮 · 坐宮은 서로 통한다. 이 세 궁을 연결하여 해석하면 많은 것을 알 수 있다. 향궁·중궁·좌궁의 향성에 1·6·8 삼길수가 모두 배치되면 삼원불패하는 명당이다. 향궁·중궁·좌궁의 숫자 9개 중에서 7~8개가 2·4·7·9 陰數로 되어 있으면 아들 낳기가 어렵고 주로 딸을 낳거나 집안 분위기가 음란해진다. 반대로 1·3·6·8 陽數들이 너무 많다면 양기가 너무 강하여 여자가 기를 펴지 못하고 집안에 사는 남자들이 잘 싸우고 폭력적일 확률이 높다.

또한 향궁의 향성과 중궁의 향성을 연결하여 어떤 의미를 도출할 수 있는 지도 파악한다.

향궁·중궁·좌궁을 제외한 6궁은 해당 방향에 따라 큰 산이나 큰 물이 있거나 특별한 물체가 있고 動氣가 있을 경우에는 비중 있게 감정한다. 특히 양택은 대문이 차지하는 비중이 크므로 반드시 대문의 방위를 확인한다.

⑤ 용신산(用神山)·용신수(用神水)가 있는 방향의 숫자를 해석해 준다

용신산·용신수는 눈에 탁 띄게 빼어나거나 특별해 보이는 山과 물을 일컫는다. 뭔가 특별하고 가깝고, 크고, 또는 멀리 있어도 눈에 확 띄거나 매우 멋지게 또는 흉하게 보이는 산을 용신산이라 한다.

가깝고 수량이 많은 물을 용신수라고 한다. 이들이 향궁과 좌궁 외에 나머지 6개 궁의 어디에 있는지를 보고 그 궁의 숫자와 산수를 해석한다. 비록 왕산왕향 합국일지라도 用神山·水가 아주 가깝게 있으면 영향력이 크기 때문에 반드시 감정해야 한다.

예를 들어 선거 출마와 관련된 숫자의 조합은 〈14〉 〈16〉 〈19〉이다. 득운했을 때 이 숫자들이 있는 방향에 용신산이 있다면, "걱정 말고 출마하세요. 당선됩니다."라고 자신 있게 말해 줄 수 있다. 그러나 이 숫자들이 있는 방향에 용신산이 없다면 당선되기가 좀 어렵다고 본다. 만일 이 방향에 용신산이 있고 대입을 준비하고 있는 자녀가 있다면 실력보다 조금 높게 응시해도 합격할 수 있다.

⑥ 산성5자가 있는 곳은 꼭 해석한다

산성5자는 매우 중요하다. 고서에 "산림오황손인정_山臨五黃損人丁."이라 하여 "산성5자가 오는 방향에 산이 있으면 인정이 손상당한다." 하였다. 5黃은 5運을 제외한 나머지 運에서는 대흉수(大凶數)이다. 5運에 산성5자에 산이 있으면 왕산(旺山)이다. 그러나 다른 운에서는 人丁이 不旺하므로 이 방향에 가깝거나 독특하거나 높은 산이 있으면 젊은 사람이 다치거나 사망할 수 있으니 특별히 조심해야 한다. 심지어는 산의 모양이 보기에 좋고 잘생겼더라도 그러하다. 아주 잘 맞는 이론이다. 기본적으로 산성5나 향성5가 있는 방향에는 산이나 물이 없는 것이 상책이다.

⑦ 원근(遠近)·대소(大小)·미추(美醜) 순으로 비중을 둔다

산의 크기나 물의 양 그리고 거리는 발복의 양과 속도에 영향을 준다. 砂水는 원근대소(遠近大小)가 가장 중요하다. 혈장에 가깝고 클수록 크고 빠르게 영향을 끼치며, 멀고 작을수록 영향력은 느리고 작아진다. 무엇이든 멀리 있는 것은 凶작용이 덜하며 큰 문제가 되지 않는다. 미추(美醜)는 그다음이다. 흉한 것이 어디 있는지 본다. 특히 공동묘지나 집단 묘지는 전면 향쪽에 있으면 좋지 않다. 축사가 너무 가까이 있어도 나쁘다. 물은 감싸 안아주면 좋고 산은 보기에 좋으면 좋다.

⑧ 양택에서는 현관문·베란다·큰 창이 있는 방향도 고려한다

양택과 음택의 해석방법은 거의 동일한데, 여기에다 양택에서는 문·주·조의 위치를 신중하게 검토해야 한다. 그중에서 대문 또는 현관문이 가장 중요하다. 문은 氣口이다. 氣의 出入口이며, 사람이 드나들고, 내부와 외부의 기운이 비뀌는 곳이다. 큰 창도 바람이나 빛이 들락거리는 氣의 출입구로 본다.

엘리베이터나 에스컬레이터처럼 '유동성(流動性)이 있는 움직이는 방향[動處]'도 비교적 중요하게 해석해 준다. 이들은 모두 향성을 보고 해석한다. 물과 같은 역할을 하며 재물운을 관장하기 때문이다. 만일 대문·현관문·베란다나 창문이 있는 쪽의 향성이 실운하였다면 당운에는 재운이 없는 것으로 본다.

動的인 물체가 있으면 작용력(作用力)의 정도를 높게 판단하여야 한다. 인

파가 붐비는 시장이나 백화점, 차량통행량이 많은 도로, 밤에 네온사인 불빛이 번쩍거리는 것도 動의 작용력이 강하다.

⑨각 궁의 비성조합들 간의 음양과 오행의 생극제화(生剋制化)를 분석한다

비성반의 한 宮은 산성, 향성, 운반, 원단반으로 이루어져 있다. 보통은 비성반을 만들 때 원단반을 기입하지는 않지만 내재되어 있다고 본다. 이들은 각각 짝을 이루어 각 궁마다 12개씩 조합을 이룬다. 각 궁이 만드는 12개의 조합은 향성-산성, 향성-운반, 향성-원단반, 산성-향성, 산성-운반, 산성-원단반, 운반-향성, 운반-산성, 운반-원단반, 원단반-향성, 원단반-산성, 원단반-운반이 있다.

이들 조합 중에서 향성과 산성의 조합이 가장 중요하다. 다음으로는 향성과 운반, 산성과 운반의 조합을 본다. 특별한 경우에는 원단반을 고려하여 해석한다. 여기에 연자백을 추가하여 사건이 일어난 때를 보거나 택일을 할 수 있다. 예를 들자면 불합국에 실운한 궁에 맞지 않는 흉한 山水가 있을 때 궁의 조합수를 연결하면 아래와 같이 마치 현장을 직접 본 것처럼 감정할 수 있다.

9	6		
二	四		

3運 壬坐丙向(下卦)

향성수는 **6**金, 산성수는 **9**火, 운반은 二, 숨어 있는 원단반은 四이다. 〈**96**〉산성·향성조합은 '불효', 〈**62**〉향·운반조합은 '구두쇠', 〈**92**〉산·운반 조합은 '화재' 또는 '공부를 안 한다', 〈**64**〉향·원단반 조합은 '자살', 운반·원단반의 〈**24**〉조합은 '모친이 해를 입는다'는 뜻이다.

부친이 구두쇠라 자식이 불효하고 공부를 안 한다.

巽宮에 **2**·**7**·**9**가 오는 해에 집에 불이 나거나 巽宮木이 **2**土를 훼하는 해에 모친에게 불리한 사고가 날 우려가 있다.

종의명(鐘義明) 선생은 『**현공지리총담**玄空地理叢譯』에서 산성이나 향성이 운반을 상생하고 운반은 원단반을 다시 상생해 주는 조합이 最吉이고, 산성이나 향성이 운반을 상극하고 운반은 원단반을 또 상극하는 것이 最凶이라 하였다. 따라서 이러한 특성을 가진 宮들이 있는지 살펴 비중 있게 해석해 주어야 한다.

⑩ 비출된 5黃을 보는 방법

❶ 5黃의 원래 자리는 중궁이다. 그러나 운에 따라 운반수 5의 위치는 변경된다. 비출된 운반수 5는 당운수(當運數)로 간주한다. 즉, 8運에는 중궁에 있던 5가 坤方으로 옮겨가는데, 5는 8때문에 이동되었으니 8艮으로 본다.

❷ 산성이나 향성으로 비출된 5黃은 염정성(廉貞星)으로 볼 수 있으므로 향성5나 산성5는 내용적인 측면에서 9火로 해석한다.

현공법의 핵심은 4局에 따른 合局여부와 형기(形氣)의 유무(有無), 그리고 숫자조합의 특성에 따라 길흉의 내용과 정도가 달라진다는 것이다. 무엇보다도 가장 좋은 것은 합국이고, 득운하고, 山水가 있어야 할 곳에 있고, 음양이 상배하고, 음양이 서로 상생하는 것이다.

현공법에 따른 길흉의 정도는 양택보다 음택이 비중이 크지만, 음택은 주변 환경을 변화시키는 것이 거의 불가능하다. 반면 양택은 9宮에 따른 방 배치, 대문이나 칭문의 개조, 그리고 제화법을 이용하여 吉象으로 바꿀 수 있다. 양택에서 현공이론을 적용하려면 많은 지식과 현장 경험이 있어야 한다. 형기와 이기를 능숙하게 다루고 자유자재로 활용할 수 있다면 훌륭한 풍수사이다.

③ 8運을 해석할 때 알아두어야 할 사항

일반적인 현공해석 방법 외에 8運에 추가로 알아두어야 할 점들을 덧붙인다.

① 8運에는 8字가 가장 중요하다. 어떤 운에 어떤 숫자가 어떤 의미를 갖는지 보는 것은 감정해석시 가장 우선하여야 한다

각 운에 가장 비중 있는 숫자는 그 운의 숫자이다. 7運에는 7자, 8運에는 8자, 9運에는 9자에 가장 비중을 두고 해석한다. 현재는 8運이므로 向星⑧과 山星⑧을 위주로 감정한다. 8運에 8자는 무조건 좋다는 뜻이 아니다. 비중이 크다는 것을 의미한다. 상황에 따라 좋을 수도 있고 오히려 나쁠 수도 있다. 8運에는 비성반에서 8자가 있는 곳에 따라 4국이 결정될 만큼 8이 중요하다.

8運의 당운수(當運數)인 8은 3吉星〔1·6·8〕 중에서 가장 좋은 길수이며 9개의 숫자 중에서도 가장 좋다. 8이 있는 방위에 山水가 合局이고 砂水가 보기에 좋으면 大吉하다.

8은 삼길성(三吉星) 중 하나이며 하원(下元)의 통성(統星)이기 때문에 8運에 8자는 영향력이 크다. 9運이 되면 8은 퇴기(退氣)가 되지만 나쁘게 해석하지 않는다. 9火가 8土를 相生하므로 바로 퇴패(退敗)하지 않는다. 종의명(鍾義明) 선생은 『현공지리고험주해 玄空地理考驗註解』에서 "8권성(權星)은 당운시(當旺時)에는 귀(貴)가 되고, 퇴기시(退氣時)에는 재물(財物)이 된다."고 하였다. 8運에 왕산왕향 합국인 집을 지었다면 9運에도 좋다고 본다. 다만 9運에 산성8이라면 산이 너무 높거나 가까이에 있으면 안 되고, 마찬가지로 향성8의 위치에 물은 소수(少水), 원수(遠水), 정수(靜水)로 있어야 한다.

玄空風水 高手秘訣

9·1자가 어디에 있는지를 보고 그곳에 산이나 물이 있는지 그 크기, 거

리, 모양은 어떤지를 본다

8·9·1이 향성에 있을 때 물이 있으면 재물이 늘고, 8·9·1이 산성에 있을

때 산이 있다면 출산하고 인물 나고 장수한다. 8·9·1의 방위에 적합한 山水

가 있어야 그 기운을 받는다.

8運에 9자는 '생기(生氣)'가 되어 해당 방위에 山水가 合局이고 砂水가 유

정(有情)하면 吉하다. 다만 9는 약간 거리를 두고 있어야 제격이다. 미래의 기

운인 생기에 해당하므로 8보다는 원산원수(遠山遠水)로 있는 것이 좋다. 1은

'차생기(次生氣)' 또는 '진기(進氣)'라고 한다. 1이 있는 방위에 유정한 원산

원수가 있으면 작용력은 약하지만 吉한 氣運이 있다.

8運에는 왕기(旺氣)8이 가장 우선이고, 다음으로는 생기(生氣)9이며, 차생

기이자 보좌기인 1이 그다음이다. 8運에 1은 두 개의 좋은 것이 겹치므로 9와

같은 비중으로 보아도 무방하다. 8·9·1을 먼저 보고 2~7을 본다. 2는 사기,

3·4·5는 살기, 6은 쇠기, 7은 퇴기이다.

8運이 되기 전에 건택조장(建宅造葬)한 음·양택은 원래 해당하는 운의

비성반을 놓고 그 안에 왕기8·생기9·차생기1이 어디에 있는지를 확인

한다. 형기적으로 이곳에 산이 있거나 물이 있으면 8運이 되기 전보다 더

좋아졌다고 해석한다

8運이 되있다고 8運의 비성반으로 바뀌는 것이 아니라 입택(入宅)시 이미

확정된 비성반을 기준으로, 감정하는 시점의 運에 해당하는 좋은 수가 있는

방위의 山水를 보고 더 길해졌는지 더 흉해졌는지를 판단한다.

8運에 九星조합 해석의 기본은 다음과 같다

玄空風水 高手秘訣

1白水星은 삼길수[1·6·8] 중 하나로, 처음 또는 시작을 뜻한다. 8運에 차생기이자 보좌기이므로 小吉 또는 吉로 본다. 土剋水는 물을 노력으로 막아서 사용하므로 고생 끝에 낙이 오는 '고진감래(苦盡甘來)'로 해석한다.

2黑土星은 陰이고 질병의 별이다. 2가 9의 生을 받거나 5와 결합되면 더욱 큰 피해를 준다.

8運에 3碧木星과 4綠木星은 木剋土하여 당운인 8土運을 힘들고 피곤하게 하므로 일명 '난성(難星)'이라 부른다. '난성'은 運을 相剋하는 星으로 凶星으로 본다. 다만 3과 8은 하도에서 生成數가 되는 '연성(聯星)'이므로 경우에 따라서는 吉象이 되는 경우도 있다.

5黃土星은 9개의 숫자 중 가장 위험하고 흉한 별이다.

6白金星은 삼길수 중 하나로 6만 있을 때는 吉하다. 그러나 8運에는 쇠기(衰氣)가 되므로 상황에 따라 吉로도 凶으로도 해석할 수 있다.

7赤金星은 8運에 퇴기(退氣)라서 기본적으로는 小凶이지만 8과 만나면 크게 나쁘지 않다.

8白土星은 8運에 가장 좋은 숫자이다.

9紫火星은 8運에 매우 좋은 별로, 확대·확장시키는 수이다. 8運에 〈89〉 조합은 왕·생기로 가장 좋은 조합수이다. 그러나 8運에 9가 흉수인 2와 5를 生하면 흉으로 작용한다. 길흉의 정도는 형기와 함께 보아 판단한다.

4 8運의 사회현상과 직업

직업을 준비하고 택할 때도 운을 잘 알면 유리하다. 6·7運에 번성했던 직업이 8運에는 각광받지 못하는 경우가 많다. 미래에 유망한 직업은 9나 1과 관련된 직업이다.

7兌運(1984년~2003년)   7運은 金의 운이다. 금융업, 금융기관이 번성한다. 무기·전쟁·독재와 관련이 있으므로 금속산업, 무기산업, 전쟁산업 등이 발달하였다.

치료의 의미가 있으므로 몸을 고치는 의사, 외과의사, 사회 악을 물리치고 정의사회를 구현하는 경찰, 판검사, 억울함을 풀어주는 변호사, 마음을 고치는 종교 지도자, 기독교나 불교 등이 흥성했다. 1984년 한국천주교 200주년 기념식에 로마 교황 요한 바오로 2세가 방문한 이후에 천주교는 교세를 급속도로 확장하였다. 7運에는 무속이나 역학도 발달하였다.

7兌는 소녀를 의미한다. 나이 어린 여성들이 인기를 얻고 사회 전면에 등장하였으며 원조교제도 성행하였다. 목공예, 가구사업이 번창하였다.

8艮運(2004년~2023년)   8運은 간괘(艮卦)가 지배한다. 8艮은 山이다. 등산 인구가 많아지고 등산용품 판매업이 인기가 있다. 도심지에 있는 종교시설은 쇠퇴하고 산에 있는 사찰이 융성해진다.

艮에는 잠시 멈추었다가 다시 출발하는 뜻이 있다. 여관·호텔·물류·창고업·유통·관광업 등이 해당된다.

8土는 위쪽 면이 평평한 사다리꼴이다. 따라서 8運에는 불평등이 점차 해소되고 차별이 약화된 평등사회가 된다.

8艮은 소남(少男)으로 젊은 남자들이 활약하는 시기이다. 젊은이들의 발전 가능성이 높아지고 젊은 신흥부자들이 생길 가능성도 커진다.

4	9	2
長女	中女	老母
3	5	7
長男		少女
8	1	6
少男	中男	老父

8少男이 마주보고 있는 것은 **2**老母이다. 따라서 少男이 연상의 여자를 좋아하여 결혼하는 경향이 많아진다. 또한 **8**에서 가장 멀리 있는 것도 역시 **2**土이다. 소년이 각광받는데 비해 **8**

艮宮의 반대편에 마주보고 있는 **2**坤宮의 노년층의 여성과, 더불어 나이 든 남성은 상대적으로 좋은 대접을 받기 어렵다. 60~70대 이상 노인에 대한 경로사상이 급격히 낮아진다. **8**艮은 세력이 커지고 **2**坤은 세력이 약해진다.

낙서에서 서로 마주보고 있는 궁을 '대궁(對宮)'이라고 한다. 불합국이고 나쁠 때는 정면으로 대결하는 象으로 보아 '대충(對沖)'이라고 한다. 당왕성(當旺星)이 있는 곳(正神)과 대충(對沖)되는 방향은 운기가 가장 쇠약한 방향(零神)으로, 8運에는 8에 대충되는 2坤 노모가 가장 불리하다.

3木과 4木은 8艮土를 귀찮게 괴롭히는 난신(難神)이므로 8運에 목재상·출판사·서점 등 나무와 관련된 사업은 번창하기 어렵다. 눈으로 아름다움을 즐기기 위한 고급 관상수 사업은 괜찮다. 다만, 식물 중에서도 꽃이나 장식사업은 괜찮은데, 이는 아름다움(美)이 9의 속성 중 하나이기 때문이다.

8艮에는 인체기관 중 팔·척추·코·관절이 배속되므로 이런 인체부위를 다루는 병원이 각광받는다. 특히 少男의 뜻이 있어 소아과가 잘 된다. 관절은 '이어주는' 역할을 하므로 사회적으로 충·효·우애를 중시하는 분위기가 된다. 8艮은 변혁하려는 힘이 강하다. 우리나라는 東北 艮方에 위치하고 있으므로 8運 기간 동안 국운(國運)에 많은 변화가 있을 것으로 예상된다.

9火運(2024년~2043년)의 離卦는 이허중(離虛中 ☲)이다. 가운데 허리부분이 陰으로 허리가 날씬한 모양이다. 중녀의 시대이며 밝고 화려한 불의 시대이다. 아름다운 예술이나 미인이 숭상받는다. 꽃·조명사업·방송·영상매체 등 화려하고 밝은 직업이 유망하다. 9는 높은 곳을 뜻한다. 높은 곳이나 하늘에서 하는 일이 존경을 받는다. 정신적 지도자·법관·변호사·비행기 조종사나 승무원·항공우주산업·공군 등의 직업 또한 전망이 밝다.

玄空風水 高手秘訣

제**2**장
8運 24坐向 길흉 해설

알아두기

❶ 현공풍수의 비성반은 실질적으로는 壬, 子·癸, 丑, 艮·寅, 甲, 卯·乙, 辰, 巽·巳, 丙, 午·丁, 未, 坤·申, 庚, 酉·辛, 戌, 乾·亥로 16개다. 따라서 비성반이 같은 좌향은 하나의 비성반으로 묶어서 설명하였다.

❷ 본문은 모두 하괘(下卦)에 대한 설명이며, 체괘일 경우에는 체괘임을 밝혔다.

❸ 비성반에서 당운(當運)에 왕기(旺氣)인 향성(向星)은 동그라미 안에 숫자로, 당운에 왕기인 산성(山星)은 네모 안에 숫자로 표시하였다. 예를 들면 8運에 왕기인 향성은 ⑧로 산성은 **8**로 표시하였다. 특별한 의미는 없으며 독자가 구별하여 알아보기 쉽도록 하기 위한 것이다.

❹ 원단반(元旦盤)은 현공풍수의 기본이 되는 낙서(洛書)구궁도이다. 중궁에 5黃土가 들어가 순행하므로 宮에 드러나 있지 않은 원단반의 숫자는 낙서수와 같다.

❺ 향성이나 산성이 어디에 있든지 위치와 관계없이, 성요조합이 의미하는 바는 같다고 보아도 큰 무리가 없다. 즉, 〈**12**〉라면 〈**12**〉나 〈**21**〉둘 다를 설명할 수 있고 〈**14**〉는 〈**14**〉나 〈**41**〉둘 다를 설명할 수 있다.

1 壬坐丙向

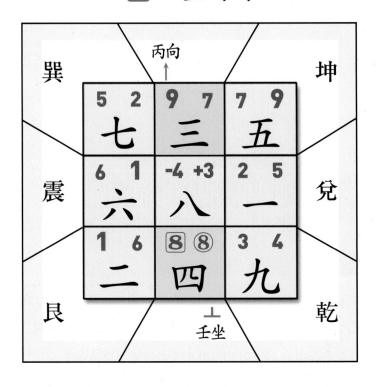

산성8과 향성8 두 星이 坐에 모인 雙星會坐局이다. 묘나 집 뒤에 물과 산
이 있으면 합국이다. 만일 산만 있고 물이 없다면 向星이 上山을 범하였기 때
문에 人丁에만 좋고 재물은 불왕(不旺)하다. 만일 부자인 사람이 경제적인 부
분보다는 출세하기를 더 바란다면 쌍성회좌도 쓸 수 있다.

재물운이 어떠할지 보고 싶다면 向星數 8·9·1이 어디 있는지 본다. 坤方
향성9에 물이 있다면 8運에는 재운이 조금 있으며 9運에는 재운이 아주 좋
다. 물이 있는 곳까지의 거리는 돈을 버는 속도와 관계가 있다. 가깝게 있으
면 응험(應驗)이 빠르다. 8運에 8자에 물이 있다면 100점, 8運에 9나 1자에 있
는 물은 70점 정도로 해석해 준다.

산도 마찬가지다. 人丁이 좋을지 보려면 산성 8·9·1의 방향에 어떤 산이 있는지 없는지 보고, 세 방향에 다 있다면 60년 동안 인정이 좋다고 해석한다. 건강하고 오래 산다.

만일 집에 환자가 있다면 산성8이 있는 북쪽으로 방을 옮기고, 그곳에 방이 없다면 산성9나 1이 있는 남쪽이나 동북쪽 방으로 옮겨주면 건강해진다.

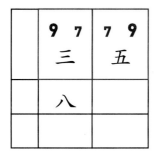

〈79〉는 불과 관련된 조합이다. 坤宮은 애성이 〈79 五〉로, 이곳에 주방이 있거나 뾰쪽한 물건이 있으면 화재 위험이 많다. 집 밖의 坤方이나 離方에 火를 의미하는 교회의 십자가 같은 첨형(尖形)의 건물이나 적색 계통의 건물이 있고 움직이는 물건이 있다면 화재위험은 더욱 높아진다.

離宮 〈97 三〉은 三木이 9火를 木生火하고 있고, 향성7은 퇴기(退氣)이다. 이 방향에는 물이 없어야 더 좋다. 만일 물이 많이 있다면 화재위험이 높아진다.

이미 지어진 주택뿐만 아니라 주택을 선설하는 도중에도 向宮에 2〔先天火〕·5〔大凶數〕·7〔先天火〕·9〔後天火〕가 이르거나, 相生하여 불을 키워주는 3木·4木과 같은 숫자가 배합되었다면 화재를 조심하여야 한다.

멋진 애인이 생기기를 바란다면 산성9가 있는 離宮의 방을 쓰면서 생화(生花)를 자주 바꾸어 주면 된다.

그런데 만일 坤宮의 방을 쓰는 사람이 방에 생화(生花)를 날마다 바꾸어 주면 무슨 일이 일어날까? 애인이 생기긴 생기는데 도움을 주는 애인이 아니다. 음란한 일이 생긴다. 향성9火가 8運의 퇴기인 산성7金을 剋하고 운반수는 5이기 때문이다. 특수한 경우이다.

	-4 +3 八	
		3 4 九

中宮과 乾宮의 〈34〉는 간이나 담에 병이 나거나 다리에 병이 나거나 도적이 나오는 것으로 해석할 수 있다. 다리에 질병이 생기는 것은 3震 때문이다. 震(☳)은 3개의 효(爻) 중에서 제일 아래 효(爻)만 끊어지지 않고 연결된 양효(陽爻)이며, 양(陽)은 움직임을 뜻한다. 震은 신체 아래 부분이 움직이는 것을 의미하므로 다리〔足〕에 해당된다.

【 구궁과 인체기관 】

四 간 · 허벅지 · 다리	九 눈 · 심장	二 비장 · 위장 · 배
三 쓸개 · 발	五 신경 · 내장 · 위	七 입술에서 허파까지
八 손가락 · 위 · 척추 · 허리 · 코 · 관절	一 귀 · 남녀 생식기 · 신장	六 머리 · 뇌

☯ 8運 쌍성회좌와 쌍성회향의 공통사항

❶ 쌍성회좌와 마주보는 좌향은 쌍성회향이고, 쌍성회향과 마주보는 좌향은 쌍성회좌이다. 壬坐丙向은 쌍성회좌이고 丙坐壬向은 쌍성회향이다. 子坐午向은 쌍성회향이고 午坐子向은 쌍성회좌이다.

❷ 8運에 쌍성회향과 쌍성회좌 구궁의 산성수와 향성수의 조합은 〈16〉·〈61〉, 〈25〉·〈52〉, 〈34〉·〈43〉, 〈79〉·〈97〉, 〈88〉로서, 향성과 산성이 바뀌어 같은 수가 두 개씩 나타난다.

〈16〉·〈61〉은 승진하고 학자가 나는 조합이다.

〈25〉·〈52〉는 질병의 조합이다. 土가 너무 강하므로 괘종시계 같은 金을 통하여 설기(泄氣)시킨다.

〈34〉·〈43〉의 木木조합은 꽃도 열매도 없이 잎만 왕성하다. 쌍목성림(雙木成

林)하면 노력해도 결과가 없다. 8運에 8·9·1을 이용한 제화법이 없이는 시험에 합격하지 못한다. 이때는 火로 설기시켜 목화통명木火通明 ☞ 木과 火가 만나면 밝음으로 통함하게 하여 주거나 金으로 헨해 주는 처방이 필요하다. 그대로 두면 학업뿐 아니라 경제도 어렵고 애인도 안 생긴다. 생화(生花)를 매일 갈아주면 수험생은 시험에 합격하고 노총각, 노처녀는 애인이 생길 수 있다. 모든 운의 어떤 방이라도 꽃을 매일 갈아주면 좋은 일이 발생한다.

❸ 마주보는 쌍성회좌와 쌍성회향은 중궁의 향성수와 산성수가 서로 바뀐다.

【 8運의 쌍성회좌와 쌍성회향의 중궁수 비교 】

	-4 +3 壬坐丙向	-3 +4 午坐子向 丁坐癸向	-6 +1 甲坐庚向	-1 +6 酉坐卯向 辛坐乙向
쌍성회좌				
쌍성회향	+3 -4 丙坐壬向	+4 -3 子坐午向 癸坐丁向	+1 -6 庚坐甲向	+6 -1 卯坐酉向 乙坐辛向

❹ 서로 마주보는 쌍성회좌와 쌍성회향은 각 궁의 산성수와 향성수가 좌우로 바뀐다.

【 8運 壬坐와 丙坐의 비교 】

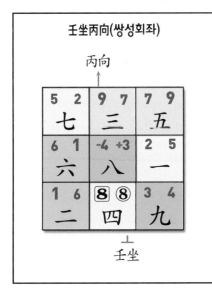

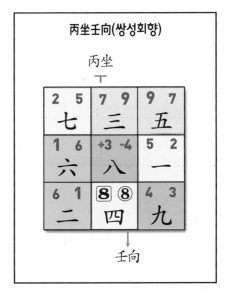

② 子坐午向·癸坐丁向

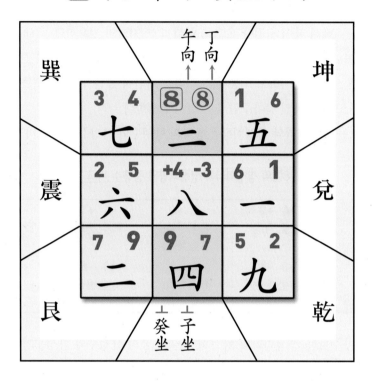

향성8과 산성8이 모두 向宮에 모인 雙星會向局이다. 쌍성회향국은 안산이 좋으면 반왕산왕향(半旺山旺向)이다. 산과 물이 형기만 맞추어 준다면 재물이 불어나고 나중에는 인물도 좋다. 24개 坐 중에서 8運에 쌍성회향은 子坐, 癸坐, 卯坐, 乙坐, 丙坐, 庚坐로 6개의 坐가 있다.

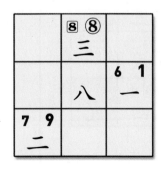

향성**8**이 向 쪽에 있으므로 向 쪽에 물이 있으면 경제적으로 유리하다. 물이 가깝거나 수량이 많을수록 돈을 많이 번다. 만일 향 쪽에 물이 없고 艮宮 향성**9**에 물이 있으면 "9運에 돈 번다. 8運에도 돈 버는데 반절 정도 작용하여 중산층 정도이다." 라고 해석한다. 향 쪽에도 물이 있고 艮宮 향성**9**와 兌宮 향성**1** 쪽에도 물이 있으면 "60년 동안 많은 돈을 가지고 넉넉하게 산다."고 해석한다.

그러나 艮宮이나 兌宮 쪽의 물이 너무 가깝고 많으면 부작용이 따른다. 8運에는 향성8이 있는 쪽의 물이 가깝게 있는 것이 좋고 향성9나 향성1 쪽의 물은 좀 멀어야 좋다.

산성8이 향궁(向宮)인 **離宮**에 있으므로 전면에 물이 있고 물 건너 산이 있으면 合局이다. 합국이 되면 출산하고, 시험 합격하고, 승진하고, 출세하고, 장수하는 등 人丁에도 좋다.

8 ⑧ 三	1　6 五	
八		
9　7 四		

생기인 산성**9**가 좌궁인 坎宮에 있으므로 비록 쌍성회향이지만 왕산왕향과 거의 같다고 할 수 있다.

離宮의 〈**88** 三〉은 '형제동과(兄弟同科 ☞ 형제가 함께 과거시험에 합격함)' 하는 뜻이 있다. 三과 **8**이 하도(河圖)에서 생성수(生成水, 3·**8**木)가 되기 때문이다. 다른 생성수도 같은 이치를 적용하여 해석한다.

물의 거리와 비교하여 산성1이 있는 **坤宮**의 산은 가깝게 있어도 좋다. 부작용이 없다. 왜냐하면 〈**16**〉의 조합은 합국이 되었을 때 아주 좋은 조합이기 때문이다. 고관대작, 당선 등으로 해석한다. 산성8·9·1 세 군데에 모두 산이 있으면 8運, 9運, 1運 모두 人丁에 좋다고 본다. 좋은 정도는 산의 생김새를 따져보아야 한다.

【1과 6의 조합】

	1　6 五	
	6　1 一	

1은 坎水이다. 물의 속성은 항상 밑으로 숨는다. 좋은 의미로는 연구실에서 꼼짝 않고 공부하고 연구하는 象이고, 나쁠 때는 어두운 곳으로 숨어 다니는 도둑의 象이다.

6은 乾, 직장의 우두머리, 대장, 수장(首長), 관운(官運)과 관련이 있다. **6**은 동물로는 말〔馬〕이며, 말은 몇 십km를 뛰어도 숨이 차지 않는다.

〈16〉조합은 좋았을 때 고관대작, 당선, 승진, 합격을 말한다. 8運 〈16〉방향에 훌륭한 산이 있으면 국회의원 선거에 출마해도 걱정 없이 당선된다. 판사나 검사가 나오는 힘 있는 자리라고 본다. 만일 坤宮에 산이 없다면 높은 관직은 되기 어렵고 기본 공무원 정도는 가능하다. 6은 8運에 왕기·생기·차생기는 아니지만, 삼길수(三吉數) 중의 하나이다. 8運에 6은 1이나 8을 만나면 좋게 보기 때문이다.

같은 〈16〉조합이지만, 坤宮은 〈16〉이고 兌宮은 〈61〉로 위치만 다르고 숫자는 같다. 만약 장소가 평지이고 형기도 동일한 조건이라면 어느 곳에서 공부를 하는 것이 좋을까?

〈16〉과 〈61〉은 해석이 다르다. 坤宮의 〈1水 6金〉은 향성이 金生水로 산성을 상생하여 왕정(旺丁)하다. 兌宮에 〈6金 1水〉는 산성이 金生水로 향성을 상생하기 때문에 재왕(財旺)하다. 인물을 관장하는 것은 산성이므로, 공부방으로는 산성이 生을 받아 旺丁한 坤方이 더 적합하다.

만일 子坐午向·癸坐丁向 집에서 자녀가 고시를 준비하면 공부방은 坤方에 둔다. 방 내에서도 책상자리는 다시 坤 쪽을 취한다. 이것은 대태극과 소태극의 원리를 이용한 것이다. 집 전체를 대태극으로 보고 공부방을 정하고, 공부방을 소태극으로 보아 공부방 내에서 책상 놓을 자리를 결정한다. 대태극의 각 궁마다 소태극이 있기 때문이다. 중요한 승진시험을 치러야 하거나 수험생이 있는 집이 이사를 가야 한다면 위와 같이 적극적인 풍수처방법으로 도울 수 있다.

추가하여 설명하자면, 子坐午向처럼 시험에 합격하는 조합수가 있는 집을 선택하여, 집 내부에서 시험에 합격할 조합수가 있는 방을 공부방으로 사용하고, 방 내에서 책상도 시험합격 조합수가 있는 방향에 놓는다. 공부방에서 볼 때 산이 있어야 할 방향에 문필봉(文筆峰)같은 좋은 산이 있다면 금상첨화이고, 만약에 없다면 멋진 목형산 등의 그림을 걸어주거나 공부방의 바깥

마당 산이 필요한 방향에 돌탑을 세워준다. 우리 지명에 조탑리나 조산동 등이 많은데, 같은 맥락으로 산이 필요한 곳에 비보를 한 동네이다.

【8運 子坐午向·癸坐丁向 양택에서 가장 좋은 공부방과 책상의 위치】

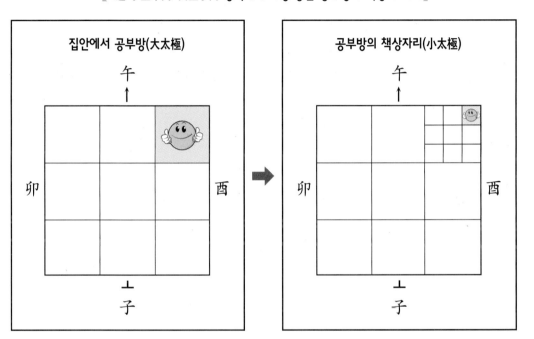

【5와 2의 조합】

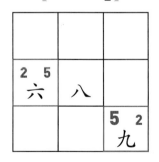

乾宮 산성5자에 산이 있다면 특히 인명사고를 조심해야 한다. 만일 5運에 산성5자가 있는 방향에 가깝고 높은 산이 있다면 인물이 난다. 그러나 8運에 산성5지기 있는 방향에 가깝고 높은 산이 있다면 젊은 사람이 사망할 수 있다.

乾宮은 향성2와 산성5의 조합이다. 2는 '病'을 뜻하고 5는 '악질'의 뜻이다. 2와 5가 만나면 질병은 암이 된다. 현공풍수에서 2나 5자는 기본적으로 좋은

玄空風水 高手秘訣

숫자가 아닌데, 8運에 2나 5자는 또 실운한 숫자이다. 따라서 乾方에는 물이나 산이 없는 것이 좋다. 만일 물이나 산이 있다면 재물과 인정 모두 좋지 않다고 본다.

물이 크고 수량이 많을수록, 산이 크고 가까울수록 더 나쁘기 때문에 가능하다면 이 방향의 산과 물은 보이지 않도록 해야 한다. 양택이라면 乾方에 있는 방은 공부방이나 침실로 쓰지 않아야 한다.

震宮의 〈25〉조합도 좋지 않다. 향성5는 재물이 어렵다는 것을 말하고, 산성2도 인물을 기대할 수 없다. 〈25〉나 〈52〉는 홀아비·과부의 조합이다. 매우 나쁠 때 산성2자〔主〕가 향성 5황〔客〕을 만나면 결국에는 부인이 사망하여 홀아비가 된다. 확률로는 70% 정도 적중한다.

乾宮과 震宮의 2와 5는 활용하기 어려운 조합이다.

일반적으로 기운을 조절하고 중화해 줄 때는 오행의 상생(相生)과 상극(相剋)을 이용한다. 적당한 상생은 효과가 나타나는 속도가 느린 대신 부작용이 적고, 상극은 효과가 빠른 대신 부작용이 있을 수 있다.

2와 5는 土이므로 기운을 조절하려면 土가 生하는 金으로 설기(泄氣)시키거나 木으로 剋해 주어야 한다. 그런데 2와 5의 조합처럼 너무 흉한 것은 극해서 누를 수가 없다. 木으로 통제하는 것보다 金으로 설기해 주는 것이 최선이다.

【3과 4의 조합】

3 4 七		
	+4 -3 八	

巽宮은 향성4, 산성3의 조합이다. 3木과 4木은 8運 土를 木剋土로 相剋할 뿐만 아니라 살기가 되므로 巽 방위에 산이나 물이 보이면 흉사가 생긴다. 형기적으로 산수가 반배(反背)하거나 참암(巉巖☞가파르고 험함)하면 심한 흉사가 반드시 나타난다. 〈34〉로 발생하는 질병은 주로 간담병(肝膽病)이다.

3과 4는 8運에 좋은 숫자가 아니지만 이곳에 물이나 산이 없으면 결정적으로 나쁘지는 않다. 巽宮에 물이나 산이 가깝고 클수록 나쁘다.

【구궁과 식물의 성장】

四 巽 陰木 무성한 잎사귀	九 離火 꽃	二 坤土 성장
三 震 陽木 새싹	五 中土	七 兌 陰金 열매
八 艮土 발아	一 坎水 씨앗	六 乾 陽金 저장

식물의 성장을 구궁에 배속시켜 보면 왼쪽과 같다.

나무를 심는 것은 꽃을 보거나 열매를 얻기 위한 것이다. **3**과 **4**는 잎만 무성하고 아직 꽃이나 열매가 없는 것과 같으므로 수험생의 방으로 적합하지 않다.

〈**34**〉는 열심히 노력해도 고생만 하고, 노력한 만큼의 결과가 없다. 이 방은 노력해도 수확이 없다. 굳이 사용해야 한다면 아주 밝게 해주거나, 3木·4木의 과다한 木기운을 火로 相生시켜 주어야 한다. 가장 효과적인 보완법은 색깔로 꾸미는 것이다. 넓은 면적을 차지하는 장판이나 벽지의 색깔을 火에 가까운 짙은 귤색으로 바꾸어준다.

【7과 9의 조합】

향성7은 8運에는 퇴기라서 별 볼일이 없다. 9火는 7金을 剋한다. 불은 쇠를 녹이므로 강렬하다. 좋지 않을 때에는 화재가 발생하거나 화상을 입을 수 있다. 또 사람의 마음에도 불이 날 수 있다. 〈**97**〉은 연애의 숫자이다.

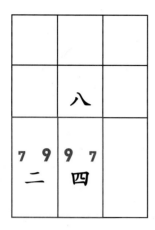

坎宮의 산성**9**는 8運의 생기이므로 산이 있으면 좋다. 이때 연애나 결혼을 하면 이로운 연애나 결혼이 된다. 그러나 만일 산성**9**에 산이 없거나, 산이 있어도 무정(無情)하게 보이면 불륜이 된다.

艮宮의 향성**9**에는 물이 있는 것이 좋다. 산성**7**은 퇴기이므로 산이 없어야 한다. 만일 있어야 할 물은 없고, 없어야 할 산이 있다면 퇴기 산성**7**이 강화된다. 이때에 연애하면 반드시 드러나게 된다. 해당 방위의 山水를 보고 해석한다.

🔯 연애는 성요(星曜)조합에 따라 상황이 다르게 나타난다

〈**1**水 **4**木〉: 주로 정신적인 관계

〈**1**水 **6**金〉: 육체적인 관계, 자녀 출생

〈**2**土 **8**土〉: 年上女와 年下男의 관계

〈**6**金 **7**金〉: 年上男과 年下女의 관계, 원조교제

〈**7**金 **8**土〉: 少男少女의 불같은 사랑, 혼전동거

〈**7**金 **9**火〉: 주로 육체적인 관계

③ 丑坐未向

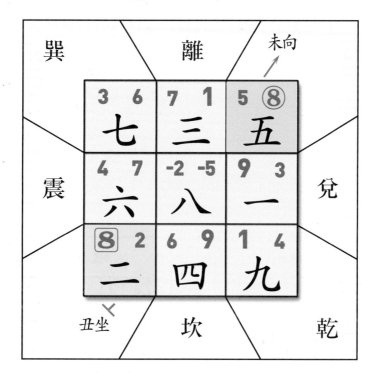

　　왕산왕향(旺山旺向)이면서 모든 궁이 산성합십(山星合十)이 되어 정재양왕(丁財兩旺)하는 특별히 大吉한 局이다.

　　坐宮인 艮宮 쪽에 산이 있으면 출산한다. 산이 특별히 좋다면 인물이 나고 장수한다. 向宮의 방향에 물이 있으면 경제적으로 윤택하다. 8運에 丑坐未向 旺山旺向 합국인 집에 살면 아이가 없었던 사람은 출산을 하고, 승진하고, 돈 벌고, 오래 산다. 7運에 집을 짓거나 묘를 쓴 丑坐未向〔쌍성회향〕은 8運에 환천심(換天心)을 하면 왕산왕향에 산성합십이 되는 귀한 局이 된다.

모든 궁의 산성과 운반수가 合十이 된다.

合十이 되면 귀인이 도와주어 성공하고 완성한다는 뜻이다.

山星合十은 인물면에서 특별히 吉하다.

왕산왕향에 합십이 되는 局은 아주 귀한데, 전체 9運 중에서 2運과 8運에서만 볼 수 있다. 이 局의 반대 좌향인 未坐丑向은 왕산왕향에 향성합십이 된다.

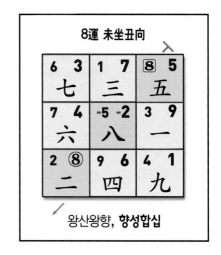

8運 丑坐未向

왕산왕향, **산성합십**

8運 未坐丑向

왕산왕향, **향성합십**

8運에 丑坐未向과 未坐丑向은 왕산왕향으로 성요(星曜)조합을 보면, 산성수와 향성수가 서로 바뀐다. 8運의 丑坐와 未坐 왕산왕향은 두 개씩 겹치는 성요가 없고, 각 궁마다 들어있는 숫자가 모두 다르다. 두 좌향 모두 향궁, 좌궁, 중궁의 성요(星曜)가 2土, 5土, 8土로 구성되어, 합국이고 山水가 이기와 잘 맞는다면 부동산이나 땅과 관련하여 많은 재산을 소유할 수 있다.

玄空風水 高手秘訣

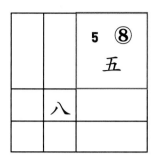

坤宮은 向宮이다. 향성**8**에는 물이 있어야 한다.

산성**5**에는 산이 있으면 좋지 않다. 그러나 만일 배산임수 지형의 음택이라면 이 방향에 안산이나 조산이 있을 수밖에 없으므로 안산과 조산은 멀리 있어야 한다. 가까우면 문제가 된다. 게다가 크고 험하다면 큰 문제가 된다.

주의해야 할 것은 水가 吉하다고 해서 山의 凶이 없어지지 않는다는 것이다. 山이 凶하면 凶한대로 나타나고 水가 吉하면 吉한대로 나타난다.

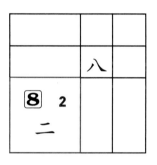

坐宮인 艮宮은 충효와 우애(友愛)를 상징한다. 艮宮에 산이 좋으면 효자나 충신이 난다. 또는 형제간에 우애가 좋다.

산이 좋다고 무조건 높은 관직이나 권위를 가진 인물이 난다고 해석하면 안 된다.

8運에 旺氣 산성8이 있는 坐宮에 산이 있기는 있는데, 모양이 아름답지 못하다면 어떻게 될까?

일단 산이 있으므로, 직업을 갖고 있고 하는 일도 잘 되어 가고 있다고 본다. 그러나 산의 모양에 따라 직업의 등급에는 차이가 있다. 수려한 산이라면 사회적 지위가 높고 존경받는 위치에 있다. 반면 모양이 흉하면 남이 알아주는 직업은 아니다.

이해하기 쉽도록 검찰이나 경찰 계통의 직업으로 예를 든다면 산의 모양이 미려(美麗)할 때 검사나 판사급의 인물이 나온다면 산의 모양이 그보다 덜 귀하면 경찰이 나오고, 모양이 험하고 나쁘면 경찰이라도 건달을 많이 상대해야 하는 험한 일을 하거나 현장에서 사형을 집행하는 등의 직업을 갖는다.

득운을 했더라도 산이 너무 크고 높거나 흉하면 형기살(形氣殺)이 가미된다. 당운에는 괜찮지만 운이 지나가면 발동을 하여 흉이 온다. 그때는 험악한 일을 당할 수도 있다.

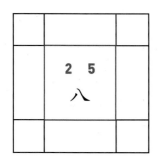

中宮은 가족 구성원의 분위기에 해당된다. 이 집에 사는 사람들은 전체적인 분위기가 재물이 좋으면서 특출한 인물은 없지만 가정이 평화롭다. **2**土와 **5**土는 부동산, 돈, 평평하다는 의미를 갖고 있고, 좋을 때는 평온·평화의 뜻을 가지고 있다.

향성은 5運에 입수되고 산성은 2運에 입수된다. 2運이 되면 출산이 적어져서 자손이 줄고 출세에도 영향이 있다.

사실 〈**25**〉는 현공풍수에서 가장 나쁜 숫자 조합이다. 2는 질병, 5는 악질·암 등을 뜻한다. 따라서 **丑坐未向**이 이기상으로 왕산왕향이라도, 불합국이고 형기가 매우 좋지 않을 때는 가족 구성원이 암 같은 질병에 걸릴 수도 있다.

〈**25**〉에 1이 붙으면 1과 관련된 신장암 등이고, 2가 더해지면 위장암·피부암이며, 3이 더해지면 담낭암이고, 4가 조합되면 간암을 뜻한다. 그러나 왕산왕향 합국이면 중궁의 〈**25**〉는 문제가 되지 않는다.

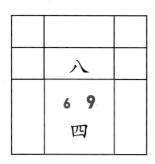

坎宮의 산성수는 **6**이다. 이 방향에 산이 있다면 산성**6**은 퇴기이므로 인정에는 좋지 않다.
향성은 **9**이므로 물이 있으면 좋다.
8運에 **9**자나 **1**자는 물이 너무 가깝게 있으면 과유불급이다.

玄空風水 高手秘訣

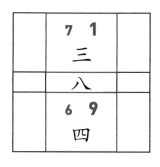

震宮에 향성**7** 巽宮에 향성**6**은 **6**白金과 **7**赤金의 金金 조합으로 숙살지기(肅殺之氣)가 엄중하다. 서로 이웃하여 좋지 않을 때는 교검살(交劍殺)이 된다.

물이 가깝게 있고 이들 방향에 대문을 내면 뜻밖에 피를 흘리거나 인사상의 충돌이 있고, 집안 사람들의 성격이 난폭해질 우려가 있다. 그러나 산과 물이 멀리 있으면 무난하다.

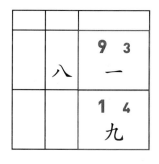

離宮에 물이 있으면 근검창업흥가(勤儉創業興家)하게 된다. 그러나 離宮과 坎宮의 향성 **1**·**9**에 물이 너무 가깝게 있으면, 짝이 되는 산성**7**〔소녀·딸〕과 산성**6**〔아버지·가장〕이 피해를 본다. 물은 소수(少水)·원수(遠水)·정수(靜水)로 있어야 한다. 나쁠 때는 **7**金〔금전〕이 **1**水〔술〕로 되어 주색(酒色)에 빠진다. 8運에 **7**은 퇴기이기 때문에 산이 가깝고, 크고, 높고, 추(醜)할수록 주색의 정도는 심하다.

離宮의 향성**3**은 8運에는 살기(殺氣)가 되므로 기본적으로 물이 없어야 좋다. 만약 물이 반배하거나나 직충(直衝)하는 등 형기풍수로 흉상이면 흉의 정도는 더욱 심해진다.

산성9는 生氣이고 3은 殺氣가 되어 같은 宮 안에서 성요(星曜)의 운기가 서로 반대이다. 산성9는 生氣이기 때문에 기본적으로 인물이 나는데, 여기에 3木이 9火를 목생화(木生火)로 상생하여 주므로 인물 중에서도 총명한 인물이 난다.

乾宮은 산성1, 兌宮은 산성9로 이들 방향에 산이 있다면 8運뿐 아니라 9運과 1運에도 계속 인물이 난다.

玄空風水 高手秘訣

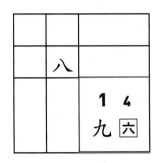

乾宮의 〈**14**〉는 과거급제하는 조합이다. 산성**1**에 산이 있으면 공부가 잘 된다. 원단반 **6**도 **1**과 잘 배합되는 숫자이며, 향성**4** 木 운반수 九火는 목화통명(木火通明)의 象이다.

산성**1** 쪽에 산이 없으면 그림을 걸어두면 좋다.

향성**4** 방향에는 물이 있어도 별로 나쁘지 않다.

〈**19**〉 산성합십은 9는 하늘이요 1은 땅이다. 면서기가 중앙청에 스카웃되어 벼락 승진하는 象이다.

🔹 선거당선

〈**14**〉·〈**16**〉·〈**19**〉조합은 모두 선거에 당선할 수 있는 조합이다. 이 세 개의 조합이 경쟁한다면 9離는 제왕의 자리이므로 〈**19**〉조합이 가장 유리하다.

현공풍수에서 1과 4의 조합은 수험생이 합격하는 최고의 길수조합이다. 1은 지혜를 나타내고 上元(1~3運)의 통성(統星)이다. 1과 8은 中元(4~6運)의 보좌기이고, 1은 下元(7~8運)의 보좌기이다. 따라서 1은 三元을 통틀어 좋은 수라고 할 수 있다.

4는 문창성(文昌星)이 되고 五行으로는 1水가 4木을 水生木으로 相生하여 청운의 꿈을 키우니 공부를 열심히 하게 된다. 『심씨현공학』에서는 〈**14**〉조합은 어느 운에나 좋은 최길(最吉)의 조합이라고 하였다. 저절로 성적이 오른다는 것은 아니고, 이곳에서 공부를 하면 집중력이 높아지고 공부가 재미있어져서 자연스럽게 공부하거나 연구하는 시간이 많아지게 됨에 따라 성적이 오르게 된다는 말이다. 이 방위에 문필봉이 보이면 성적이 탁월하고 뛰어난 문관이 되어 방대한 꿈과 원대한 뜻을 펼친다.

그러나 불합국이거나 형기살(形氣殺)이 있어 〈**14**〉조합이 실운이 되면 도화(桃花)조합이 된다. 〈**13**〉조합도 공부를 잘 할 수는 있지만 순양(純陽)의 조합이기 때문에 잠시 동안의 발복이며, 음양으로 구성된 〈**14**〉조합보다는 격이 떨어진다.

④ 艮坐坤向 · 寅坐申向

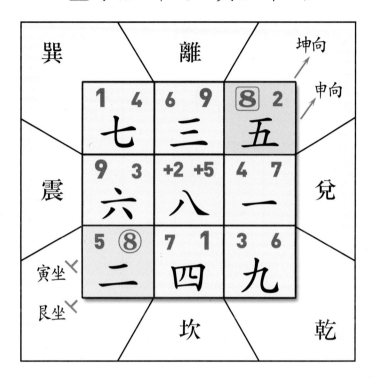

8運에 艮坐와 寅坐는 上山下水에 伏吟이고 父母三盤卦로, 비성반이 같다.

8運에 상산하수 복음이 걸리는 좌향은 艮坐, 寅坐, 坤坐, 申坐 4개가 있으며 이들 좌향은 아주 조심해야 한다. 배산임수 지형에서는 불합국이 되어 인물과 재물 모두 패한다.

앞에는 산이 있고 뒤에는 물이 있는 역배산임수라면 合局이 된다.

8運에 상산하수국과 왕산왕향국은 각각 6개 坐向이 있다.

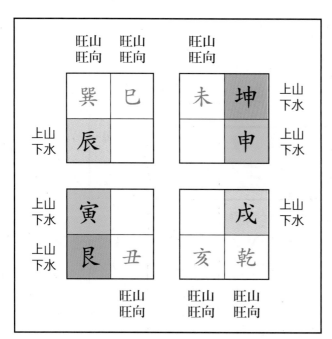

나경에서 艮과 坤, 寅과 申, 辰과 戌은 서로 마주본다.

8運에
艮坐坤向과 坤坐艮向,
寅坐申向과 申坐寅向,
辰坐戌向과 戌坐辰向은
모두 上山下水이다.

乾坐巽向과 巽坐乾向,
亥坐巳向과 巳坐亥向,
未坐丑向과 丑坐未向은
모두 旺山旺向이다.

어느 運을 막론하고 이편이 上山下水면 마주보는 반대편도 항상 上山下水가 되고, 이편이 旺山旺向이면 반대편도 旺山旺向이 된다.

6	9	
三		
八		

불합국에 離宮 쪽에 붉은 색 건축물, 뾰족한 송신탑이 있고 부엌이 있다면 그 집에 사는 사람은 폐와 관련된 질병을 얻을 수 있다. 6乾은 폐이니, 〈96〉조합은 火剋金으로 폐가 상한다. 형기살(形氣殺)과 부엌은 火의 기운을 더 강화시킨다.
〈69〉조합은 교통사고가 날 위험도 있다.

【구궁에 배속되는 동물】

닭 七	꿩 九	소 二
용 三		양 七
개 八	돼지 一	말 六

9火 離宮에 배속되는 꿩은 성질이 급하다. 현대에서 대표적인 것은 과속으로 인한 교통사고이다. 3震은 천둥(우레)이며 진동하는 뜻이 있고 동물로는 龍이다. 6乾은 뛰어다니는 말(馬)이다. 3과 6은 龍馬로 서로 통하는 면이 있다. 따라서 3·6·9의 조합은 교통사고를 조심해야 한다.

		8 2 五
	2 5 八	
5 **⑧** 二		

坐宮·中宮·向宮이 모두 **2**土·**5**土·**8**土로 구성되어 있다. 〈**25**〉는 본래 질병·사망·과부·홀아비가 되는 등 凶數이지만 合局이 되었다면 오히려 건강에 좋으므로 吉象으로 본다. 의약업·병원·장례식장·장례업 등을 운영하면 재산을 모을 수 있다. 또한 土와 관련된 부동산·건축업·토목업 등의 분야도 좋다.

8運에 2는 死氣이고 5는 殺氣이다. 그럼에도 불구하고 합국이라면 吉象으로 해석할 수 있다. 부모삼반괘가 되어 2와 5의 흉수가 왕기인 8과 조합되었기 때문이다. 그러나 부모삼반괘라도 불합국이면 아무 소용이 없다.

8運에 丑坐, 艮坐, 寅坐, 未坐, 坤坐, 申坐 6개 좌는 모두 中宮이 〈2·5·8〉로 구성되어 있다. 〈**25**〉는 질병의 위험이 있기 때문에 항상 조명을 밝게 하고, 습하지 않도록 하며, 청결을 유지해야 한다.

2·5·8은 모두 土이지만 그 내용은 조금 다르다. 2는 陰土이며 배 부위로 비위(脾胃)에 속하고, 5는 중앙 부위로 내장(內臟)이 되고, 8은 陽土이며 등과 척추이다.

【8運 배산임수 지형에서 艮坐·寅坐】

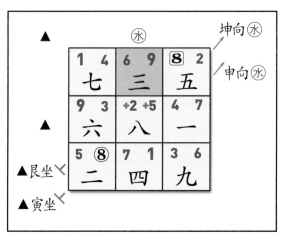

8運에 艮坐나 寅坐는 배산임수 지형에서는 매우 흉하다. 艮坐나 寅坐인 음·양택은 상산하수 복음이다.

9運이 되어도 그 묘나 집은 8運의 艮坐나 寅坐 비성반이 계속 유지된다.

그러나 9運이 되면 사정이 달라진다. 만약에 향성9에 물이 있고, 산성9와 산성1에 산이 있으면 9運에는 왕기9·생기1에 맞는 산과 물이 있으므로 人丁 운과 재물운은 8運보다 훨씬 더 나은 쪽으로 변화된다.

5 甲坐庚向

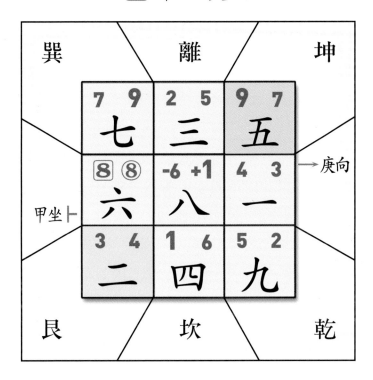

8運에 甲坐庚向은 雙星會坐局이다. 배산임수 지형에서는 人丁이 旺하여 인물은 기대할 수 있으나 재물은 不旺하는 좌향이다. 上山을 범하여 손재(損財)가 되니 가급적 사용하지 않는 것이 좋다.

배산임수(背山臨水)란 '뒤에는 산이 있고 앞에는 물이 있다.' 또는 '뒤는 높고 앞은 낮다.'는 뜻이다. 흔히 陰宅이든 陽宅이든 배산임수의 지형인 곳이 명당이라고 알려져 있다. 심지어는 예전 고등학교 한국지리 교과서에 "…우리 민족의 경우는 풍수지리 사상이다. 이의 영향을 받아 일반적으로 나타난 촌락 입지는 배산임수로서 이는 겨울에 북서풍을 막아주는 양지바른 산기슭에 용수와 연료까지 구하기 쉬운 이상적 장소였기 때문이다."라며, 어쩌면 풍수지리를 처음 접할 수도 있는 학생들에게 풍수적으로 가장 이상적인 촌락의 입지가 배산임수이며 배산임수만 되면 무조건 차가운 북서풍을 막아줄 수 있는 것처럼 오해할 수 있도록 서술된 것도 있다.

사람이 생활하기에 대체로 배산임수 지형이 편리한 점은 있지만, 풍수적인 이상향이 반드시 배산임수인 것만은 아니며, 북서풍에 취약한 북향의 배산임수 지형도 많이 있다.

현공풍수에서는 배산임수는 무조건 吉한 땅이 아니라, 왕산왕향 합국이 되는 경우에만 좋은 것이다. 배산임수라도 상산하수국이라면 오히려 불합국이 되어 흉상(凶象)이 된다. 이때는 지형이 배산임수와는 반대로, 앞에 山이 있고 뒤에 물이 있는 '역배산임수(逆背山臨水)'가 되어야 吉하다. 특히 양택은 뒤가 낮아 집 뒤에 물이 있어야만 오히려 더 좋은 경우도 많다. 음택은 현실적으로 이런 지형을 잘 사용하지는 않는다. 배산임수는 풍수고전에는 나오지 않는 용어이므로 '풍수지리 용어들 중 하나'라고 이해하는 것이 좋겠다.

종의명(鐘義明) 선생은 『현공성상지리학玄空星相地理學』에서 "일반 풍수사들이 원운이나 애성을 모르기 때문에 산수의 기가 쇠(衰)인지 왕(旺)인지도 모르고 천편일률적으로 배산임수로 된 곳이 좋은 줄로만 안다. 재물이나 인정이 있는 땅을 구하고자 하나 도리어 인명이 손상되고 파재를 불러오는 착오를 범한다. 음택 불신자가 많은 것은 이런 이유이다."라며 경계하였다.

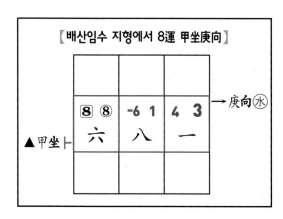

【배산임수 지형에서 8運 甲坐庚向】

향궁의 향성3은 8運에는 살기(殺氣)이므로 향 쪽에 물이 있다면 재물면에서 아주 불리하다.
배산임수 지형이라면 흉한 理氣에 形氣까지 추가되어 그 피해가 훨씬 더 커진다. 甲坐는 뒤쪽에 물이 있고 물 뒤에 산이 있어야 合局이 된다.

8運에 庚坐, 酉·辛坐, 甲坐, 卯·乙坐는 中宮의 숫자가 제일 吉한 숫자조합인 삼길수(三吉數)로 되어 있다. 그러나 주변의 6개 宮의 숫자들이 〈79〉·〈25〉·〈34〉의 흉수조합이라는 것을 유념해야 한다. 이들 宮의 형세가 조잡하고 무정(無情)하면 문제가 따른다. 中宮이 길수조합이라고 하여 무조건 좋다고 할 수 없다. 주변의 형세를 잘 살펴보아야 한다.

같은 甲坐庚向이라도 1運·8運에는 雙星會坐가 되고, 2運·9運에는 雙星會向이 되고, 3運·7運에는 上山下水에 복음까지 걸리고, 4運·6運에는 旺山旺向이 되고, 5運에는 上山下水가 된다. 이처럼 運에 따라 4국의 상황은 항상 변한다.

그러나 건택조장(建宅造葬)한 당시에 결정된 비성반은 이장을 하거나 환천심(換天心)을 하지 않았다면, 운이 바뀌어도 비성반이 바뀌지 않는다. 마치 사주명리에서 10년마다 대운(大運)이 바뀐다고 하여 사주 자체가 바뀌지 않는 것과 같은 이치이다. 8運에 甲坐庚向으로 집을 지었다면 雙星會坐이며, 이 집이 9運이 되었다고 雙星會向으로 바뀌지 않는다는 뜻이다.

또한 주의할 것은 7運에 지은 집으로 8運에 이사를 가면 입주 시점인 8運을 기준으로 비성반을 만들어 해석한다는 점이다. 이 집은 9運이 되면 9運의 旺氣星9·生氣星1·次生氣星2 등 새로 온 運의 숫자가 8運 비성반의 어디에 있는지, 그리고 주변 山水의 有無를 보고 吉凶을 판단한다.

甲坐庚向은 쌍성회좌(雙星會坐)이고 庚坐甲向은 쌍성회향(雙星會向)이다. 甲坐와 庚坐는 坐宮과 向宮이 서로 반대로 되어 있다. 각 宮을 구성하는 성요의 숫자는 같고, 宮 안에서 산성과 향성의 위치는 서로 반대이다. 中宮의 산성수와 향성수가 서로 바뀌어 있기 때문이다.

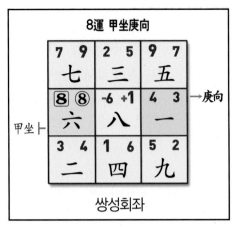

8運 甲坐庚向

쌍성회좌

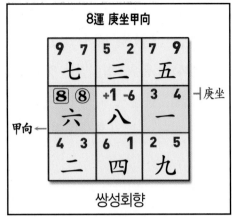

8運 庚坐甲向

쌍성회향

甲坐는 당운수8이 좌궁에 동궁(同宮)하므로 배산임수 지형에서는 人丁에는 좋으나 재물에 좋지 않기 때문에 가급적 사용하지 않는 것이 좋다. 반면 庚坐는 당운수8이 향궁에 동궁(同宮)하므로 인물보다 재물에 이롭다. 앞쪽에 물, 그 너머에는 산이 있고 坐 쪽의 뒤가 높지 않으면 인물도 비교적 좋다.

8運에 쌍성회좌나 쌍성회향의 애성조합은 〈88〉이 하나이고, 나머지는 〈16(61)〉, 〈25(52)〉, 〈34(43)〉, 〈79(97)〉로 되어 있다. 이 중에서 〈25(52)〉, 〈34(43)〉, 〈79(97)〉는 흉한 조합이고, 〈16(61)〉은 길한 조합이다.

쌍성회좌나 쌍성회향의 애성조합은 吉凶의 차이가 극심하므로 山水의 배합이 적절하게 조화되어야 한다는 점을 항상 염두에 두어야 한다.

【8運 쌍성회향과 쌍성회좌에 자주 나오는 애성조합】

	득 운	실 운
+1 +6	★大學者, 高官, 文藝, 天文家	腦出血, 父子不和, 竊盜犯, 傷寒
+6 -1	★科擧及第, 法官, 顧問	財産訴訟, 腦出血, 女主, 大權墜落
-2 +5	旺人丁, 法官, 武貴, 田産	疾病, 鰥夫, 癌, 到處障壁
+5 -2	旺人丁, 法官, 武貴, 田産	疾病, 寡婦, 癌, 到處障壁
+3 -4	富貴雙全	賊丙, 昧事無常
-4 +3	富貴雙全	賊丙, 昧事無常
-7 -9	發明, 改革, 進步, 結婚	火災, 好色, 性病
-9 -7	姉妹和好, 美女, 財大勢雄	酒色, 女災, 夫婦反目

6 卯坐酉向·乙坐辛向

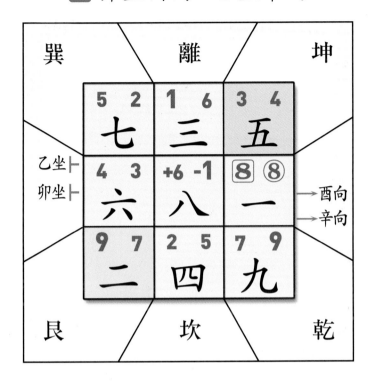

8運에 卯坐酉向과 乙坐辛向는 모두 쌍성회향국(雙星會向局)이다.

배산임수 지형에서 쌍성회향은 기본적으로는 재물에는 좋지만 人丁에는 좋지 않다. 그러나 앞에 물이 있고 물 뒤편에 산이 있으면 인물도 비교적 좋다.

地運은 3運에 끝나므로 재운의 발복기간은 이론상으로는 80년이다. 그러나 중궁에 1·6·8 삼길수가 있으니, 向 쪽에 물이 있다면 지운은 훨씬 더 길어져서 삼원불패(三元不敗)하고 재물운은 최상이다.

향성8이 있는 兌宮과 향성9가 있는 乾宮 쪽에 눈에 보이는 물이 있는 자리라면, 향성 旺氣, 生氣가 있는 宮이 연달아 있고 실제로도 물이 있기 때문에 재물로는 금상첨화로 좋다.

최명우 선생이 어떤 분의 선친을 8運 2012년에 이장하여 단기간에 40여
억 원의 이익을 얻게 된 금시발복자리가 이와 같았다고 한다.

【 2012(壬辰)년의 연반(年盤) 】

5	1	3
4	6	8
9	2	7

2012년의 각 단위의 숫자를 모두 더해(2+0+1+2=5) **11**에서
빼면 2012년의 중궁수(**6**)가 된다. **6**을 중궁에 넣고 순행시키
면 2012년의 年飛星盤이 만들어진다.

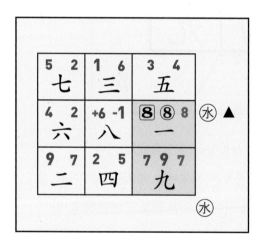

2012년의 연반을 卯·乙좌 비성반과 조합
해 보면 물이 있는 兌宮과 乾宮에 **7**, **8**, **9**가
다 모여 있는 것을 볼 수 있다.

卯·乙좌는 비성반의 兌宮에 향성수가 **8**인
데, 연운(年運)에서 또 왕기인 **8**이 왔다. 향
성 생기 **9**가 있으면서 물이 있는 乾宮에는
7이 왔다.
兌宮**8**과 乾宮**7**의 〈**87**〉조합은 금시발복을
뜻한다.

【 2012년 3월의 월반 】

2	7	9
1	3	5(=9)
6	8	4

兌宮에 **5**가 왔다. 중궁에서 비출된 **5**黃은 **9**紫로 본다.
5자는 吉할 때는 더 좋고 凶할 때는 더 나쁘다.
9火는 향성 **8**土를 相生해준다. 〈**89**〉는 8運에 가장 좋은 조합
수이다.
부귀가 갑자기 빨리 올 수 있는 월이다.

玄空風水 高手秘訣

최명우 선생은 "2012년 3월에 많은 돈을 벌 것이다."라고 하였는데, 예언한 대로 되었다.

위와 같이 8運에 卯·乙坐는 乾宮과 兌宮에 형기가 갖추어준다면 재물이 급격히 늘어나는 좌향이다.

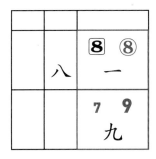

양택의 대문이나 정문은 向星8이 있는 兌宮 〈88〉에 내면 좋겠고, 만약 兌宮에 대문을 낼 상황이 되지 않으면 向星9가 있는 乾宮 〈79〉에 낸다. 다만 〈79〉는 화재가 염려스럽기 때문에 水剋火로 제화해 준다. 분수대나 연못을 조성하거나 안인수(安忍水)를 대문 양쪽에 걸어 놓으면 화재를 예방할 수 있다.

안인수(安忍水)는 '엄청난 양의 물'이다. 안인수를 제조할 때는 소금을 이용한다. 본래 물이란 바닷물을 의미하고 소금은 짠맛의 결정체이기 때문이다. 병에 소금과 물을 혼합하여 병의 입구를 막아 해당 방향에 둔다.

五行의 相生과 相剋을 활용한 맛 조절법

너무 신맛[木]은 쓴맛[火]으로[木生火] 설기(泄氣)시켜 주고, 쓴맛[火]은 단맛[土]으로[火生土], 단맛[土]은 매운맛[金]으로[土生金], 매운맛[金]은 짠맛[水]으로[金生水], 짠맛[水]은 신맛[木]으로[水生木] 설기시켜 준다. 이 방법은 相生을 통해 지나치게 강한 힘을 빼주는 자연스러운 방법이지만 相剋法에 비하여 효과가 느리게 나타난다.

너무 신맛[木]은 매운맛[金]으로[金剋木] 제거해 주고, 쓴맛[火]은 짠맛[水]으로[水剋火], 단맛[土]은 신맛[木]으로[木剋土], 매운맛[金]은 쓴맛[火]으로[火剋金], 짠맛[水]은 단맛[土]으로[土剋水] 제거해 준다. 이 방법은 相剋하는 법이기 때문에 효과는 빠르지만 부작용이 따른다.

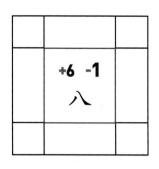

卯·乙坐는 中宮의 숫자가 삼길성(三吉星)인 **1·6·8**로 구성되어 아주 특별하다.

1·6·8 삼길성은 모두 양수(陽數)이기 때문에 삼길성이 中宮에 있다면 건물이나 봉분을 크고 높게 만들면 좋다.

8運에 甲坐, 卯坐, 乙坐, 庚坐, 酉坐, 辛坐 6개의 좌향은 모두 중궁이 삼길성(三吉星)이며 양수(陽數)로만 되어 있다. 해당하는 장소에서 기도·불공·명상·단전호흡 등을 하면 음기(陰氣)로 인한 방해 작용이 전혀 없고 심신이 안정되어 정신건강에 최적인 장소가 된다. 三吉 陽星은 상승하는 성질로 기도의 기운이 하늘로 올라가 신비로운 체험을 할 수 있다. 사찰·교회·성당·명상센터·신당(神堂)·점술집·정신과 병원 등 종교 및 정신세계와 관련된 건축물이 이런 좌향이라면 매우 적합하다.

반대로 술집·카페·노래방·극장·무도장·음악학원 등으로 사용한다면 영업이 비교적 불리하게 된다. 중궁이 1·3·6·8의 양수(陽數)조합만으로 이루어졌다면 건축물이나 봉분을 크고 높게 만들면 구성원 모두가 복을 받고 지운(地運)은 삼원불패(三元不敗)한다.

만일 반대로 중궁이 2·4·7·9 등의 음수(陰數)조합만으로 이루어졌다면 陰宅은 봉분을 낮고 작게 만들고, 양택은 단층주택처럼 낮게 만들어야 하며, 중궁에 해당되는 위치에 24시간 전등을 켜 놓아 밝게 해주는 것이 좋다.

1	6	
三		
八		

양택이라면 離宮은 최고로 吉한 장소가 된다. 사무실이라면 사장실이나 회사의 중역실 등을 배치하면 좋다.

상가라면 〈**16**〉은 문창성이므로 학원이나 서점을 입점시키면 명성도 나고 金生水로 相生하여 경제적으로도 좋을 것이다.

만약 **離宮** 〈**16**〉에 유흥업소를 차리면 업종의 성격에 맞지 않기 때문에 겨우 명맥만 유지하게 된다. 한 건물 안에서도 9宮의 성요조합이 다르기 때문에 구성의 조합 특성에 적합한 상점이 입점해야 영업 실적을 높일 수 있다. 동일 장소에서 수익이 다르게 나는 이유는 업종과 주인의 나이 등에 따라 길흉이 다르게 작용하기 때문이다.

		3　4 五
	八	

坤宮의 〈**34**〉는 8運에는 흉수조합으로 사리에 불분명하고, 주색에 빠지고, 도적이나 거지가 나온다는 장소이다. 그러나 이곳을 유흥업소로 활용하면 비교적 순조로울 수 있다.

3震은 성(聲)을 뜻하고 **4**巽은 색(色)을 뜻한다. 따라서 〈**34**〉가 있는 방위는 노래와 여자가 있는 유흥업소로 운영하면 성공한다. 흉수조합이라도 적합한 용도로 활용하면 독을 약으로 바꾸는 격이 된다.

7 辰坐戌向

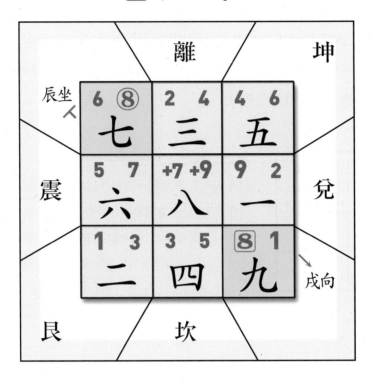

8運에 辰坐戌向은 산성(山星)과 향성(向星)이 서로 전도(顚倒)되어 상산하수국(上山下水局)이 되었다. 배산임수의 산룡지세에 건옥조장(建屋造葬)하였다면 손정파재(損丁破財)한다. 9運에 입수되어 단명택(短命宅)이 되고 中宮의 〈79〉로 인하여 화재나 유혈(流血)사고가 일어날 수 있는 凶한 坐向이다.

이 局은 〈123〉, 〈234〉, 〈345〉, 〈456〉 등 한 宮 내에 숫자가 연달아 있는 연주삼반괘(連珠三般卦)이다. 그러나 연주삼반괘라도 합국(合局)이 아닐 때에는 아무 소용이 없다.

상산하수라도 합국이면 발복을 받는다. 역배산임수 지형이 되면 오히려 합국이 되어 실질적으로는 왕산왕향(旺山旺向)과 거의 같다. 음택의 경우 辰坐戌向 상산하수 합국은 평지의 왕산왕향보다 훨씬 이롭고 연주삼반괘라는 기국(奇局)이 되어 대길(大吉)하다.

산도 없고 물도 없는 평지의 양택이라면 흉인 것 같지만 실제로는 흉하지 않다(凶而不凶). 상산하수라도 흉성(凶星) 방위에 山水가 없다면 흉하지 않다. 이를 두고 『현기부』에서는 "흉성을 만나도 상(傷)하지 않는 것은 흉성이 힘을 발휘할 수 없는 곳에 있기 때문이다_値難不傷 蓋因難歸閑地."라고 하였다.

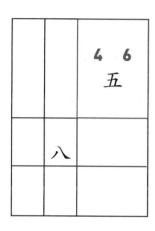

坤宮의 **4**는 살기(殺氣)이고 **6**은 쇠기(衰氣)이다. 불합국일 때 **4**巽木 아내가 **6**乾金 남편의 훼를 받으니, 곤궁에서 합수되거나 반배하거나 직충하는 많은 양의 물 같은 형기살(形氣殺)을 보면 처가 심하게 아프거나 심지어는 죽을 수도 있다. 이때는 물이 보이지 않도록 상록수를 심어 가려주어야 한다. 측백나무는 사철 푸르고 잎이 많기 때문에 추천할 만하다. 형기살을 범하지 않는데도 단순하게 **4**綠이 훼을 받았다고 상처(喪妻)한다고 하면 안 된다.

<46>소합에서 6은 陽金이고 4는 陰木이다. 둘의 싸움은 큰 칼로 작은 나무를 베어버리는 象이다. 4木 여자가 반항을 못하고 일방적으로 당한다. 큰 스트레스를 받고, 심지어는 죽을 수도 있다.

이에 비해 <37>은 똑같이 金훼木이지만 7은 陰金이고 3은 陽木으로 木이 일방적으로 당하는 상황은 아니며 끝없는 부부싸움으로 이혼도 가능하다. 경우에 따라서는 오히려 3碧木 큰 나무가 7赤金 작은 칼을 업신여길 수도 있다.

이 좌향에서 **坤方**에 단두사(斷頭砂)가 있거나, 또는 올가미 같이 생긴 물이 보이면 목을 매어 자살할 위험이 있다.

단두사(斷頭砂 또는 斷頭山)는 오른쪽 그림처럼 산 위쪽으로 머리테 모양의 산길이나 도로가 보이는 산을 말한다.

玄空風水 高手秘訣

8運의 辰坐戌向은 예외적으로 체괘(替卦)를 사용하면 大吉한 局이 된다.

8運 辰坐戌向(替卦)

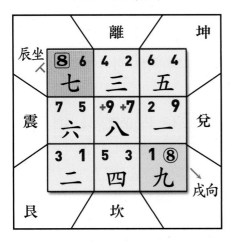

좌궁에 산성**8**, 향궁에 향성**8**이 있어 왕산왕향 국이며, 각 궁이 〈**567**〉·〈**678**〉·〈**789**〉·〈**891**〉·〈**912**〉 등으로 연달아 있는 연주삼반 괘이다.

地運은 7運에 입수되므로 복이 160년 동안 지속된다.

좌궁의 〈**86** 七〉에서 8艮은 少男이다. 종의명 선생은 "형제들 중에서 3房〔셋째〕, 6房〔여섯째〕, 9房〔아홉째〕은 한 그룹으로 같은 해〔年〕에 복을 받는다. 이들은 8運 중 中宮에 8이 들어가는 2010년(庚寅年)과 9運 중 中宮에 6이 들어가는 2030년(庚戌年)에 크게 복을 받게 된다."고 하였다.

향궁은 〈**18** 九〉이다. 〈**18** 九〉는 연주삼반괘의 영향으로 8運에서 1運까지 연결되어 있기 때문에 향 쪽에 물이 있으면 60년 동안(8運·9運·1運)은 특별히 대발(大發)한다.

다만, 매우 조심해야 할 점은 체괘인 만큼 정확하게 坐向을 놓아야 한다. 정확하고 세밀한 나경이 필요하며 중차대한 일이니 전문가와 상의하거나 아예 사용하지 않는 편이 더 좋을 것이다.

형기살(形氣殺) 또는 형살(形殺)이란 형기풍수의 살기(殺氣)를 의미한다.

❶ 천참살(天斬殺) ☞ 건물과 건물의 좁은 사이로 불어오는 칼바람으로 흉살이 된다.

❷ 옥각살(屋角殺)·장각살(墻角殺) ☞ 건물의 모서리 또는 담장의 모서리가 내 집을 충하면 살기로 작용한다.

❸ 노충(路衝) ☞ 양택에서 도로가 대문이나 건물을 향해 정면에서 직선으로 충(衝)하고 들어오는 것이다.

❹ 반궁수(反弓水) ☞ 물이 마치 활 등처럼 휘어서 등을 보이고 무정하게 흘러가는 모양을 말한다.

❺ 현침살(懸針殺) ☞ 침을 매달아 놓은 것처럼 길고 뾰족하며 날카로운 것이 내품는 살기이다. 가늘고 단단한 기둥, 전봇대, 굴뚝, 키가 큰 나무, 뾰족한 조형물, 첨탑, 고압 송전탑 등이 있다. 교통사고나 수술 등의 피해가 발생하는데, 정면 15도 범위 내에 가깝고 클수록, 미관이 나쁠수록 더욱 큰 흉이 된다.

❻ 단두사(斷頭砂) ☞ 산 위쪽으로 도로가 나 있으면 '단두사' 라고 하는데, 흉한 방위에 단두사가 있거나 또는 올가미 같이 생긴 물이 보이면 인명이 손상될〔自殺〕위험이 있다.

오황살(五黃殺)은 현공에서 가장 위험하므로 중요하게 여기는 살(殺)이다. 오황토성(五黃土星)이 오황살이 된다. 오황살은 매우 흉하여 5가 들어 있는 宮은 결국 오황살에 의해 파괴된다. 오황살은 스스로 썩은 것이다.

오황살이 向宮에 오는 해에는 그 향을 사용하지 않아야 하고, 향궁에 향성 5가 오는 해에는 1년 동안 좋지 않은 일이 생긴다. 비유하자면 五黃은 벌집에 해당된다. 5가 있는 방향을 건드리는 것은 벌집에 손을 대는 것과 같다. 움직이면 불리하며 마침내는 흉하다. 오황살이 있는 방향은 건드리지 않는 것이 최선이다.

오황살 외에도 암검살(暗劍殺)과 파살(破殺)이 있다. 이들은 본래 현공이론은 아니지만, 현공풍수에서도 가끔 사용하며 구성학에서는 아주 중요하게 활용하는 殺이다.

암검살(暗劍殺)은 오황살에 의해 발생하는 것으로, 외부로부터 자신도 모르는 사이에 재해가 오거나 재난에 말려들며, 타인의 방해로 인해 손해를 당하고 목표를 달성할 수 없는 일이 생기거나 여러 가지 피해를 당하게 된다. 오황살이 들어 있는 궁을 마주보는 '대궁(對宮)'과 그 궁의 수(數)는 암검살을 맞아 파괴된다.

파살(破殺)의 파(破)는 싸움을 의미하는 것으로 모든 일을 깨드리는 작용을 한다. 매사에 다툼과 마찰이 생기고 가까운 사람과 이별하거나 사업상 문제가 발생하기도 한다. 年月日時의 지지(地支)를 충(沖)하는 지지가 속한 궁은 파살을 맞는다. 寅년에는 申이, 卯년에는 酉가, 辰년에는 戌이, 巳년에는 亥가, 午년에는 子가, 未년에는 丑이 파살에 해당한다.

이기살(理氣殺)은 조합된 숫자가 특별히 좋지 않을 때 발생한다. 투우살, 천심살, 교검살을 들 수 있다. 산성과 향성의 위치가 바뀌어도 의미는 마찬가지이다.

❶ 투우살(鬪牛殺) ☞ 〈23〉·〈24〉 木剋土 조합이다. 3震은 치우(蚩尤)로, 사나운 전쟁의 신이다. 2坤은 동물로 소〔牛〕가 되어 투우살이라는 이름이 붙여졌다. 강자가 약자를 괴롭히는 흉사가 발생한다. 시비구설, 민사재판의 象도 지니고 있다.

〈23〉은 **3**木 장남이 **2**土 노모를 剋하여 母子가 불화하며 아들이 불효한다.

〈24〉에서 **4**는 큰딸 또는 큰며느리이고, **2**는 모친이나 시어머니이다. 큰딸과 모친 또는 큰며느리와 시어머니가 불화한다. 주로 딸이나 며느리가 노모를 극한다. 不合局이거나 해당궁의 형기가 나쁠 때는 더욱 심하다.

❷ 천심살(穿心殺) ☞ 〈**63**〉·〈**64**〉·〈**73**〉·〈**74**〉 金剋木 조합이다. 심장을 뚫는 殺이라고 하여 '천심살' 이라고 부른다. 득운하지 않으면 특별히 흉한 조합이 된다. 이 중에서도 〈**73**〉은 낙서에서 정면으로 대결하는 象이기 때문에 천심살 중에서도 가장 흉한 조합이다.

❸ 교검살(交劍殺) ☞ 〈**67**〉 金과 金의 조합으로, 싸움·전쟁·살인·형제간의 다툼 등을 유발한다.

玄空風水 高手秘訣

⑧ 巽坐乾向·巳坐亥向

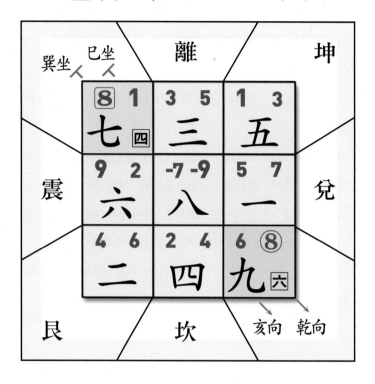

8運의 巽坐乾向과 巳坐亥向은 왕산왕향(旺山旺向)으로 吉한 局이다.

반대편의 乾坐·亥坐도 왕산왕향이며 숫자도 같다. 그러나 같은 왕산왕향이라도 향궁과 좌궁의 성요와 山水에 따라 吉한 정도가 다르다.

巽坐와 巳坐는 향궁이 〈**68** 九 六〉으로 되어 있다. 向宮의 六과 坐宮의 四는 원단반의 낙서수이다. 향궁의 〈**68** 九 六〉은 九火→8土→6六金으로 연속하여 상생(相生)한다. 이렇게 연속적으로 生해 주는 것을 체생(遞生)이라 한다. 체생(遞生)하면 극왕(極旺)하다. 좌궁의 〈**81** 七 四〉도 8土→七金→1水→四木으로 체생한다. 산성과 향성이 모두 극왕(極旺)하기 때문에 다른 왕산왕향에 비해 특별히 아주 吉하다.

7運에 巽坐나 巳坐로 용사한 음·양택은 상산하수국이므로, 주변의 山水가 적합하면 8運에 환천심(換天心)을 해줄 필요가 있다.

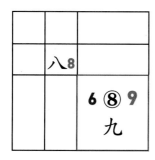

향궁인 乾宮에 門을 내면 왕기인 향성을 動하니 매우 좋다. 8運 중에서도 2010년과 2019년에는 연자백8이 入中하여 乾宮에 9紫火가 온다. 그러면 향궁에는 향성8土, 운반九火에 연자백9火가 더해져서 火土相生格이 된다. 이 두 해에는 승진도 하고 재운도 크게 들어온다.

8과 9는 8運에 왕기와 생기이며 9火는 8土를 상생하므로 〈89〉나 〈98〉은 8運 최고의 성요조합이다. 임금이 주재하는 군신회의에 참여할 정도로 지위가 높아지는데, 이미 은퇴한 사람이라면 건강하고 부귀하게 된다. 결혼·출산·출세·장수하는 경사(慶事)가 있다.

풍수는 원운의 변화를 중시한다. 8은 9運이 되면 실운하여 퇴기가 된다. 그러나 8은 삼길수 중 하나이기 때문에 9運이 되어도 속패하지는 않는나. 8運 왕산왕향으로 집을 지었으면 9運에도 대체로 좋다고 본다.

〈68〉은 양수(陽數)만의 조합이므로 음수와 배합되면 좋은데, 운반수 九가 와서 한 궁에 陰陽이 고루 들어가게 되면 더욱 좋다. 8運에 巽坐·巳坐·乾坐·亥坐의 〈68〉이나 〈86〉조합에는 모두 운반 九陰數가 동궁(同宮)에 있으니 吉하다.

다만, 乾宮의 산성6은 단궁복음(單宮伏吟)이 되므로 乾宮 쪽에 안산이 너무 가깝고 높으면 불리하다.

玄空風水 高手秘訣

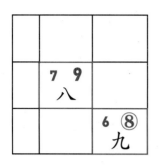

8運 巽坐나 巳坐인 음·양택은 왕산왕향으로, 中宮의 운반수(運盤數)八에서 中宮의 향성수(向星數)9 직전까지가 지운기간이 된다. 中宮의 향성수는 9이므로, 9運이 되면 향성이 중궁에 들어가 재록(財祿)이 다하여 지운이 끝난다. 중궁의 산성7은 시간이 지나 다시 7運이 되면 人丁 중에서도 특별히 출산에 문제가 생긴다는 뜻이다.

8運에 巽坐나 巳坐인 명당을 쓰고 9運이 되면 재운이 끝날 줄 알았는데 계속되었다면 이유는 무엇일까? 만일 향 쪽에 물이 있다면, 9運이 되어도 향 쪽에 운반수九가 있기 때문에 입수되지 않는다. 모든 궁은 중궁과 연결되어 있다. 특히 중궁과 향궁은 항상 숫자끼리 서로 통하여 매우 긴밀하게 연결되므로 두 궁의 산성끼리 또는 향성끼리 서로 연결하여 감정한다.

중궁의 향성과 향궁의 향성은 조건이 맞으면 서로 들락날락한다. 이해하기 쉽도록 비유하자면 중궁이라는 감옥에 갇혀 있는 향성9를 향궁의 향성 쪽으로 꺼내어서, 9運에도 향성9의 역할을 하도록 사용할 수 있다는 말이다. 8運이 지나 9運이 되어도 중궁의 향성9가 향궁으로 나와 활동하니 지운이 끝나지 않는다. 이렇게 되려면 반드시 형기적으로 음택에서는 향궁 쪽에 물이 있거나 양택에서는 도로가 있어야 한다.

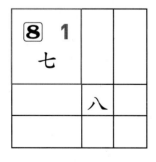

巽宮은 坐宮이다.
巽宮의 〈8土 1水〉 조합은 부엌(火)을 설치하면 좋다. 火生土, 水剋火로 화재가 제압되는 조합이다.

향성1은 차생기이므로 집 뒤에 물이 있다면 발복은 1運까지 간다. 穴의 앞과 뒤에 물이 있어 '태화국(泰和局)'이 된다. 서북향이 의외로 좋다. 일반적으로 남향 명당은 묘를 많이 썼지만 북향 명당은 아직도 많이 남아 있다. 24개 坐向은 처음부터 좋은 좌향과 나쁜 좌향이 정해져 있는 것이 아니라 시운에 따라 달라진다는 점이 현공풍수의 특별하고 중요한 이론이다.

☯ 태화국(泰和局)이란?

태(泰)는 '크다, 넉넉하다, 안정되다, 크게 편안하고 자유롭다.' 는 뜻이고, 화(和)는 '서로 응하다 합하다 합치다.' 라는 뜻이다.

주역(周易)의 11번째 괘(卦)인 지천태(地天泰)는 天 ☰ 위에 地 ☷ 를 올려놓은 모양이고 괘의 이름은 태(泰)이다.

위에 있는 땅〔地〕은 아래로, 아래에 있는 하늘〔天〕은 위로 올라가 서로 교합하는 象으로, '태평(泰平)해진다.' 는 뜻을 가지고 있다. 주역에서는 태평성대를 설명할 때 이 괘를 쓴다.

땅이 위에 있고 하늘이 아래에 있는 모양은 자연의 형상과 역전된 모양이지만, 그러나 바로 이점이 태화(泰和)의 가장 중요한 조건이다. 대지의 음기가 내려오고 하늘의 양기가 상승하는 형상은 음양이 화합하여 조화를 이루는 것을 상징한다. 64卦 중에서 가장 이상적인 괘이다. 따라서 '태화국' 은 '매우 바람직하고 이상적인 국(局)을 이루었다.' 는 것을 뜻한다.

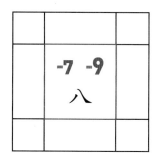

8運에 辰·巽·巳·戌·乾·亥坐의 6개 좌는 중궁이 〈79 八〉로 구성되어 있는데, 이로 인해 이들 좌향의 건물은 항상 화재의 위험이 있다. 주변에 火星을 상징하는 첨각(尖角) 모양이나 붉은색 계통의 건물이 보이면 형기풍수로 火氣가 가미되므로 화재 발생 확률은 더욱 높아진다. 주택의 경우 집 중앙에 주방이나 난로가 있으면 위험하다.

☯ 풍수를 이용하여 결혼하는 방법

현공풍수의 성요수(星曜數)를 해석한 『자백결(紫白訣)』에는 "8백이 9자를 만나면 혼인하는 기쁨이 거듭된다_八逢紫曜 婚喜重)."라는 구절이 있다. 8백은 본래 吉星인데, 기쁨이나 꽃을 뜻하는 9를 만나면 결혼을 하는 경사가 생기게 된다.

〈89〉는 9火가 8土를 火生土로 相生한다. 본래 8은 좌보(左補)이고 9는 우필(右弼)이 되어 좋은데다가 9는 기쁨의 별(喜氣), 홍란성(紅鸞星)이라고 하며 주로 결혼을 하는 즐거움이 생기고 자손이 번창하는 경사가 생긴다.

8白土星은 8運에 왕기이니 다른 운보다 힘이 더욱 강하여 확실히 결혼을 하고, 이미 혼인했다면 아들을 얻는 기쁨이 있다. 〈89〉의 위치에 火의 색상인 홍색이나 자색(紫色)으로 침대나 방을 꾸미고, 꽃그림이나 꽃병을 둔다면 효과는 더욱 상승한다.

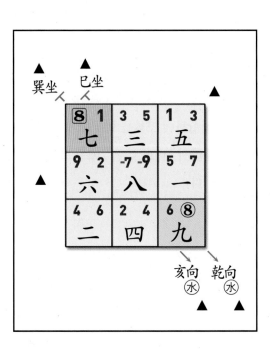

8運의 巽坐乾向·巳坐亥向에서 산이 있어야 할 곳과 물이 있어야 할 곳을 구궁도에 표시해 보면 왼쪽과 같다.
向 쪽의 안산은 조금 멀리 있는 것이 좋다.

왕산왕향이라도 형기가 거꾸로 되어 있다면, 즉 산이 있을 곳에 물이 있고 물이 있을 곳에 산이 있다면 실질적으로는 상산하수가 된다.

山水가 있어야 할 곳에 있느냐 없느냐, 있다면 얼마나 가깝고 크게 있느냐 등에 따라 화복의 유무와 내용 그리고 지속기간이 달라진다. 즉, 形과 理를

玄空風水 高手秘訣

겸찰(兼察)해야 정확한 분석이 가능하다.

묘 위에 저수지가 있다면 어떻게 해석해야 할까?

8運에 巽坐乾向은 왕산왕향이다. 형기도 잘 맞아 합국인데 다만, 봉분의 뒤쪽으로 조금 떨어져서 저수지가 있다면 저수지가 봉분보다 높으니 산으로 보아야 할까, 아니면 저수지에 물이 가득 차 있으니 물로 보아야 할까?

풍수에서 산은 陰, 물은 陽이다. 정적인 것은 陰이고 동적인 것은 陽으로 본다. 산 위의 저수지는 보이는 그대로 山中水로 본다. 陰 중의 陽이다.

산 중에 물이 있으면 산은 산인데 산의 힘의 강도가 약하다. 100점짜리 산이 저수지나 물의 양에 따라 60점도 될 수 있고 80점도 될 수 있다. 저수지의 물은 움직이지 않는다. 물은 움직이는 성질이 있어 陽인데 움직이지 않고 고여 있으니 비중이 떨어진다.

물을 해석할 때는 움직이는 물은 양기가 충만한 물로서 수량이 적어도 힘이 있다고 보며, 고인 물은 수량이 많아도 힘이 적다고 해석한다.

玄空風水 高手秘訣

9 丙坐壬向

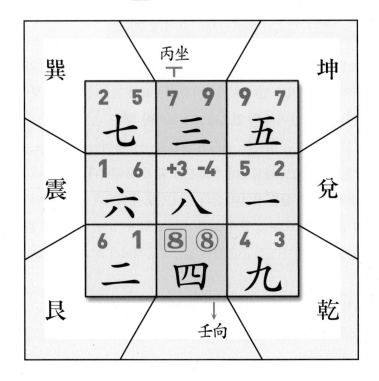

8運에 丙坐壬向은 ⑧⑧이 모두 향 쪽에 있는 쌍성회향국(雙星會向局)이다. 쌍성회향은 향 쪽에 물이 있고 물 다음에 산이 있으면 합국이다.

향성8 쪽에 물이 있으면 금전운이 좋다. 산성8 쪽에 산이 있으면 출산이 많고 산이 아름다우면 인물도 난다. 합국이라면 향쪽으로 물이 있고 그 뒤에 안산과 조산이 있게 된다. 안산과 조산은 물 뒤에 있으므로 거리상으로 비교적 먼 곳에 있게 된다.

쌍성회향 합국은 재물은 아주 좋고 사람은 반절정도 좋다. 만일 앞쪽에 물이 없이 바로 산이고 그 뒤에 물이 있다면 사람에게는 좋고 재물은 좀 부족하다. 배산임수 형국일 때 쌍성회향은 기본적으로 재물운이 좋다.

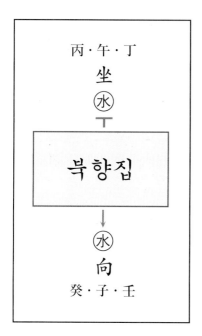

2013년은 8運이 반절 정도 지났으므로 특히 양택에서는 向 쪽에 물이 있으면 기본적으로 좋고, 여기에 추가하여 건물의 坐 쪽에도 물이 있다면 재물운이 더 좋을 수 있다. 坐 쪽에 향성 생기성인 **9**가 있기 때문이다. 이때는 태화국(泰和局)이 된다. 특히 영업을 하는 상가는 丙·午·丁坐〔북향〕에 건물 앞·뒤로 물이 있으면 재운이 최고다. 집 앞에 도로가 있고 뒤에 강이 있는 북향집도 재물운이 좋다.

일반적으로도 상가 건물은 남향보다는 북향이 더 유리하다. 남향은 여름에는 빛이 너무 많이 들어오고, 사람들은 뜨거운 햇볕을 피해 그늘이 있는 쪽의 인도로 걸어 다니기 때문이다.

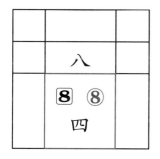

향궁인 坎宮은 **4**木과 **8**土로 구성되어 있다.

일반적으로 木은 土를 극하지만, 여기에서는 강한 **8**土의 세력이 오히려 木을 극한다. 〈**83**〉과 〈**84**〉는 어린이가 다칠 수 있는 조합이다. 양택에서는 坎宮을 어린이 방으로 사용하지 않는다.

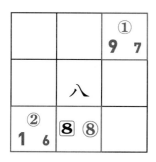

8運에 가장 좋은 숫자는 **8**·**9**·**1**이므로 양택에서는 산성 **8**·**9**·**1**이 있는 방을 사용하는 것이 좋디. 家長은 8運에 **8**자가 있는 향궁 坎宮의 방을 사용한다.

남편을 무시하는 부인은 **①**방에 가면 남편을 잘 내조하게 된다. **9**火 부인이 **8**土 남편을 생하는 원리이다.

순악질 부인이라면 **②**번의 방을 사용하면 숨은 낙서수 **8**土가 **1**水를 극하며, 〈**16**〉은 陽數 조합이므로 남편에게 꼼짝 못한다. 이 방법은 효과가 매우 좋다.

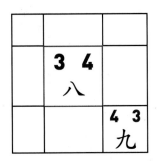

좌궁인 離宮에 방이 있다면, 이 방은 재물은 좋지만 人丁에 유리할 것은 없다. **9**는 화려함이나 기쁨을 의미한다. **7**은 '입에서 폐까지' 이므로 건물 내의 이 위치에 술집이나 노래방이 있다면 적합하게 된다.

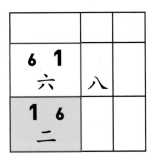

중궁의 **3·4**木이 八土를 剋한다. 제화가 필요한데, 木剋土보다는 木生火로 제화하는 것이 더 격이 높다.

중궁에 火를 넣어 주면 木生火→火生土로 乾宮보다 좋아진다. 중궁은 반드시 火의 기운을 보충하여 상생시켜 준다.

기본적으로 **1**은 2·3運만 빼고는 어느 運이든지 다 좋다.

6자는 배합되는 숫자를 본다. **6**이 **1**을 만나면 아주 좋다.

1과 **6**의 배합은 공부방으로 적합하다. 출세할 방이다.

人丁에는 8運에 산성**6**자보다는 산성**1**자가 더 좋기 때문에 자녀 공부방으로는 두 宮 중에서 艮宮이 더 좋다.

🔯 출세하는 조합수

〈**14**〉 水生木. 시험합격 출세

〈**16**〉 金生水. 선거당선으로 출세

〈**19**〉 특별승진, 벼락 출세, 최고위직, 통치자.

〈**39**〉 木生火. 강직하고 총명한 사람.

〈**49**〉 木生火. 부드럽고 총명한 사람, 승진 출세

〈**87**〉 土生金. 학력은 높지 않아도 명예학위를 수여받는다〔異路功名〕, 특별채용

〈**89**〉 火生土. 왕이 주재하는 군신회의에 참여할 정도로 지위가 높아진다〔位列朝班〕.

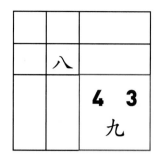

乾宮의 조합수 〈43〉은 木과 木으로 꽃도 없고 열매도 없이 잎 사귀만 무성하여 노력해도 결과가 없다. 따라서 공부방이나 사무실 자리로도 좋지 않다. 강한 木의 기운을 설(泄)해 줄 火가 필요하다. 九火가 있기는 하지만 火기운을 더욱 보충해 주어야 한다. 가장 간편하면서도 효과적인 방법은 벽지나 장판 등의 색깔을 火의 색깔로 바꾸는 것이다.

🔮 수험생의 방

공부방으로 좋은 조합은 〈13〉·〈14〉·〈16〉·〈19〉·〈39〉·〈49〉이다.

이 중에서 〈13〉과 〈14〉는 水生木 조합이고, 〈39〉와 〈49〉는 木生火로, 木火通明의 象을 가진 조합이다.

〈+1 +3〉보다는 〈+1 -4〉가 陰陽배합이 잘 되므로 격이 더 높다. 또한 〈+3 -9〉 陰陽 조합이 〈-4 -9〉 陰陰 조합보다는 음양의 조화가 이루어지기 때문에 격이 더 높다. 〈-4 -9〉는 순음조합이므로 개성이 비교적 음적이고 부드러운 총명한 사람이 나온다. 〈39〉는 총명하고 상직한 인물이 배출된다. 〈39〉는 인문·사회쪽이고, 〈49〉는 수학이나 연구직에 더 적합하다.

하도에서 생수(生數)와 성수(成數)가 짝을 이룬 〈16〉·〈27〉·〈38〉·〈49〉도 시작과 그에 따른 결실이 있기 때문에 공부방으로 적합하다.

더럽고 냄새 나고 보기 흉한 물건이 공부방에 있으면 기능이 저하되며 土와 관계되는 물건이 있어도 좋지 않다. 본래 土는 우둔한 성질이 있기 때문이다. 〈92〉나 〈95〉의 火生土 조합은 '불이 꺼진다.'는 의미로, 밝음〔火〕이 재〔土〕로 변화하는 격이니 총명함이 사라져 공부방으로는 적당하지 않다. 또한 〈18〉은 정신병이나 우매한 바보, 〈59〉는 우둔한 사람을 의미하므로 이들 조합은 공부방으로 적합하지 않다.

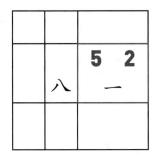

		9　7 五
	八	

8運에 산성**9**는 생기수(生氣數)라서 인정이 좋다. **9**는 출산의 뜻이 있으므로 신혼부부방으로 아주 적합하다. 향성**7**은 8運에 퇴기이며 **9**火가 **7**金을 剋하므로 이 방의 재물운은 그저 그렇다. 임신과 출산에 관련된 숫자는 산성**1**과 산성**9**이다. 坤宮에 좋은 산이 있으면 五는 무시해도 괜찮다.

		5　2
	八	一

兌宮의 왕성한 **5**土 · **2**土의 기운을 부드럽게 설기(泄氣)시킬 金이 필요하다. 금고나 소리 나는 괘종시계를 두면 제격이다. 〈**52**〉·〈**25**〉는 합국이면 왕정거부(旺丁巨富)이지만 불합국이면 과부, 홀아비, 질병, 횡화(橫禍)를 당하는 제일 흉악한 조합이다. 이 방향으로 문을 내면 집에 아픈 사람이 있을 수 있으므로 문을 바꾸는 것이 제일 좋으나 사정이 여의하지 않으면 약품 상자를 둔다.

玄空風水 高手秘訣

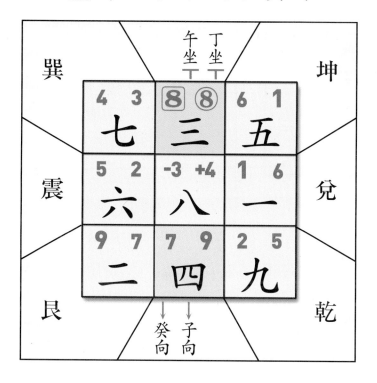

⑩ 午坐子向·丁坐癸向

8運에 午坐子向과 丁坐癸向은 쌍성회좌국(雙星會坐局)이다.

좌향을 확인하였으면 다음에 보아야 할 것은 주변의 山水이다. 쌍성회좌에서는 뒤에 물이 있고 물 다음에 산이 있는 지세가 되어야 合局이 된다. 다만 지대가 평평한 도심지에서는 합국여부에 대해 크게 상관하지 않기 때문에 쌍성회좌라도 비교적 무관하다.

일반적으로 쌍성회좌는 인물은 좋지만 재물은 약하다. 그러나 예외도 있다.

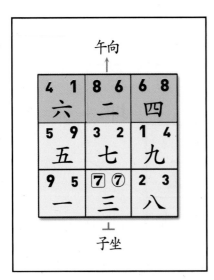

7運에 子坐午向이다. 쌍성회좌국이며 산성합십
국이다. 따라서 인물에 굉장히 좋은 자리이다.
쌍성회좌는 원래 재물이 약하다. 그러나 이 자리
는 특별히 향 쪽에 **1·6·8** 삼길수가 있어 재물
발복, 향 발복을 기대할 수 있다. 큰 재물도 얻을
수 있다.

다른 궁은 궁을 구성하는 숫자가 세 종류씩 있는데 비해, 쌍성회향의 향궁
과 쌍성회좌의 좌궁은 88이 있어 宮을 구성하는 숫자가 8과 운반수 두 개뿐
이다. 그러므로 88이 몰려 있는 향궁이나 좌궁을 해석할 때는 원단반의 숨은
낙서수도 고려해 준다. 숫자가 세 종류씩인 다른 궁은 낙서수까지 모두 포함
하여 해석할 필요가 없다. 宮에 이미 드러나 있는 숫자 세 개만 잘 해석해도
충분히 훌륭하다.

午坐·丁坐 양택에서 문을 내는 방위에 대해 알아보자.

먼저 향성8·9·1이 있는 쪽을 살펴본다.

향성8인 離宮A에 대문을 내면 왕기(旺氣)가 되어 제일 좋으나 뒷집이 있어
불가능하다.

향성9인 坎宮B에 대문을 내면 생기(生氣)가 되어 다음으로 좋지만 〈79〉가
흉수조합이기 때문에 제화를 해주어야 한다.

坤宮의 향성1은 차생기이면서 보좌기(輔佐氣)이다.

兌宮은 〈**16**〉 길수조합으로 오히려 坎宮보다 더 좋은 방위이다.

이때는 마당 일부를 활용하여 담을 쌓아 골목길을 만들고 C에 대문을 내는 방법도 있다.

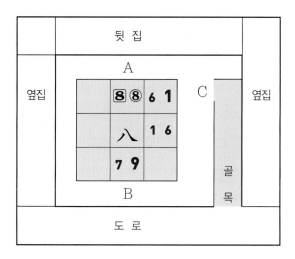

🔵 **북향명당**

주택은 물론이고 묘도 남향을 선호한다. 그러나 풍수에서는 특별히 좋은 坐向이 정해져 있는 것은 아니며, 24개의 좌향 어디든지 명당도 될 수 있고 흉당도 될 수 있다.

지기(地氣)는 땅 속의 맥을 따라 흘러가다가 적합한 장소에 혈을 맺는다. 결코 좌향에 따라 혈을 맺는 것이 아니다.

최명우 선생은 『**시간과 공간의 철학 현공풍수**』에서 남향을 선호하게 된 이유를 다음과 같이 밝히고 있다.

"조선조 경복궁을 건설하면서 坐向을 결정하는데 남향을 주장한 정도전의 이론적 근거는 『주역』〈설괘전(說卦傳)〉에 있다. '성인은 남쪽을 바라보고 천하의 말을 들어서 밝음을 향하여 다스린다_聖人南面而聽天下 嚮明而治'라고 나온다. 그러나 여기에서 남면(南面)이란 궁궐의 坐向을 남향으로 해야 한다는 뜻이 아니다. 후천 팔괘에서 남쪽에 있는 離卦는 오행상 火에 속하고 '밝음'이란 의미가 있는 것으로 성인 즉, 군왕은 정치를 밝게 해야 한다는 뜻이다. 정도전 선생이 자신의 이론을 강력하게 주장하기 위하여 설괘전을 아전인수격으로 해석한 것이다."

☯ 북향과 남향의 6개 坐는 운에 따라 局이 편중된다

24坐向 중에서 북향을 하거나 남향을 하려면 이궁(離宮)이나 감궁(坎宮)에 속한 坐이어야 한다. 이궁에는 丙·午·丁이 있고 감궁에는 壬·子·癸가 있다.

특이하게도 북향[丙坐·午坐·丁坐]과 남향[壬坐·子坐·癸坐]의 6개 坐는 운에 따라 局이 편중된다. 한 運에 4局[왕산왕향·쌍성회향·쌍성회좌·상산하수]이 골고루 배정되는 것이 아니라, 어떤 운에는 왕산왕향과 상산하수 두 국만 있고, 어떤 운에는 쌍성회향국과 쌍성회좌국만 있다.

5運에는 상산하수와 왕산왕향 두 가지만 있다. 쌍성회향과 쌍성회좌는 없다. 5運을 제외한 다른 운[1·2·3·4·6·7·8·9運]에는 쌍성회향과 쌍성회좌만 있다.

11 未坐丑向

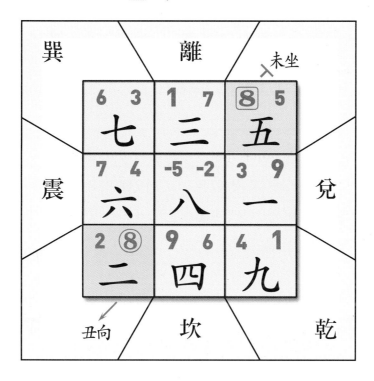

　8運의 未坐丑向은 왕산왕향(旺山旺向)에 모든 궁이 향성합십(向星合十)이 되는 매우 특별한 기국(奇局)이다. 중궁에 집이나 묘가 있을 때 뒤쪽 未坐 쪽에 산이 있고 앞쪽 丑向 쪽에 실제로 물이 있으면 왕산왕향 합국으로 정재양왕(丁財兩旺)하여 인물과 재물 모두 좋다.

　8運 未坐丑向은 운반 전체가 향성(向星)과 운반(運盤)이 합십이다. 합십이 되면 '귀인이 돕고 부족한 것을 귀인이 와서 보충시켜 준다. 타인의 결정적인 도움을 받는다.' 는 뜻이 있다.

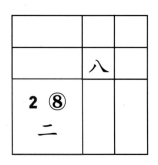

8運 未坐丑向의 艮宮은 向宮이므로 음택이라면 형기적으로 실제 앞에 물이 있고 그 앞에는 안산이나 조산이 있을 가능성이 높다. 이때 문제가 될 수 있는 것은 산성**2**자이다. 산성**2**자에는 안산이나 조산이 없는 것이 가장 좋으며 멀리 있을수록 좋다.

향성8과 운반2가 合十이다. 뜻하지 않은 좋은 일이 생긴다.

선천에서 2坤〔坎宮〕과 8艮〔乾宮〕은 서로 이웃해 있고, 후천에서는 마주보며 음양상배(陰陽相配)와 자웅정배(雌雄正配)의 정을 통한다. 人丁뿐만 아니라 재물도 우연히 많이 들어온다.

2는 질병의 숫자이다. 5와 만나면 악질이 된다. 8運 未坐丑向 불합국의 묘를 썼을 때 향 쪽에 있는 산 때문에 생길 수 있는 질병은 2와 배합된 숫자 8과 관련된 질병이다. 척추·관절·코·손 등이다. 실제로 向宮에 산이 가깝게 있는 未坐丑向 부모의 묘를 쓰고 난 후, 형은 작업장에서 떨어져 척추를 다치고 동생은 손가락이 단절되는 사고가 있었던 사례도 있었다.

8艮 ☶은 陽이 위에서 움직이므로 팔이나 손을 의미한다.

3震 ☳은 陽이 아래에서 움직이니 다리를 뜻하고 4巽 ☴은 위쪽 두 개가 움직이니 유방이나 가슴 쪽이다. 이렇게 卦의 象을 응용하여 영향을 받는 신체 부위를 알 수 있다.

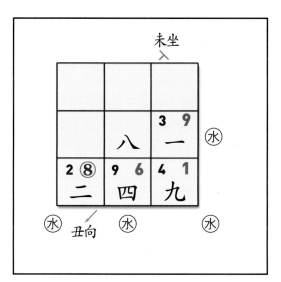

【8運 未坐丑向과 물】

만일 물이 이렇게 있으면 부호(富豪)가 난다. 8運은 **8·9·1**의 비중이 크므로 향성 **8·9·1** 쪽에 물이 있으면 재물운이 아주 좋다.

未坐가 왼쪽 그림처럼 물이 있다면 당운성(當運星)인 **8·9·1**, 삼길수인 **1·6·8**, 여기에 向星合十까지 더해져 경제적으로 매우 풍요롭게 된다.

未와 丑은 地·天·人元龍 중에서 地元龍이다. 대체로 지원룡에서 큰 부자가 난다.

坎宮의 〈**96**〉에서 향성6자는 8運에 좋은 숫자는 아니지만 짝꿍인 산성9가 生氣이므로 그 덕을 본다. 향성6이 속한 감궁을 주변 宮의 좋은 숫자들이 포위하고 있다. 위의 구궁도에서 **감궁**의 〈**96**〉은 좋은 이웃들을 만나서 물이 있어도 흉이 없고 吉로 묻어간다. 반대로 평이한 宮이라도 양쪽 옆의 궁들이 흉하면 흉과 흉 사이에 끼어 흉으로 해석된다.

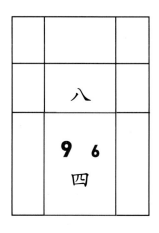

산성**9**에 너무 가깝지 않게 산이 있다면 인물들이 실력발휘를 할 수 있다. 〈**96**〉은 火剋金으로 약간의 부작용이 따른다. 그러나 산이 있다면 약간의 부작용은 무시한다.

9는 화려한 꽃이고 **6**은 직장의 장·머리·정력을 뜻한다. 그러므로 〈**96**〉조합은 '장수하고 정력에 꽃이 핀다.'는 의미를 갖는다. 회춘하는 최고의 조합이므로 고령자(高齡者)는 감궁의 방을 쓴다. 다만 **9**火는 중녀이고 **6**金은 아버지로, 자녀가 부친에게 대드는 象이 있어 자녀방으로는 적합하지 않다.

향성6자는 8運에 吉일까? 凶일까? 6자는 짝이 되는 수가 중요하며, 그에 따라 吉과 凶을 판단한다. 8運에 〈86〉, 〈96〉, 〈16〉 등의 배합은 吉하다.

		9
⑧	6	1

네 궁의 향성을 보자.
〈68〉은 거부, 〈69〉는 장수·회춘, 6의 양쪽에 있는 향성8과 향성1의 〈81〉조합은 고진감래(苦盡甘來)이다. 옆에 있는 宮이 좋아서 덩달아 좋아진 것이다.

성요조합을 해석할 때는 1개 宮의 산성과 향성, 그리고 운반을 중심으로 추론하는 것이 기본이다. 여기에서 더 나아가 옆에 있는 宮인 '인궁(隣宮)'도 함께 해석하면 더 깊이 있는 해석이 된다.

산이나 물은 1개 宮인 45도 범위 안에 있기도 하지만, 대개는 옆 궁까지 2개 이상의 宮에 걸쳐 있는 경우가 많다. 연달아 있는 2~3개 宮의 성요조합이 길수조합이면서 산이나 물이 2개 이상의 宮에 걸쳐 있으면 동반상승효과 〔Synergy〕를 내어 영향력이 더욱 강해진다.

		⑧ 5 五
	-5 -2 八	
2 ⑧ 二		

【8運 未坐丑向】

8運의 未·坤·申坐, 丑·艮·寅坐는
향궁－중궁－좌궁의 숫자가 2·5·8 세 숫자로만 되어 있다.
총 9개 숫자 중에서 2·5·8은 각각 3개씩이다.
나머지 궁들은 숫자가 다 다르다.

玄空風水 高手秘訣

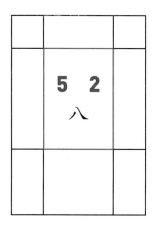

양택에서 그 집안의 분위기나 정서는 중궁을 보고 판단한다. 중궁은 외부로부터 보호받고 있다. 나빠도 나쁜 것이 바로 나타나지는 않는다. 중궁의 〈52〉조합은 악질적이고 고질적인 질병을 뜻하는데, 암이나 불치병이 대표적이다. 제일 나쁜 성요조합이다.

얼마나 흉할까? 만일 왕산왕향 합국이라면 흉은 무시한다. 왕산왕향 합국이면 산성 8과 향성 8의 좋은 기운이 왕성(旺盛)하여 중궁까지 퍼졌다고 보기 때문이다.

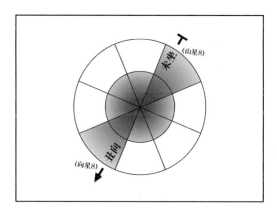

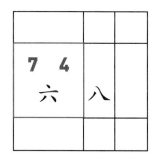

震宮의 산성수는 7이다. 8運의 7은 퇴기이므로 이 방향에는 산이 없어야 좋다. 조·안산은 멀리 있어야 하고, 멀리 있으면 영향력이 약하므로 특별히 해석할 필요가 없다.

〈74〉 조합은 불합국일 때에는 대체로 사고·음란이다. 7陰金은 소녀로, 젊고 육체적인 것을 뜻한다. 좋지 않을 때는 술집작부·기생·3류 탤런트·사기성이 있는 화려한 여자를 뜻한다. 4陰木은 좋을 때는 현모양처를 뜻하고 나쁠 때는 겉으로는 후덕하나 뒤로는 이간질을 하는 사람이다. 7과 4는 陰數이다. 낙서수 중에서 2·4·7·9는 음수이며 1·3·6·8은 양수이다. 음수가 음수를 만나면 음란이 생기고 양수가 양수를 만나면 폭력이 발생한다.

3震·4巽은 文이라 조금 점잖고 6乾·7兌는 武라서 3·4보다 더 육체적이다. 震宮의 〈7·4·六〉 조합은 양수인 6이 있으니 음란이 조금 덜하다. 陰만으로 되어 있거나 陽만으로 되어 있으면 균형을 잃었기 때문에 좋지 않고 음양이 적당히 배합되어야 좋다.

4	9	2
3	5	7
8	1	6

만일 양택이라면 震宮의 방은 사용하지 않는 것이 좋다. 그렇다고 震宮을 빼버리고 왼쪽 그림처럼 집을 지으면 오히려 장남에게 나쁘다. 결각(缺角)이 된 3震은 장남을 상징하기 때문이다.

6 3 七		
	八	

〈63〉은 남성불임을 의미한다. 신혼부부가 이 방을 쓰면 임신이 쉽게 되지 않는다. 6金 아버지가 3木 장남을 剋하여 부자가 불화한다. 겉보기에는 아들만 당하는 것 같지만, 剋하는 者도 힘이 빠진다. 剋을 해석할 때는 剋을 하는 쪽도 피해를 보게 된다고 해석해야지, 당한 쪽만 해(害)를 입는다고 생각하면 안 된다.

〈63〉은 남성불임이고 〈12〉는 여성불임이다. 〈15〉도 낙태, 불임, 유산의 조합이다. 신혼부부의 방은 산성9가 있는 宮이 제일 좋다. 8運에 산성8은 현재의 기운이지만 9나 1은 미래의 기운이다. 자녀는 미래이고, 미래는 生氣이기 때문이다.

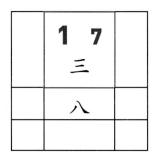

산성**1**에 산이 있으면 좋다. **1**水가 三木을 生하니 공부방으로 좋다. 離宮의 낙서수는 九이며 산성**1**과 합십이 된다.

공부방으로 좋긴 좋은데 **7**소녀와 함께 있으니 남성의 경우는 공부를 더 잘 하려면 여성을 멀리해야 한다.

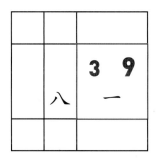

향성**9**와 운반수 一이 합십이 된다. 향성**9**에 물이 있으면 8運에도 재운이 좋고 9運에는 더 좋다고 감정한다.

〈**39**〉조합은 목화통명(木火通明)으로, 문명의 상이다. 공부를 잘 하고 총명한 인물이 난다. 양택이면 공부방으로 사용한다.

木生火로 인해 태어나는 총명한 인물은, 어떤 木이 火를 生해 주느냐에 따라 인물의 성격이 달라진다. 3陽木이 9火를 生해 주면 개성이 강직하고 굳건한 인물이 나고, 4陰木이 9火를 生해 주면 개성이 비교적 음적이고 부드러운 인물이 난다.

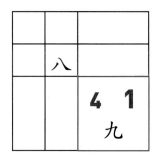

8運에 향성**1**은 차생기(次生氣)이며 보좌기(輔佐氣)이다. 물이 적당히 있으면 8運에도 재운이 좋지만 1運에는 더욱 왕성하다. 그러나 물이 너무 가깝고 수량이 너무 많으면 과유불급(過猶不及)이라 돈에 치인다. 이때는 상록수를 심어 물을 적당히 가려준다. 이 방법을 차형통기(遮形通氣)라고 한다.

8運에 산성4는 좋은 숫자가 아니므로 이 방향에 산이 있으면 좋지 않다. 그러나 만일 산이 멀리 있다면 좋게 본다. 산이 연못이나 호수의 수면에 반사되어 비치면 좋다. 乾宮의 산성4는 매우 특별하다. 조합수를 잘 만났기 때문이

다. 〈14〉 〈49〉는 水生木→木生火로 순환상생한다.

〈41〉조합은 吉할 때는 과거급제·승진이다. 수험생에게도 최고의 숫자이다. 양택이라면 공부방으로 좋다. 좋으면 〈39〉보다 좋다. 그러나 凶할 때는 음란으로 본다. 1은 음란, 4는 방탕으로, 나쁘게 되면 음란하고 방탕하다. 공부방으로 좋을지 아니면 음란·방탕으로 나쁘게 해석할지는 어떻게 판단하는가? 합국이면 좋게 보고, 불합국이면 나쁘게 본다.

【8運 未坐丑向 대문 내기】

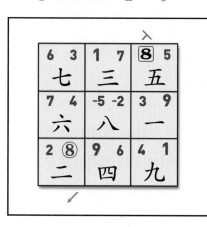

양택에서는 대문이 가장 중요하다.
대문은 득운한 향성〈8·9·1〉에 내는 것이 좋다.
비록 왕산왕향 합국일지라도 대문을 잘못 내면
흉사가 생긴다.

艮宮 〈28〉 대문은 향성8이 왕기이므로 제일 좋다.

兌宮 〈39〉 대문은 향성9가 생기가 되어 좋다. 다만 산성이 3이기 때문에 산이나 고층건물이 보이지 않아야 한다.

乾宮 〈41〉 대문은 향성1이 차생기이니 좋다. 다만 산성이 4이기 때문에 산이나 고층건물이 보이지 않아야 한다. 그렇지 않다면 가족 중 음탕(淫蕩)한 사람이 나오기도 한다.

離宮 〈17〉 대문은 퇴기7金이 1水를 상생하지만 향성이 실운하였으므로 이성(異性)이나 술을 좋아하다가 경제적 손실을 입는다.

坎宮 〈96〉 대문을 내면 향성6이 쇠기(衰氣)로 실운했으므로 혈증(血症), 폐

병(肺病), 뇌염(腦炎), 두병(頭病), 뇌출혈(腦出血), 관사(官司) 등의 흉사로 인하여 재운은 줄어든다.

巽宮 〈63〉 대문은 6乾金〔父〕이 3震木〔長男〕을 金剋木하고 향성3이 살기(殺氣)로 실운했기 때문에 부자간에 불화가 발생한다.

震宮 〈74〉 대문은 향성4가 살기(殺氣)로 실운이므로 산과 물이 보이지 않아야 흉사가 생기지 않는다. 그런데 물이 보인다면 음풍추문(淫風醜聞)하고, 불인불의(不仁不義)하며, 오직 이로움만 쫓는 사람이 나온다. 〈74〉에서 7은 소녀이고 4는 장녀로 모두 여자이기 때문에 대개 여자에게 발생한다.

坤宮 〈85〉 대문은 살기(殺氣)인 향성5로 인하여 본래는 과부나 홀아비가 난다. 그러나 당령수(當令數)인 8과 짝을 했으니 조금 좋게 해석하여 승려, 신부, 수녀 또는 독신남녀가 생기게 된다. 향성5 방향에 형기가 흉하면 횡화(橫禍), 종독(腫毒), 흉사(凶死)가 발생한다.

12 坤坐艮向 · 申坐寅向

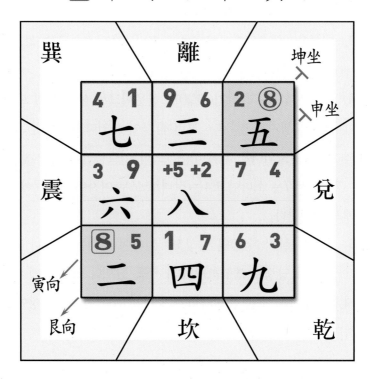

상산하수(上山下水)에 '복음(伏吟)' 까지 겹쳐, 아주 흉하니 피해야 하는 坐向이다.

8運에 상산하수 복음은 艮坐 · 寅坐 · 坤坐 · 申坐이다. 부모삼반괘의 영향으로 처음에는 무난할 수도 있지만, 결국은 가파인망(家破人亡)하므로 특히 음택에서는 피해야 한다. 다만 양택에 한하여, 주변 지형이 평지이거나 '전고후저(前高後低)'라면, 합국에 부모삼반괘가 되어 길상(吉象)이 된다. 산이 없는 평양지의 상산하수는 음양택이 가능하다.

4 四	9 九	2 二
3 三	5 五	7 七
8 八	1 一	6 六

8運에 坤坐와 申坐는 산성수와 원단반의 숫자가 같으므로 복음이 된다.

		2 ⑧ 五
	八	

합국일 때, 향성 8이 있는 坐宮인 坤宮에 문이 있다면 〈28〉은 합십이니 좋은 일이 생긴다. 곤궁에는 향성8土, 산성2土, 운반5土로 모두 土星이다. 사업 방면에서는 부동산이나 건축사업에 종사하거나 이런 계통의 직업을 가지면 재운이 더욱 좋다. 이 집은 8運 내내 재물이 왕성하다.

  2坤土와 8艮土는 같은 土이지만 2坤土는 평평하고 낮은 구릉이나 평지에 해당하고 8艮土는 높은 山에 해당한다.

		2 ⑧ 五
	5 2 八	
⑧ 5 二		

향궁과 좌궁의 8이 2나 5의 흉수와 결합한 것은, 8運에는 문제가 되지 않는다.

조합수를 해석한 서적 중의 하나인 『현기부玄機賦』에 "하나의 귀함이 권세를 잡으니 모든 흉이 굴복한다_一貴當權, 諸凶攝服." 라고 하였다. 2와 5가 흉수라도 8이 왕기로 작용할 때에는 무관하다. 그러나 8運이 지나면 그에 따른 흉이 나타난다.

  未坐·坤坐·申坐·丑坐·艮坐·寅坐는 1·4·7運에는 1·4·7, 2·5·8運에는 2·5·8, 3·6·9運에는 3·6·9 숫자만으로 좌궁·중궁·향궁이 구성된다.

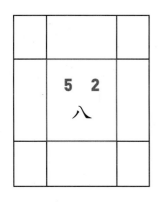

8運에 坤坐와 申坐는 中宮이 〈52〉이다.

坤卦인 2는 순음(純陰)이기 때문에 음수들 중에서 음기가 가장 강하다. 5는 본래 음양이 없지만 당운(當運)이 아니면 대흉살(大凶殺) 또는 관살(關殺 ☞ 가두어 놓고 죽임)이 되어, 낙서 아홉 개의 숫자 중에서도 가장 흉한 숫자이다.

나쁠 때는 병부(病符)의 의미를 지닌 〈52〉로 인해 질병이 생기며 심하면 사망하게 된다.

귀신은 밝은 곳을 싫어하므로 음기(陰氣)가 강한 어두운 곳에 자주 나타난다. 만일 합국이 아닌 집이 어둡고 음습하다면 귀신이 출현할 수도 있다. 만일 〈52〉가 中宮이 아니고 다른 방위에 있다면 해당 장소에 나타난다.

그러나 주택이 합국이라면 이런 걱정은 하지 않아도 된다. 설령 〈52〉로 인해 귀신이 집에 존재하고 있다고 하더라도 감히 나타나지는 못한다. 8運이 지나면 귀신출현은 있을 수 있으나 음침한 지하실 같은 곳에서나 보일 뿐이다. 따라서 8運에 坤坐나 申坐 합국인 주택을 지을 때에는 지하실을 만들지 말고 집안에 햇빛이 충분히 들어올 수 있도록 창문을 크게 해주는 것이 좋다.

현공풍수에서 음수(陰數)에 해당하는 2·4·7·9가 여러 개 모이는 곳은 陰氣가 강하다. 陰數가 너무 많으면 여자들이 득세를 하고 딸을 출산할 확률이 높다. 아주 나쁘면 화류계로 나가게 되고 형기까지 不合局이라면 강한 음기가 귀기(鬼氣)로 변하니 귀신이 나타나기도 한다. 대개 여자 귀신이 나타나는데, 왜냐하면 2母·4長女·7少女·9中女는 모두 여성을 의미하기 때문이다. 해당 장소를 24시간 조명으로 밝게 해주고 통풍(通風)이 잘 되도록 하여 습기를 제거하고 청결하게 해주면 이기상(理氣上)의 음기(陰氣)가 형기(形氣)의 보완으로 나타나지 못한다.

合局일 때 巽宮에 물이 있으면, 물은 부귀빈천을 주관하므로 창업하여 집안이 일어나고 명성이 자자해진다. 공부를 잘하여 시험에 합격하거나 승진하는 사람이 나온다. 〈41〉이 한 궁에 있고, 더구나 4가 원래 낙서수 자리인 巽宮에 있으니 진정한 문창위(文昌位)라고 할 수 있다.

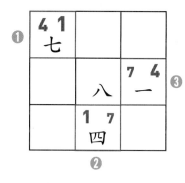

❶巽宮 ❷坎宮 ❸兌宮은 1과 4가 동궁(同宮)에 있다. 이들 궁에 책상을 놓으면 좋다. 일을 하건, 공부를 하건, 모두 두뇌가 영민하고, 사고가 민첩하고, 시험을 보면 상위권이고, 일을 하면 명예가 크게 높아진다.

❶巽宮이 가장 좋은데, 8運에 차생기이자 보좌기인 향성1이 인물을 주관하는 산성을 相生해 주기 때문이다.

〈96〉은 9火〔中女〕가 6金〔父親〕을 剋하는 조합이다. 불합국일 때는 딸이 아버지에게 반항하고 나아가 자녀가 부모에게 불효한다. 9가 있는 離宮에 물결치는 듯한 水山이 있다면 조금 약해지지만, 火山이 있으면 나쁜 영향력은 더 커진다.

합국이고 離宮에 산이 있으면 부귀장수하다. 6金은 정력, 9火는 꽃이기 때문에 회춘한다. 재산이 불같이 일어나기도 한다.

오상(五常)인 인(仁)·의(義)·예(禮)·지(智)·신(信)은 不合局일 때에는 인간 성이 다르게 나타난다.

【 五常과 인간의 性情 】

仁	禮(火)	信
仁(木)	信	義(金)
信	智(水)	義

실운(失運)하였다면,

3·4木은 不仁하니 너그럽지 못하며 성질이 포악하고,

6金·**7**金은 不義하니 이익을 쫓아 의리를 저버리고,

9火는 無禮하니 남을 배려하지 않고 불효자가 되고,

1水는 無智하니 해결능력이나 지각이 없어 무능력하고,

2·5·8土는 不信하니 약속을 지키지 않아 신용이 없다.

玄空風水 高手秘訣

⑬ 庚坐甲向

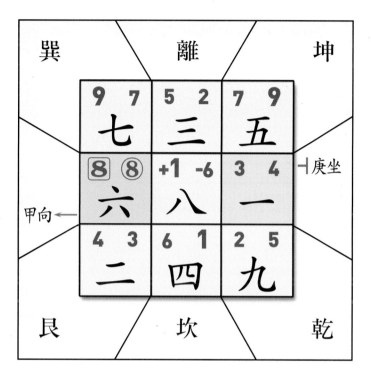

8運에 *庚坐甲向*은 쌍성회향국(雙星會向局)으로 향 쪽에 물과 산이 있으면 합국이다.

왕산왕향과 비교하면 쌍성회향 합국은 향 쪽에 있어야 할 물이 향 쪽에 있으므로 왕향이다. 산은 향 쪽 물의 너머에 있기 때문에 왕산의 영향력이 반절 정도 있다.

8運의 *庚坐甲向* 쌍성회향 합국은 산성이 향 쪽에 있으므로 안산이 너무나 멋지게 떨어진다면 왕산왕향에 버금가거나 경우에 따라서는 왕산왕향보다 좋을 수도 있다. 안산과 조산은 혈을 유정하게 안아주고 바라보아 주면 좋다.

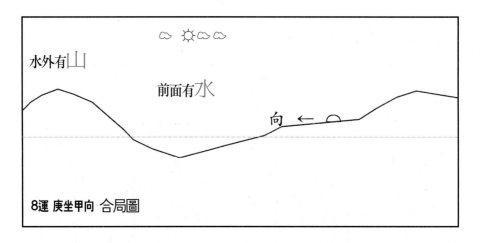

水外有山

前面有水

向 ← ◯

8運 庚坐甲向 合局圖

庚坐甲向인데 물이 甲向에 있지 않고, 甲의 옆인 卯나 乙 방향에 있다면 어떨까?

이때 물에 대한 해석은 甲에 있을 때는 100%, 卯는 80%, 乙은 60% 정도의 좋은 영향을 받는다고 본다. 물이 향의 정면 甲에만 있어야 복을 받는 것은 아니다. 비율로 생각해 보자.

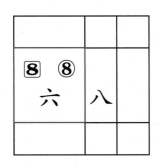

향궁인 震宮에는 향성 **8** 산성 **8**과 운반수 **6**으로 구성되었다. 〈**86**〉조합은 현공풍수에서 가장 좋은 성요조합들 중 하나이다. 부자·대부호가 되는 조합이다. 무조건 왕산왕향만 좋아할 일이 아니다. 경제적으로는 庚坐甲向(8運)이 매우 유리하다.

震宮에는 숫자가 8과 6 두 개밖에 없으므로 낙서수 3을 포함하여 함께 해석해 준다. 모든 쌍성회향국의 향궁은 숫자가 같으므로 낙서수를 포함하여 해석한다.

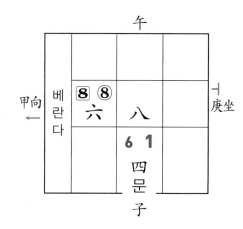

8運에 *庚坐甲向* 향성**8**에 베란다가 있는 집이다. 매우 좋다.

子 방향에 대문이나 현관문을 내면 좋다.
子 방향의 향성**1**자는 옆에 있는 숫자 **6**과 함께 아주 좋은 조합을 이루기 때문이다.

☯ 8運 庚坐甲向 양택에서 문(門)은 어디로 낼까?

양택에서 특히 중요하게 보는 세 장소는 문과 안방 그리고 부엌이다.

대문이나 현관문은 氣의 출입구이며 外氣와 內氣가 교통(交通)하는 곳이고, 안방과 자녀방의 기운은 그 집의 富와 貴에 영향을 미치며, 부엌과 식탁, 가스레인지의 위치는 건강과 직접적인 관련이 있다. 따라서 부엌이나 주방은 특히 노인에게 더욱 중요하다.

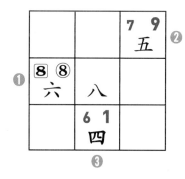

대문을 낸다면 당운수(當運數) **8**이 있는 震宮❶이 가장 좋다. 그러나 만일 이곳에 대문을 낼 수 있는 상황이 아니라면 어디에 내는 것이 좋을까?

8運에 대문은 향성**8**→향성**9**→향성**1** 쪽에 내는 것이 원칙이다.

❶에 대문을 낼 수 없는 경우에는 향성 생기9가 있는 **坤宮❷**를 본다. 〈79 五〉는 좋은 조합이 아니며, 낙서수 2도 좋지 않다. 다음으로는 향성 차생기1이 있는 **坎宮❸**은 〈14〉 합격, 〈16〉 승진, 낙서수는 1이므로 차라리 ❸쪽에 대문을 내는 것이 좋겠다.

즉, 향성8→향성9→향성1에 대문, 현관문, 출입구를 내주고 문이 여러 개라면 주출입구는 향성8에 둔다. 이 방향이 여의치 않으면 향성 생기나 차생기가 있는 궁의 조합을 보아 선택한다.

현공숫자를 풀이할 때 초급 실력자는 산성+향성, 중급실력자는 산성+향성+운반수, 고급실력자는 산성+향성+운반수+낙서수를 포함하여 해석한다.

향성8·9·1 쪽에는 물이 있으면 좋고, 없다면 물레방아 등 가볍고 움직이는 象을 인위적으로 만들어주면 좋다. 이 방향에 무겁고 움직이지 않는 물건을 갖다 놓으면 오히려 손해다.

묵직하고 부피가 큰 물건들은 산성8·9·1 쪽에 둔다. 멋진 山을 찍은 사진도 도움이 된다. 그러나 이왕이면 사진이나 그림보다는 부피와 무게를 가지고 있는 물건이 영향력이 더 크다.

누구에게 어느 방을 줄까?

당운(當運)이 가장 중요하다. 당운에는 나이 많은 사람이 산성 왕기 방위를 사용하면 집안이 평온해진다. 생기·차생기 등 미래지향적 기운이 있는 곳은 젊은 사람이 사용하도록 한다. 8運에 산성8자가 있는 곳에 안방이 없으면 산성9나 산성1이 있는 곳으로 방을 옮긴다. 이때 산이 있을 곳에 산이 있고 물이 있을 곳에 물이 있으면 더욱 좋다.

☴ 陰木 -4 長女	☲ 火 -9 中女	☷ 土 -2 老母
☳ 陽木 +3 長男	5土	☱ 陰金 -7 少女
☶ 土 +8 少男	☵ 水 +1 中男	☰ 陽金 +6 老父

4·9·2·7은 음수(陰數)이고 **3·8·1·6**은 양수(陽數)다. 음수로 구성된 곳은 여자에게 유리하고 남자에게는 불리하다. 양수로 된 구역은 남자에게 유리하다.

폭력적인 남자는 음수가 많은 공간에 가면 온순해지고, 지나치게 드센 여성은 양수가 많은 방에서 생활하면 온순해진다. 이것이 음양의 조화이다.

玄空風水 高手秘訣

【8運 庚坐甲向 양택】

人丁에 좋은 방은 ABC이다.

A는 〈**88** 六〉, 낙서수는 三으로, 모두 양의 수이다.

B는 〈**97** 七〉, 낙서수는 四로, 모두 음의 수이다. 남자가 B 방에 들어가면 기가 죽는다. 음이 강하기 때문에 과잉행동증을 가졌거나 깡패처럼 폭력적인 남자가 이 방을 쓰면 온순해진다.

C는 〈**16** 八〉, 낙서수는 五이다. **1 · 6 · 8**은 양수로, 양기가 강한 방이다. 악질 여성이 이 방에 들어가면 강한 양기에 눌려 얌전해진다.

신혼부부라면 음양이 고루 섞인 방이 임신과 출산이 잘 된다. 음이 강한 B 방은 임신이 잘 안 될 수 있다. 음만 있거나 양만 있는 방만 있다면 그 집에서는 임신이 어렵다. 향성, 산성, 운반수 세 글자 중 하나 정도는 음양이 달라야 임신이 잘 된다. 집에 음수조합이 많다면 일단 음양이 조화된 방으로 침실을 옮기고, 조명과 벽지로 집안 전체 분위기를 밝게 만들어준다. 임신과 출산에 관련된 숫자는 1 · 2 · 9이다.

비성을 잘 모르더라도 집 주변의 형세를 보고 그 집의 주도권을 가진 사람이 남편인지 아내인지를 대략 판단할 수 있다.

풍수학상 청룡은 左方이고 남성이고, 백호는 右方이고 여성이다. 건물 밖 주변 환경이 청룡 쪽이 지대가 높거나, 백호 쪽에 비해 강하고 험하거나 또는 크고 높은 건물이 있으면 남성이 주도권을 가지고 있는 局이다.

반대로 靑龍砂에 비해 白虎砂가 강하거나, 험하거나, 높거나, 건물의 우측 방위에 크고 높은 건물이 있다면 백호가 강하여 여성이 주도권을 가지고 있는 局이다.

	八	
4 3		
二		

艮宮의 산성수 **4**와 운반수 二는 陰이고, 향성수 **3**과 낙서수 八은 陽으로, 운기는 부족하지만 음양이 잘 배합된 방이다. 이 방에서는 8運에서도 출산을 기대할 수 있다.

9 7		
七		
	八	

巽宮의 산성수는 생기인 **9**이다. 새로 태어나는 아기는 미래의 기운으로 산성**9**자가 제일 좋다. 일반적으로 8運에 산성**9**가 있는 방은 신혼부부나 아이들의 방으로 적합하다. 그러나 이 방의 산성**9**는 **7**퇴기와 배합되어 있고, 게다가 향성**7**·운반수 **7**·낙서수**4**가 모두 음으로, 음이 너무 강하므로 신혼부부나 아이들의 방으로는 적합하지 않다.

음양이 고루 섞인 방들 중에서도 사주에 맞는 방을 선택하면 사주에서 부족한 기운을 풍수로 보충해 줄 수 있다. 낙서와 산성을 기준으로 사주에 없는 오행이 있는 방을 사용한다.

		7 9
		五
	八	
	6 1	
	四	

A
B

산성**7**과 산성**6**은 金의 기운이다.
사주에 金이 필요하다면 A나 B쪽의 방이 좋다.
A의 산성**7**은 퇴기이고 五도 좋지 않으므로 B가 더 낫다.
B방으로 옮기면 사주에 필요한 金의 기운이 하나 더 생긴 것으로 본다.

		7 9
		五
		3 4
	八	一
		2 5
		九

坐宮인 兌宮의 〈**34**〉는 실운하였으므로, 운반수 一水가 향성**4**木과 산성**3**木을 상생하지만 吉하게 해석하지 않는다.
이 坐의 내룡(來龍)이 직룡(直龍)이라면 산성이 **3**이 되고,
坤龍이라면 산성이 **7**이 되며,
乾龍이면 산성이 **2**가 되어 좋은 내룡이 하나도 없다.
그러므로 거의 평지에 가까운 곳에만 사용하여야 인물에 피해가 발생하지 않는다.

14 酉坐卯向·辛坐乙向

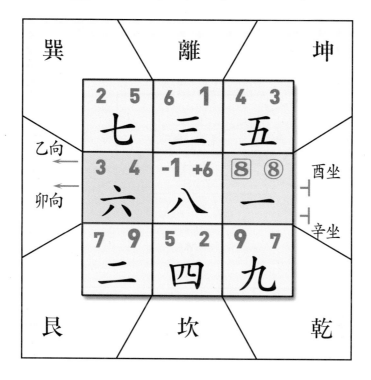

8運에 酉坐卯向과 辛坐乙向은 쌍성회좌국(雙星會坐局)이다.

배산임수 지형에서는 내용적으로 정재양패(丁財兩敗)하는 상산하수나 거의 마찬가지이므로 사용하지 않기를 권한다. 만일 坐宮 쪽에 물이 있고, 물 뒤에 산이 있으면 쌍성회좌 합국이다. 이런 지형이라도 향 쪽인 震宮의 향성 4와 산성3이 실운하였으므로 향 쪽에 물이 있으면 오히려 흉이 되며, 향 쪽의 산도 높으면 안 되고 낮아야 한다. 이런 까다로운 조건들을 모두 충족하는 자리라면, 경제적으로 여유가 많고 인물이 귀한 집안에 한해서 음택이나 양택으로 사용할 수 있다.

대체적으로 천원룡(天元龍)인 酉坐는 대길지(大吉地)가 많고, 인원룡(人元龍)인 辛坐는 복이 오래 간다.

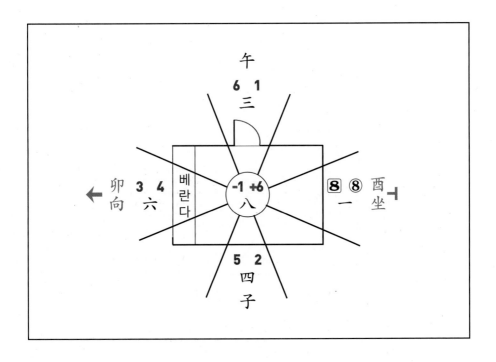

8運에 酉坐卯向 집이다. 베란다가 있는 향 쪽에는 경제적으로 불리한 향성 4가 있다. 그러나 이 집은 돈 걱정은 하지 않아도 된다. 대문 午 방향 향성에 차생기 1자가 있기 때문이다. 卯 쪽의 큰 창을 커튼으로 가려주고 문이 있는 午 쪽에 동(動)적인 물건을 두어 활성화시켜 주면 좋다.

酉坐卯向 · 辛坐乙向은 쌍성회좌국이고 마주보는 卯坐酉向 · 乙坐辛向은 쌍성회향국이다.

酉坐 · 辛坐와 卯坐 · 乙坐는 성요(星曜)의 숫자는 같은데 宮 안의 향성과 산성의 숫자가 서로 반대이고, 향궁과 좌궁의 숫자도 반대로 되었다. 中宮의 향성과 산성의 숫자가 서로 반대이기 때문이다.

8運 酉坐卯向 · 辛坐乙向

쌍성회좌

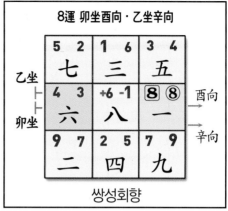

8運 卯坐酉向 · 乙坐辛向

쌍성회향

☯ 8運의 甲坐·卯坐·乙坐·庚坐·酉坐·辛坐

좌향	중궁수	4국	4국	중궁수	좌향
甲坐庚向	-6 +1 八	쌍성회좌	쌍성회향	+1 -6 八	庚坐甲向
卯坐酉向 乙坐辛向	+6 -1 八	쌍성회향	쌍성회좌	-1 +6 八	酉坐卯向 辛坐乙向

6	1	
	三	
	八	

離宮은 〈61〉이다. 향성 생기1인 이 방위에 깨끗한 호수가 있으면 1運에 과갑(科甲 ☞ 과거급제하는 사람)이 나오는데 발응하는 연도는 寅年·午年·戌年·子年이다. 여기에서 寅午戌年은 〈16〉이 있는 午 방위에 대한 삼합(三合)년도이고 子년은 午방의 반대편 방위이다.

하도의 생성수 조합인 '연성(聯星)'은 〈16〉·〈27〉·〈38〉·〈49〉로, 향성과 산성이 연성이 되고 합국으로 득운(得運)하면 의외의 좋은 인연이 생긴다. 그러나 불합국으로 실운(失運)하면 의외의 걱정거리나 흉사가 생긴다. 연성이 되면 무조건 좋은 것이 아니라 길상가길吉上加吉 ☞ 좋은데 좋은 것을 보탠다이거나 또는 흉상가흉凶上加凶 ☞ 나쁜데 나쁜 것을 더 보탠다이 된다.

15 戌坐辰向

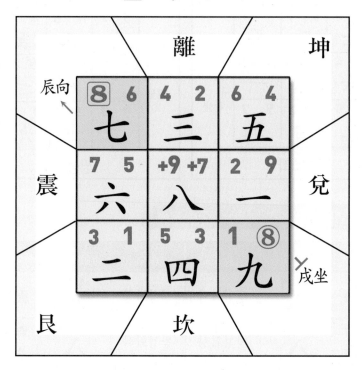

8運에 戌坐辰向은 상산하수국(上山下水局)에 연주삼반괘(連珠三般卦)이다.

상산하수국은 배산임수 지형에서는 불합국이 된다. 반대로 뒤에 물이 있고 앞에 산이 있으면 합국이 된다. 8運의 산룡지세에서는 정재양패(丁財兩敗)하는 패국(敗局)이 되므로 음·양택을 쓰지 않는 것이 좋다.

8運의 戌坐辰向은 각 궁의 숫자가 〈**123**〉·〈**234**〉·〈**456**〉…… 등으로 숫자가 연달아 있는 연주삼반괘이다. 연주삼반괘는 기국(奇局)이지만 불합국이라면 제 역할을 하지 못하며 소용이 없다. 합국이라면 정재양왕(丁財兩旺)하여 발복을 받는다.

예를 들어, 한강을 바로 뒤에 등지고 지은 戌坐辰向 집이라면 집 뒤에 물이 있게 된다. 여기에다 앞에 산이나 건물이 있다면 山水조건이 합국이 된다. 이런 집은 이기와 형기가 잘 맞기 때문에 경제적으로 유리하다.

배산임수 지형에서 7運에 戌坐辰向은 왕산왕향으로 吉하고, 8運에 戌坐辰向은 상산하수로 凶하다. 7運에 戌坐辰向으로 용사한 음택은 8運에 다른 분을 추가로 합장하는 것은 불가하다. 봉분을 열면 환천심(換天心)을 한 것과 같아 비성반이 7運에서 8運으로 바뀌게 되기 때문이다.

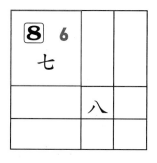

向宮이다. 기본적으로 8運에 〈86〉조합은 좋다.

그러나 배산임수 형세로 불합국이라면 주로 남자형제 간에 불화가 발생한다. 8과 6은 둘 다 양수(陽數)로, 음양이 부조화된 까닭이다.

[8運 戌坐辰向 合局에서 대문 내는 곳]

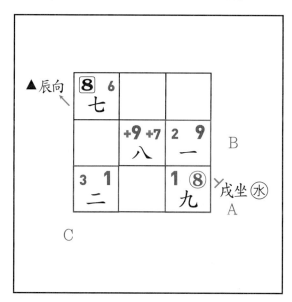

향성 8이 좌궁인 乾宮에 있으므로 대문이나 출입문은 건물의 뒤쪽 A에 있어야 旺氣方이 된다.

사정이 여의치 않으면 생기 9가 있는 兌宮 B 또는 차생기 1이 있는 艮宮 C에 낸다. 兌宮 B 대문은 生氣이기는 하지만 산성 2가 흉수이므로 차생기인 艮宮 C가 더 좋다.

만약 向 쪽인 巽宮 대문을 내면 向星이 쇠기이므로 비록 합국이라도 吉象은 반감된다.

명당은 좌향이 정해져 있다. 비록 명당이라도 억지로 좌향을 틀면, 하는 일들이 원만하게 진행되지 않거나 길흉이 교차하는 흉상이 된다.

형세는 명당이지만 理氣가 좋지 않으니 좋은 좌향으로 쓰겠다고 무리하게 좌향을 틀어서 입향(立向)하면 안 된다. 예를 들어 맥(脈)의 흐름으로는 8運에 상산하수인 戌坐辰向으로 입향해야 하는 자리에서, 상산하수를 피하려고 15도를 틀어서 왕산왕향인 乾坐巽向으로 입향하였다면 이 자리는 비록 왕산왕향으로 용사하였지만 상산하수의 흉한 영향도 함께 받게 된다. 따라서 이런 경우에는 戌坐와 乾坐의 비성반을 같이 놓고 감정해야 한다.

명당은 아니고 겨우 뼈를 보존할 정도의 평범한 땅인 보백지지(保魄之地)도 지나치게 크게 좌향을 바꾸면 안 된다.

현공풍수 이론에 맞도록 억지로 좌향을 바꾼 경우에는 본래 자연적으로 만들어진 좌향의 영향도 함께 받으므로, 길흉을 볼 때는 본래 입향(立向)했어야 할 坐의 비성반도 함께 고려해야 한다.

🔵 山星과 向星의 陰陽配合

〈+ +〉는 발복이 짧은 편이다. 짧은 대신 발복기간 동안에 전력투구할 수 있으니 짧은 시간 안에 무언가를 이루려면 〈+ +〉도 괜찮다. 〈+ +〉는 규모가 크다. 부동산을 해도 대규모로 배짱 있고 과감하게 한다. 좋은 결과가 생기면 바로 이장하여야 한다.

〈+ -〉는 〈+ +〉보다 규모가 작고 발복이 좀 늦은 편이다. 순리대로 원만하게 진행해 나가는 끈기가 필요하다.

〈+6 +8〉과 〈-7 +8〉 土生金으로 된 부자조합에서 〈+6 +8〉이 규모가 큰 광산업 부자라면 〈-7 +8〉은 보석 가공 사업으로 부자가 되었다는 식으로 陰陽을 고려하여 해석한다.

8運의 戌坐辰向 하괘는 상산하수인데 반해, 체괘로 몇 도만 바꾸면 특별하게도 왕산왕향에 연주삼반괘가 된다. 배산임수 지형에서 음택과 양택을 모두 사용할 수 있는 길한 좌향이 된다.

玄空風水 高手秘訣

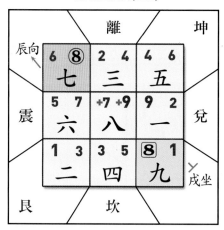

8運 戌坐辰向(替卦)

득운이며 합국일 때 向宮의 〈**68**〉은 거부가 되는 吉象으로 풀이한다.

부모는 자녀를 사랑하고 자식은 효도하고 형은 우애하고 동생은 공손하게 된다.

중궁의 산성과 향성이 모두 陽으로, 순행해도 왕산왕향이 되는 특별한 경우이다.

戌은 地元龍으로 그 범위는 15도이다.

그러나 아래 그림처럼 戌坐 체괘(替卦)를 놓으려면, 실제로는 辛에 가까운 오른쪽 3도는 대공망 때문에 체괘가 없고, 乾 쪽에 가까운 소공망 전 1.5도만 사용할 수 있다. 나경의 오차나 측정자의 오차 등을 생각하면 사용하지 말고 차라리 다른 자리를 찾는 편이 현실적으로 훨씬 낫다. 체괘는 꼭 사용해야 할 경우라면 반드시 전문가의 도움을 받아야 한다.

【8運 戌坐辰向 替卦 사용 가능한 범위】

乾宮(45도)							兌宮		
乾 (천원룡)				戌 (지원룡, 15도)			辛 (인원룡)		
丙戌 (3도)	1.5 도	1.5 도	1.5 도	1.5 도	庚戌 (3도)	(3도)	丙戌 (3도)	(3도)	(3도)	(3도)
하 괘	체 괘	소공망 (3도)		체 괘	하괘(9도)		대공망(6도)		하괘

戌坐 15도 중에서 대공망3도＋하괘9도＋소공망1.5도(=13.5도)를 제외하면, 戌坐 체괘를 쓸 수 있는 범위는 1.5도이다.

玄空風水 高手秘訣

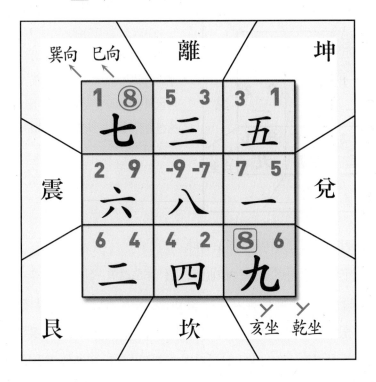

16 乾坐巽向·亥坐巳向

8運의 乾坐巽向과 亥坐巳向은 비성반이 같으며 왕산왕향국(旺山旺向局)이다.

왕산왕향은 집이나 묘 뒤에 산이 있으면 산이 왕성하고(旺山), 집이나 묘의 앞에 물이 있으면 향이 왕성하다(旺向). 재물과 人丁 모두 좋다.

같은 왕산왕향이라도 8運의 巽坐·巳坐·乾坐·亥坐의 왕산왕향이 음·양택 모두 특별히 吉한 이유는 향궁과 좌궁의 향성이 삼길수인 1·6·8로 되어 있기 때문이다.

乾坐와 亥坐는 8運에는 왕산왕향이지만 7運에는 상산하수이었으므로 7運이나 그 이전에 조성한 음·양택은 8運에 환천심(換天心)을 해주면 좋다.

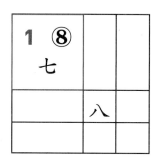

向宮이다. 8運에 **1**자는 차생기로, 산이 있으면 人丁이 좋다. 구체적으로는 1運에 출산을 더 많이 할 수 있다는 뜻이다.

巽宮은 文을 뜻하고 운반수 七은 武를 뜻하기 때문에 문무전재(文武全才)한 인물이 난다. 巽宮은 원래 현모양처, 현인 등의 뜻이 있어 학자나 현인이 난다. 巽宮 쪽에 물이 있으면 부유해지고 귀해지는데 이는 향성**8**이 **1**과 조합되었기 때문이다.

〈**18**〉은 '변화'와 '시작'을 의미한다. **乾坐巽向**으로 건택조장建宅造葬 ☞ 집을 짓거나 묘를 쓰는 일하고 나면 새로운 일을 시작하거나, 사업의 업종이 바뀌거나, 직업이 바뀌거나, 이사하기도 한다. 이것은 새로운 복이 찾아올 계기가 된다. 더 크게는 회사를 세우거나 나아가 나라를 세워 개국(開國)하기도 한다.

8運에 〈**18**〉은 좋긴 하지만 8土가 1水를 剋하므로, 비유하자면 물을 막아 댐을 만들어 사용하기 때문에 댐을 쌓는 수고가 있어야 한다. 그러면 물이 더욱 가치 있게 변한다. 초반에는 고생하지만 결과는 성공이다. 저절로 되는 것이 아니라 고생할 각오로 열심히 노력하면 좋은 결과가 나오는 고진감래(苦盡甘來)의 뜻이 있다. 위와 같이 해석할 때는 8자를 보고, 1자를 보고, 조합해서 보고, 오행의 상생상극도 본다.

왕산왕향 합국인 8運 **乾坐巽向**에서 향궁인 巽宮에 물이 환포수수(環抱秀水)하면 재왕(財旺)한다. 그런데 巽宮에 물이 반궁수(反弓水)로 되면 어떻게 될까?

향궁에 물이 있기 때문에 재물이 생기기는 하지만 형기풍수로 흉한 반궁수이기 때문에 재물이 생기는 과정이 힘들 뿐만 아니라 힘들게 모은 재산이 결국에는 다시 나가게 된다.

1 ⑧ 七	5 3 三	
	八	

8運의 乾坐·亥坐는 巽向 쪽에 물이 크고 많을수록 돈을 많이 번다. 만일 巽宮 쪽에 물이 없고 離宮에만 물이 있다면 나쁘게 본다.

그러나 巽宮과 離宮에 모두 물이 있고, 離宮의 물이 巽宮의 절반 이하로 되면 매우 좋다.

8運에는 8자가 중요하므로 향성8에 물이 있으면 재물이 늘어난다. 3자의 물이 8자보다 많으면 흉이 되는데, 이유는 주객이 전도되었기 때문이다. 만일 8자에만 물이 있을 때 10억을 벌 수 있다면, 8자에 10 정도의 물이 있고 3자에 3 정도의 물이 있을 때는 13억을 벌 수 있다고 해석한다.

다시 말하면 8자에 물이 많고 3자에 물이 8자의 반절 이하의 소량이라면 재물은 +α가 된다. 이렇게 두 궁을 연결하여 향성을 해석하는 것은 8과 3이 생성수(生成數)로 한 집[家, 聯星]이기 때문이다. 1·6(水), 2·7(火), 3·8(木), 4·9(金), 5·10(土)의 생성수 조합들 중에서 당운수(當運數)와 관계된 생성수를 사용하므로, 8運에는 3·8은 자주 활용하고, 1·6과 4·9는 가끔 쓰고 2·7과 5·10은 잘 사용하지 않는다.

같은 맥락으로, 향성8 왕기 방위에 많은 물이 있고 향성9 생기 방위나 향성1인 차생기·보좌기 방위에 적은 양의 물이 있는 경우도 재물면에서 이롭다고 본다.

8運에 향성8에 물은 많을수록 좋다. 9는 미래의 숫자이므로 向星 생기방에는 少水가 적당하다. 8자의 물보다 9자의 물이 많으면 큰 화는 아니지만 조금 좋지 않게 해석한다.

9자에 물이 너무 가깝고 많으면 과유불급(過猶不及)이고 오히려 화근이 된다. 이때는 8運이 끝날 무렵에 용사하거나, 물은 가려주고 氣는 통할 수 있도록 상록수나 측백나무 또는 대나무 등을 심어서 차형통기(遮形通氣)를 시켜 준다. 향성8 왕기 방향에 물이 없고 향성9 생기방에만 물이 있다면 9運에 재물운이 좋아진다고 해석한다.

8運에 1자는 차생기(次生氣)이자 보좌기(輔佐氣)이다. 향성8과 향성1 두 방향에 물이 있으면 재물이 더 늘어난다. 그러나 향성8에는 물이 없고 향성1에만 물이 있거나, 향성8보다 향성1에 물이 많다면 향성1을 보좌기로 쓰지 못한다. 보좌기는 말 그대로 옆에서 돕는 역할을 할 뿐이며, 단독으로 좋다고 할 수는 없다.

즉, 합국일 때 向宮의 옆궁 쪽에 향궁보다 적은 물이 있고, 향성수가 생성수로 연성이거나 생기 또는 차생기의 數라면 속발(速發)하고 횡재(橫財)한다. 旺氣는 '정재正財☞정기적인 수입'에 해당되지만, 生氣와 次生氣는 '편재偏財☞비정기적인 수입'에 해당하기 때문이다.

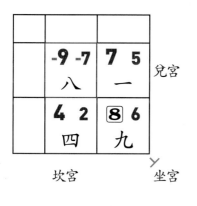

왕산왕향이라도 특히 양택에서는 中宮이 〈97〉이기 때문에 화재를 조심하여야 한다. 合局이 되면 큰 문제가 되지 않지만, 不合局이면 〈97〉의 흉한 영향력이 작용한다. 來龍의 산세는 坎宮의 山星은 **4**이고, 兌宮의 山星은 **7**이므로 횡룡(橫龍)은 마땅치 않고 뒤에서 내려오는 비룡(飛龍)이나 직룡(直龍)이 좋다.
산성은 9運에 入囚된다.

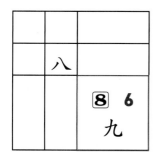

乾宮은 좌궁이다. 만일 이곳에 물이 있다면 노인은 고독하게 되고 대접을 못 받고 심하면 치매에 걸린다.
산성**8**은 왕기이다. 만일 이곳에 산이 있다면 충신과 효자, 무관(武官)이 나고 귀하게 된다.

현모양처 귀부인 점잖은 사람 **4文**	미인 사기꾼	사랑 자비 배려
몽둥이를 든 깡패 **3文**		강도 **7武**
충효 우애	도둑	권력 정력 **6武**

3震과 **4**巽는 文과 명예와 관련이 있고, **7**兌은 **6**乾은 武와 재물과 관련이 있다. 〈**34**〉가 몽둥이를 든 강도라면 〈**67**〉은 흉기를 든 강도이다. 형사재판은 **6**이나 **7**과 관계가 있다.

특히 **4**는 문곡성(文曲星)으로 문(文)을 뜻하고 대칭되는 宮인 **6**白金은 무곡성(武曲星)으로 무(武)을 뜻하지만 권력과 권위를 나타내기도 한다. 武는 현대사회에서는 검찰이나 경찰, 기술, 공학, 의학, 스포츠로도 해석한다.

	5　　3 三	
	八	

離宮의 산성은 **5**이다. **5**는 흉수이지만 이 방위에 산이 없으면 형기의 작용력이 없으므로 **5**자에 힘이 없으니 크게 나쁘지는 않다. 그래도 조심한다.

만일 이 방향에 험하거나 갈라진 산이 있으면 **5**자를 흉하게 본다. 출산이 어려워 후손이 부족해지고, 팔다리 기형이나 폭도가 나온다. **3**震은 인체에서 '발'을 의미하고 또, 깡패나 폭도를 의미하기 때문이다.

離宮인 남쪽 방향에 산이 크고 높거나 흉하면 젊은 사람이 일찍 사망한다. 아들이나 손자에게 문제가 생긴다. 산성 5자는 매우 중요하다. 독특한 모양의 산, 모양이 흉하지 않아도 가깝고 높은 용신산(用神山)이 있다면 특별히 조심하여야 한다. 흉한 일이 다섯 사람에게 일어나거나 다섯 번 발생한다.

향성3에 물이 있다면 간담에 질병이 있거나 횡사한다.

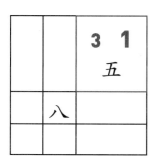

坤宮의 산성**3**은 깡패, 몽둥이를 든 도둑의 象이다. 산이 가깝게 있으면 집안에 이런 사람이 있거나 간담에 병이 있을 수 있다. 향성**1**은 차생기이다. 8運에 향성**8**자에도 물이 있고 坤宮의 향성**1**에도 少水가 좀 떨어져서 있으면, 향성**8**에만 물이 있을 때보다 재운이 더욱 좋다.

山星3 방위에 '탐두산(探頭山)'이 보이면 강도나 도적이 나오기 쉽다. 3이 凶象일 때에는 '치우(蚩尤, 전쟁의 신)' 또는 '적성(賊星)'을 의미하기 때문이다.

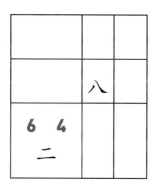

艮宮의 〈**64**〉는 좋지 않을 때는 극처(剋妻)·상처(喪妻)·상부(喪夫)하는 배합이다. **6**金은 노부이고 **4**木은 장녀이자 키가 작은 나무〔灌木〕이다. 또한 낙서에서 **6**과 **4**는 서로 마주보는 부부 사이이다. 따라서 艮宮 방향에 험한 산이 있다면 〈**64**〉의 象은 도끼로 나무를 쳐서 처(妻)가 다치거나 죽는 뜻이 있으므로 상처(喪妻)하거나 관청과 관련된 복잡한 사건, 감옥에 가거나 폐병에 걸릴 수도 있다.

실례로 최명우 선생이 음택 감정을 갔을 때 〈**64**〉 방향에 바위가 봉분과 5~6미터 정도로 가깝게 있었다. 흉한 바위가 아니었지만 이 묘를 쓴 후에 상처(喪妻)를 하였다고 한다. 이 경우에는 이장을 하는 것이 최선이다. 그대로 두면 다시 부인을 얻어도 또 상처하지 않는다는 보장이 없다.

玄空風水 高手秘訣

4 ☴ 長女	9 ☲ 中女	2 ☷ 老母
3 ☳ 長男	5 王	7 ☱ 少女
8 ☶ 少男	1 ☵ 中男	6 ☰ 老父

●마주보고 있는 것은 부부관계다.

〈4-6〉, 〈1-9〉, 〈2-8〉, 〈3-7〉처럼 마주보는 것은 음양이 정배(正配)된 부부이다.

2와 8은 같은 土로 부부〔연상녀와 연하남〕이다.

7과 3은 金剋木으로, 부부이면서 부딪친다. 좋을 때는 잉꼬부부이고 나쁠 때는 원수가 된다.

6老父의 원래 배우자는 2老母이지만, 마주보고 있는 4長女도 6의 배우자로 해석할 수 있다. 4는 큰딸이지만 때에 따라서는 큰며느리나 부인도 된다. 3은 장남이지만, 집안에 아버지가 없을 때에는 아버지로 해석한다.

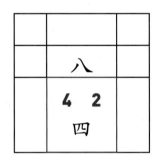

坎宮은 4木이 2土를 剋한다. 8運에 생왕기(生旺氣)도 아닌데 오행으로도 상극이다. 4는 큰딸 또는 큰며느리이고, 2는 모친이나 시어머니이다. 4와 2의 조합이 좋지 않으면 큰딸과 모친이 불화하거나 큰며느리와 시어머니가 불화한다. 주로 딸이나 며느리가 老母를 극한다.

8運에 乾坐나 亥坐집에서 坎宮에 산과 물이 가깝게 있는 〈42 四〉 방을 딸에게 주었다면 母女간에 불화가 생긴다. 만약 딸 방을 다른 곳으로 옮겨주면 싸움은 일어나지 않게 된다. 만일 이 집에 딸이나 며느리가 없고 아들들만 있다면, 이때는 4는 본래 長女이지만 長男으로 보아준다. 따라서 "이 방을 쓰는 큰 아들은 모친과 서로 불화한다."고 해석한다. 마찬가지로 비슷한 상황에서 9인 中女는 中男으로, 7인 少女는 少男으로 해석한다.

〈24〉는 일명 투우살(鬪牛殺)이다. 원래 투우살은 2와 3이다. 2는 동물로는 소이고 3은 큰 나무라서 몽둥이를 들고 소와 싸우는 격이다. 〈23〉 조합이 좋지 않을 때, 이곳에 물과 산이 가깝고 크게 있으면 민사재판이 일어나고, 멀

玄空風水 高手秘訣

리 있으면 시비구설수가 생긴다. 원근이 대소보다 훨씬 더 중요하다. 4陰木과 2陰土는 陰數조합이므로 음성적인 암투가 발생한다.

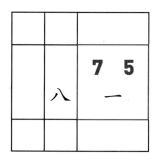

兌宮의 향성은 **5**이다. **5**는 불구자·불치병·암을 뜻한다. 본래 중궁에 있어야 할 **5**자가 비출(飛出)되면 **9**火의 성질을 띠게 된다. **5**가 중궁에 있을 때는 體와 用이 모두 **5**이지만, 비출되면 體는 **5**土, 用은 **9**火의 성질을 갖는다. .

산성은 7이다. 7은 입술에서 폐까지를 말한다. 8運에 7은 퇴기인데 5를 만나서 더 흉하다. 이곳에 산이 있다면 독을 먹거나 성병에 걸릴 수 있다. 성병은 사실 5자와 관련이 있다. 9火의 성질을 갖기 때문이다. 〈**75 一**〉 조합은 액체의 독이 입을 통해 위장까지 들어간다는 뜻이다. 만일 물이 가깝고 산이 험하게 있다면, 독약을 마시고 자살하는 경우가 발생할 정도로 흉수조합이다. 그러나 형기상으로 물도 없고 산도 없다면 무난하다.

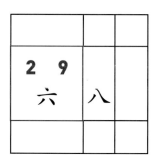

震宮의 산성**2**는 질병을 의미하여 산이 너무 가깝고 높으면 주로 질병에 걸리기 쉽다.
그러나 8運에 **2**자는 합십이 되므로 무조건 나쁘게만 보지는 않는다. **2**쪽에 산이 너무 가깝게 있으면 안 되고 멀리 있거나 작게 있는 것은 오히려 더 좋다.

제3장
지도로 좌향(坐向)보는 법

1 진북(眞北)·도북(圖北)·자북(磁北)

지도를 보기 위해서 알아야 할 북쪽은 진북, 도북, 자북의 세 가지가 있다. 진북은 북극성이 가리키는 북쪽이고, 도북은 지도의 북쪽이고, 자북은 자침이 가리키는 북쪽이다.

❶ **진북**(眞北, true north)은 북극성의 방향으로 지리적으로 북극이자 지리 좌표의 경도 즉 자오선이 모이는 지점이다. 진북을 토대로 지리적 좌표체계인 경위선 망이 그려진다. 진북은 북극성이 천구 중앙에 있는 지점이 계속 바뀌기 때문에 일정하지 않다.

❷ **도북**(圖北, grid north)은 지구상의 일정한 지점을 기준으로 그어놓은 격자좌표의 북쪽을 말하며 경도에 따라 달라진다. 지도의 상부 방향이다.

❸ **자북**(磁北, magnetic north)은 자침이 가리키는 북쪽이다. 자북은 지구의 극

이 움직이는 것에 따라 지구 자장의 영향으로 생기는 북쪽이며 진북과 일치하지 않고 해마다 조금씩 변한다. 캐나다 북쪽 허드슨만 일대의 천연자력지대를 향한다.

풍수에서 알고자 하는 방위는 자북이다.

자북은 풍수 도구인 나경(羅經)의 나침반이 가리키는 북쪽으로, 지자기의 북쪽 방향이다. 풍수는 자연법이며 氣의 학문이므로 氣의 방향이 중요하다. 그러므로 풍수에서 필요한 방향은 지자기의 흐름으로 결정되는 자북이다.

2 편차각(偏差角)

지도상에서 좌향을 측정할 때는 편차를 수정해 주어야 자북을 구할 수 있다. 일반적으로 사용하는 지도의 북쪽은 도북이다. 도북은 나침반의 북쪽인 자북과는 상당한 차이가 나므로 지도를 보고 풍수에 사용할 방위를 알고자 한다면 도북과 자북간의 편차를 계산하여 수정해 주어야 한다.

국제 지구 물리학 데이터 센터(National Geophysical Data Center) 홈페이지를 통해 위도와 경도, 그리고 시기에 따른 편차각을 쉽게 구할 수 있다. 편차의 조정은 정확한 방위 판정에 아주 중요하므로 반드시 편차수정을 해야 한다.

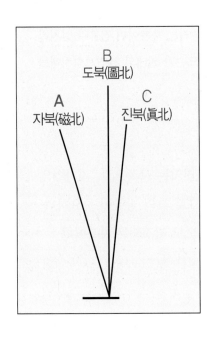

편차각이란 자북·도북·진북간의 편차를 말한다.

  A : 자북(磁北)

  B : 도북(圖北)

  C : 진북(眞北)

편차각에는 도자각, 도편각, 자편각이 있다.

A-B : 도자각(圖磁角) : 자북과 도북의 각도 차이

B-C : 도편각(圖偏角) : 도북과 진북의 각도 차이

A-C : 자편각(磁偏角) : 자북과 진북의 각도 차이

이 세 편차각은 지형도의 난외주기에 있는 방위표에 표시되어 있다.

인터넷지도를 활용하여 좌향을 측정할 때도 편차를 적용해야 자북을 구할 수 있다.

다음지도, 네이버지도, 구글어스 등 인터넷상으로 제공되는 지도의 북쪽은 도북이다. 도북과 자북 사이의 각도 차이를 자침편차(磁針偏差) 또는 도자각(圖磁角)이라고 한다. 도자각은 위치별로 다르고 시기에 따라서도 조금씩 다르다.

우리나라를 지나가는 자력선은 서쪽으로 구부러져 있어서 서편각이라고 한다. 진북 방향에서 서쪽으로 5.5도~8.5도의 도자각 편차가 있다. 2013년 중부지방의 경우 도자각은 약 8도인데 이것은 자침이 지도상의 북쪽인 도북에서 서쪽으로 8도만큼 기울어져 가리킨다는 뜻이다. 즉, 인터넷지도를 보고 자북을 알고 싶다면 도자각만큼 왼쪽〔서쪽〕으로 가야 한다.

정확한 도자각을 구하려면 자편각에서 도편각을 빼준다.

네덜란드 국방부 왕실 해군 홈페이지에서 무료로 배포하고 있는 좌표변환

프로그램인 PCTrans로 가능하다. 진북과 도북의 편차인 도편각은 지역이나 위치별로 각기 다른데, 대략 −0.3도에서 0.5도 정도 차이가 난다. 우리나라의 경우 도편각은 0.2도 내외로 현장에서 활용할 때 거의 무시해도 좋을 정도의 수준이다.

GPS(Global Positioning System, 범지구 위치 결정 체계)는 진북을 기준으로 한다. 인공위성을 이용한 위치 결정 체계로서 위성에서 발사한 전파를 수신하여 관측점의 위치를 구한다.

배나 항공기에 신호를 보내 위치를 확인하는 항법 시스템, 차량 속도와 주행 예정 시간을 알려주는 교통 제어 시스템, 측지 분야(surveying, mapping)에도 GPS 자료를 활용한다. 풍수에서도 산에서 특정한 위치를 기록해 놓고 싶을 때나 음·양택을 답사할 때 이용하면 나중에 같은 위치를 다시 찾기가 편리하다.

정리하자면, 풍수에서는 자북을 기준으로 하는 나침반의 방위가 절대적이다. 좌향을 측정할 때 현장에서 나경으로 방위측정을 하였다면 수정 없이 그대로 사용하면 된다. 지도상에서 측정하였다면 편차를 수정해 주어야 한다. 우리나라 중부지방 지도의 북쪽을 위로 가도록 하였을 때 나경의 북쪽은 지도의 남북선에서 서쪽으로 약 8도 가량 기울어져 있다.

③ 위성지도에서 양택의 좌향 측정하기

인터넷지도상에서 좌향을 측정하려면 입극척이 있어야 한다. 입극척(立極尺)이란 도면이나 인터넷지도 등의 평면 위에 올려놓고 방향(坐向)을 알아볼 수 있도록 만든 얇고 투명한 플라스틱 풍수용 나경도이다. 지도의 남북은 나경의 子午와 편차가 있기 때문에 그 차이를 수정할 수 있는 입극척을 활용하면 좌향을 쉽게 측정할 수 있다.

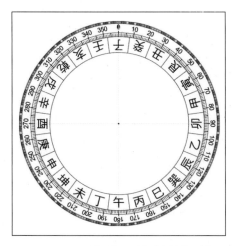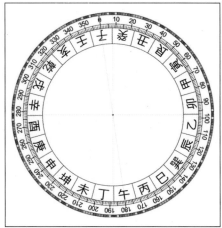

왼쪽은 도북기준선을 기준으로 子·午·卯·酉를 표시한 것이고,
오른쪽의 입극척은 우리나라 중부지방의 도자각을 수정하여 자북 기준선을
표시한 것이다. 子午선이 왼쪽으로 약 8도 기울어져 있다.

❶ 네이버, 다음, 구글 등의 인터넷지도 서비스를 열어 알고자 하는 양택을 크게 확대한다.

玄空風水 高手秘訣

❷화면의 '거리재기' 기능을 이용하여 건물의 전면을 따라 선(A)을 긋는다. 이 선과 직각이 되는 선(B)을 또 하나 긋는다. B는 건물의 좌향선이다.

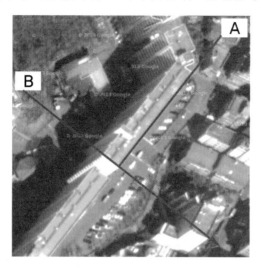

❸A와 B의 교차점에 입극척의 중심을 일치시키고 입극척이 모니터의 상단 또는 하단과 수평이 되도록 한다.

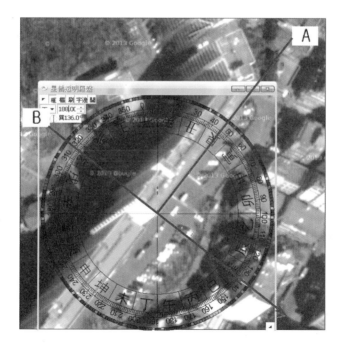

❹그어놓은 B 좌향선이 입극척의 어떤 글자에 속하는지 읽는다. 후면이 坐이고, 전면이 向이다. 위 사진에서는 B의 화살표가 가리키는 방향이 이 건물의 向이다.

대개 음택의 향은 상석이 놓인 방향이고, 양택의 향은 전면을 바라볼 수 있는 큰 거실창이 있는 곳이다. 이 건물은 乾坐巽向이고 巽向 136도이다.

위의 사진에서 입극척을 이용한 도면의 좌향 측정은 대만에서 만든 '風水設計' 프로그램을 이용한 것이다. 좌향 측정 및 평면도 작성뿐만 아니라 현공풍수에 필요한 각종 내용이 있어 아주 편리한 프로그램이다.

홈페이지는 http://www.ncc.com.tw/books/category.php=40이다.

玄空風水 高手秘訣

④ 도면에 구궁도 작성하여 길흉 알아보기

양택을 구획하는 방법은 크게 세 가지로 나눌 수 있다.

첫째, 집의 도면을 똑같이 9칸으로 나누어 구궁도처럼 구궁으로 구획하는 방법

둘째, 구궁으로 구획하되 집에 실재하는 벽면을 고려하는 방법

셋째, 중앙의 한 점에서 사방으로 거미줄이나 바퀴살처럼 뻗어나간 모양인 방사상(放射狀)으로 구획하는 방법이다.

학자들마다 선호하는 방법이 다르지만 이 책에서는 종의명 · 최명우 선생이 사용하는 세 번째 방법을 사용하였다. 가장 적중률이 높고 유용하기 때문이다.

공간에서 氣(또는 파장)는 방사형의 형태로 중심에서 외부로 퍼져나간다. 천심(天心)에 물방울을 떨어뜨렸다고 상상해 보라. 물이 가득한 그릇에 물감을 한 방울 떨어뜨리면 원형으로 퍼져나가는 것과 같다. 그릇이 사각형이라도 마찬가지로 방사형으로 퍼져나간다.

비성반을 만들 때는 편의상 우물 井자 모양으로 만들지만, 감정할 때는 방사상으로 구획한다.

준비물 ☞ 도면, 입극척, 자, 필기도구

❶ 도면의 向 쪽이 위로 가도록 놓는다.

사각형인 경우는 대각선을 그어 만나는 점이 집의 중심이 된다.

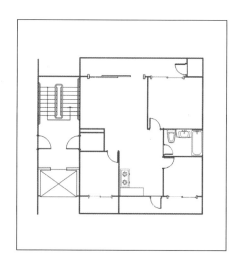
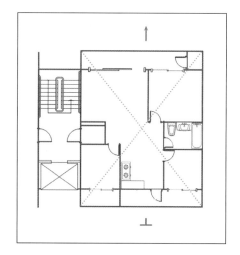

앞에서 좌향을 측정하였던 乾坐巽向 하괘 136도 양택의 평면도이다.

사방의 모서리를 대각선으로 이었을 때 만나는 점이 집의 중심점이다.

❷ 집의 중심점을 통과하면서 집의 전면에 직각이 되는 좌향선을 긋는다.

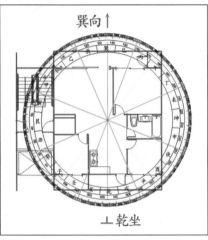

❸ 向과 각도를 맞춘다. 입극척의 중심과 집의 중심점을 맞추고 巽向 136도를 위쪽으로 가게 해서 베란다와 직각인 선에 맞춘다.

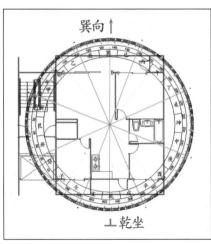

❹ 입극척의 팔괘 분할선에 맞추어 도면에 점을 찍는다. 입극척을 도면 옆에 내려놓고 도면에 표시해 놓은 마주 보는 점끼리 선으로 이어서 九宮을 방사상으로 구획한다.
입극척을 도면 위에 다시 올려 팔괘 분할선이 맞게 그려졌는지 확인한다.

❺8運의 乾坐巽向 비성반을 작성한다.

작성된 비성반을 坐가 아래로 가고 向이 위로 가도록 방향을 돌려서 다시 작성한다.

부록에 8運 24좌향 비성반을 향이 위로 가도록 坐宮 중심으로 돌려놓은 자료가 있으니 참고하기 바란다.

8運 乾坐巽向(왕산왕향)

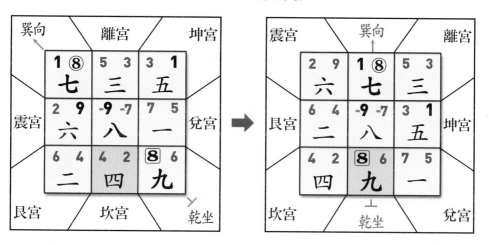

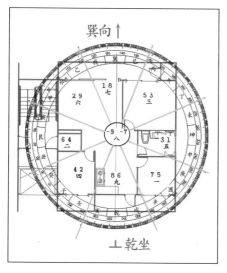

❻ ❺번의 오른쪽 비성반을 보고 방사상 (放射狀)으로 구획한 도면에 방향을 맞추어 향성·산성·운반수를 옮겨 적는다.

玄空風水 高手秘訣

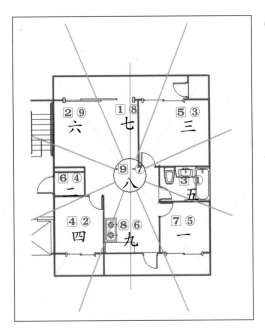

❼ 도면을 보고 길흉을 해석한다.

5 현장에서 좌향을 측정할 때 주의할 사항

　도심지의 아파트나 빌딩 같은 현대식 건축물은 실내에서는 정확한 좌향을 측정하기가 어렵다. 건축물의 실내에서 측정하면 건축물 내의 전자제품들이나 철근 등 지자기 교란을 일으키는 요소들이 나경에 영향을 주어 측정에 오차가 많이 생긴다.

　건물 밖으로 나가 몇 군데에서 여러 번 측정하여 같은 좌향이 세 번 이상 나와야 정확한 좌향이라고 판단할 수 있다. 실외에서 건물의 연장선을 그려 놓고 측정하여 오차를 줄일 수 있는 방법도 있다.

　이때에는 측정자의 몸에 자력에 영향을 주는 물체가 없어야 하고, 주변에 자력 성분이 있는 물체가 없어야 한다. 차량이나 포크레인은 3미터 이상, 그리고 엔진이나 모터 등이 작동할 때는 5미터 이상 거리를 두고 측정한다. 다른 나경과도 일정한 거리를 두고 측정하는 것이 좋다.

이렇게 주의하여 신중히 좌향을 측정하였다 하더라도 나경 자체가 잘못 되었다면 매우 난감한 일이다. 아무 나경이나 가지고 대충 측정하면 절대로 옳은 좌향을 찾을 수 없다. 아무리 좋은 이기법도 부정확한 나경 앞에서는 아무 소용이 없다.

그동안 우리나라에서 나경을 구할 수 있는 곳은 많았지만 나침반의 정확도가 높은 나경을 구하기는 어려웠기 때문에, 전문 풍수사는 나침반을 전문으로 만드는 외국회사의 나침반을 사서 나경을 자체 제작하여 사용하기도 하였다. 그러나 반갑게도 최근 우리나라의 나경 제작기술은 신뢰도 높은 세계적인 수준이 되었다. 배재대학교와 원광대학교 평생교육원에서 풍수지리를 강의하고 있는 정경섭 선생(010-4991-1689)의 나경은 대만 종의명 선생의 추천서를 받을 정도로 정확하고 실용적이다. 그가 개발한 자동나경은 나경을 고정시키면 좌향을 스스로 가리키므로 초보자가 사용하기에도 매우 편리하다.

음택은 봉분을 보수하거나 무겁고 큰 상석 같은 석물을 재배치하는 과정에서 좌향이 어긋날 수 있다. 봉분 내 관의 좌향과 상석의 좌향에 차이가 있을 수 있으므로 좌향을 보이는 그대로 믿기는 어렵다.

좌향이 공망인지 아닌지, 하괘인지 체괘인지 의심이 들 때에는 두세 개의 비성반을 같이 놓고 의뢰자의 과거 상황에 대한 발문(發問)을 하여 정확한 비성반을 결정해야 한다.

한의학에서는 망(望), 문(聞), 문(問), 절(切)을 중시한다고 한다. 환자가 오면 보고, 듣고, 묻고, 진맥하여 환자의 병세와 처방을 결정한다. 동일한 증상에 동일한 약을 처방해도 어떤 사람에게는 약효가 없을 수 있으니 이것은 환자의 직업, 성격, 고향이나 병의 원인이 모두 다르기 때문이다. 의사는 환자가 진료실에 들어오자마자 무엇이 불편해서 내원했는지를 알아맞히는 점쟁이가 아니다. 정확한 진단과 치료를 위해 환자의 상태를 문진(問診)한다. 의사가 문진을 하는 것은 실력이 없어서가 아니라 문진을 통하여 환자의 상태와 증상의 원인을 판단하고 그에 따른 정확한 처방을 내리기 위함이다. 풍수사도 이와 같다.

좌향이 공망처럼 보여도 가족 중에 이혼한 사람이 전혀 없다면 공망이 아니다. 몰라서 묻는다기보다는 확인 차원에서 하는 발문이다. 이를 통해 어떤 비성반이 그 집이나 묘에 적용되는지를 알 수 있다. 속도보다는 정확성을 더 중요시해야 하는 풍수에서는 매우 중요하게 여겨야 할 사항이다.

1 대문(大門) 내는 방위

양택은 문이 중요하다. 대문을 잘 내느냐 잘못 내느냐는 사업의 성패, 가정의 화목과 복록의 유무를 결정한다.

백학명 선생은 『가거풍수20결 家居風水20訣』에서 『팔택명경 八宅明鏡』에 실린 "집에 길흉이 있는 것이 아니라 문로에 길흉이 있다_宅無吉凶, 以門路爲吉凶."는 구절을 강조하였다. 양택의 길흉은 문과 도로가 좌우한다.

1 대문의 중요성

양택에서는 대문의 위치가 매우 중요하다. 양택 전체의 입구인 대문은 바깥의 외기(外氣)와 집 안의 내기(內氣)가 섞이는 氣의 출입구이므로, 기구(氣口)라고 부른다. 대문의 안쪽은 내부의 공간이고 바깥쪽은 외부의 공간이다.

송나라 오경란(吳景鸞) 선생은 현공풍수 고전인 『현기부(玄機賦)』에서 "氣口가 吉方에 위치하면 양택은 吉氣를 흡수하여 좋은 집이 되고, 氣口가 凶方에 있으면 凶氣를 흡인(吸引)하여 凶家가 된다. 집의 왕쇠(旺衰)는 반드시 거주자에게 그대로 영향을 끼친다."라며 그 중요성을 강조하였다. 대문은 음택에서 水口와 같기 때문에 비중이 크므로 중요하게 해석한다. 만일 별도의 대문이 없다면 집에 드나들 때 주로 다니는 곳을 대문으로 간주하여 본다.

大門이 주택에서 차지하는 비중이 매우 높다는 것을 보여주는 사례가 있다. 전남 여천군 소라면 중촌리의 쌍둥이 마을은 전체 275세대 중에 38쌍의 쌍둥이가 태어나 기네스북에 올랐다. 마을에서 8km 위치에 있는 쌍봉산(335m) 쪽으로 대문이 나 있어, 출입할 때마다 쌍봉산의 정기를 받는 집만 쌍둥이가 태어났다. 이런 사례를 보아도 대문의 영향력이 막강함을 알 수 있다.

양택에서는 좌향 못지않게 大門의 비중이 아주 크다. 대문이 잘 나면 돈 벌고 승진한다. 대문의 감정은 향성으로 보며, 향성은 주로 재물을 주관한다. 따라서 문이 잘 나면 재물운이 있다. 산성은 인물을 주관한다. 그러나 특히 산이 없는 평지에서 향성은 재물뿐 아니라 인물도 주관한다. 대문이 나 있는 방향의 향성으로 가옥 내 거주자에 관한 일까지 해석한다.

大門의 크기는 집과 비례하는 것이 좋다. 집의 규모가 크면 그에 맞게 대문도 크게 내고, 집이 작으면 대문도 작게 낸다. 집과 대문 사이의 거리를 감안해서 대문의 높이를 결정한다.

음택은 대문이 없기 때문에 運에 따른 인위적인 변화가 불가능하지만, 양택은 변하는 運에 따라 대문을 옮겨주면 계속하여 좋은 재운을 받을 수 있으므로 양택에서 더욱 유용하게 활용할 수 있다.

②대문을 吉방위로 내는 방법

현공풍수의 대문 내는 방법은 조구봉의 『양택삼요陽宅三要』에 나오는 東四宅·西四宅 방법과는 전혀 다르다.

좋은 대문을 내는 방법은 아주 간단하다. 향성(向星)이 왕기(旺氣)인 방위에 내면 제일 좋다. 만약에 여건상 旺氣方에 대문을 낼 상황이 되지 않으면 차선책으로 生氣 방위에 내면 되고 生氣方에도 어려우면 次生氣方에 낸다.

같은 運에 같은 坐向에서 단지 대문의 위치만 다르다면 길흉이 달라질까?

모든 조건이 같다고 해도 대문이 난 방위가 서로 다르면 吉凶이 다르게 나타난다.

백학명 선생의 『현기부비성부정해』에 실린 예를 소개한다.

A와 B는 같은 7運에 입주한 壬坐丙向 주택 두 곳을 감정한 예이다. 앞면에 도로가 있고 도로 건너편에 건물이 있어 雙星會向 合局이다. A는 離方에 대문을 냈고, B는 坤方에 대문을 냈다. 빨간 선으로 표시된 중궁에 주택이 있다.

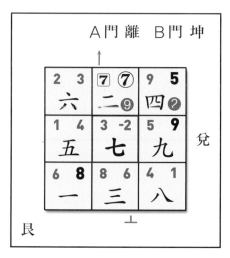

7運 壬坐丙向 雙星會向

A는 홍콩의 九龍區에 있는 집으로, 집주인 공(龔) 선생은 필자(백학명)에게 양택 감정을 요청하였다. 당시 공선생은 이미 그 집에서 4년을 살고 있었다. 이사 온 후 두 번 승진했고 재운도 좋아 돈을 많이 모았다.

B집은 홍콩의 香港區에 있는데, A집과 동일한 좌향이다. 집주인 서(徐)선생은 입주한 지 3년이 되었는데 그동안 가족에게 외상사고가 세 차례 있었다. 1차는 공장에서 일어난 사고이고, 나머지 둘은 입원하여 개복수술을 한 것이다. 경제적으로도 수입보다 지출이 많았다.

A집과 B집의 쇠왕(衰旺)은 하늘과 땅 차이만큼 크다. 동일 좌향의 두 주택의 길흉이 이렇게 큰 차이가 나는 것은 氣口인 대문이 매우 중요한 영향력을 행사하기 때문이다.

❶ 吉門 : A門

A집은 離門이다. 離宮은 7運의 왕기성인 〈향성7〉이 向宮에 있다. 向星 왕기방(旺氣方)에 대문을 내어 재운과 사업이 매우 순조롭다. 또한 낙서수9火가 운반 2土를 生해 주었고, 2土는 또 雙7金을 生해 주므로 旺上에 길상가길(吉上加吉)이다. 이 집은 대문을 잘 내었기 때문에 재운도 좋았고, 승진하는 결과를 얻었다.

❷ 凶門 : B門

B집의 문은 坤門이다. 쇠기방(衰氣方)인 5向星에 대문을 내어 재패(財敗)를 하게 된다. 坤宮의 星은 〈9火 5土〉로 火가 土를 生한다. 5土의 기운이 왕성하다. 향성5黃 살성(煞星)은 파재(破財)이며, 주로 다치고 질병에 걸리는 뜻이다.

5는 오행으로 土이고 坤方의 낙서수도 2土이다. 따라서 5황살의 土氣가 더욱 강하다. 5는 5運을 제외하고는 어떤 방위에 비도(飛到)해도 파란만장한데, 이는 5黃土星이 자백구성(紫白九星) 중에서 가장 흉한 별이기 때문이다. B집의 기구(氣口)는 5황의 氣를 흡수하여 丁財가 兩敗하였다.

이 두 집을 연구해 보면 대문이 吉方에 있느냐 凶方에 있느냐에 따라 집이 吉宅 또는 凶宅으로 변한다는 것을 알 수 있다.

대문은 向星과 아주 밀접한 관계가 있으므로 향성이 旺氣인 방위에 내야 한다. 주변 여건상 旺氣方에 문을 내기가 불가능할 때에는 위에서 예를 든 7運에 壬坐丙向은 향성8 生氣方인 艮宮으로 내고, 生氣方도 여의치 않다면 향성9 次生氣方인 兌宮에 대문을 내면 된다.

8運이 되면 A주택의 離宮 대문은 퇴기방(退氣方)이 되므로, 8運에 향성 왕기방인 艮宮으로 대문을 이전해 주면 旺氣를 계속해서 받게 된다.

대문을 吉方位에 냈더라도 다른 문을 주로 사용하면 소용이 없다. 거주하는 사람이 좋은 방향의 문을 이용해야 비로소 효력이 있다.

대문이 위치한 곳의 宮이 좋으면 다른 宮의 사소한 흉은 힘을 발휘하지 못한다. 당운에 득운(得運)한 향성에 門이 있어 힘을 얻으면 기타 방위에 있는 사소한 결점은 제압된다. 그러나 추가로 살펴야 할 것은 득운한 吉星이라도 많은 흉한 방위에 중대한 흉이 범하여 剋을 하면 좋은 방위에 나 있는 대문 하나만으로는 버티기가 어렵다는 점이다.

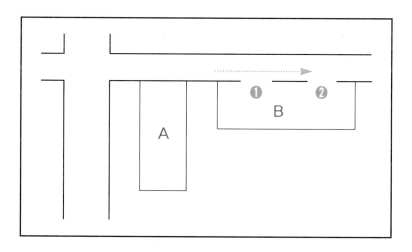

A와 B, 두 상가가 있다면 어떤 상가가 장사가 잘 될까?

상가를 고를 때에는 취급할 상품의 특성이나 업종 또는 가격 등을 고려해야 한다.

건물의 내부 쪽으로 속이 깊은 A상가는 골동품이나 보석 등 고가의 제품을 취급하는 가게가 잘 된다. 전면이 넓은 B상가는 땡처리·천원샵·공장부도 정리 등 저가제품을 취급하는 것이 유리하며 이런 물건들은 A가게에서는 판매실적이 저조하다. 상점이 깊으면 가격이 낮은 물건은 잘 팔리지 않는다.

그러면 만약 B가게를 인수했다고 할 때, 상점의 문은 ❶과 ❷ 중 어디에 내는 것이 더 좋을까?

문을 낼 때에는 이기(形氣)와 형기(理氣)를 같이 고려해야 한다. 차도 사람도 우측통행을 한다. 사람들은 가게에 진열된 물건을 보며 걷다가 문으로 들어간다. 즉, 물이 그림상의 왼쪽에서 온다고 보아야 한다. 형기적으로 이 물을 잘 거두기 위해서는 ❷에 대문을 내는 것이 옳다. 玄空理氣로도 ❷가 좋다면 금상첨화(錦上添花)이다. ❶에 문을 내었는데 현공으로 해석하니 향성이 왕기·생기·차생기의 숫자라면 불행 중 다행이요, 향성5가 와 있다면 설상가상(雪上加霜)이다.

백학명 선생은 『가거풍수20결 家居風水20訣』에서 "주택에서 가장 중요한 것은 대문이고, 왕기(旺氣) 방향으로 출입문을 내야 한다."며 문을 내는 방향에 대해 자세하게 설명하였다. 아래는 백선생의 설명을 정리·요약한 것이다.

아래의 모든 내용은 '집안에서 외부를 본 관점'이다.

중간 문으로 출입하는 것은 주작문(朱雀門)이라 하고, 왼쪽 문은 청룡문(靑龍門), 오른쪽 문은 백호문(白虎門)이라 한다. 문을 어느 방향으로 낼 것인가는 도로의 형세와 결합하여 결정한다. 『팔택명경』은 "집을 안정시키는 대문은 바깥에서 안으로 들어오는 물을 받아들이는 문이 가장 좋다."고 하였다. 따라서 아래와 같이 상황에 따라 출입문을 만들면 된다.

❶ 앞쪽에 연못이나 평지, 즉 명당(明堂)이 있으면 가운데, 주작(朱雀) 방향으로 만든다.

❷ 앞쪽에 있는 도로나 복도가 왼쪽이 높거나 도로가 길고〔오는 물〕, 오른쪽이 낮거나 도로가 짧다면〔가는 물〕 오른쪽, 백호(白虎)문을 만들어 지기(地氣)를 거둔다. 이런 방법을 '백호문수기(白虎門收氣)'라고 부른다.

❸ 앞쪽에 있는 도로나 복도가 오른쪽이 높거나 길고〔오는 물〕, 왼쪽이 낮거나 짧다면〔가는 물〕 출입문을 왼쪽, 청룡(靑龍) 방향으로 만들어주면 지기(地氣)를 거둘 수 있다. 이런 방법을 '청룡문수기(靑龍門收氣)'라고 부른다.

이는 삼투작용과 압력작용을 응용한 것이다. 강하고 많은 것은 반드시 약하고 적은 쪽으로 침투한다. 이것은 물리학적인 상식이다. 땅의 영기(靈氣)도 마찬가지로 지기(地氣)는 높은 곳에서 낮은 곳으로, 긴 쪽에서 짧은 쪽으로 간다. 그러므로 출입문은 지기(地氣)를 모으면 좋은 것으로 보고 지기를 내보내면 나쁜 것으로 본다.

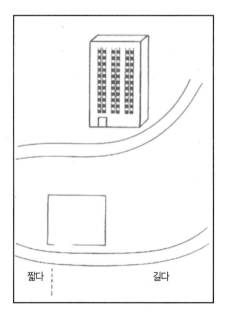

짧다　　　길다

왼쪽 그림은 '백호문수기(白虎門收氣)'이다.
첫 번째 그림은 왼쪽이 높고
두 번째 그림은 왼쪽이 길다.

_그림출처 ☞ 백학명(白鶴鳴), 『가거풍수20결(家居風水20訣)』

백선생은 이미 나 있는 문을 옮기기 어려울 때의 처방 방법도 소개하였다.

약 6개월 전에 나〔백학명〕는 양(梁)선생의 부탁으로 풍수를 감정한 적이 있었다. 집안에 들어가기 전에 이미 그의 재운(財運)이 좋지 않다는 것을 알았다.

"양선생님, 이곳으로 이사 온 후부터 재운이 아주 나쁘지요?"

"아니, 그것을 어떻게 아셨습니까?"

"당신 집 밖의 복도는 오른쪽이 길고 왼쪽이 짧아요. 그러면 출입문을 왼쪽으로 만들어야 좋습니다. 이것을 풍수학으로 청룡문수기법이라고 합니다. 그런데 아쉽게도 문이 오른쪽으로 나 있군요. 또한 이 집의 문은 동쪽 진(震) 방향으로 나 있습니다. 진괘(震卦)는 큰아들을 대표하기 때문에 큰아들인 양선생의 재운이 아주 나쁠 수밖에 없습니다."

양선생은 풍수적인 문제를 해결해 달라고 요청하였다. 나는 가방에서 색연필을 꺼내 땅에 선을 하나 긋고 다음과 같이 조언해 주었다.

"제가 그린 이 선에 병풍이나 나무판자를 세워놓으세요. 그러면 문의 방향이 바뀝니다. 물을 내보내는 것이 아니라 물을 거두어들이는 것이 됩니다."

백학명 선생이 처방한 방법은 아래 그림과 같다.

玄空風水 高手秘訣

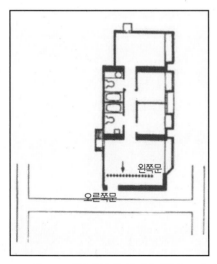

집 앞의 오른쪽 복도가 길다. 이때는 왼쪽〔청룡〕으로 門이 나야 氣를 거둘 수 있다. 따라서 오른쪽에 나 있는 문을 왼쪽 문으로 바꾸어야 한다. 그러나 문을 옮길 수는 없으니 파티션으로 공간을 분할하여 출입동선을 변경시켰다. 화살표 표시는 병풍이나 나무판을 놓은 자리다.

_그림출처 ☞ 백학명(白鶴鳴), 『가거풍수20결(家居風水20訣)』

백선생이 설명한 문을 내는 방법을 간단하게 정리해 보면 다음과 같다.

첫째, 기운이 앞에서 모이는 곳은 중앙〔주작〕에 문을 만들어 기운을 받아들인다.

둘째, 기운이 왼쪽에서 오면 오른쪽〔백호〕에 문을 만들어 기운을 받아들인다.

셋째, 기운이 오른쪽에서 오면 왼쪽〔청룡〕에 문을 만들어 기운을 받아들인다.

넷째, 문을 옮길 수 없을 때는 문의 안쪽에 가벽(假壁)을 만들어 출입동선을 바꾸어준다.

운이 바뀌면 바뀐 운에 향성 生·旺氣數가 있는 쪽으로 대문을 바꾸어주면 새롭고 좋은 기운을 받아들일 수 있다. 또한 대문을 낼 때는 向과 음양이 같은 방향을 선택해야 한다. 집의 좌향과 대문 방향의 음양이 다르면 음양차착(陰陽差錯)이 되어 좋은 기운을 받아들이는 효력이 부족하다.

장중산 선생의 『음양이택녹험陰陽二宅錄驗』을 종의명 선생이 주해(註解)한 〈음양이택녹험신해陰陽二宅錄驗新解〉에는 8運에 7運 子坐午向집의 대문 위치를 바꾸어 흉한 일이 더 이상 발생하지 않은 사례가 소개되어 있다.

7運 子坐午向

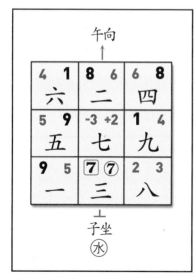

_출처 ☞ 종의명, 『현공지리총담 2』

7運 子坐午向 쌍성회좌집이다.
이 집에는 종종 귀신(鬼神)이 출현하였다고 한다.

8運 초에 장중산(章仲山) 선생의 제자 전운안(錢韞巖)이 향성 旺氣8이 있는 坤宮의 未方으로 大門을 옮겼는데, 그 후로는 귀신이 나타나지 않았다고 한다.

坤宮에 속한 未·坤·申 세 좌향 중에서 특별히 未方을 선택하여 대문을 낸 이유는 무엇일까?

子坐는 天元이므로 未〔地〕·坤〔天〕·申〔人〕 중에서 天元에 해당되는 坤方으로 大門을 내야 할 것 같은데 그렇지 않는 이유는 다음과 같다.

-酉	-辛	+甲	-卯	-乙	-己	+戌
+庚	7兌		3震		5中	+戌
+亥						+壬
+乾	6乾		8運		1坎	-子
-戌						-癸
+申	2坤		4巽		9離	+丙
+坤	-未	+巳	+巽	-辰	-丁	-午

下元 8運 陰陽順逆圖

坤宮에서
未方〔己〕만 陰이고
坤方〔戊〕과 申方〔戊〕은 陽이다.

子坐午向에서 子나 午는 陰이기 때문에
未(-)·坤(+)·申(+) 중에서
같은 陰에 해당하는 未方으로 大門을 내야 한다.
坤方이나 申方으로 大門을 내면 음양이 차착(差錯)
되어 효력이 적다.

② 충기낙궁무가보(衝氣樂宮無價寶)

양균송 선생의 저서 『**천옥경**天玉經』에 나오는 '충기낙궁무가보(衝氣樂宮無價寶)'는 물을 활용해 횡재하는 방법으로, 노충살(路衝煞)과 재운(財運)과의 관계를 설명한 비법이다.

양택에서 도로가 대문 또는 건물을 향해 정면에서 직선으로 충(衝)하고 들어오는 것을 형기풍수에서는 노충(路衝) 또는 창살(槍殺)이라 표현한다. 형기풍수로 논하자면 노충을 범하면 아주 凶하다고 본다.

그러나 도로가 정면으로 충하는 방위에 대문이 있고, 당운(當運)에 향성(向星) 왕기(旺氣)가 그 방향일 때는 노충살을 두려워하지 않으며 오히려 복이 폭발하여 벼락부자가 된다. 충기낙궁무가보(衝氣樂宮無價寶)에서 충기(衝氣)는 노충(路衝)을 의미하고 낙궁(樂宮)은 향성 왕기수(旺氣數)를 얻은 방위를 의미한다. '충(衝)'은 길·통로(通路)·거리의 뜻이 있으며 또한 찌르고 부딪쳐서 動하게 하는 뜻이 있다. 향성 왕기 방위를 크게 동(動)해 주니 오히려 즐겁다. 무가보(無價寶)는 낙궁(樂宮)을 충(衝)한 영향으로 보화의 가치가 한이 없다는 말이다. 독(毒)이 경우에 따라서는 약(藥)이 되는 이치이다.

　다만 당운(當運)이 지나가면 福은 지나가고 노충이 형기살(形氣殺)의 작용을 일으키므로 주의한다. 즉, 8運에 재성 왕기가 충하여 복을 많이 받았다면 9運이 오면 향성8은 퇴기수(退氣數)가 되므로 재물이 다 나가버린다는 것이다.

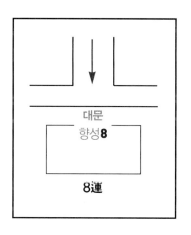

화살로 쏘듯이 살기(殺氣)가 대문과 집을 향해 직충(直衝)한다. 형기적으로 보면 이 집은 흉가이다. 그러나 현공법으로는 망할 수도 있고 안 망할 수도 있다. 노충살이 있는 집이라도 이 집처럼 8運에 왕기인 향성8자에 문이 있는 집이라면 오히려 복이 폭발하여 돈을 많이 벌 수도 있다.
소심해야 할 것은 9運이 되면 집의 운명이 바뀌어 오히려 파재(破財)한다.

　고창의 유명한 주꾸미 집은 성수기가 되면 예약도 받지 않고, 손님이 너무 많기 때문에 1인당 1인분만 팔 정도로 장사가 잘 된다. 이 집은 8運 노충살을 범하고도 장사가 잘 된다. 그러나 운이 바뀌면 노충살은 문제가 될 수 있다.

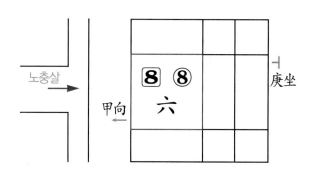

8運 庚坐甲向

甲向 쪽의 도로가 직충한다면?
8運에는 향성8자에 노충을 범해도 오히려 당운(當運) 동안은 최고로 좋다.

3 동정(動靜)의 활성화법(活性化法)

풍수지리에서 길흉은 동정(動靜)에 달려 있다. 변화는 움직일 때 일어난다. 위험한 말벌도 건드리지만 않으면 피해를 주지 않는다. 건드리면 화근이 된다. 『주역』〈계사전〉에 "길흉회린은 움직임에서 나온다_吉凶悔吝生乎動."라고 하였다. 일단 움직이면 좋은 것과 좋지 못한 것이 나타나므로 움직임을 지혜롭고 신중히 하라는 뜻이 담겨 있다.

좋은 곳이 動하면 좋은 일이 생기고 나쁜 곳이 動하면 나쁜 일이 생긴다. 생왕(生旺)이 움직이면 길상가길(吉上加吉)이고 쇠사(衰死)가 움직이면 흉상가흉(凶上加凶)이 된다.

동정의 활성화법이란 動해야 할 곳은 動하게 만드는 방법이다. 또한 靜해야 할 곳은 靜하게 해주는 방법이다.

좋은 것은 만져주고 꾸며주고 건드려 준다. 동(動)하게 하여 활성화시킨다. 生·旺方의 氣口를 활성화시켜 주고 8運에 8자를 활성화시켜 주는 것은 吉이 된다.

『현기부玄機賦』에서 말하는 '고취생왕固取生旺 ☞ 진실로 생왕을 취하는 것'이란, 왕기나 생기 방위에 그에 맞는 것을 배치하고 보충해서 더 吉하게 사용하는 것을 말한다.

즉, 좋은 향성이 있는 쪽에 대문을 내고, 문과 이어진 길 또는 대문에서 현관까지의 길 같은 도로를 내고, 우물이나 연못을 만들고, 수로를 내주고, 부뚜막을 놓고, 向宮을 활성화시키는 동상(動象)을 설치한다. 動象은 빛을 내거나 바람을 일으키거나 물을 흐르게 하거나 사람이나 차의 통행이 많은 것을 말한다. 네온싸인·풍차·물레방아·교차로·엘리베이터·에스컬레이터 등이 포함된다.

또한 산성 왕기나 생기 방향에 산이 없다면 건물을 짓거나 돌탑을 쌓거나 산 그림을 걸어주는 등 吉한 산성 방향을 더 吉하게 활성화시켜 준다.

반면, 좋지 않은 것은 건드리지 않아야 한다. 움직이지 말아야 할 방위〔衰死殺〕를 움직여서 문제가 발생했을 때 흔히 "잘못 건드려 동티가 났다."고 말을 한다. '동티'는 '동토動土 ☞ 흙이 움직인다'에서 나온 말이다. 흙뿐만 아니라 비교적 규모가 큰 것을 움직이거나 건드렸을 때도 포함된다. 메우고 부수는 과정에서 동티가 난다. 교차로를 내거나, 공사로 인해 땅을 파거나 건물을 신축하는 것 등도 포함된다.

도심지 양택은 흉수(凶數) 방향에 해당되는 것이 못생기고 크고 가까운 것도 문제가 있지만, 그 물체가 움직이거나 번쩍거리거나 색상(色相)이 흉을 더하면 작용력이 더욱 강해진다. 가만히 있는 것보다는 화려하고 움직임이 있는 것이 더 나쁘다.

〈25〉는 질병의 조합이다. 약하면 질병이고 심하면 사망이다. 집 안에 〈25〉 방향에 화장실이 있으면 질병이 더 악화된다. 아예 쓰지 않거나 사용하는 빈도수를 낮춰야 한다. 건드리지 않는 것이 최선이다.

실운(失運)한 향성(向星) 방향에 도로나 물이 직충하거나 반배하면 더욱 나쁘게 되도록 충동질하는 것과 같은 것이니, 보이지 않도록 차형통기(遮形通氣)해 준다. 자형통기는 악형(惡形)의 산이 보일 때에도 사용한다.

쇠기(衰氣), 사기(死氣), 살기(殺氣) 방향의 氣口를 활성화시키는 것은 벌집을 건드리는 것과 같다. 흉한 방향으로 난 문이나 창은 폐쇄하거나 빛을 완전하게 차단한다.

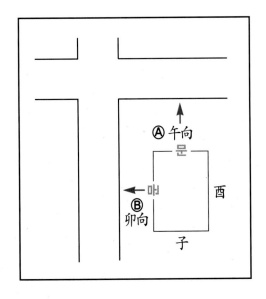

사거리 상가이다. Ⓐ는 子坐午向 Ⓑ는 酉坐卯向이다. Ⓐ와 Ⓑ 중 어디가 향일까?

8運에 Ⓐ는 쌍성회향이고, Ⓑ는 쌍성회좌이다. Ⓐ와 Ⓑ는 둘 다 향이 될 수 있다. 그러나 재물운을 좋게 하려면 Ⓐ문을 이용하여 쌍성회향이 되도록 하는 것이 유리하다. 내부 배치에 따라 집의 좌향 선택이 가능하다.

Ⓐ子坐午向이 되도록 배치하는 방법은 주인이 앉아서 바라보는 쪽이 午 쪽이 되게 한다. 가벼운 물건은 午 쪽에, 무겁고 큰 물건은 子 쪽에 배치한다.

8運 子坐午向

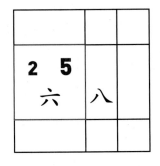

합국이라면 재물운에 유리한 쌍성회향이다.

그러나 子坐午向의 震宮은 향성이 흉수 5이다.

따라서 震宮의 卯 방향에 門이 나 있다면 이 문을 봉쇄하고 다른 문을 써야 한다. 만일 폐쇄해야 할 문이 유리문이라면 짙은 색상으로 선팅을 해서 밖에서 빛이 들어오지 못하도록 차단한다. 특히 아랫부분에 빛이 들어오지 않도록 한다.

4 생극제화법(生剋制化法)

현공풍수에서 제화법은 음택보다는 양택에서 많이 활용된다. 음택은 주변의 山水를 변화시키는 것이 쉽지 않지만, 양택은 운에 따라 대문이나 사용하는 방, 인테리어 등을 바꾸고 제화함으로써 계속 좋은 기운을 받을 수 있다.

玄空風水 高手秘訣

풍수에서는 시운이 가장 중요하다. 부족한 것은 오행의 생극제화(生剋制化)를 활용하여 보충한다. 그러나 생극제화를 한다 해도 시운에 맞는 것보다는 못하다. 음·양택이 시운에 맞지 않는 불합국, 또는 대공망이면 이장하거나 이사하는 것이 최선이다. 여의치 않을 때는 피해가 적은 방을 선택하여 옮기고 제화한다.

생극제화법(生剋制化法)이란 相生으로 化(변화)시켜 주고 相剋으로 制(통제)해 주는 법이다.

지나치게 넘치거나 모자란 기운을 적절히 조절하거나 불필요한 것을 制去하여 '바람직한 방향으로 변화(變化)시켜 주는 것'이 풍수제화법의 목적이다.

큰 흉(大凶)은 피하고 중간 흉(中凶)은 제화·비보하고 작은 흉(小凶)은 무시한다. 제화하면 흉이 없어지거나 吉한 것으로 변하는 것은 아니다. 흉을 작게 하여 무시할 수 있는 수준으로 만들어 피해를 줄이는 효과가 있다. 제화에는 한계가 있으므로 큰 흉이라면 피해야 한다.

상극(相剋)으로 제살(制殺)하면 효과가 빠르게 나타나지만 부작용이 클 수 있고, 상생(相生)으로 화살(化殺)하는 것은 효과가 천천히 나타나지만 부작용이 적다. 따라서 剋을 하는 것보다는 상생시켜 조절하는 것이 더 격이 높은 제화법이다.

〈2·7·9〉 등 화재 발생이 우려되는 애성조합의 강한 불기운을 사그라지게 하려면 水로 극하는 것보다는 土로 火의 기운을 설기시키는 것이 부작용이 없다. 〈3·4〉 조합의 강한 木의 기운이 土를 극하여 기운이 불균형할 때는 木生火하여 火로 木의 기운을 조절해 준다. 양택이라면 火氣와 관련된 꽃이나 오렌지색 벽지를 이용한다.

〈6·7〉의 교검살(交劍殺)은 강한 金氣를 金生水로 설기(泄氣)해 주는데, 오행의 '水'를 이용하면 金氣의 凶한 작용이 줄어든다.

2·5·8土의 기운이 지나치게 강하여 水를 剋하면 金을 사용한다. 金으로 土의 기운을 빼서 조절해 주는 동시에 土生金 → 金生水로 순환상생〔循環相生, 遞生〕하게 한다. 예를 들자면 해당 방위에 진짜 금을 가져다 놓거나 금이 없다면 금의 기운을 가진 움직임〔動〕을 만들어준다. 소리가 나는 종(鐘)이나 풍경(風磬), 또는 괘종시계를 이용하면 진동이나 울려 퍼지는 소리, 댕댕거리는 소리 등이 퍼지면서 효과를 발휘한다. 동으로 만든 호로병을 두는 방법도 있다.

만일 2土의 흉한 기운을 제화하려 한다면, 6陽金과 7陰金 중에서 어떤 것을 활용하는 것이 더 좋을까?

6과 7은 같은 金이지만 음양이 다르다. 陽은 陰으로 陰은 陽으로 제화한다. 그러므로 2陰土는 6陽金으로 제화하는 것이 더욱 효과적이다. 陰은 靜하고 陽은 動하므로 6陽의 성격을 가진 움직이고 소리 나는 풍경을 달아주거나 움직이는 괘종시계를 걸어준다. 만약 陰金이 필요한 경우에는 금색(Gold)으로 도배나 커튼을 하면 된다.

생명을 잉태해야 하는 신혼부부에게는 水의 기운이 꼭 필요하다. 土剋水하는 집이나 방에서는 임신이나 출산이 어려우므로 제화법을 이용하는 것보다는 적합한 방을 찾아서 옮기거나 아예 집을 옮기기를 권한다.

지나친 木氣를 조절할 때는 火氣를 활용한다. 火는 불이므로 벽난로나 화로 등을 설치하면 좋다. 또는 빛이나 열을 발산하는 텔레비전과 같은 전자제품을 해당 방위에 두면 효과가 있다. 색상을 이용하는 방법도 있는데 해당 장소의 침대커버나 벽지의 색상을 자색(紫色), 주황색(朱黃色) 또는 등색(橙色)으로 꾸며 주어도 효과가 좋다.

즉, 생극제화법에서는 오행이 상극일 때는 체생(遞生)시켜 주고, 오행이 태과할 때는 지나친 기운을 설기(泄氣)시켜 균형을 맞추어 준다.

제화할 때에는 제화물품의 재질, 모양, 색상의 특징에 주의하여 선택한다. 삼족두꺼비[三脚金蟾], 자수정구(紫水晶球), 오제전(五帝錢), 문창탑(文昌塔), 목계(木鷄), 안인수(安忍水), 종(鐘), 어항(魚缸), 호로병(葫蘆瓶), 오목거울, 볼록거울, 풍수륜(風水輪), 진택나경도(鎭宅羅經圖) 등의 제화용품이나 가구, 가전제품 등을 적절히 배치하여 효과를 거둘 수 있다.

이 외에도 오황살이나 현침살은 생극제화가 필요하다. 불화하는 부부의 안방이나 성적을 높여야 하는 수험생의 방에도 제화가 필요하다.

5 환천심비법(換天心秘法)

현공해석에서 가장 중요한 것은 '시운에 맞는가? 시운에 맞지 않는가?' 하는 것이다. 시운에 맞지 않을 때에 취할 수 있는 가장 좋은 방법은 운에 맞는 좌향으로 집을 새로 짓거나 묘를 이장하는 것이다.

이사나 이장이 어려울 때는 다음에 소개하는 환천심비법을 활용해 보자.

환천심(換天心)이란 '天時를 바꾼다.' 또는 '하늘의 중심을 바꾼다.'는 뜻이다. 천심(天心)을 바꾸면 運도 바뀐다. 천심이란 중궁에 든 세 개의 숫자를 의미하므로, 환천심이란 중궁에 든 숫자를 바꾸는 것을 말한다. 중궁의 숫자가 바뀌면 나머지 8개 궁들의 모든 숫자가 바뀐다.

天心을 바꾸려면 완전히 다른 모습 또는 다른 장소가 된 것처럼 분위기를 혁신시켜야 한다. 누군지 알아볼 수 없을 만큼의 성형수술을 하는 것이다. 분위기를 혁신시키면 運이 바뀐다.

양택은 대수선(大修繕) 또는 리모델링(Remodeling)을 한다. 새로운 運의 하늘의 빛[天光]이 집안을 두루 비추게 한다. 지붕을 개량한다. 지붕 전체를 새 기와로 바꾸거나 집의 중심부나 向宮이 있는 현관 쪽 지붕을 바꾼다.

지붕과 천정을 바꿀 수 없을 때는 깨끗이 청소하고 벽과 바닥을 바꾼다. 도배나 페인트칠을 다시 하고 바닥재도 바꾼다. 안방과 공부방을 맞바꾼다든지 하여 공간의 용도도 바꾸고, 사용하던 쇼파도 천갈이를 하고, 가구나 집기도 교체하고, 인테리어를 새로 하는 등 새로운 運의 좌향에 맞도록 모든 것을 변모시킨다. 집을 비워두고 49일쯤 지난 후에 吉日을 택하여 입주하면 더욱 확실하다.

음택은 봉분을 열어 한두 시간 이상 천광(天光)을 받은 후 다시 모시면 된다. 밤이든 낮이든 언제든지 괜찮다. 봉분과 상석의 좌향만 바꾸는 것은 환천심의 효과가 없다.

7運에 상산하수였던 巽坐·巳坐·乾坐·亥坐는 8運에는 왕산왕향이 되므로 상황에 따라서는 환천심을 해주는 것이 좋다.

신후지지(身後之地)를 미리 만들어 놓는 것도 시운을 잘 따져보아야 한다. 신후지지는 사후(死後)에 묻힐 陰宅 자리를 미리 잡아두는 것을 말한다. 봉분 모양만 만들어 놓기도 하고 내광까지 파서 만들어 놓기도 한다. 이렇게 미리 준비해 놓고 나중에 사용할 때 운이 바뀌었다면 바뀐 운에도 좋은 좌향인지 다시 확인해야 한다. 예를 들어 7運에 왕산왕향인 戌坐辰向으로 된 신후지지라면 8運에는 상산하수에 걸리게 되어 흉지(凶地)가 된다.

음택은 일반적으로 사망 시기를 기준으로 감평하지만, 주의할 것은 중간에 이장을 하여 운이 달라졌다면 감정결과가 달라지므로 반드시 확인해야 한다. 비석에 적힌 시기가 묘를 쓴 시기와 일치하지 않는 경우가 많으므로 비문의 내용을 잘 읽어볼 필요가 있다.

⑥ 자백택일법(紫白擇日法)

① 택일(擇日)이란?

택일이란 1일 단위인 일자를 고른다는 의미이므로, 더욱 정확한 표현은 택길(擇吉) 또는 선택법(選擇法)이다.

택일은 일상생활을 하면서 필요한 분야이다. 특히 혼인·개업·상량·이사·이장 등과 같이 중요한 행사를 치르기에 좋은 날짜와 시간을 알기 위해 택일한다. 현대에는 택일의 중요성이 예전보다 많이 약화되었지만 선조들은 택일을 중시하여 좋은 날을 택하여 일을 치러야만 집안이 편안하고 가족에게 해가 없다고 생각하였다. 심지어 가정에서 못을 박을 때조차 좋은 날짜를 받았을 정도이다.

조선시대 음양과 고시과목이었던 도간의 『**착맥부**捉脈賦』에서는 "진룡정혈을 만나고 때[時期]를 얻으면 아주 이롭다. 무릇 좋은 땅은 마치 큰 배와 같고, 때는 좋은 노와 같다. 취기하는 것은 풍수이지만 발복이 나타나게 하는 것은 때이므로 반드시 선택[擇日]을 해야 한다_旣遇眞龍正穴, 又得吉利辰朔, 則無不利. 夫 好地 如巨舟, 年月如利楫. 廬注者, 風水也. 發作者, 年月也. 不可不擇."며 택일의 중요성을 강조하였다.

택일은 피흉추길(避凶趨吉)하기 위한 방법 중 하나이다. 기본적인 택일은 피흉(避凶)이고 고급 택일법은 추길(趨吉)이다. 능동적으로 대처하여 나쁜 운은 멀리하고, 좋은 운을 가져오도록 하는 방편이다.

공사기간이 일년이 넘는 건축택일은 年을 위주로 선택하고, 한 달 정도 치르는 행사는 月을 위주로 택일하며, 하루 만에 끝나는 작업은 日을 위주로 보고, 한두 시간 안에 끝나는 작업은 時擇을 하면 된다.

우리나라에서 기존의 일반적인 택일은 중국 명나라의 임소주(林紹周)가 편찬하였고, 1636년(인조 14) 성여훈(成如櫄)이 도입하여 간행한 『천기대요天機大要』를 바탕으로 택일을 하는 경우가 많았다. 이 책은 현재 대만이나 홍콩에서는 활용하지 않고 있다.

현공풍수에서 택일은 자백법을 이용하며 좌향이 결정된 후에 한다. 양택이든 음택이든 천문·지리·인사가 조화를 이뤄야 生氣가 발동하여 풍수적 발복을 증대시키기 때문에 택일이 잘 되면 복을 재촉할 수 있다.

② 자백법(紫白法)

현공풍수는 20년을 단위로 길흉을 본다. 매 20년마다 주관하는 별이 있고, 또 각 해(年)마다 그 해를 관장하는 별이 있다.

기본적으로 20년 단위의 運이 가장 큰 영향력을 행사하지만, 매년 자백법에 따라 길흉에 차이가 생긴다.

자백법에서 자(紫)는 9를 뜻하고 백(白)은 1을 뜻한다.

자백법 중 연자백(年紫白)을 이용하여 1년간의 세운(歲運)을 보고, 월자백(月紫白)은 한 달간을, 일자백(日紫白)은 하루, 시자백(時紫白)은 2시간 단위의 길흉을 본다. 年, 月, 日, 時紫白은 일람표를 보고 해당되는 中宮數를 찾아

順行 또는 逆行시킨다. 日紫白은 구성만세력(萬歲曆)이나 책력(冊曆)을 이용하면 쉽게 찾을 수 있다.

현공에서는 년자백반과 월자백반을 중요시하며 일자백반과 시자백반은 큰 소용이 없다. 반면 구성학에서는 일자백반과 시자백반도 활용도가 높다.

비성반에서 기본적으로 볼 수 있는 향성(向星)·산성(山星)·운반(運盤)의 세 숫자에, 해당 연도의 연자백(年紫白) 숫자를 추가하여 4개의 숫자조합을 풀어 보면 吉凶의 발생년도까지도 추산해 낼 수 있다.

연자백은 유년성(流年星) 또는 객성(客星)이라고도 한다.

연자백이 도래하는 1년 기간은 매년 입춘에서 다음해 입춘 전까지를 뜻한다.

연자백은 매년 중궁수가 바뀌면서 순행한다.

중궁수(中宮數)를 구하려면 그 해의 서기년도 각 자리의 숫자를 다 더해서 상수 11에서 뺀다. **1999년**은 1+9+9+9=28이고 2+8을 하면 10이 된다. 11−10=1이므로 중궁수는 1이다. **2013년**은 2+0+1+3=6이고, 11−6은 5로 중궁수는 5이다. **2014년**은 2+0+1+4=7이고, 11−7은 4로, 중궁수는 4이다.

中宮數	1	2	3	4	5	6	7	8	9
8運의 해당년도	2008 2017	2007 2016	2006 2015	2005 2014 2023	2004 2013 2022	2012 2021	2011 2020	2010 2019	2009 2018

연자백은 어떤 해이든지 해당 중궁수를 中宮에 넣고 순행시킨다. **2014년** 이라면 중궁수 4를 중궁에 넣고 순행시킨다.

현공풍수에서는 산성(山星)과 향성(向星)과 운반(運盤)을 중심으로 기본적으로 길흉을 해석한다. 길흉사가 일어날 암시는 이미 비성반에 나와 있다. 어떤 일들이 일어날지는 비성반의 숫자조합이 알려주고, 구체적으로 언제 일어날지는 연자백과 월자백으로 뽑아볼 수 있다.

길흉(吉凶)은 동(動)할 때 생긴다. '자백(紫白)'은 動하는데 결정적인 역할을 한다. 예를 들면 애성조합이 2·7·9로 항상 화재의 위험이 내재되어 있는데 자백에서 動해 주는 시기가 되면 불이 난다. 연자백의 길흉은 강하고 급하다. 월자백은 해당 년(年)의 지지와 음력 월수에 따라 중궁에 들어가는 수가 달라진다. 연자백과 월자백을 잘 활용하여 시기를 정확히 알아내면 흉함을 더하고, 위기를 피하거나, 손해를 줄일 수 있다. 일자백과 시자백은 비중이 약하다.

③ 자백택일법(紫白擇日法)

❶ 길일을 선택하기 전에 다음 사항들을 먼저 점검해야 한다.

첫째, 용혈사수의 요건이 합당하고 진혈(眞穴)이어야 한다.

둘째, 현공이기법에 맞아야 한다. 현공이기법에는 합국인가, 山水가 있어야 할 곳에 있는가, 합십이나 삼반괘가 있는가 등이 포함된다.

셋째, 좌향을 알아야 택일할 수 있다. 풍수택일의 기본은 좌향을 고려한 택일이다. 간혹 좌향이 결정되지 않은 상태에서 이기풍수를 적용하는 경우가 있는데, 이는 잘못된 방법이다.

❷ 자백택일을 하려면 태세(太歲)를 알아야 한다.

태세(太歲)란 1년 동안 기운이 강하게 작용하는 방향을 뜻한다. 태세는 1년 단위로 바뀌며 해당 방향에서 미치는 힘이 강력하다.

태세에는 지반태세(地盤太歲)와 비태세(飛太歲)가 있다.

지반태세는 지지(地支)를 기준으로 본다. 해당년도의 地支 방위가 지반태세 방위가 된다. 亥년에는 亥 방향에 있고 子年에는 子方, 丑年에는 丑方에 지반 태세가 있다.

비태세는 연반태세(年盤太歲) 또는 진태세(眞太歲)라고 부른다. 해당년도 의 연자백이 왔을 때 그 해의 지지(地支)에 속하는 구성(九星)이 오는 방향이 다. 子年은 1白에 속하고 丑年과 寅年은 8白, 卯年은 3碧, 辰年과 巳年은 4 綠, 午年은 9紫, 未年과 申年은 2黑, 酉年은 7赤, 戌年과 亥年은 6白에 속한 다. 해당 연자백을 중궁에 넣고 순행시켰을 때 지지(地支)년에 해당되는 숫자 가 있는 방위가 비태세가 된다. 지반태세보다 비태세의 역량이 더욱 강하므 로 비태세를 더 비중 있게 본다.

태세방위는 길상가길(吉上加吉) 또는 흉상가흉(凶上加凶)하는 역할을 한 다. 태세방위는 합국이면 좋은 것에 또 좋은 것이 추가되어 더 좋게 되고, 불 합국이면 나쁜 것에 나쁜 것이 더해져서 더 나쁘게 되므로 1년 동안은 해당 방위를 주의해야 한다. 동상(動象)이 발생하면 같은 이치로 길흉화복을 판단 한다. 동상(動象)은 문자 그대로 집을 수리하거나 일정 기간 공사를 하는 등 의 작업을 말한다. 양택에서 대문과 같은 중요한 방위에 태세가 오면, 좋으면 더욱 좋고 흉하면 더욱 흉하게 된다.

태세는 向을 중요하게 본다. 태세가 향궁에 왔을 때는 이 방향으로 지어진 집이나 묘가 크게 영향을 받는다. 또한 용신궁(用神宮)도 볼 수 있다. 태세가 용신산이나 용신수가 있는 궁에 도달했을 때 영향력이 발휘된다.

❸ 자백택일법

① 형기와 이기가 합국이라면 태세(太歲)가 향으로 오는 해(年)에 건택조 장(建宅造葬)한다.

	巳	午	未	
辰	4	9	2	申
卯	3	연자백 5 癸巳	7	酉
寅	8	1	6	戌
	丑	子	亥	

2013(癸巳)년
지반태세는 巽宮에 있다
비태세도 巽宮에 있다

	卯 乙	丑	寅	子
申	3	8	1	
未	2	연자백 4 甲午年	6	戌 亥
酉	7	9	5	
		午		

2014(甲午)년
지반태세는 離宮에 있다
비태세는 坎宮에 있다

2013(癸巳)년은 巳가 원래 巽宮에 속하므로, 지반태세는 巽宮에 있다.

또한 巳년은 辰년과 함께 4綠에 속한다.

자백법으로 2013년은 중궁에 5가 들어가고, 순행을 하면 4자가 이르는 巽宮이 비태세 방위가 된다. 따라서 2013년은 지반태세와 비태세가 모두 손궁(巽宮)에 있다.

2013년처럼 지반태세와 비태세가 같은 방향에 함께 오는 때가 있는데, 이 경우를 '환궁태세(還宮太歲)'라고 한다. 두 개의 태세가 겹치기 때문에 작용력이 훨씬 강하다.

2013(癸巳)년은 두 태세가 모두 巽宮에 있으므로 巽宮 向인 辰向·巽向·巳向인 자리들이 영향을 크게 받는다. 2013년에는 8運에 왕산왕향인 乾坐巽向 또는 亥坐巳向으로 합국이라면 집에 입주하자마자 또는 묘를 쓰자마자 바로 강력한 복을 받는다.

반면, 8運에 戌坐辰向은 상산하수인데 2013년에 배산임수 지형에 불합국인 집을 지으면 바로 망한다. 상산하수 불합국은 흉인데 태세가 겹쳐서 흉을 더해 주는 것이다.

2014(甲午)년의 지반태세는 원래 午의 방위인 이궁(離宮)에 있고, 중궁에 연자백 4가 들어가 순행하면 午火는 9紫에 속하므로 비태세 방위는 9가 있는 감궁(坎宮)이 된다.

따라서 離宮〔丙·午·丁〕이나 坎宮〔壬·子·癸〕의 향에 합국이라면 다른 해보다 더 큰 복을 받는다.

② 합국일 때에는 태세가 향에 오는 해에 발복한다.

8運에 합국으로 이미 지어진 음·양택은 8運 중에도 특히 태세가 향으로 오는 해에 발복한다. 2013년은 살고 있는 집이나 조상의 음택이 巽宮向〔辰向·巽向·巳向〕이면서 합국이라면 吉이 더해져서 특별히 아주 좋은 일이 생긴다. 반면에 불합국이라면 凶이 더해진다.

2014년은 지반태세가 있는 離宮과 비태세가 있는 坎宮이 영향을 받으므로 丙·午·丁·壬·子·癸의 향을 가진 음·양택이 합국이라면 吉上加吉이 된다.

유훈승(劉訓昇) 선생의 『계통음양학系統陰陽學』에서는 6運 子坐午向〔쌍성회향〕 합국이 되도록 남쪽에 연못을 파라고 조언해 준 집에서 태세방이 丙午년〔1966년〕, 丁未년〔1967년〕 등 丙午丁 南方에 이르렀을 때 재물운이 大發한 사례를 소개하였다.

1966년은 향궁의 山·向星과 연자백이 〈66/2〉로 정배(正配)가 되고, 1967년은 향궁의 山·向星과 연자백이 〈66/1〉로 생성수(生成數)가 되는 좋은 해였다.

반대로 불합국이면서 흉수조합일 때에는 흉사를 부추기는 태세가 그 궁에 이르렀을 때 나쁜 일이 발생한다.

③ 8運에는 8이 오는 向이 좋다.

2012년

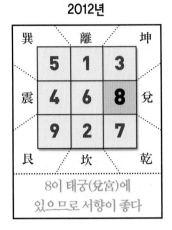

巽	離	坤
5	**1**	**3**
震 **4**	**6**	**8** 兌
9	**2**	**7**
艮	坎	乾

8이 태궁(兌宮)에
있으므로 서향이 좋다

2013년

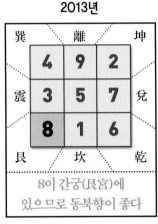

巽	離	坤
4	**9**	**2**
震 **3**	**5**	**7** 兌
8	**1**	**6**
艮	坎	乾

8이 간궁(艮宮)에
있으므로 동북향이 좋다

2014년

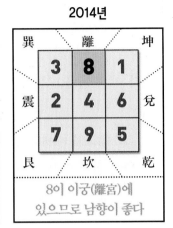

巽	離	坤
3	**8**	**1**
震 **2**	**4**	**6** 兌
7	**9**	**5**
艮	坎	乾

8이 이궁(離宮)에
있으므로 남향이 좋다

어떤 작업을 한다면 吉한 방향에서 시작하고 끝낸다.

④ 5黃이 向宮에 오는 해에는 그 향의 음·양택 건택조장을 피한다.

5자가 이르는 방위를 오귀방(五鬼方)이라고도 한다. 오황살이라고도 불리며, 질병과 상서롭지 못한 일이 생기는 방향이라 하여 전통적으로 매우 기피하는 방위이다.

풍수에서는 연자백을 보아 5黃이 향궁(向宮)에 오는 해를 조심하여야 한다. 강요 선생의 『**종사수필**從師隨筆』에서 출처를 찾을 수가 있는데, "연자백을 보아서 5가 있는 방향이 향이 되는 것은 쓰지 않는다."라고 기록하고 있다.

"태세가좌 불가향_太歲可坐 不可向"이란 태세가 5黃이 되는 宮으로 向을 놓을 수는 없다는 것이다. 다만 坐를 놓을 수는 있다. 向과 年과의 관계를 보아 5黃이 向에 걸리는 해에는 그 向을 사용하지 않는 것이 핵심이다.

2012년		
5	1	3
4	연자백 6	8
9	2	7

5黃星이 巽宮에 있다.
巽宮向(乾宮坐)를 놓지 못한다.

2013년		
4	9	2
3	연자백 5	7
8	1	6

5黃星이 中宮에 있다.
모든 향을 다 사용할 수 있다.

2012년의 중궁수는 6이다. 2012년은 5가 동남방인 巽 방위에 있다. 따라서 2012년에는 음·양택 모두 巽宮(辰·巽·巳)向은 쓰지 않는다. 바꿔 말하면 戌·乾·亥坐를 용사하지 않는다는 것이다. 따라서 동남향인 乾坐巽向과 亥坐巳向은 비록 8運에 왕산왕향이지만 2012년에는 쓰지 않는다. 그러나 서북향인 巽坐乾向이나 巳坐亥向은 합국이라면 사용해도 된다.

2013년은 5가 중궁에 들어가니 5黃에 걸리는 향이 없어 모든 향을 다 사용할 수 있다.

또한 向宮에 5黃殺이 오는 해에 向宮을 쿵쿵 치거나 두드리거나 파거나 절단하여 악살(惡殺)이 動하게 하면 재산 손실, 건강악화, 사고 등을 유발한다. 殺이 있는 곳에서 수리작업을 시작하거나 끝내지 않도록 주의한다.

『현공성상지리학玄空星相地理學』에서 종의명 선생은 "현공학에서는 연·월·일·시에 5황이 있는 방위에서는 산일을 하거나[開山] 그 방위에 있는 것들을 고치거나[修方] 파고 부수거나 움직이는 일을[動土] 하지 말라." 하였다. 오황살이 있는 방위는 건드리지 않아야 한다.

⑤ 5黃이 向宮에 오는 해에는 1년 동안 좋지 않은 일이 생긴다.

현재 살고 있는 양택이나 이미 용사된 조상의 묘의 향궁에 5黃殺이 왔다면 일년 동안은 좋지 않은 일이 생길 수 있으므로 주의해야 한다.

더 알아야 할 것은 연자백 5황이 坐宮에 임하면 불합국시 흉화가 더 크고 빠르게 닥친다는 것이다. 예를 들면 2012년은 巽宮에 5황성이 비도하니 辰·巽·巳坐는 불합국일 때는 본래보다 불리하다. 어떻게 얼마나 나쁠지는 5가 있는 방향의 산과 물을 함께 보고 해석한다.

⑥ 좌궁·중궁·향궁에 2나 5가 들어가는 좌향이나 날짜를 피한다.

9 3 4	4 7 9	2 **5** 2
1 4 3	-8 -2 5	6 9 7
5 8 8	3 6 1	7 1 6

未向 (우상단) 丑坐 (좌하단)

2013년 丑坐未向
향성 5가 향궁에 왔다

3 9 4	7 4 9	**5** 2 2
4 1 3	-2 -8 5	9 6 7
8 **5** 8	6 3 1	1 7 6

未坐 (우상단) 丑向 (좌하단)

2013년 未坐丑向
향성 5가 향궁에 왔다

丑坐와 未坐는 8運에 왕산왕향으로 8運 내내 吉한 坐이다. 다만, 2013년에는 향성5가 향궁에 비도한다. 따라서 2013년에 丑坐와 未坐의 음양택을 용사하는 것은 8運 내의 다른 해보다 불리할 수 있으며, 이미 이런 좌향인 음·양택은 2013년에는 좋지 않은 일이 생길 수 있으니 조심하여야 한다.

年 紫 白 表 (順飛)　1324~1503년

上元(123運)	1	9	8	7	6	5	4	3	2
中元(456運)	4	3	2	1	9	8	7	6	5
下元(789運)	7	6	5	4	3	2	1	9	8

60甲子 紀年表

147	甲子01	乙丑02	丙寅03	丁卯04	戊辰05	己巳06	庚午07	辛未08	壬申09
	癸酉10	申戌11	乙亥12	丙子13	丁丑14	戊寅15	己卯16	庚辰17	辛巳18
	壬午19	癸未20	甲申01	乙酉02	丙戌03	丁亥04	戊子05	己丑06	庚寅07
258	辛卯08	壬辰09	癸巳10	甲午11	乙未12	丙申13	丁酉14	戊戌15	己亥16
	庚子17	辛丑18	壬寅19	癸卯20	甲辰01	乙巳02	丙午03	丁未04	戊申05
369	己酉06	庚戌07	辛亥08	壬子09	癸丑10	甲寅11	乙卯12	丙辰13	丁巳14
	戊午15	己未16	庚申17	辛酉18	壬戌19	癸亥20			

上元 西紀年

1運	1324	1325	1326	1327	1328	1329	1330	1331	1332
	1333	1334	1335	1336	1337	1338	1339	1340	1341
	1342	1343	1344	1345	1346	1347	1348	1349	1350
2運	1351	1352	1353	1354	1355	1356	1357	1358	1359
	1360	1361	1362	1363	1364	1365	1366	1367	1368
3運	1369	1370	1371	1372	1373	1374	1375	1376	1377
	1378	1379	1380	1381	1382	1383			

年盤數

9 5 7	8 4 6	7 3 5	6 2 4	5 1 3	4 9 2	3 8 1	2 7 9	1 6 8
8 1 3	7 9 2	6 8 1	5 7 9	4 6 8	3 5 7	2 4 6	1 3 5	9 2 4
4 6 2	3 5 1	2 4 9	1 3 8	9 2 7	8 1 6	7 9 5	6 8 4	5 8 3

中元 西紀年

4運	1384	1385	1386	1387	1388	1389	1390	1391	1392
	1393	1394	1395	1396	1397	1398	1399	1400	1401
	1402	1403	1404	1405	1406	1407	1408	1409	1410
5運	1411	1412	1413	1414	1415	1416	1417	1418	1419
	1420	1421	1422	1423	1424	1425	1426	1427	1428
6運	1429	1430	1431	1432	1433	1434	1435	1436	1437
	1438	1439	1440	1441	1442	1443			

年盤數

3 8 1	2 7 9	1 6 8	9 5 7	8 4 6	7 3 5	6 2 4	5 1 3	4 9 2
2 4 6	1 3 5	9 2 4	8 1 3	7 9 2	6 8 1	5 7 9	4 6 8	3 5 7
7 9 5	6 8 4	5 7 3	4 6 2	3 5 1	2 4 9	1 3 8	9 2 7	8 1 6

下元 西紀年

7運	1444	1445	1446	1447	1448	1449	1450	1451	1452
	1453	1454	1455	1456	1457	1458	1459	1460	1461
	1462	1463	1464	1465	1466	1467	1468	1469	1470
8運	1471	1472	1473	1474	1475	1476	1477	1478	1479
	1480	1481	1482	1483	1484	1485	1486	1487	1488
9運	1489	1490	1491	1492	1493	1494	1495	1496	1497
	1498	1499	1500	1501	1502	1503			

年盤數

6 2 4	5 1 3	4 9 2	3 8 1	2 7 9	1 6 8	9 5 7	8 4 6	7 3 5
5 7 9	4 6 8	3 5 7	2 4 6	1 3 5	9 2 4	8 1 3	7 9 2	6 8 1
1 3 8	9 2 7	8 1 6	7 9 5	6 8 4	5 7 3	4 6 2	3 5 1	2 4 9

玄空風水 高手秘訣

年 紫 白 表 (順飛)　1504~1683년

		1	9	8	7	6	5	4	3	2
上元(123運)		1	9	8	7	6	5	4	3	2
中元(456運)		4	3	2	1	9	8	7	6	5
下元(789運)		7	6	5	4	3	2	1	9	8
60甲子紀年表	147	甲子01	乙丑02	丙寅03	丁卯04	戊辰05	己巳06	庚午07	辛未08	壬申09
		癸酉10	申戌11	乙亥12	丙子13	丁丑14	戊寅15	己卯16	庚辰17	辛巳18
		壬午19	癸未20	甲申01	乙酉02	丙戌03	丁亥04	戊子05	己丑06	庚寅07
	258	辛卯08	壬辰09	癸巳10	甲午11	乙未12	丙申13	丁酉14	戊戌15	己亥16
		庚子17	辛丑18	壬寅19	癸卯20	甲辰01	乙巳02	丙午03	丁未04	戊申05
	369	己酉06	庚戌07	辛亥08	壬子09	癸丑10	甲寅11	乙卯12	丙辰13	丁巳14
		戊午15	己未16	庚申17	辛酉18	壬戌19	癸亥20			
上元西紀年	1運	1504	1505	1506	1507	1508	1509	1510	1511	1512
		1513	1514	1515	1516	1517	1518	1519	1520	1521
		1522	1523	1524	1525	1526	1527	1528	1529	1530
	2運	1531	1532	1533	1534	1535	1536	1537	1538	1539
		1540	1541	1542	1543	1544	1545	1546	1547	1548
	3運	1549	1550	1551	1552	1553	1554	1555	1556	1557
		1558	1559	1560	1561	1562	1563			
年盤數		9 5 7	8 4 6	7 3 5	6 2 4	5 1 3	4 9 2	3 8 1	2 7 9	1 6 8
		8 1 3	7 9 2	6 8 1	5 7 9	4 6 8	3 5 7	2 4 6	1 3 5	9 2 4
		4 6 2	3 5 1	2 4 9	1 3 8	9 2 7	8 1 6	7 9 5	6 8 4	5 8 3
中元西紀年	4運	1564	1565	1566	1567	1568	1569	1570	1571	1572
		1573	1574	1575	1576	1577	1578	1579	1580	1581
		1582	1583	1584	1585	1586	1587	1588	1589	1590
	5運	1591	1592	1593	1594	1595	1596	1597	1598	1599
		1600	1601	1602	1603	1604	1605	1606	1607	1608
	6運	1609	1610	1611	1612	1613	1614	1615	1616	1617
		1618	1619	1620	1621	1622	1623			
年盤數		3 8 1	2 7 9	1 6 8	9 5 7	8 4 6	7 3 5	6 2 4	5 1 3	4 9 2
		2 4 6	1 3 5	9 2 4	8 1 3	7 9 2	6 8 1	5 7 9	4 6 8	3 5 7
		7 9 5	6 8 4	5 7 3	4 6 2	3 5 1	2 4 9	1 3 8	9 2 7	8 1 6
下元西紀年	7運	1624	1625	1626	1627	1628	1629	1630	1631	1632
		1633	1634	1635	1636	1637	1638	1639	1640	1641
		1642	1643	1644	1645	1646	1647	1648	1649	1650
	8運	1651	1652	1653	1654	1655	1656	1657	1658	1659
		1660	1661	1662	1663	1664	1665	1666	1667	1668
	9運	1669	1670	1671	1672	1673	1674	1675	1676	1677
		1678	1679	1680	1681	1682	1683			
年盤數		6 2 4	5 1 3	4 9 2	3 8 1	2 7 9	1 6 8	9 5 7	8 4 6	7 3 5
		5 7 9	4 6 8	3 5 7	2 4 6	1 3 5	9 2 4	8 1 3	7 9 2	6 8 1
		1 3 8	9 2 7	8 1 6	7 9 5	6 8 4	5 7 3	4 6 2	3 5 1	2 4 9

年 紫 白 表 (順飛) 1684~1863년

上元(123運)		1	9	8	7	6	5	4	3	2
中元(456運)		*4*	*3*	*2*	*1*	*9*	*8*	*7*	*6*	*5*
下元(789運)		**7**	**6**	**5**	**4**	**3**	**2**	**1**	**9**	**8**
60甲子紀年表	147	甲子01	乙丑02	丙寅03	丁卯04	戊辰05	己巳06	庚午07	辛未08	壬申09
		癸酉10	申戌11	乙亥12	丙子13	丁丑14	戊寅15	己卯16	庚辰17	辛巳18
	258	壬午19	癸未20	甲申01	乙酉02	丙戌03	丁亥04	戊子05	己丑06	庚寅07
		辛卯08	壬辰09	癸巳10	甲午11	乙未12	丙申13	丁酉14	戊戌15	己亥16
	369	庚子17	辛丑18	壬寅19	癸卯20	甲辰01	乙巳02	丙卯03	丁未04	戊申05
		己酉06	庚戌07	辛亥08	壬子09	癸丑10	甲寅11	乙卯12	丙辰13	丁巳14
		戊午15	己未16	庚申17	辛酉18	壬戌19	癸亥20			
上元 西紀年	1運	1684	1685	1686	1687	1688	1689	1690	1691	1692
		1693	1694	1695	1696	1697	1698	1699	1700	1701
		1702	1703	1704	1705	1706	1707	1708	1709	1710
	2運	1711	1712	1713	1714	1715	1716	1717	1718	1719
		1720	1721	1722	1723	1724	1725	1726	1727	1728
	3運	1729	1730	1731	1732	1733	1734	1735	1736	1737
		1738	1739	1740	1741	1742	1743			
年盤數		9 5 7 / 8 [1] 3 / 4 6 2	8 4 6 / 7 9 2 / 3 5 1	7 3 5 / 6 8 1 / 2 4 9	6 2 4 / 5 [7] 9 / 1 3 8	5 1 3 / 4 6 8 / 9 2 7	4 9 2 / 3 5 7 / 8 1 6	3 8 1 / 2 [4] 6 / 7 9 5	2 7 9 / 1 [3] 5 / 6 8 4	1 6 8 / 9 2 4 / 5 8 3
中元 西紀年	4運	*1744*	*1745*	*1746*	*1747*	*1748*	*1749*	*1750*	*1751*	*1752*
		1753	*1754*	*1755*	*1756*	*1757*	*1758*	*1759*	*1760*	*1761*
		1762	*1763*	*1764*	*1765*	*1766*	*1767*	*1768*	*1769*	*1770*
	5運	*1771*	*1772*	*1773*	*1774*	*1775*	*1776*	*1777*	*1778*	*1779*
		1780	*1781*	*1782*	*1783*	*1784*	*1785*	*1786*	*1787*	*1788*
	6運	*1789*	*1790*	*1791*	*1792*	*1793*	*1794*	*1795*	*1796*	*1797*
		1798	*1799*	*1800*	*1801*	*1802*	*1803*			
年盤數		3 8 1 / 2 [4] 6 / 7 9 5	2 7 9 / 1 [3] 5 / 6 8 4	1 6 8 / 9 2 4 / 5 7 3	9 5 7 / 8 [1] 3 / 4 6 2	8 4 6 / 7 9 2 / 3 5 1	7 3 5 / 6 8 1 / 2 4 9	6 2 4 / 5 [7] 9 / 1 3 8	5 1 3 / 4 6 8 / 9 2 7	4 9 2 / 3 5 7 / 8 1 6
下元 西紀年	7運	1804	1805	1806	1807	1808	1809	1810	1811	1812
		1813	1814	1815	1816	1817	1818	1819	1820	1821
		1822	1823	1824	1825	1826	1827	1828	1829	1830
	8運	1831	1832	1833	1834	1835	1836	1837	1838	1839
		1840	1841	1842	1843	1844	1845	1846	1847	1848
	9運	1849	1850	1851	1852	1853	1854	1855	1856	1857
		1858	1859	1860	1861	1862	1863			
年盤數		6 2 4 / 5 [7] 9 / 1 3 8	5 1 3 / 4 6 8 / 9 2 7	4 9 2 / 3 5 7 / 8 1 6	3 8 1 / 2 [4] 6 / 7 9 5	2 7 9 / 1 [3] 5 / 6 8 4	1 6 8 / 9 2 4 / 5 7 3	9 5 7 / 8 [1] 3 / 4 6 2	8 4 6 / 7 9 2 / 3 5 1	7 3 5 / 6 8 1 / 2 4 9

玄空風水 高手秘訣

玄空風水 高手秘訣

年 紫 白 表 (順飛)　1864~2043년

上元(123運)	1	9	8	7	6	5	4	3	2
中元(456運)	4	3	2	1	9	8	7	6	5
下元(789運)	7	6	5	4	3	2	1	9	8

60 甲子 紀年表

147	甲子01	乙丑02	丙寅03	丁卯04	戊辰05	己巳06	庚午07	辛未08	壬申09
	癸酉10	申戌11	乙亥12	丙子13	丁丑14	戊寅15	己卯16	庚辰17	辛巳18
	壬午19	癸未20	甲申01	乙酉02	丙戌03	丁亥04	戊子05	己丑06	庚寅07
258	辛卯08	壬辰09	癸巳10	甲午11	乙未12	丙申13	丁酉14	戊戌15	己亥16
	庚子17	辛丑18	壬寅19	癸卯20	甲辰01	乙巳02	丙午03	丁未04	戊申05
369	己酉06	庚戌07	辛亥08	壬子09	癸丑10	甲寅11	乙卯12	丙辰13	丁巳14
	戊午15	己未16	庚申17	辛酉18	壬戌19	癸亥20			

上元 西紀年

1運	1864	1865	1866	1867	1868	1869	1870	1871	1872
	1873	1874	1875	1876	1877	1878	1879	1880	1881
	1882	1883	1884	1885	1886	1887	1888	1889	1890
2運	1891	1892	1893	1894	1895	1896	1897	1898	1899
	1900	1901	1902	1903	1904	1905	1906	1907	1908
3運	1909	1910	1911	1912	1913	1914	1915	1916	1917
	1918	1919	1920	1921	1922	1923			

年盤數

9 5 7	8 4 6	7 3 5	6 2 4	5 1 3	4 9 2	3 8 1	2 7 9	1 6 8
8 1 3	7 9 2	6 8 1	5 7 9	4 6 8	3 5 7	2 4 6	1 3 5	9 2 4
4 6 2	3 5 1	2 4 9	1 3 8	9 2 7	8 1 6	7 9 5	6 8 4	5 8 3

中元 西紀年

4運	1924	1925	1926	1927	1928	1929	1930	1931	1932
	1933	1934	1935	1936	1937	1938	1939	1940	1941
	1942	1943	1944	1945	1946	1947	1948	1949	1950
5運	1951	1952	1953	1954	1955	1956	1957	1958	1959
	1960	1961	1962	1963	1964	1965	1966	1967	1968
6運	1969	1970	1971	1972	1973	1974	1975	1976	1977
	1978	1979	1980	1981	1982	1983			

年盤數

3 8 1	2 7 9	1 6 8	9 5 7	8 4 6	7 3 5	6 2 4	5 1 3	4 9 2
2 4 6	1 3 5	9 2 4	8 1 3	7 9 2	6 8 1	5 7 9	4 6 8	3 5 7
7 9 5	6 8 4	5 7 3	4 6 2	3 5 1	2 4 9	1 3 8	9 2 7	8 1 6

下元 西紀年

7運	1984	1985	1986	1987	1988	1989	1990	1991	1992
	1993	1994	1995	1996	1997	1998	1999	2000	2001
	2002	2003	2004	2005	2006	2007	2008	2009	2010
8運	2011	2012	2013	2014	2015	2016	2017	2018	2019
	2020	2021	2022	2023	2024	2025	2026	2027	2028
9運	2029	2030	2031	2032	2033	2034	2035	2036	2037
	2038	2039	2040	2041	2042	2043			

年盤數

6 2 4	5 1 3	4 9 2	3 8 1	2 7 9	1 6 8	9 5 7	8 4 6	7 3 5
5 7 9	4 6 8	3 5 7	2 4 6	1 3 5	9 2 4	8 1 3	7 9 2	6 8 1
1 3 8	9 2 7	8 1 6	7 9 5	6 8 4	5 7 3	4 6 2	3 5 1	2 4 9

月 紫 白 表 (順飛)

年＼月	子午卯酉	辰戌丑未	寅申巳亥
(年)	2014=甲子 2017=丁酉 2020=庚子 2023=癸卯	2015=乙未 2018=戊戌 2021=辛丑 2024=甲辰	2016=丙申 2019=己亥 2022=壬寅 2025=乙巳
1月 (10月)	7 3 5 6 [8] 1 2 4 9	4 9 2 3 [5] 7 8 1 6	1 6 8 9 [2] 4 5 7 3
2月 (11月)	6 2 4 5 [7] 9 1 3 8	3 8 1 2 [4] 6 7 9 5	9 5 7 8 [1] 3 4 6 2
3月 (12月)	5 1 3 4 [6] 8 9 2 7	2 7 9 1 [3] 5 6 8 4	8 4 6 7 [9] 2 3 5 1
4月	4 9 2 3 [5] 7 8 1 6	1 6 8 9 [2] 4 5 7 3	7 3 5 6 [8] 1 2 4 9
5月	3 8 1 2 [4] 6 7 9 5	9 5 7 8 [1] 3 4 6 2	6 2 4 5 [7] 9 1 3 8
6月	2 7 9 1 [3] 5 6 8 4	8 4 6 7 [9] 2 3 5 1	5 1 3 4 [6] 8 9 2 7
7月	1 6 8 9 [2] 4 5 7 3	7 3 5 6 [8] 1 2 4 9	4 9 2 3 [5] 7 8 1 6
8月	9 5 7 8 [1] 3 4 6 2	6 2 4 5 [7] 9 1 3 8	3 8 1 2 [4] 6 7 9 5
9月	8 4 6 7 [9] 2 3 5 1	5 1 3 4 [6] 8 9 2 7	2 7 9 1 [3] 5 6 8 4
10月	[8]	[5]	[2]
11月	[7]	[4]	[1]
12月	[6]	[3]	[9]

時 紫 白 表 (順/逆飛)

日	子午卯酉	辰戌丑未	寅申巳亥	冬至後 (順飛)	夏至後 (逆飛)
(時)	子·酉	卯	午	9 5 7 8 [+1] 3 4 6 2	1 5 3 2 [-9] 7 6 4 8
	丑·戌	辰	未	1 6 8 9 [+2] 4 5 7 3	9 4 2 1 [-8] 6 5 3 7
	寅·亥	巳	申	2 7 9 1 [+3] 5 6 8 4	8 3 1 9 [-7] 5 4 2 6
	卯	午	子·酉	3 8 1 2 [+4] 6 7 9 5	7 2 9 8 [-6] 4 3 1 5
	辰	未	丑·戌	4 9 2 3 [+5] 7 8 1 6	6 1 8 7 [-5] 3 2 9 4
時	巳	申	寅·亥	5 1 3 4 [+6] 8 9 2 7	5 9 7 6 [-4] 2 1 8 3
	午	子·酉	卯	6 2 4 5 [+7] 9 1 3 8	4 8 6 5 [-3] 1 9 7 2
	未	丑·戌	辰	7 3 5 6 [+8] 1 2 4 9	3 7 5 4 [-2] 9 8 6 1
	申	寅·亥	巳	8 4 6 7 [+9] 2 3 5 1	2 6 4 3 [-1] 8 7 5 9

玄空風水 高手秘訣

陽局(順飛)			60甲子流日							陰局(逆飛)		
冬至 12. 22 – 23	雨水 2. 19 – 20	穀雨 4. 20 – 21								夏至 6. 21 – 22	處暑 8. 23 – 24	霜降 10. 23 – 24
+1	+7	+4	甲子	癸酉	壬午	辛卯	庚子	己酉	戊午	-9	-3	-6
+2	+8	+5	乙丑	甲戌	癸未	壬辰	辛丑	庚戌	己未	-8	-2	-5
+3	+9	+6	丙寅	乙亥	甲申	癸巳	壬寅	辛亥	庚申	-7	-1	-4
+4	+1	+7	丁卯	丙子	乙酉	甲午	癸卯	壬子	辛酉	-6	-9	-3
+5	+2	+8	戊辰	丁丑	丙戌	乙未	甲辰	癸丑	壬戌	-5	-8	-2
+6	+3	+9	己巳	戊寅	丁亥	丙申	乙巳	甲寅	癸亥	-4	-7	-1
+7	+4	+1	庚午	己卯	戊子	丁酉	丙午	乙卯		-3	-6	-9
+8	+5	+2	辛未	庚辰	己丑	戊戌	丁未	丙辰		-2	-5	-8
+9	+6	+3	壬申	辛巳	庚寅	己亥	戊申	丁巳		-1	-4	-7

【24坐向과 力士方】

24坐向	年支	力士方	向	해당년도	
亥 壬 子 癸 丑 艮	亥 子 丑 	艮宮	丑向 艮向 寅向	1995 2007 2019 2031 1996 2008 2020 2032 1997 2009 2021 2033	亥·子·丑 年은 艮宮이 역사방이다
寅 甲 卯 乙 辰 巽	寅 卯 辰 	巽宮	辰向 巽向 巳向	1998 2010 2022 2034 1999 2011 2023 2035 2000 2012 2024 2036	寅·卯·辰 年은 巽宮이 역사방이다
巳 丙 午 丁 未 坤	巳 午 未 	坤宮	未向 坤向 申向	2001 2013 2023 2037 2002 2014 2026 2038 2003 2015 2027 2039	巳·午·未 年은 坤宮이 역사방이다
申 庚 酉 辛 戌 乾	申 酉 戌 	乾宮	戌向 乾向 亥向	2004 2016 2028 2040 2005 2017 2029 2041 2006 2018 2030 2042	申·酉·戌 年은 乾宮이 역사방이다

2012(壬辰)년은 五黃과 力士方 모두 巽宮에 있으므로,

巽向이 되는 戌坐辰向, 乾坐巽向, 亥坐巳向을 쓰지 않는다.

④ 기타 택일법

역사방(力士方)이 오는 해(年)에는 역사방으로 向을 쓰지 않는다.

24좌향에서 방합(方合)의 4庫方 다음에 오는 글자가 속한 宮이 역사방(力士方)이다. 역사방은 人丁에 불리하다. 力士와 五黃을 동시에 범하면 자손이 죽거나 크게 다치는 등 損丁한다.

삼살이 오는 방위를 피한다.

삼살방(三殺方)이란 겁살(劫殺)·재살(災殺)·세살(歲殺)의 3가지 殺이 오는 방위이다. 겁살은 비명횡액의 재앙을 부르고, 재살은 노상횡액(路上橫厄)·구금(拘禁)·송사(訟事)를 부르고, 세살은 음기가 강한 살로 여행이나 혼인 등은 금물이다. 그 해의 年支를 보아서 년지 삼합의 왕지〔旺支 또는 中神〕를 충(沖)하는 방위는 피한다. 삼살 방향을 동(動)하면 액운이 있다고 본다.

예를 들어 亥卯未年은 木氣인데 왕지인 卯를 충하는 酉方은 金으로 木氣를 극한다. 이 해에 酉方을 動하면 害가 온다. 亥卯未年의 삼살은 서쪽〔酉方〕에 있고, 巳酉丑年의 삼살은 동쪽〔卯方〕에 있고, 寅午戌年의 삼살은 북쪽〔子方〕에 있고, 申子辰年의 삼살은 남쪽〔午方〕에 있다. 음·양택의 건택조장이나 수리, 대문의 위치 변경, 그 방향으로 이사나 이장하는 것 등을 피해야 한다.

⑦ 방분공위법(房分公位法)

명당에 음택이나 양택을 마련하면 가족 구성원 모두가 복을 받을까?

어떤 터가 구성원들 중에서 누구와 더 연관이 있을지, 음·양택과 사람의 길흉화복 관계를 보는 방법을 '방분공위법(房分公位法)'이라고도 한다. 방분(房分)이란 방향을 나눈다는 것이고 공위(公位)는 가족이나 형제간의 서열을 의미한다.

1 후천팔괘의 구궁에 배속되는 인물을 중심으로 해석한다

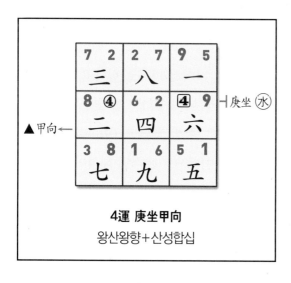

4巽 ☴ 長女	9離 ☲ 中女	2坤 ☷ 老母
3震 ☳ 長男	5 王	7兌 ☱ 少女
8艮 ☶ 少男	1坎 ☵ 中男	6乾 ☰ 老父

남자는 6乾·3震·1坎·8艮,
여자는 2坤·4巽·9離·7兌이다.
震 방향에 훌륭한 산이 가깝게 있고 득운하였다면 큰 아들이 잘 된다고 해석한다. 震은 장남이지만, 아들이 없고 딸만 있는 집에서는 큰 딸로도 본다.
구궁에 배속되는 인물 위주로 해석하는 것은 가장 보편적이면서도 적중률도 뛰어나다.

다음의 예는 유훈승(劉訓昇) 선생이 『계통음양학系統陰陽學』에 소개한 선생의 가족사이다.

7 2 三	2 7 八	9 5 一
8 ④ 二	6 2 四	④ 9 六 → 庚坐 水
3 8 七	1 6 九	5 1 五

▲ 甲向 ←

4運 庚坐甲向
왕산왕향+산성합십

向 쪽에는 물이 있어야 하는데, 물이 없고 산이 있다. 또한 坐에는 산이 있어야 하는데, 산이 없고 물이 있다. 왕산왕향 불합국이다.

이곳에 부모님을 합장하고 나서 장남과 그의 가족이 가장 피해를 보았다. 장남은 콧병이 났고 미친개에게 물렸으며 그의 큰아들은 왼쪽 손가락 한 마디가 잘렸다. 장남의 둘째아들도

왼쪽 손가락을 다쳤으나 다행히 절단되지는 않았다. 장남의 다른 아들 세 명은 요절하였으며 처는 목을 매달아 사망하였다.

1937년 가을에 아버지가 별세하셨는데 유훈승 선생과 다른 형제들은 상해에서 직장에 다녔다. 당시는 항일전쟁 중이라 교통이 두절되어 고향에 갈 수가 없었다. 그래서 둘째형은, 다른 곳에 묻혀 계시던 모친을 모셔와 아버지와 함께 庚坐甲向으로 합장해 드렸다고 한다. 그 후에 유선생의 맏형과 그 가족들이 큰 피해를 보았다고 기록하고 있다. 유선생의 형제는 4남 2녀이었는데, 큰형을 제외한 다른 세 형제와 두 자매는 모두 무사하였다.

이 예에서 장남과 그의 가족이 가장 큰 피해를 본 이유는, 宮을 해석할 때는 향궁인 震宮을 가장 중요하게 보는데 향궁이 불합국이기 때문이다. 震은 장남을 뜻한다. 이 음택에서 향궁이 합국이고 좋으면 장남과 그의 가족들에게 좋은 것이 다 가고, 불합국이고 형기가 반대로 되어 있으면 피해가 다 장남에게 간다. 이를 보면 분방(分房)은 원단반의 구궁에 배속되는 인물을 기준으로 한다는 것을 알 수 있다.

理氣적으로는 왕산왕향에 인물면에서 특별히 길할 수 있는 산성합십임에도 불구하고, 形氣가 맞지 않아 불합국일 때는 모두 소용이 없다는 것을 보여주는 예이기도 하다.

②궁을 구성하는 향성·산성·운반수를 종합적으로 고려하여 해석한다

비성반을 작성해 보니 乾宮의 숫자조합이 나빠서 피하고 싶다고 하더라도, '결각(缺刻)'으로 건물을 지으면 그 방향을 더 나쁘게 하는 결과가 된다.

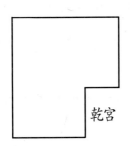

乾宮

'어떤 좌향이든지 乾宮 쪽에 건물이 요함(凹陷)하면 아버지에게 좋지 않다.' 이것은 기본적인 해석이다.

더 고차원적인 해석은 건궁의 조합수를 살펴 〈23〉이라면 오히려, '건궁이 나쁜데 3木이 2土를 극하므로 산성2가 나쁜 영향을 받아 어머니에게 좋지 않다.'고 해석

玄空風水高手秘訣

하는 것이다. 宮만을 가지고 단순 해석하면 판에 박힌 고정적인 해석을 하게 된다. 이를 넘어서 宮을 구성하는 향성·산성·운반수를 고려하여 더욱 세심하게 분석하는 노력이 필요하다.

예를 더 들자면, 만일 2·4·7·9로 인해 화재 사망 사고가 났는데 실운(失運)하였고 형기가 흉한 해당 宮들에 산성2와 산성8이 있다면 '모친[2坤]과 어린 아들[8艮]이 피해를 본다.'고 해석한다.

③ 男女命宮에 따라 吉凶을 받는다

예를 들어 불합국일 때 剋을 받는 산성수가 3이라면 命宮이 3인 남녀에게 흉이 간다. 다음은 『이택실험二宅實驗』에 소개된 사례이다.

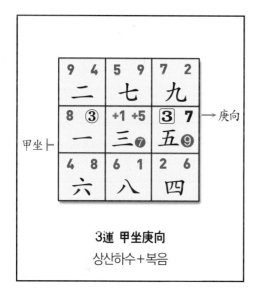

9 4	5 9	7 2
二	七	九
8 ③	+1 +5	③ 7
一	三⑦	五⑨
4 8	8 6	2 6
六	八	四

甲坐 — →庚向

3運 甲坐庚向
상산하수＋복음

이 墓는 3運(1904~1923년) 기간 중, 1920년에 用事하였는데 상산하수에 복음이 걸렸고 불합국이다. 더욱이 向宮인 兌宮에 향성7金이 산성③木을 金剋木으로 剋하였다.

3運 중 1921년 辛酉년에는 연자백 ❼이 入中되어 向宮에 ❾火가 오게 된다. ❾火는 향성7金을 火剋金으로 相剋하였다. 이렇게 되면 재물도 손상을 입지만, 특히 ❼에게 상극을 받은 '산성③'에 해당하는 사람에게 더 피해가 간다.

男女命宮에서 ③에 해당되는 男命이나 女命에게 피해가 가는데, 『이택실험』에서는 丁未生[1907년] 남자가 요절하였다고 하였다. 생년에 따른 명궁은 출생년이 같아도 남녀가 다른 경우가 있으니 주의해야 한다.

【命宮表】

男命	1	9	8	7	6	5	4	3	2
女命	5	6	7	8	9	1	2	3	4
年紫白	9 5 7 / 8 ① 3 / 4 6 2	8 4 6 / 7 ⑨ 2 / 3 5 1	7 3 5 / 6 ⑧ 1 / 2 4 9	6 2 4 / 5 ⑦ 9 / 1 3 8	5 1 3 / 4 ⑥ 8 / 9 2 7	4 9 2 / 3 ⑤ 7 / 8 1 6	3 8 1 / 2 ④ 6 / 7 9 5	2 7 9 / 1 ③ 5 / 6 8 4	1 6 8 / 9 ② 4 / 5 7 3

出生年

運									
1運	1864 甲子	1865 乙丑	1866 丙寅	1867 丁卯	1868 戊辰	1869 己巳	1870 庚午	1871 辛未	1872 壬申
	1873 癸酉	1874 甲戌	1875 乙亥	1876 丙子	1877 丁丑	1878 戊寅	1879 己卯	1880 庚辰	1881 辛巳
	1882 壬午	1883 癸未	1884 甲申	1885 乙酉	1886 丙戌	1887 丁亥	1888 戊子	1889 己丑	1890 庚寅
2運	1891 辛卯	1892 壬辰	1893 癸巳	1894 甲午	1895 乙未	1896 丙申	1897 丁酉	1898 戊戌	1899 己亥
	1900 庚子	1901 辛丑	1902 壬寅	1903 癸卯	1904 甲辰	1905 乙巳	1906 丙午	1907 丁未	1908 戊申
3運	1909 己酉	1910 庚戌	1911 辛亥	1912 壬子	1913 癸丑	1914 甲寅	1915 乙卯	1916 丙辰	1917 丁巳
	1918 戊午	1919 己未	1920 庚申	1921 辛酉	1922 壬戌	1923 癸亥	1924 甲子	1925 乙丑	1926 丙寅
4運	1927 丁卯	1928 戊辰	1929 己巳	1930 庚午	1931 辛未	1932 壬申	1933 癸酉	1934 甲戌	1935 乙亥
	1936 丙子	1937 丁丑	1938 戊寅	1939 己卯	1940 庚辰	1941 辛巳	1942 壬午	1943 癸未	1944 甲申
5運	1945 乙酉	1946 丙戌	1947 丁亥	1948 戊子	1949 己丑	1950 庚寅	1951 辛卯	1952 壬辰	1953 癸巳
	1954 甲午	1955 乙未	1956 丙申	1957 丁酉	1958 戊戌	1959 己亥	1960 庚子	1961 辛丑	1962 壬寅
	1963 癸卯	1964 甲辰 40	1965 乙巳 39	1966 丙午	1967 丁未	1968 戊申	1969 己酉	1970 庚戌	1971 辛亥
6運	1972 壬子	1973 癸丑	1974 甲寅	1975 乙卯	1976 丙辰	1977 丁巳	1978 戊午	1979 己未	1980 庚申
	1981 辛酉	1982 壬戌	1983 癸亥	1984 甲子	1985 乙丑	1986 丙寅	1987 丁卯	1988 戊辰	1989 己巳
7運	1990 庚午	1991 辛未	1992 壬申	1993 癸酉	1994 甲戌	1995 乙亥	1996 丙子	1997 丁丑	1998 戊寅
	1999 己卯	2000 庚辰	2001 辛巳	2002 壬午	2003 癸未	2004 甲申	2005 乙酉	2006 丙戌	2007 丁亥
8運	2008 戊子	2009 己丑	2010 庚寅	2011 辛卯	2012 壬辰	2013 癸巳	2014 甲午	2015 乙未	2016 丙申
	2017 丁酉	2018 戊戌	2019 己亥	2020 庚子	2021 辛丑	2022 壬寅	2023 癸卯	2024 甲辰	2025 乙巳
9運	2026 丙午	2027 丁未	2028 戊申	2029 己酉	2030 庚戌	2031 辛亥	2032 壬子	2033 癸丑	2034 甲寅
	2035 乙卯	2036 丙辰	2037 丁巳	2038 戊午	2039 己未	2040 庚申	2041 辛酉	2042 壬戌	2043 癸亥

玄空風水 高手秘訣

④ 산이나 물이 있는 방위에 따라 평가하는 방법이 있다

이 방분법(房分法)도 비교적 잘 맞는 편이다. 청룡이 좋으면 남자가 잘 되고, 백호가 좋으면 여자나 지손이 잘 된다. 만약 외아들이나 외동딸이라면 청룡·백호·주작·현무 등 모든 산의 영향을 받는다. 장자가 이미 사망하여 없으면 차자(次子)를 장자로 본다. 양자(養子)는 양부모와 생부모 묘의 영향을 모두 받는다.

양균송(楊筠松) 선생은 『의룡경疑龍經』의 〈의룡십문(疑龍十問)〉 중 두 번째로 "공위(公位)에 대해 어떻게 생각하는가?"라는 질문에 "팔괘에 六親을 배속하고, 남자는 동쪽〔왼쪽〕, 여자는 서쪽〔오른쪽〕, 가운데 아들은 북쪽, 막내딸은 남쪽에 배치된다."고 대답하였다. 또한 『도천보조경都天寶照經』에서는 "左邊은 應長房하고, 右邊은 應3房이고, 當面은 應2房이다."라고 하였다. 좌청룡은 큰아들, 우백호는 셋째아들, 정면인 안산 쪽은 둘째아들에게 영향을 끼친다는 것이다.

이에 대해 유훈승 선생은 믿을 수 없는 이론이라 반박하였지만, 최명우 선생은 "정확하지는 않지만 대체적으로는 맞는 이론"이라 하였다.

【 유훈승 선생의 방분공위법(房分公位法) 】

낙서(洛書)	기본적인 분방(分房)	산수 방위에 따른 분방(分房)			비고
3震	長男(1房)	甲(1房)	卯(4房)	乙(7房)	
4巽	長女(1房)	辰(1房)	巽(4房)	巳(7房)	1·4·7
6乾	老父·家長·長房	戌(1房)	乾(4房)	亥(7房)	
9離	中女(2房)	丙(2房)	午(5房)	丁(8房)	
1坎	中男(2房)	壬(2房)	子(5房)	癸(8房)	2·5·8
2坤	老母·主婦·中房	未(2房)	坤(5房)	申(8房)	
7兌	少女(3房)	庚(3房)	酉(6房)	辛(9房)	
8艮	少男(3房)	丑(3房)	艮(6房)	寅(9房)	3·6·9
5中宮	全家族(1~9房)	地元(1·4·7)	天元(2·5·8)	人元(3·6·9)	

앞의 표는 낙서 구궁에 기본적으로 배속되는 인물과 24방위에 배속되는 인물이 누구인지를 보여주고 있다. 산수 방위에 따른 분방은 해당 방향의 山水가 좋으면 좋은 대로, 나쁘면 나쁜 대로 해당 사람에게 그 영향이 간다는 의미이다.

1房은 첫째, 2房은 둘째, 3房은 셋째를 뜻한다. 1·4·7은 서로 통하고, 2·5·8은 서로 통하고, 3·6·9는 서로 통한다.

청룡이 좋으면 1·4·7房이 복을 받는다. 백호가 좋으면 3·6·9房이 복을 받고 현무[주산]나 주작[안산과 조산]이 좋으면 2·5·8房이 복을 받는다.

좀 더 자세히 설명하면, 청룡이 좋으면 기본적으로 장자에게 좋으며 震宮이 좋아도 장자에게 복이 간다. 震宮의 甲·卯·乙 세 방위 중에서 卯方의 산이 좋으면 장남과 함께 추가로 넷째 아들이 복을 받고, 乙方의 산이 좋으면 장남과 함께 일곱째 아들이 추가로 복을 받는다. 장남의 방위는 震이므로 장남은 부모님의 묘가 동쪽 향을 하고 있다면 기본적으로 그 영향을 많이 받는다. 甲·辰·戌 방위는 장남에게 영향을 끼치므로 이 방위의 이기와 형기의 조합이 중요하다.

최명우 선생은, "둘째아들이 복을 받으려면 안산이 좋아야 하고 中男은 坎方에 배속되므로 부모님을 북향명당에 모시면 좋은 영향을 많이 받으며, 또한 丙·壬·未 방위에 이기에 맞는 산과 물이 있으면 둘째 아들네 집안이 일어나고 돈도 번다."고 설명하였다.

5字는 '모든 사람'을 의미하며, 해당 運에 旺氣인 숫자로 해석한다. 8運이면 8艮으로, 9運이면 9離로 보면 된다.

한편, 유훈승 선생과 다른 의견을 가지고 있는 학자들도 있다. 종의명 선생은 『현공성상지리학玄空星相地理學』에서 "子·午·卯·酉·乾·坤·艮·巽 천원룡은 長方에, 辰·戌·丑·未·甲·庚·丙·壬 지원룡은 次方에, 寅·申·巳·亥·乙·辛·丁·癸 인원룡은 三方에 배속할 수 있다."고 하였다.

양균송 선생은 〈의룡십문(疑龍十問)〉에서 "상원(上元)에서는 1·4·7의 자리가 서로 같고, 중원(中元)에서는 2·5·8이 같은 자리이며, 하원(下元)에서는 3·6·9가 서로 이어진다. 이것은 하도에서 나온 것으로 시험 삼아 이 법으로 흥망성쇠를 논해 보면, 점을 치는 것과 별 차이가 없다."고 하였다.

방분법은 대략적인 구분법은 있으나 학자마다 의견이 조금씩 다를 수 있으므로 위 방법은 참고만 할 뿐이며 앞으로 독자들의 더 많은 연구가 필요하다.

⑤ 生年地支를 沖하는 방위에 형기와 이기가 나쁘면 피해를 입는다

丁卯生의 생년 지지인 卯는 酉와 충한다. 이 경우, 失運하고 酉方에 흉한 형기와 흉한 이기가 있을 때 태세가 兌方으로 오면 피해를 입게 된다는 사례가 『계통음양학系統陰陽學』에 소개되어 있다. 태세방과 유관한지에 대한 부분은 앞으로도 더 연구해야 할 부분이다.

⑥ 三合이 되는 사람이 영향을 받는다

삼합은 亥卯未 木局, 寅午戌 火局, 巳酉丑 金局, 申子辰 水局이다. 묘가 좋으면 우리나라는 坐를 기준으로 삼합인 사람에게, 중국은 向을 기준으로 삼합이 되는 사람에게 복이 간다는 이론이 있다. 우리나라는 子坐午向 집이면 坐를 더 중시하여 "子坐집이다."라고 말하지만 중국에서는 向을 더 중시하여

"午向집이다."라고 한다. 만일 음택이나 양택이 좋지 않다면 三合에 걸리는 사람들이 피해를 본다. 坐三合보다는 向三合으로 보는 것이 좋다. 예를 들어 子坐午向 음택이라면 寅午戌生이 복이든 흉이든 영향을 받는다.

未坐丑向은 향이 艮方에 있다. 형기와 이기의 배합에서 向方에 문제가 있을 때, 巳酉丑년 출생한 남자 아이에게〔艮은 少男〕흉이 발응한다고 유훈승 선생은 그의 책『계통음양학系統陰陽學』에서 설명하였다. 이 방법은 적중률이 뛰어나다고 말하기는 어렵다.

그 밖에 종의명(鐘義明) 선생은 '며느리는 결혼 후 7년까지는 친정과 시댁 조상묘의 영향을 모두 받지만 혼인 후 7년 정도가 지나면 시댁 조상묘의 영향을 더 많이 받게 된다. 만일 이혼하였다면 이혼 후 7년쯤 되면 다시 친정묘의 영향이 더 커진다.'고 하였다. 또한 남편의 묘가 좋아 부인이 복을 받은 사례를 저서『현공지리고험주해玄空地理考驗註解』에 소개하기도 하였다.

최근에 쓴 묘일수록 영향력이 크다. 따라서 오래된 조상의 묘가 凶하더라도 최근에 쓴 묘가 吉하면 실력 이상으로 성과를 얻고, 반대로 오래된 조상의 묘가 吉하고 최근에 쓴 묘가 凶하면 능력은 있는데 성과를 제대로 얻지 못하게 된다. 가끔 구묘(舊墓)를 기준으로 신묘(新墓)의 방향을 질문하는 분들이 있다. 묘는 산으로 간주한다. 일반적으로 기존의 묘에서 산성 생기방이나 차생기방 쪽으로 신묘를 모시면 길하다고 본다.

위에서 설명한 외의 구전심수(口傳心授)의 방법도 있다. 그러나 부작용의 소지가 많기 때문에 이 책에서는 밝히지 않으니 양해를 구한다.

양균송 선생은 공위법도 중요하지만, 조상들을 대대로 진혈(眞穴)에 모시는 것이 훨씬 더 중요하다고 하였다. 대대로 조상들이 끊임없이 큰 혈이든 작은 혈이든 모셔지고 이들 기운이 합해지면 몇 대를 거듭하여 제후가 나오는 것이 그치지 않는다는 것이다.

"무릇 공위설에 너무 집착하지 말고 먼저 그 사람의 돌아가신 몇 대의 조상의 무덤을 보라. 새로 쓴 조상의 무덤과 옛 조상의 무덤이 모두 진혈이면 새로 쓴 무덤은 반드시 옛 무덤을 돕는다_凡言公位勿固執 先看基人數代祖 新舊數墳皆是眞 新者必爲舊者助."_『의룡경疑龍經』.

8 좋은 층수를 고르는 법

① 고층 건물에서 사용할 층수를 고를 때에는 일반적으로 전체층수×⅔ 정도의 높이, 예를 들어 10층이라면 약 6~7층 정도의 높이가 적당하다. 그러나 일률적으로 몇 층이 좋다기보다는 양택의 환경과 주변 건물의 높이를 고려하여 선택한다.

1층에 살면 앞에 있는 15층 아파트는 매우 높은 산과 같다. 앞산이 너무 높으면 압살(壓殺)을 받기 때문에 좋지 않다. 10층에 살면 앞에 있는 15층 아파트는 높은 산이 아니므로 오히려 1층보다 유리하다.

② 하도오행(河圖五行)으로 고르는 방법도 있다

1·6층은 水宅이고, 2·7층은 火宅이고, 3·8층은 木宅이고, 4·9층은 金宅이고, 5·10층은 土宅이 된다. 하도오행으로 층수의 길흉을 판단하는 방법은 두 가지가 있다.

첫 번째 방법은 그 집에 입주할 사람들의 사주를 보아 필요한 기운이 있는 층수를 선택하는 것이다. 태어난 해의 오행의 기운을 살려주는 기운을 가진 층수를 선택한다.

태어난 해의 地支가 寅卯년이면 오행으로 木이며 이 사람의 태세오행은 木이다. 태어난 해의 태세가 巳午년이면 태세오행은 火, 辰戌丑未년이면 土, 申酉년이라면 金, 亥子년이면 태세오행은 水이다.

甲寅년에 태어난 사람은 태세오행이 木이 된다. 양택의 층수는 寅木을 生해 주어 기운을 북돋아주는 水의 기운을 가진 1·6층 水宅이 가장 좋다. 또한 같은 木 기운인 3·8층 木宅은 태어난 해의 木氣를 강화시켜 주니 좋다. 甲寅년 생이 剋하는 5·10층 土宅은 무난하다. 그러나 2·7층 火宅은 木의 기운을 설기시키고, 4·9층 金宅은 木을 剋하므로 권하지 않는다.

층 \ 生年地支	寅卯 (木)	巳午 (火)	辰戌丑未 (土)	申酉 (金)	亥子 (水)
1·6층 水宅	大吉	大凶	平	凶	吉
2·7층 火宅	凶	吉	大吉	大凶	平
3·8층 木宅	吉	大吉	大凶	平	凶
4·9층 金宅	大凶	平	凶	吉	大吉
5·10층 土宅	平	凶	吉	大吉	大凶

하도오행으로 보는 두 번째 방법은 층(層)과 운(運)의 생극(生剋)관계를 보는 것이다. 運이 층수를 生해 주고 기운을 북돋아주면 좋다고 본다.

2008년~2019년은 木運이며, 木運의 生을 받는 火宅이 좋고, 運과 같은 성질을 가진 木宅도 좋으며 집의 기운이 運을 剋하면 그저 그렇고, 집이 運을 生하거나 운에게 剋을 받는 층은 좋지 않다는 것이다. 따라서 2008년~2019년

木運에는 2·7층 火宅과 3·8층 木宅이 좋다.

【하도오자운법(河圖五子運法)】

생극 (生剋) 층(層)	生○ 運相生層	旺○ 運層比和	退✖ 層相生運	死△ 層相剋運	殺✖ 運相剋層
1·6층 水宅	庚子~辛亥 2020~2031年 4·9 金運	甲子~乙亥 1984~1995年 1·6 水運	戊子~己亥 2008~2019年 3·8 木運	丙子~丁亥 1996~2007年 2·7 火運	壬子~癸亥 2032~2044年 5·10 土運
2·7층 火宅	戊子~己亥 2008~2019年 2·9 木運	丙子~丁亥 1996~2007年 2·7 火運	壬子~癸亥 2032~2044年 5·10 土運	庚子~辛亥 2020~2031年 4·9 金運	甲子~乙亥 1984~1995年 1·6 水運
3·8층 木宅	甲子~乙亥 1984~1995年 1·6 水運	戊子~己亥 2008~2019年 2·9 木運	丙子~丁亥 1996~2007年 2·7 火運	壬子~癸亥 2032~2044年 5·10 土運	庚子~辛亥 2020~2031年 4·9 金運
4·9층 金宅	壬子~癸亥 2032~2044年 5·10 土運	庚子~辛亥 2020~2031年 4·9 金運	甲子~乙亥 1984~1995年 1·6 水運	戊子~己亥 2008~2019年 3·8 木運	丙子~丁亥 1996~2007年 2·7 火運
5·10층 土宅	丙子~丁亥 1996~2007年 2·7 火運	壬子~癸亥 2032~2044年 5·10 土運	庚子~辛亥 2020~2031年 4·9 金運	甲子~乙亥 1984~1995年 1·6 水運	戊子~己亥 2008~2019年 3·8 木運

하도오행을 이용한 위의 방법은 원래 현공법은 아니다. 현공이기법으로는 무엇보다 합국이 되는 것이 먼저이다. 위의 방법은 추가하여 보조로 보는 방법이며 영향력은 비교적 적은 편이다.

③ 주변보다 유별나게 높은 건물에 사는 것은 권장하지 않는다

펜트하우스는 주변 건물들이 모두 낮다. 이것은 주변에 감싸주는 산이 없다는 뜻이며 보좌하는 砂가 없다는 것이다. 따라서 바람에 취약할 수밖에 없다.

혼자 돌출되어 있어 '모난 돌이 정 맞는 격'이 된다. 이렇게 되면 재물보다는 인물에 더 좋지 않은 영향을 준다. 이런 집에 사는 사람들은 승진이나 건강 등이 좋지 않다고 본다.

아래층이 필로티 구조로 되어 있는 바로 윗집은 피한다. 형기가 좋고 이기로도 합국인 명당이라도 길한 地氣를 전달받지 못한다. 필로티의 뻥 뚫린 구멍으로 세차게 부는 바람은 명당의 生氣를 흩어버린다. 1층이 필로티인 집은 2층이 가장 큰 영향을 받으며 위로 올라갈수록 영향력은 적어진다.

복개된 하천 위의 집은 아래에 물이 있기 때문에 기본적으로 좋지 않다. 바닥이 허전하면 기초가 부실한 것과 같기 때문이다.

⑨ 좋은 숫자를 선택하는 법

차량번호나 전화번호 등 숫자를 선택할 때는 다음 사항들을 참고한다.

① 당운에 득운한 숫자를 활용한다

각 운에 가장 좋은 숫자는 왕기(旺氣)의 숫자이며, 다음으로는 생기(生氣)·차생기(次生氣)·보좌기(補佐氣) 순이다. 8運에는 왕기인 8자가 가장 좋다. 다음으로는 생기인 9자와 차생기이며 보좌기인 1이 좋다.

② 삼길수(三吉數)는 대체로 어느 운이나 좋다

1괴성(魁星)은 上元, 6관성(官星)은 中元, 8권성(權星)은 下元을 관장하는

【1運～9運 吉凶數】

吉凶 / 運		시기							상극	삼길	
		吉				凶			凶	吉	
		退氣	旺氣	生氣	次生氣	衰氣	死氣	殺氣	難神	補佐氣	統領星
		小凶	大吉	吉	小吉	小凶	大凶	大凶	凶	小吉	吉
上元	1⊛運	9	1	2	3·4	7	6	5·7	2·5·8⊕	8	1
	2⊕運	1	2	3	4	9	6	5·7	3·4⊛		
	3⊛運	2	3	4	5	1	6	7·9	6·7⊛		
中元	4⊛運	3	4	5	6	2	8	7·9	6·7⊛	1·8	6
	5⊕運	4	5	6	7	3	2	9	3·4⊛		
	6⊛運	5	6	7	8	4	9	2·3	9⊛		
下元	7⊛運	6	7	8	9	5	4	2·3	9⊛	1	8
	8⊕運	7	8	9	1	6	2	3·4·5	3·4⊛		
	9⊛運	8	9	1	2	7	6	3·4·5	1⊛		

통성(統星)이다. 따라서 1·6·8을 삼길수라 하며 吉星이다.

황금비(黃金比)는 인간이 가장 아름답다고 느끼는 비율이다. 인간은 비례, 질서, 조화가 적당할 때 아름답다고 느끼는데, 황금비가 가장 안정감 있고 조화로운 비율을 가지고 있다. 고내 희랍의 철학자 플라톤은 황금비율을 '이 세상 삼라만상을 지배하는 힘의 비밀을 푸는 열쇠'라 했으며 시인 단테는 '신이 만든 예술품', 16세기 천체 물리학의 거성 케플러는 '황금분할은 성(聖)스러운 분할(Divine Section)'이라고 평하였다.

해바라기, 접시꽃, 사람의 체형이나 얼굴 등 우리가 접하는 자연물들 중에서 보기 좋다고 느끼는 것들은 황금비율을 가지고 있다. 이 사실을 알아낸 과학자들의 덕택으로 파르테논 신전, 피라미드 같은 유명한 건축물들, 엽서, 명함, 신용카드, 텔레비전의 화면 등 일상생활 속에서도 황금비에 가까운 치수를 쉽게 찾을 수 있다.

황금비는 대략 1.618:1이다. 흥미롭게도 1·6·8은 현공풍수에서 삼길수(三吉數)로 매우 길한 숫자이다.

③ 삼길수에 4가 추가되어도 좋다

〈14〉는 합격을 뜻한다. 덧붙여, 〈16〉은 승진, 〈68〉은 부자·대부호, 〈89〉는 경사스러운 일·결혼·취직·출생·장수를 의미하며 이들 조합은 모든 운에서 다 좋다.

④ 끝수가 올라가면 더 좋다고 본다

예를 들면 1489(○), 1689(○), 6148(○), 1968(○) 등이다.

⑤ 발음했을 때 상대방이 잘 알아들을 수 있는 쉬운 숫자조합이면 더 좋다

⑥ 교통사고 조합은 2·3·5·7·9이므로 차량에는 이들 숫자가 많이 들어간 번호를 선택하지 않는 것이 좋다

2土는 평지이므로 다른 숫자들과 조합되면 땅에서 움직이는 무엇인가를 암시하는 역할을 한다. 9紫火가 의미하는 색깔은 실질적으로는 적색(赤色)으로, 피〔血〕·화재·갑작스런 사고와 관련이 있다. 火의 속성으로 인해 성질이

급하여 불같다.

그러나 차량을 제외하고는, 9는 8運에 生氣이므로 핸드폰 번호나 전화번호 등으로는 사용할 수 있다. 3은 동물로는 말(馬)을 의미하는데 3과 9가 많이 들어간 숫자조합은 과속운전을 할 우려가 있으므로 좋지 않다. 7자는 8運에는 퇴기이므로 혼자 있거나 흉한 숫자와 함께 있으면 나쁘다. 차량에 6과 7이 반복되는 조합도 이롭지 않다. 6667, 7767 등 6金과 7金이 많이 들어간 조합은 金과 金이 부딪히는 교검살(交劍殺)이므로 피하는 것이 좋겠다.

玄空風水 高手秘訣

부록

다음은 8運 24坐向(下卦)을 정리한 비성반이다.

왼편은 북쪽이 아래, 남쪽이 위로 된 方位 중심의 일반적인 비성반이다.

오른편은 坐宮을 중심으로 하여 坐는 아래쪽으로, 向은 위쪽이 되도록 돌려놓은 坐宮 중심의 비성반이다.

坐宮 중심 비성반은 지도나 도면을 보고 궁위를 해석할 때 유용하게 활용할 수 있다.

【壬坐丙向】
(쌍성회좌)

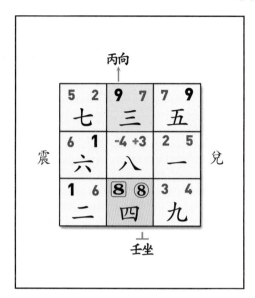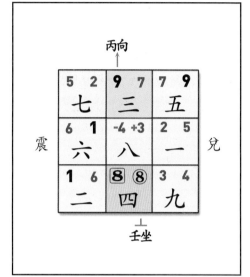

【子坐午向 · 癸坐丁向】
(쌍성회향)

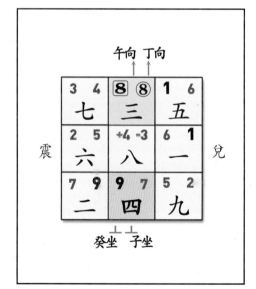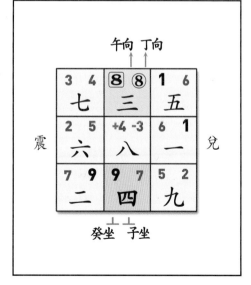

玄空風水 高手秘訣

【丑坐未向】
(왕산왕향 · 산성합십)

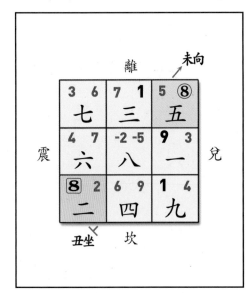 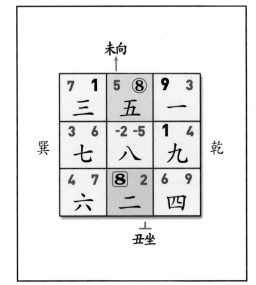

【艮坐坤向 · 寅坐申向】
(상산하수 · 복음 · 부모삼반괘)

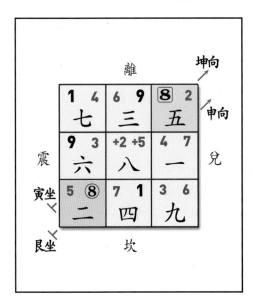 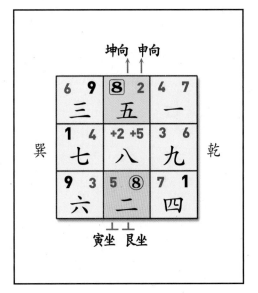

【甲坐庚向】
(쌍성회좌)

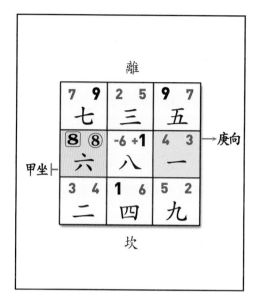

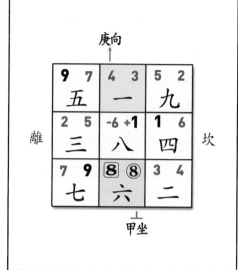

【卯坐酉向 · 乙坐辛向】
(쌍성회향)

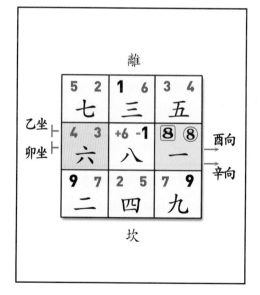

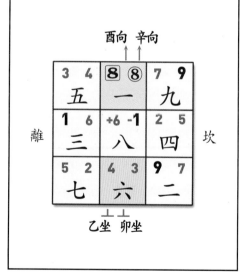

玄空風水 高手秘訣

【辰坐戌向】
(상산하수 · 연주삼반괘)

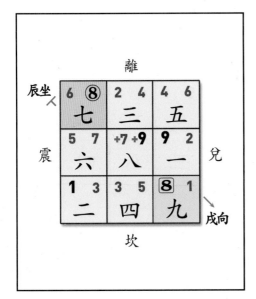

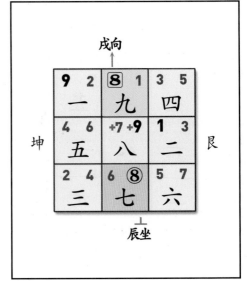

【巽坐乾向 · 巳坐亥向】
(왕산왕향)

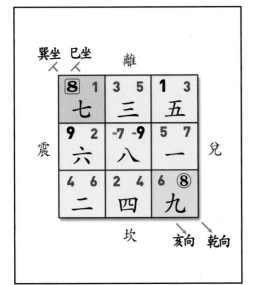

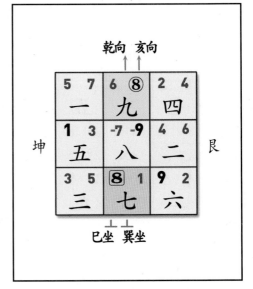

【丙坐壬向】
(쌍성회향)

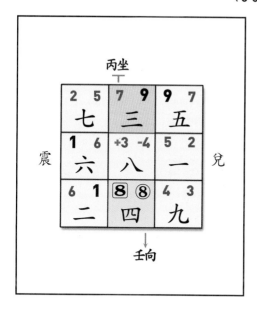

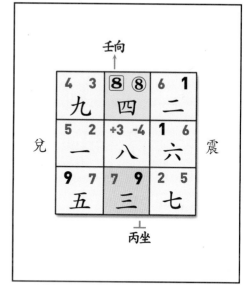

【午坐子向·丁坐癸向】
(쌍성회좌)

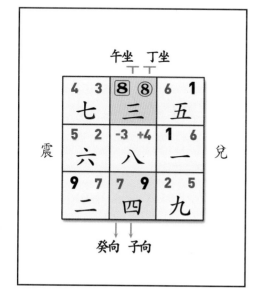

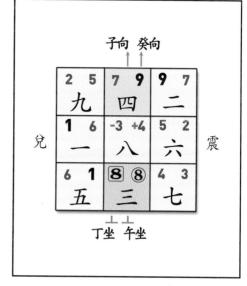

【未坐丑向】
(왕산왕향 · 향성합십)

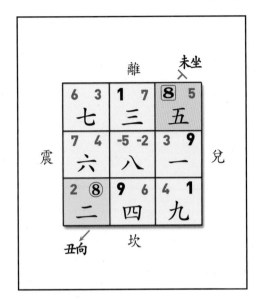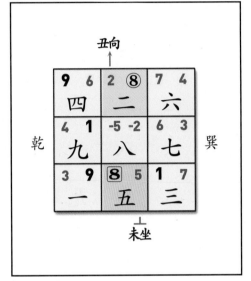

【坤坐艮向 · 申坐寅向】
(상산하수 · 복음 · 부모삼반괘)

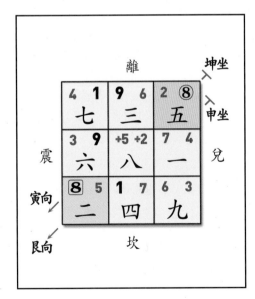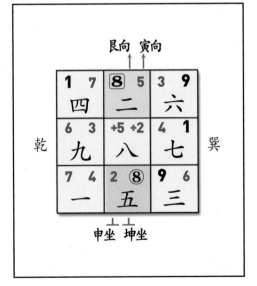

【庚坐甲向】
(쌍성회향)

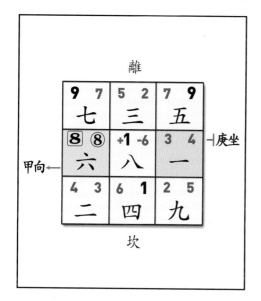

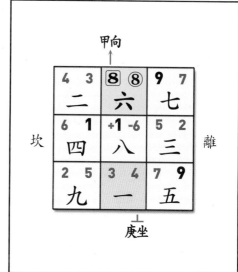

【酉坐卯向 · 辛坐乙向】
(쌍성회좌)

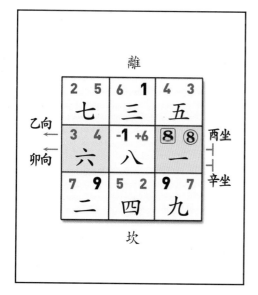

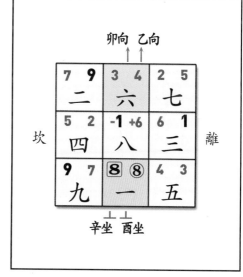

【戌坐辰向】
(상산하수 · 연주삼반괘)

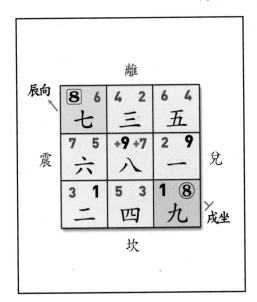

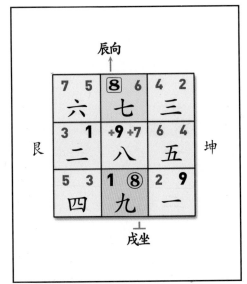

【乾坐巽向 · 亥坐巳向】
(왕산왕향)

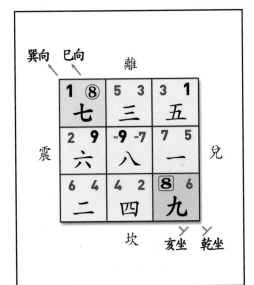

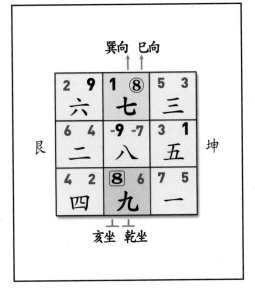

上元 1運(1864~1883年) — 1坎運

+巽	+巳	+丙	-午	-丁	-未	+坤
	-午	-丁	戊	-己	-己	+庚	-酉
-辰	+丙	9離	5中	7兌	-辛	+申
-乙	+寅				+甲	+庚
-卯	+艮	8艮	1坎運	3震	-卯	-酉
+甲	-丑				-乙	-辛
+寅	+巳	4巽	6乾	2坤	-未	-戌
	+巽	-辰	+亥	+乾	-戌	+申	+坤
+艮	-丑	-癸	-子	+壬	+亥	+乾

上元 2運(1884~1903年) — 2坤運

+巽	+巳	+丙	-午	-丁	-未	+坤
	-子	-癸	-戌	+乾	+亥	-丑	+艮
-辰	+壬	1坎	6乾	8艮	+寅	+申
-乙	-丁				+辰	+庚
-卯	-午	9離	2坤運	4巽	+巽	-酉
+甲	+丙				+巳	-辛
+寅	+戌	5中	7兌	3震	+甲	-戌
	-戌	-己	-辛	-酉	+庚	-乙	-卯
+艮	-丑	-癸	-子	+壬	+亥	+乾

上元 3運(1904~1923年) — 3震運

+巽	+巳	+丙	-午	-丁	-未	+坤
	+坤	+申	+庚	-酉	-辛	+丙	-午
-辰	-未	2坤	7兌	9離	-丁	+申
-乙	-癸				+戌	+庚
-卯	-子	1坎	3震運	5中	-己	-酉
+甲	+壬				-己	-辛
+寅	+亥	6乾	8艮	4巽	-辰	-戌
	+乾	-戌	+寅	+艮	-丑	+巳	+巽
+艮	-丑	-癸	-子	+壬	+亥	+乾

玄空風水 高手秘訣

4巽運

+巽	+巳	+丙	-午	-丁	-未	+坤
	+卯 乙	+丑 -艮	-寅 壬	-子		
-辰 -甲	3震	8艮	1坎	-癸 +申	
-乙 -申				+戌 +庚	
-卯 -坤	2坤	4巽運	6乾	-乾 -酉	
+甲 +未				-亥 -辛	
+寅 +辛	7兌	9離	5中	-己 -戌	
	+酉 -庚	+丁 +午	-丙 +戊	+戊	
+艮	-丑 -癸	-子 +壬	+亥	+乾	

中元 4運(1924~1943年)

5中運

+巽	+巳	+丙	-午	-丁	-未	+坤
	+巽 +巳	+丙 -午	-丁 -未	+坤		
-辰 -辰	4巽	9離	2坤	+申 +申	
-乙 -乙				+庚 +庚	
-卯 -卯	3震	5中運	7兌	-酉 -酉	
+甲 +甲				-辛 -辛	
+寅 +寅	8艮	1坎	6乾	-戌 -戌	
	+艮 -丑	-癸 -子	+壬 +亥	+乾	
+艮	-丑 -癸	-子 +壬	+亥	+乾	

中元 5運(1944~1963年)

6乾運

+巽	+巳	+丙	-午	-丁	-未	+坤
	+戌 +戊	+壬 -子	-癸 +甲	-卯		
-辰 -己	5中	1坎	3震	-乙 +申	
-乙 +巳				-丑 +庚	
-卯 +巽	4巽	6乾運	8艮	+艮 -酉	
+甲 -辰				+寅 -辛	
+寅 -丁	9離	2坤	7兌	+庚 -戌	
	-午 +丙	+申 +坤	-未 -辛	-酉	
+艮	-丑 -癸	-子 +壬	+亥	+乾	

中元 6運(1964~1983年)

下元 7運 chart — center: **7兌運**

Top edge: +巽　+巳　+丙　−午　−丁　−未　+坤
Inner top: +乾　+亥　−未　+坤　+申　−辰　+巽

6乾	2坤	4巽	+巳　+申
5中	—	9離	−午　−酉
1坎	3震	8艮	−丁　−辛

Left edge: −辰　−乙　−卯　+甲　+寅
Left inner: −戊　−己　−己　+戊　−癸
Right inner (艮 column): +丙　+庚 / +壬　−酉 / −癸　−辛 / −丑　−戊
Bottom inner: −子　+壬　−乙　−卯　+甲　+寅　+艮
Bottom edge: +艮　−丑　−癸　−子　+壬　+亥　+乾

下元 7運(1984~2003年)

下元 8運 chart — center: **8艮運**

Top edge: +巽　+巳　+丙　−午　−丁　−未　+坤
Inner top: −酉　−申　+甲　−卯　−乙　−己　+戊

7兌	3震	5中	+戊　+申
6乾	—	1坎	+壬　−酉
2坤	4巽	9離	−癸　−辛

Left edge: −辰　−乙　−卯　+甲　+寅
Left inner: +庚　+亥　+乾　−戊　+辛
Bottom inner: +坤　−未　+巳　+巽　−辰　−丁　−午
Bottom edge: +艮　−丑　−癸　−子　+壬　+亥　+乾

下元 8運(2004~2023年)

下元 9運 chart — center: **9離運**

Top edge: +巽　+巳　+丙　−午　−丁　−未　+坤
Inner top: +艮　+寅　−辰　+巽　+巳　−戊　+乾

8艮	4巽	6乾	+亥　+申
7兌	—	2坤	−未　+庚
3震	5中	1坎	+坤　−酉

Left edge: −辰　−乙　−卯　+甲　+寅
Left inner: −丑　−辛　−酉　+庚　−乙
Right inner: +申　−辛 / +壬　−戊
Bottom inner: −卯　+甲　−己　−己　+戊　−癸　−子
Bottom edge: +艮　−丑　−癸　−子　+壬　+亥　+乾

下元 9運(2024~2043年)

玄空風水 高手秘訣

玄空風水 高手秘訣

運 / 坐	1運	2運	3運	4運	5運	6運	7運	8運	9運
壬	▲	◉	▲	◉	X	▲	◉	▲	◉
子癸	◉	▲	◉	▲	△	◉	▲	◉	▲
丑	▲	△	▲	X	△	X	◉	△	◉
艮寅	◉	X	◉	△	X	△	▲	X	▲
甲	▲	◉	X	△	X	△	X	▲	◉
卯乙	◉	▲	△	X	△	X	△	◉	▲
辰	◉	X	△	◉	△	▲	△	X	▲
巽巳	▲	△	X	▲	X	◉	X	△	◉
丙	◉	▲	▲	▲	X	◉	▲	◉	▲
午丁	▲	◉	▲	◉	△	▲	◉	▲	◉
未	◉	△	◉	X	△	X	▲	△	▲
坤申	▲	X	▲	△	X	△	◉	X	◉
庚	◉	▲	X	△	X	△	X	◉	▲
酉辛	▲	◉	△	X	△	X	△	▲	◉
戌	▲	X	△	▲	△	◉	△	X	◉
乾亥	◉	△	X	◉	X	▲	X	△	▲

△ ☞ 왕산왕향 ◉ ☞ 쌍성회향 ▲ ☞ 쌍성회좌 X ☞ 상산하수

四運	九運	二運
탈모, 호흡기, 기관지, 식도, 동맥경화, 순환계, 담석증, 대장, 탈장, 내장질환	두뇌, 정신병, 두통, 안면, 시력, 백혈구, 적혈구, 뇌일혈, 고혈압, 저혈압, 심장, 심근경색, 화상	구토, 피부, 여드름, 경련, 근육질환, 복부, 위, 위하수, 식욕부진, 비장, 설사, 변비, 불면증
三運	**五運**	**七運**
중풍, 노이로제, 벙어리, 성대, 인후, 천식, 간, 담낭, 위산과다, 신경계, 관절, 백일해, 감전	고열, 뇌일혈, 간, 오장육부, 심장, 위암, 변비, 설사, 자궁, 비뇨기, 에이즈, 각종 암, 악성 전염병	치아, 기관지, 폐, 흉부, 십이지장궤양, 대장, 혈압, 신경통, 요도염, 신상, 생리불순, 비만, 골절, 반신불수
八運	**一運**	**六運**
축농증, 척주, 허리, 근육통, 관절염, 근육통, 수족, 심장, 간, 피로해서 오는 병, 파상풍	안구, 코, 귀, 중이염, 신장, 방광, 요도, 치질, 전립선, 자궁, 냉증, 생리불순, 당뇨, 빈혈, 암, 알콜중독, 노이로제, 우울증	머리, 목, 심장, 폐렴, 혈압, 중풍, 당뇨, 고열, 신경과민, 피부병, 척추, 골절, 교통사고

玄空風水 高手秘訣

星	主病	先天病	後天病	질병의 종류와 증상
一白水	腎耳	肺口 男精女血	腹脾肌肉	血氣失調, 失眠, 畏冷, 子宮, 卵巢, 輸卵管發炎, 中耳炎, 脂漏, 肛門, 陰部, 生殖器之病(睪丸炎, 淚道炎), 水腫, 疲勞, 糖尿病, 生理病
二黑坤	腹脾肌肉	腎耳	股肝筋	胃腸病, 搜弱, 腹疾, 皮膚病, 胸肋病, 高血壓(肝, 腎性), 虛熱, 任脈病(產孕, 婦人病, 生理異常, 精力減退)
三碧震	足膽命門	手胃	心目	口吃, 神經病, 胃經攣, 膽病, 脚氣病, 手臂戰痛, 恐懼, 緊張, 歇斯底里, 心包絡病(狹心症), 關節炎, 肩酸病, 手脚麻痺, 咽喉炎, 失聲, 斜頸, 顏面神經麻痺
四綠巽	股胻肝	腹肥肌肉	肺口	肺病, 氣喘, 風邪, 中風, 反胃, 下痢, 腰脅病, 陰部抽病, 夜尿, 雀斑, 肌膚乾瘦, 狐臭, 脫髮, 手臂外傷, 中風癱瘓, 半身不遂
五黃中	內臟毒素	腹肥肌肉	肺口	癌症, 腫瘤, 腦溢血, 發高燒, 潰瘍, 傷寒, 瘟疫, 便秘, 惡性傳染病, 中毒, 五臟六腑之病, 白痴, 脊椎病
六白乾	頭督脈	心目	手胃	頭痛, 腦神經衰弱, 眼病, 消化器官障礙, 便秘, 高血壓, 狹心症, 精神病, 恐怖症, 耳鳴, 婦人病, 骨炳, 軟骨病, 頸椎病, 血循環障礙, 左肺浮腫, 右足外傷, 傷寒
七赤兌	肺口	股肝筋	腎耳	右肺疾病, 腸病, 口腔病, 齒病, 肛門, 咳嗽, 口乾舌燥, 梅毒, 淋濁, 性病, 舌病, 刀傷
八白艮	手胃	頭督脈	足膽命門	脾, 胃腑, 腰背, 鼻病, 肋膜炎, 關節炎, 食慾不振, 焦燥, 嘔吐, 足冷, 自律神經失調, 女性生理不順, 營養不良, 憔悴, 便秘, 結石, 手指受像, 左足疾病
九紫離	心目	足命門膽	頭督脈	眼病, 心臟病, 近視, 目盲, 眼睛疲勞, 肩酸, 心悸, 頭痛, 下痢, 腸風, 下血, 赤白帶, 血崩, 丹毒熱症, 乳痛, 咽痛, 狹心症, 高血壓, 灼傷, 血循環障礙, 皮膚斑疹

_출처 ☞ 종의명(鐘義明), 『지리명사수도결규(地理明師授徒訣竅)』

6 구성(九星)의 조합에 따른 질병과 사고

1 · 3	子宮病자궁병, 流産유산, 腎病신병, 血病혈병
2 · 8	肥胖비반, 關節관절, 脾臟비장, 胃腸病위장병, 腰痛요통
3 · 9	脾비, 胃病위병, 神經系統之病신경계통지병, 流行性感冒유행성감모, 開刀개도
4 · 9	直腸癌직장암, 腹膜炎복막염, 腸捻轉장염전, 神經衰弱신경쇠약, 鼻病비병, 眼病안병
5 · 2 8 · 2	胰子이자, 脾腸비장, 肝臟病간장병, 筋骨病근골병
6 · 1	溺水(물에 빠짐), 車禍(차 사고), 骨傷골상, 刀劍之傷(흉기 사고), 肺病폐병, 肋膜炎늑막염, 腎臟신장, 子宮자궁, 下腹病하복병, 梅毒性腦病매독 성뇌병, 滑雪登山與溜氷事故(겨울 산행을 하다가 얼음으로 인해 나는 사고), 皮膚病피부병, 精神病정신병, 小兒病소아병, 流産유산, 胃腸病위장병
6 · 7	結核결핵, 腎臟病신장병, 口腔구강, 牙齒아치, 頭部之病두부지병, 開刀手術개도수술
7 · 9	口, 齒, 胸部之病흉부지병, 心臟病심장병, 骨折골절, 健忘症건망증

_출처 ☞ 종의명(鐘義明), 『지리명사수도결규(地理明師授徒訣竅)』

■ 위의 표는 구성이 서로 만났을 때 생길 수 있는 질병이다.

■ 肥胖은 비만과 같은 뜻이다.

■ 胰子는 위장의 아래쪽에 붙어 있는 가늘고 긴 삼각주 모양의 장기를 말한다.

玄空風水 高手秘訣

玄空風水 高手 秘訣

干支	星	元	주로 응하는 질병과 부위 (主應之疾病·部位)	干支	星	元	주로 응하는 질병과 부위 (主應之疾病·部位)
壬	一白	地	膀胱, 輸卵管, 淋巴系統	丙	九紫	地	小腸, 膿血, 舌苦, 暗啞
子	一白	天	腎, 精水, 耳, 腰, 子宮, 疝氣	午	九紫	天	心痛, 目, 舌, 精神
癸	一白	人	腎, 足, 精子, 大腦, 足部	丁	九紫	人	心臟, 眼, 舌
丑	八白	地	脾, 腹, 痰, 足, 胸部	未	二黑	地	口, 腹, 唇, 齒, 胃, 脾臟
艮	八白	天	足, 手, 鼻, 背, 脊椎, 關節	坤	二黑	天	腹, 脾, 肌肉
寅	八白	人	膽, 關節, 髮, 脈	申	二黑	人	胃, 筋骨, 肺臟
甲	三碧	地	膽, 臉面, 筋, 神經系統	庚	七赤	地	大腸, 骨, 瘰癧(頸淋巴腺腫瘤)
卯	三碧	天	肝, 手, 背, 目, 膽, 胃, 血液, 神經	酉	七赤	天	肺, 咽喉, 鼻, 聲帶, 小腸, 血
乙	三碧	人	肝, 手臂, 手指, 眉	辛	七赤	人	肺, 鼻炎, 骨, 咳嗽
辰	四綠	地	皮膚, 肩背, 頸項, 消化器	戌	六白	地	膝, 腎上腺, 子宮, 胸脅
巽	四綠	天	肝, 筋, 股, 乳	乾	六白	天	頭, 腦, 頸項
巳	四綠	人	小腸, 面, 齒, 食道	亥	六白	人	膀胱, 生殖器, 肛門

_출처 ☞ 종의명(鐘義明), 『지리명사수도결규(地理明師授徒訣竅)』

四運	九運	二運
미용, 버섯, 분재, 원예, 목수, 목재, 건축, 가구점, 지물포, 제지, 가스업, 향수, 향료, 운수, 무역, 정보, 관광, 여행사, 택배, 영업이나 직접 발로 뛰는 것, 자영업	학문, 교육연구, 학자, 기획, 저술, 출판, 기자, 회계사, 의사, 약사, 약국, 법조인, 정치, 경찰, 증권, 미술, 흥행, 독서실, 예식장, 소방서, 소방기구, 비행기	토지관련, 토목, 건설, 미장공, 도자기상, 골동품, 식당, 부인용품, 지배인, 생산, 보좌역, 예능계, 잡화상, 슈퍼, 수공업 기능공, 씨름, 권투

三運	五運	七運
청과물, 채소, 초밥, 원예, 전자제품, 전화, 통신, 전기, 발명, 성악, 악기, 악단, 음향, 음반, 광고, 신문, 잡지, 작곡, 의사, 탐험, 이론가, 인사, 마케팅분야, 화공약품이나 폭약취급	쓰레기 매립장, 장례식장, 사고처리반, 마약, 밀매, 식품, 종교, 자영업, 건달, 경호원, 철거업, 도살업	금융, 증권업, 경리, 음식, 식품, 의약, 교육, 강사, 회계사, 변호사, 예술, 텔런트, 작곡, 무당, 유흥, 군인, 경찰, 철물점

八運	一運	六運
등산용품, 종교관련업, 스님, 부동산 계열, 토목, 건축, 임대업, 광산, 교육, 은행, 변호사, 보험업, 창고업, 주차장, 호텔 숙박, 고시텔	철학, 종교, 역사, 기획, 연구, 교육, 서예, 법률, 의사, 유흥, 관광업, 술집, 목욕, 온천, 낚시용품, 세탁, 수산업, 석유, 인쇄, 지하철,	사장, 회장, 총재, 장군, 공직, 지도자, 정치, 사상가, 승려, 역술인, 천문, 군인, 법률, 변호사, 귀금속, 생산공장, 항공, 증권, 자동차, 제철, 금속공업, 石가공, 석탄, 석유

玄空風水 高手秘訣

9 구성(九星)과 직업

1 白 水	**思考**사고 **研究**연구 **管道**관도 **流通**유통	
	철학·종교·역사 등의 학자·보험·은행·외교·기업부문·연구인원·음식점·술집·커피점·빨래방·세탁소·욕실용품·욕실수리·온천·석유·기유·등유·도료·인쇄·지하철·지하관리업·야간작업·유치원·초등학교 교사·음악교사·보습원·아동관련사업·완구·교재·소방서·방화기	
2 黑 土	**俸祿**봉록 **生長**생장	
	토목건축·부동산·농업·산부인과·보모·수공업·골동품·곡물상·의류업·재봉사·옷감·가구·도자기·교사	
3 碧 木	**主明朗**주명랑 **前進**전진	
	신문·잡지·방송·악단·성악·통역사·번역원·음반·음향·악기·전화·통신·전기공사·TV계통·무대·소형차·삽화·원예·청과상·문학·역사소설	
4 綠 木	**信用**신용 **和諧**화해	
	화장품·광고·영상매체·미용사·이발소·종이제조판매·원예·분재·버섯·균류·향료·예술·문학·실내설계·경리·신탁·비행기·항공우주관련업·조선업·조류관련사업·여행업·속옷판매업	
5 黃 土	**權勢**권세 **統治**통치	
	관리업·법관·장례업·토지관련사업·순수미술·음악	
6 白 金	**生活力**생활력 **決斷**결단	
	공무원·천문·항공·연구·컴퓨터·법률·정치·핵무기·원자·금속공업·석탄·석유·광업·유리·石가공·보석·대형차·교통·운동·건강관련서비스업·정밀공업·기차나 버스 등의 운송업·보험·증권	
7 赤 金	**主魄力**주백력 **交際**교제	
	변호사·법률고문·금융업·은행원·판촉사원·번역·음식·주거·주류제조판매업·외과의사·치과의사·커피점·오락·정밀한 예술품·영화·TV·영상매체·방송국연예인·웅변학원·神巫종사업·산명복괘(算命卜卦)	
8 白 土	**儲蓄**저축 **改革**개혁	
	여관·보석·호텔·공동주택·백화점·슈퍼마켓·육류·모피·피혁·경리업·공공기관·무역업·도소매업·소개소·건축·운수업·물류업·교관·개혁인재	
9 紫 火	**名譽**명예 **感情**감정	
	교육계·교사·변호사·법관·경찰·의료업·예술·기자·신문사업·심리학·메이크업·미용·웨딩촬영·편집·설계·비행·무기·종교·점복(占卜)·무속학·심령학	

_출처 ☞ 최명우(崔明宇), 『현공풍수의 이론과 실제』

玄空風水 高手秘訣

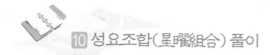
서로 다른 별이 만나 일으키는 작용의 의미를 숫자로 표현한 것이 성요조합(星曜組合)이다.

아래는 성요조합이 득운(得運)하였을 때와 실운(失運)하였을 때를 구분하여 자세히 풀어놓았다. 向星과 山星의 위치가 서로 바뀌어도 성요조합이 뜻하는 바는 같다. 즉, 〈12〉라면 〈12〉나 〈21〉을 모두 설명할 수 있고 〈14〉는 〈14〉나 〈41〉을 모두 설명할 수 있다.

숫자의 조합이 어떤 형태와 강도로 발응할지는 형기(形氣)를 감안해서 융통성 있게 해석해 주어야 한다. 성요조합을 잘 이해하면 현공풍수의 고수가 될 수 있다. 九星의 조합을 해석하는 원리가 같으니 구성학에서도 활용할 수 있다.

<11>

득운(得運)	총명, 과갑, 고시, 독서
실운(失運)	출혈증(出血症), 도화, 분규, 익사(溺死), 수해(水害)

〈12〉〈21〉

득운(得運)	고관, 지도자, 통솔자, 정재양왕(丁財兩旺).
실운(失運)	복통, 여성불임, 유산, 낙태, 자궁·방광·전립선 질병, 귓병, 신장병, 맹장염, 위장병, 신경계질환, 출혈, 몸이 붓는 병〔水腫〕, 익사, 부처불화(夫妻不和), 악처, 주변 사람들이 배반한다.

〈125〉가 함께 있으면 불임이며 형기살(形氣殺)이 있으면 더욱 확실하므로 젊은 부부의 방으로는 불가하다. 그러나 만일 나이 든 사람이 이미 사용하고 있다면 맹장염이나 전립선염을 조심하라고 조언한다.

〈13〉〈31〉

득운(得運)	장남(長男) 정재양왕(丁財兩旺), 승직(昇職).
실운(失運)	시비쟁집(是非爭執), 관비송사(官非訟事), 파재(破財), 유랑자, 간에 병이 생긴다.

〈14〉〈41〉

득운(得運)	과거급제(科擧及第), 시험 합격, 선거당선, 출세, 명파사해(名播四海), 부총련환(附寵聯歡), 연애, 물을 이용하여 재산 증식. 현공풍수에서 1과 4의 조합은 과거에 급제하는 최고의 吉數조합이다. 시험운에는 최고이다. 대체로 어느 운에나 좋다. 1은 지혜, 4는 문창성(文昌星)이 되고 1水가 4木을 水生木으로 相生하여 청운의 꿈을 키우니 공부를 열심히 하게 된다.
실운(失運)	증권·도박·어음·사기, 도화, 성추행범, 첩생자, 정신병, 정신이상. 1은 음험할 험(險), 4는 바람이며 방탕하다는 뜻을 갖고 있기 때문에 음탕하며 바람을 피운다.

득운(得運)	재귀겸득(財貴兼得), 정재양왕(丁財兩旺).
실운(失運)	빈혈, 자궁병, 낙태, 불임, 유산, 화재, 중남불리(中男不利).

화재가 나는 이유는 산성이나 향성으로 비출된 **5**는 **9**火로 보기 때문이다.

〈16〉〈61〉

득운(得運)	고관대작, 대학자(大學子), 고시합격, 시험합격, 출세, 선거당선, 승진운에 최고이다.
실운(失運)	결석, 부자 불화, 머리에 피가 터지는 뇌출혈, 신경쇠약, 사치하다가 패가망신한다. 도화. **6**乾은 금전, **1**坎은 水로 술이나 정액이 되어 금전이 술과 여자에게 흘러가는 격이다. 꽃〔여자〕을 탐하고 술을 사랑한다〔탐화연주(貪花戀酒)〕. 술 마시는 데 돈을 많이 쓴다.

〈14〉는 로맨스에 가깝고 〈16〉은 같은 바람이라도 자녀가 있는 경우도 있다.

〈17〉〈71〉

득운(得運)	관운현달(官運顯達).
실운(失運)	**7**金돈과 **1**水가 만나면 돈으로 술을 사먹는 조합이다. 여자와 술을 좋아하여 탐화연주(貪花戀酒)라 한다.

〈18〉〈81〉

득운(得運)	창업, 건국(建國), 문직형통(文職亨通), 부동산 부자, 제방을 쌓아 댐을 만들어 물을 이용하는 격으로 고진감래(苦盡甘來).
실운(失運)	형제 불화, 우매한 바보, 정신병, 방광결석, 신장결석, 소아 익사.

玄空風水 高手秘訣

⟨19⟩⟨91⟩

득운(得運)	임신, 출산, 출다생남(出多生男), 특별승진, 땅에서 하늘로 올라가는 벼락출세, 존귀한 신분, 경사스러운 일, 횡재, 재산 증식.
실운(失運)	여성 불임, 눈병, 심장병, 피가 물처럼 흐른다, 화재, 부부 불화, 외화내빈, 파재, 시비.

1은 水이고 9는 기쁨이다. 슬퍼도 눈물이 나지만, 기뻐도 눈물이 난다. 1과 9는 서로 반대편에 있으면서도 상통하는 면이 있다. 좋을 때는 지옥에서 부처님을 만난 격으로 좋다. 중궁에 ⟨19⟩조합이 있는 조상묘가 있으면 제왕이 된다. 그러나 나쁠 때는 천당에서 지옥으로 떨어지는 것처럼 불행하다.

시비는 원래는 ⟨37⟩조합이다. 그러나 1은 선천으로 7의 자리이고, 9는 선천 3자리이므로 ⟨19⟩도 시비로 본다. 부부간에 불화하고, 부인이 권한을 가진다.

22

득운(得運)	부동산 부자.
실운(失運)	건강불리(健康不利), 유산(流産), 위장병.

⟨23⟩⟨32⟩

득운(得運)	노모실권(老母實權), 정재양왕(丁財兩旺).
실운(失運)	위장병이 생긴다. 가정 불화, 투우살(鬪牛殺)이다. 3震은 사나운 전쟁의 신인 치우(蚩尤)이고, 2坤은 동물로 소〔牛〕이기 때문에 붙여진 이름이다. 3은 몽둥이로 싸우는 象이다. 2는 재판문서를 뜻하고 3은 소리〔聲〕의 의미가 있어 작게는 구설시비에서 크게는 민사소송을 의미한다. 2는 어머니이고 3은 장남이므로 母子가 불화하는데 주로 장자(長子)가 불효한다. 무거운 물건에 압상(壓傷)을 당하거나, 욕심을 부리다가 손해를 본다.

玄空風水 高手秘訣

득운(得運)	정재양왕(丁財兩旺), 문장가, 시인, 민속학자, 부녀실권(婦女實權).
실운(失運)	비위병, 중풍, 파재(破財), 주부 음란, 도화, 고부 갈등, 사나운 며느리. **2**는 노모이고 **4**는 장녀나 큰며느리로 **4**木이 **2**土를 相剋하기 때문에 큰딸이 모친을, 또는 며느리가 시어머니를 박대하는 象이다. 모녀간에 또는 고부간에 불화가 생긴다.

득운(得運)	왕정거부(旺丁巨富), 병원, 약국 등 의약계통 분야나 장례식장 등으로 활용하면 가장 적합하다. 土와 관련된 부동산, 건축업, 토목업 등이 유망하다.
실운(失運)	불임, 과부, 홀아비, 파재, 질병, 횡화(橫禍)를 당하는 최고로 흉악한 애성조합이다. **2**는 妻이고 **5**는 夫이다. 여성이 불임의 원인이 된다. 상처(喪妻)할지 상부(喪夫)할지는 해당 방위의 山水에 따라 결정된다. **5**는 독소로 암, 불구, 난치병이 되는 경우가 많다. 약하면 질병이고 심하면 사망이다. **2**는 위이므로 주로 위암에 걸린다. 〈25〉가 무엇을 만나느냐에 따라 질병의 종류가 달라진다. 만약 〈1·2·5〉가 만나면 신장이나 자궁에 암이 발생한다. 〈25〉는 제화에 한계가 있다.

【 〈25〉와 만났을 때 발생하는 암(癌)의 종류 】

1	2	3	4	5	6	7	8	9
자궁 신장	위 피부	간	유방	내장기관 피부	폐 뇌	인후	코	심장 혈액

玄空風水 高手秘訣

‹26›‹62›

득운(得運)	土生金으로 땅의 수확물이 금전으로 바뀌어 재물이 된다. 돈을 많이 벌고 인물도 많이 난다〔巨富多丁〕, 사업흥왕, 재산증식, 인정왕성, 찰떡궁합.
실운(失運)	2老母와 6老父가 되어 임신하기가 어려우니 이 방향을 신혼부부가 사용하는 것은 불가하다. 2는 열기이고 6은 한기로, 열이 오르락내리락하는〔寒熱往來〕 장티푸스 같은 전염병에 걸린다. 두통이 생기고 부녀가 머리에 병이 생긴다. 실운시 양택에서 62가 중궁에 있을 때 중궁이 컴컴하고 음습하면 낮에도 귀신을 보며 사는 사람이 미신을 믿게 된다. 6戌은 비구이고 2未는 비구니로, 독신조합이다. 2坤 땅은 6乾 하늘과 음양정배로 하늘의 기를 다 품으니 아끼다가 손해를 보는 구두쇠조합이고, 老夫婦간에 서로 싸운다. 소인배와 악처다.

2老陰坤土가 6老陽乾金을 상생한다. 음양정배한 부부이다.

‹27›‹72›

득운(得運)	횡재, 흙이 돈으로 바뀌어 큰 거부가 난다. 둘 다 음수이므로 딸을 많이 출산한다. 武로 귀하게 된다.
실운(失運)	낙태, 유산, 설사가 잦다. 왜냐하면 2土는 배부위인데 金을 生하느라고 배가 비워진다. 선천으로 2·7은 火이므로 성질 급하게 쏟아진다. 화재, 구설시비가 많다. 2老陰이 7少陰과 짝하여 음양이 부조화하였다. 純陰之象으로 모녀가 불화하고 쉽게 과부가 난다. 남성은 호색하고 여성은 음탕하다.

득운(得運)	거부(巨富), 부동산부자, 28합십.
실운(失運)	비위병, 요통, 관절염, 소아다병(小兒多病), 승려가 난다〔出僧侶〕, 艮坤이 상통하니 배우자 바람. **2**는 질병이고 **8**은 머리를 의미하니 정신에 이상이 생기는 우울증 또는 정신질환이다. **8**은 높은 곳이고 **2**는 낮은 곳이다. 우울증이 심하면 떨어지는 것이 두렵지 않게 된다. 산에서 평지로 추락하거나 높은 곳에 목을 매달아 사망하는 것도 포함된다.

◀29▶◀92▶

득운(得運)	왕정(旺丁). 부녀〔婦女〕가 실권을 갖는다. 〈29〉에 연자백8이 오면 승진, 결혼, 巨富〔부동산 부자〕, 재산증식 등 경사스러운 일들이 있다.
실운(失運)	맹인, 눈병, 우둔해진, 화재, 열병, 화상, 위염, 화병(火病), 심장병, 위장병, 비행기 추락사고, 가출. **9**火는 심장이고 **2**는 질병이니 화병〔火病 : 울화병〕이 생긴다. 火가 土를 만나면 흙이 광명(光明)을 나타내는 火를 덮어 꺼버리는 격이 되어 인체에서 광명의 역할을 하는 눈에 문제가 생기게 된다. 실운시 〈92〉조합에 염정산이 있다면 염정산을 **9**로 보아 火가 하나 더 추가 되므로 아주 심각해진다〔火焰土燥〕. 〈2·7·9〉조합이 되면 화재로 인해 사망할 위험이 있다.

비행기 추락사고는 〈**9**天〉이고 일반적인 추락사고는 〈**8**山〉이다.
〈**8**山 **2**地〉는 높은 곳에서 평지로 떨어지고 〈**8**山 **1**水〉는 높은 곳에서 물로 떨어진다.

◀33▶

득운(得運)	재산 증식.
실운(失運)	송사(訟事), 가출, 도적, 사지수상(四肢手傷)

‹34›‹43›

득운(得運)	부귀겸전(富貴兼全), 출귀인(出貴人), 공을 세워 이름을 날림, 사업번창, 음양정배, 재산득귀(財產得貴).
실운(失運)	부부불화, 간담병, 사지병. **3**과 **4**는 木이다. 신록만 우거지고〔雙木成林〕 과실은 없으므로 열심히 일을 해도 좋은 결과가 없다. 매사가 일정한 기준이 없고 무상하며 일처리에 밝지 못하고 사리가 불분명하다. 변덕이 심하고 무능력하다. 남자는 도적이 되고 여자는 창녀가 된다〔男盜女娼〕. 가무(歌舞)와 여색에 빠지고, 심하면 거지가 된다. 엎친 데 덮친 격으로 가난한 집에 염병이 돈다〔寒戶遭瘟〕.

4運에 **3**자는 퇴기(退氣)이지만 **4**運이 되어도 퇴기작용을 크게 나쁘게 하지는 않는다. 오행이 같기 때문이다.

‹35›‹53›

득운(得運)	관운왕성(官運旺盛), 재귀(財貴), 장남이익(長男利益).
실운(失運)	가정불화, 파재(破財), 장남시비(長男是非), 빈궁(貧窮)하고 병이 많다. 하반신 마비 등 다리에 병이 생긴다. **3**碧이나 **4**綠이 **5**黃을 만나면 유행성 전염병이 생기는데, **3**震은 벌레이고 **4**巽은 바람이며, **3**木과 **4**木은 항상 바람을 타기 때문이다. 여기에 **5**黃이란 악성질병이 더해지면 유행성 전염병으로 해석한다.

‹36›‹63›

득운(得運)	관운왕성(官運旺盛), 사업번창.
실운(失運)	가정불화, 파재(破財), 長男不利, 머리울림, 남성불임, 교통사고.

相剋 중에서 金剋木이 제일 흉하다. **3**木은 **6**金에게 金剋木으로 相剋을 받는다.
〈**6**金**3**木〉뿐만 아니라 〈**6**金**4**木〉·〈**7**金**3**木〉·〈**7**金**4**木〉도 大凶數 조합이다.

玄空風水 高手秘訣

◆37◆◆73◆

득운(得運)	잉꼬부부, 문무겸전(文武兼全), 문관이 전쟁에 참가하여 큰 공을 세운다. 나가면 장군 들어오면 재상이다〔出將入相〕, 자녀가 현명하다.
실운(失運)	구설시비가 있다. 폐가 尅을 당하니 피를 토한다. 인의(仁義)가 없는 사람이 나온다. 버릇없고 불효하고 부모에 대항한다. 가정이 불화한다. 〈73〉방위의 형기가 음암하면 3은 장남이고 7은 소녀라서 형과 제수씨의 난륜(亂倫)이다. 파재한다. 장남에게 재앙이 있다.

◆38◆◆83◆

득운(得運)	정재양왕(丁財兩旺), 8白艮의 선천은 3震이므로 83은 잘 맞는다. 38 선천 대길수.
실운(失運)	파재(破財), 小兒에게 불리, 형제불화.

◆39◆◆93◆

득운(得運)	음양이 잘 조화된 목화통명(木火通明)의 象으로 강직하고 총명한 사람이 나온다. 법관, 합격, 승진, 부귀해진다.
실운(失運)	두통, 눈병, 안질, 족병, 간담병, 범법, 음란, 화재, 木生火로 불이 난다. 인색, 관비송사, 간담병, 족병, 교통사고.

◆44◆

득운(得運)	문창쌍성(文昌雙星), 총명.
실운(失運)	출여승(出女僧), 풍질병.

◆45◆◆54◆

득운(得運)	문서운(文書運), 사업번창.
실운(失運)	장녀다병(長女多病), 도박, 사업실패, 부도가 나고, 밀수범이 되거나, 미친병에 걸린다. 4巽風은 바람이나 태풍으로 인해 모든 것이 한순간에 날아가 버린다는 뜻이 있다. 돈이 날아가면 파재이다. 도박·주식·보증 등으로 순식간에 파재한다. 바람이 쓸어가 버리니 남는 것이 없다.

<46><64>

득운(得運)	부귀쌍전(富貴雙全), 재산증식, 법관, 고위직 공무원, 46합십.
실운(失運)	장녀다병(長女多病), 고분살(喪妻), 극처(剋妻), 홀아비가 되는 조합이다. 6父陽金과 4長女陰木의 싸움은 큰 칼로 작은 나무를 베어버림으로써 木이 반항을 못한다. 여자가 일방적으로 당하며, 큰 스트레스를 받고, 심하면 죽을 수도 있다. 4木이 6金의 극을 받으면 두통을 앓거나 대머리가 된다. 4는 밧줄이고 6은 머리가 되므로, 실운이고 단두사(斷頭砂)가 있을 때는 목을 매어 자살할 수도 있다.

<47><74>

득운(得運)	부녀실권(婦女實權), 재산 증식.
실운(失運)	사고와 음란(淫亂)의 조합이다. 음수가 모이면 음란해진다. 4는 장녀이고 7은 소녀로, 둘 다 여자이기 때문에 대개는 여자에게 발생한다. 불인불의(不仁不義)하고 오직 이로움만 쫓는다.

<48><84>

득운(得運)	재산 증식.
실운(失運)	때를 못 만난 산림은사(山林隱士)나 천석고황(泉石膏肓)이 나온다. 小兒不利, 정신병.

<49><94>

득운(得運)	명성, 승진, 출세, 합격. 문장가나 현부(賢婦)·재녀(才女), 또는 총명한 귀인이 나온다.
실운(失運)	음란망신, 부녀음란, 목질(目疾), 간담병, 도적, 파재, 각박지인, 자매불화, 부녀쟁권, 가정불화, 사업실패, 술과 여자를 좋아함(貪花戀酒), 비정상적인 도화.
순음조합이므로 개성이 비교적 음적이고 부드러운 총명한 사람이 나온다.	

〈55〉

득운(得運)	정재양왕.
실운(失運)	흉살횡행(凶殺橫行), 다재앙(多災殃).

〈56〉〈65〉

득운(得運)	현명한 자손이 나온다.
실운(失運)	6은 남편인데 5황 관살을 만났으니 남자 때문에 임신이 안 되거나〔男性不姙症〕, 이혼한다. 가정에 많은 병이 있다. 노인은 치매증에 걸린다. 형무소에 가게 된다.

〈57〉〈75〉

득운(得運)	사업흥왕.
실운(失運)	도화, 겁탈, 구설시비, 중궁에 있으면 언청이가 날 확률이 높다.

〈58〉〈85〉

득운(得運)	정재양왕(丁財兩旺), 효성스러운 자녀들〔孝順兒女〕, 새산증식, 부동산 부자.
실운(失運)	소아다병(小兒多病), 운기쇠패(運氣衰敗), 손발손상 심하면 척추손상.

〈59〉〈95〉

득운(得運)	현명한 자녀, 재산증식, 부동산부자.
실운(失運)	우둔한 사람, 비행기사고, 실명, 자살, 화재. 실운했을 때 9火는 독으로도 본다. 5土는 악질인데 산성이나 향성으로 비출되면 火로도 본다. 독이 부패하니 식중독에 걸린다. 발효가 아니다. 〈95〉가 있는 곳에 주방이 있으면 음식이 잘 썩고, 이곳에서 식사를 하면 배가 잘 아프다. 土로 설기(泄氣)시키거나 검은색 식탁을 놓아 제화한다. 〈95〉는 독약이므로 7입〔口〕을 만나지 않는 것이 좋다. 5는 大凶이며 9는 속도가 빠르다. 59로 파재하면 증권이나 도박, 보증 등으로 돈이 순식간에 빠져나간다.

<66>

득운(得運)	관운형통(官運亨通), 재산 증식.
실운(失運)	가정에 병이 많다.

순양(純陽)이기 때문에 남자에게는 조금 이로우나 여자에게는 불리하다.

<67> <76>

득운(得運)	검사, 판사, 법관, 군인, 순경, 경찰, 병권장악, 무직(武職)으로 귀하게 된다. 관운왕성, 부귀흥왕(富貴興旺), 문무겸전(文武兼全). 6運에 부자는 7運에 망하는 경우가 적다. 7運에 6자는 퇴기(退氣)이지만 오행으로는 똑같은 金이기 때문이다.
실운(失運)	파재, 형제불화, 형제혁장(兄弟鬩牆), 부자불화, 군신불화(君臣不和), 가정불화, 폐병, 구치병(口齒病), 두통, 구설시비, 범법조형(犯法遭刑), 재판. 흉한 성요조합들 중 하나다. 칼과 칼이 부딪치는 격으로〔交劍殺〕살벌한 분위기이며, 심하면 횡화(橫禍)를 당하기도 한다. 쇠붙이 사고, 자동차 사고, 車禍刀傷을 주의해야 한다. 6나이든 남자〔老父〕와 7어린 少女가 연애하는 象이다. 노부소처(老父少妻), 장유난륜(長幼亂倫), 원조교제 등 젊은 여성과의 불륜이 발생한다. 형기가 음암(陰暗)하면 여자가 음란하다. 부인은 딸을 많이 출산하고 첩은 아들을 출산한다. 칼이나 금속을 이용한 살인은 조합수에 6이나 특히 7이 들어간다. 양택은 <67>이 좋지 않게 작용할 때 형제간 재판을 하거나 의를 끊을 정도로 큰 싸움을 하는 일이 많다. 심하게 다투고, 재산을 강탈당하고, 노부나 젊은 며느리가 죽는다.

6과 7은 같은 金이지만, <+6金>에 비해 <-7金>이 사업장이나 다루는 품목의 크기, 중량 등이 작다고 해석한다.

玄空風水 高手秘訣

득운(得運)	재운으로는 최고의 조합이다. 현찰을 산만큼 쌓는다〔動産巨富〕, 부귀복덕(富貴福德), 재산증식, 금융인, 무과현달, 충효지인, 사업번창, 功名得利.
실운(失運)	사치낭비, 가난, 불효, 불면증, 정신불안, 부자불화, 고집, 純陽으로 무자식, 극처·홀아비·독신, 고독.

〈68〉·〈86〉이 실운했을 때 정신불안이 된다는 것은 선천과 후천의 큰 비법을 이해해야 알 수 있다.

兌	乾	巽
離		坎
震	坤	艮²

선천팔괘(體)

巽	離	坤
震		兌
艮¹	坎	乾³

후천팔괘(用)

후천 〈8艮〉의 體는 先天乾이다.
정신적인 두뇌이다.
후천 〈6乾〉은 육체상의 머리이다.
8과 6은 선천과 후천에서 서로 통한다.

같은 논리로 후천 〈1坎〉의 體는 先天兌이고, 후천 〈3震〉의 體는 先天艮이다.
다른 괘도 이와 같이 유추하여 연결할 수 있다.

득운(得運)	수명장수(壽命長壽), 회춘(回春), 고관(高官), 부귀영화, 정재양왕, 총명, 문장현달(文章顯達), 평안(平安).
실운(失運)	화재, 사고, 정력소진, 폐병, 뇌출혈, 폐렴, 불효자, 부녀불화, 심장병, 교통사고, 가출, 뇌, 치아병, 주색. 9火는 중녀이고 6金은 아버지이다. 중녀가 아버지에게 반항한다. 나아가 자식이 부모에게 불효한다. 실운한 9자에 산의 모양이 水體이면 나쁜 9의 영향력이 조금 약해지지만 火體의 산이 있으면 영향력이 더 커진다. 6은 머리이고 9는 눈이다. 오행의 상생상극으로만 보면 6金이 불리하여 머리를 다칠 것처럼 보이지만 때에 따라서는 눈이 안 보이게 될 수도 있다. 맞는 사람〔6金〕도 아프지만 때리는 사람〔9火〕도 에너지 소모가 많다.

⟨77⟩

득운(得運)	권력, 횡재.
실운(失運)	도적, 파재.

⟨78⟩⟨87⟩

득운(得運)	충량지인(忠良之人), 재산증식, 왕재(旺財), 문무쌍전(文武雙全), 가정화목. 자웅정배(雌雄正配)로 음양이 교구하는 象이다. 지극한 부부사랑이다. **7**兌는 陰金少女이고 **8**艮은 陽土少男으로 젊은 남녀가 만났으니 신속하고 빠르다. 또한 **7**金과 **8**土가 만나 토금상생지국(土金相生之局)이 되어 부귀가 속발대발(速發大發)한다. 벼락출세, 특별채용, 고급관리, 학력은 높지 않아도 명예대학 학위를 수여받는다〔理路功名〕.
실운(失運)	부부불화, 파재(破財), 아동발육 불량, 소아다병(小兒多病), 손이나 팔이 다친다. 젊은 남녀가 방탕한 생활을 한다.

⟨79⟩⟨97⟩

득운(得運)	출산, 혼인, 경사, 기쁨, 연애, 가정흥왕, 총명, 횡재.
실운(失運)	눈병, 출혈, 심장병 도화, 바람을 피우다가 들통이 난다. 음수조합으로 음란해진다. 강호에서 술과 여색에 빠진다. **7**은 선천火이고 **9**는 후천火가 되어 화재위험이 있다.

9火는 가슴에 불이 붙은 것이고, 불은 어둠을 밝히는 속성이 있으므로 ⟨**79**⟩로 연애하면 잘 들킨다. 반면 ⟨**14**⟩ 연애는 잘 들키지 않는다.

⟨88⟩

득운(得運)	정재양왕(丁財兩旺), 사업흥왕.
실운(失運)	사업쇠패(事業衰敗), 돈과 재산 유실.

<89×98>

득운(得運)	8은 좌보(左補)이고 9는 우필(右弼)이 되어 좋은데다 9火가 8土를 相生한다. 9는 희기(喜氣)로서 홍란성(紅鸞星)이므로 혼인하고, 출산하고, 자손이 번창하는 경사가 생긴다. 거부·승진·출세·수명장수 등 경사스러운 일들이 일어난다. 왕이 주재하는 군신회의에 참여할 정도로 지위가 높아진다〔位列朝班〕. 부동산에 이로운 조합이며, 8은 山이고 9는 위로 오르는 것이므로 등산가가 나온다.
실운(失運)	우둔함, 난산(難產), 손발 화상, 시력 상실. 9離는 火이고 피〔血〕이며 8艮은 山이고 머리〔頭〕로, 화산이 폭발하듯 화병, 심장병, 뇌일혈, 뇌출혈의 위험이 있다. 증세가 약하면 우울증이다. 성질이 포악하여 정신을 잃거나 갑작스러운 사고를 당한다. 외화내빈, 상속문제, 숙수난륜(叔嫂亂倫_시동생과 형수의 불륜관계).

「보림정병(輔臨丁丙), 위열조반(位列朝班)」은 『현기부玄機賦』에 나오는 말이다.

보림정병에서 보(輔)는 左輔로 8白을 가리키고, 丁丙은 24山 중의 丙·午·丁의 離宮으로 星은 9紫이다. 8白과 9紫의 조합을 뜻한다.

위열조반(位列朝班)은 임금이 주재하는 군신회의에 참여한다는 뜻으로, 그만큼 지위가 높아진다. 이미 은퇴한 사람이라면 '건강과 부귀' 하게 된다.

8運에 9가 向星이면 재운(財運)이 많다. 여기에 연자백8이 오면 富를 더 불린다.

『자백결』에 이르기를 "팔봉자요 혼희중래_八逢紫曜 婚喜重來"라 하여 <89>는 결혼하는 경사가 거듭된다고 하였다. 만일 이미 결혼한 사람이라면 출산의 기쁨이 생기고, 노인이라면 무병장수하게 된다. 9는 꽃이므로 출산과 회춘의 의미로 해석한다.

<89>는 8運에 巽坐, 巳坐, 乾坐, 亥坐에 있다.

<29>·<92>·<89>·<98>은 오행상으로 火生土로 상생하더라도, 실운하면 무정(無情)하게 되어 우둔한 사람이 나온다.

실운했을 때 <89> 조합은 화염토조(火炎土燥)로 강한 불길이 흙을 메마르게 한다. 시력을 잃는 조합이기도 하다.

8運에 <89> 조합이라도 공부방은 불가하다. 공부할 생각은 안 하고 돈 벌 궁리를 하게 되기 때문이다.

득운(得運)	문장현달, 정재양왕.
실운(失運)	탐화연주(貪花戀酒), 눈병, 심장병, 출혈.

玄空風水 高手秘訣

★ ☞ 大吉
▼ ☞ 大凶

向/山	吉象	凶象
+1 +1	科擧及第, 揚名四海, 哲學・思想	溺死, 盜賊, 心・耳病, 精神, 鬪爭
+1 -2	尊敬, 地位高官, 上下一心	▼貧寒, 凶死, 出血, 浮症, (±5)惡妻
+1 +3	開業, 進化, 成長, 試驗合格, 出産	困難, 少子嗣, (-7)雷死・蛇咬
+1 -4	★科擧, 水利發財, 文藝揚名	淫蕩, 精神, 手票・어음詐欺
+1 ±5	首席, 聰明知慧男子, 思想	▼不姙, 子宮病, 腎臟結石, 浮症
+1 +6	★大學者, 高官, 文藝, 天文家	腦出血, 父子不和, 竊盜犯, 傷寒
+1 -7	貞節, 掌權, 淸富, 語文學者	酒色, 落胎, 食中毒, 吐血
+1 +8	水利發富, 努力成功	兄弟不和, 溺死, 腰痛, 脾炎, 監獄
+1 -9	特別昇進, 中正和平	夫婦不和, 官災, 火災, 畵中之餠
-2 +1	生子, 指導者, 教育者, 統帥權者	▼田園流失, 中男他鄉, (±5)糖尿病
-2 -2	土富, 名醫, 武貴, 寡婦興家	惡妻, 腹病, 難産, 惡瘡, 小兒憔悴
-2 +3	改過遷善, 修道有成	<鬪牛殺> 壓傷, 貪害
-2 -4	改進, 昇華	虎患, 姑婦葛藤, 陷穽
-2 ±5	旺人丁, 法官, 武貴, 田産	▼疾病, 寡婦, 癌, 到處障壁
-2 +6	財丁兩旺, (+8)巨富, (-9)多子息	禿頭, 僧尼, 散財勞苦, 鬼神相剋
-2 -7	橫財, 巨富, 多生女, 法官, 醫師	胃腸, 落胎
-2 +8	土富, 謙厚君子	僧尼, 母童私通, 傲慢
-2 -9	旺丁, 賢人, 名畵家	盲人, 懶怠, 迷信崇尙, 事理不明
+3 +1	彫刻家, 法官, 辯護士	分離, 沮礙, 打傷, 長子遊蕩
+3 -2	得財, 出名, 快樂, 舞踊家	<鬪牛殺> 桎梏, 官災, 剋母
+3 +3	興家創業, 選擧成名, 長房大旺	筋病, 喪子, 瘟黃, 刑妻, 是非, 官訟
+3 -4	富貴雙全	賊丙, 昧事無常
+3 ±5	速發富貴	車禍, 賭博, 蛇咬, 膽結石
+3 +6	身高健康, 建築士, 中年成功	腿傷, 凶器死傷, 官司刑獄
+3 -7	添丁進財	▼剛毅生災, 家室分離, 鬼神入室
+3 +8	聰明, 多子孫	▼同室操戈, 絶嗣
+3 -9	聰明奇士	肥滿, (-7)刻薄

向/山	吉 象	凶 象
-4 +1	★科擧及第, 文人, 航海家	淫蕩, 妾生子, 離散
-4 -2	記者, 敏速學者, 天文學者, 詩人	姑婦不和, 脾臟病, 剋母
-4 +3	富貴雙全	昧事無常, 賊丙
-4 -4	文章, 合試驗格	喪妻, 蕩子無歸
-4 5	文章, 女丈夫	犯罪者, 破産, 證券或賭博破家
-4 +6	名利雙收, 競技優勝, 證券發財	▼縊死
-4 -7	聰明, 文人掌權, 誠信	▼孤獨, 損聰明者
-4 +8	積善, 秘書, 農畜業發富	▼兄弟不和, 風濕病, 叔嫂姦通
-4 -9	聰明, 才女, 詩人, 賢婦, 榮譽	盜賊, 凶死
5 +1	首席, 聰明知慧男子, 思想	▼不姙, 子宮病, 腎臟結石, 浮症
5 -2	旺人丁, 法官, 武貴, 田産	▼疾病, 鰥夫, 癌, 到處障壁
5 +3	速發富貴	車禍, 賭博, 蛇咬, 膽結石
5 -4	文章, 女丈夫	犯罪者, 破産, 證券或賭博破家
5 5	大富大貴, 帝王領袖	天災地變, 橫禍, 惡疾, 傷五人
5 +6	權威震世, 無職勳貴, 巨富多丁	意好失敗, 肺癌, 癲呆, 訴訟
5 -7	武官, 外科醫, 辯護士, 外交官	超急失敗, 橫死, 咽喉病
5 +8	忠孝, 富貴綿遠, 出仙聖	坐骨神經痛, 胃‧鼻癌, 迷惑
5 -9	富貴文章, 大貴, 至尊	毒藥, 吐血, 目疾, (-7 腹毒)
+6 +1	★科擧及第, 法官, 顧問	財産訴訟, 腦出血, 女主, 大權墜落
+6 -2	人丁旺盛, 發財	出僧尼, 初吉後敗
+6 +3	巨富, 人丁旺盛	刀傷, 父不父, 子不子
+6 -4	名利雙收, 文武兼才	▼喪妻, 自縊, 勒死
+6 5	高官, 武官勳貴, 巨富多丁	意好失敗, 肺癌, 癲呆, 訴訟
+6 +6	權威震世, 巨富多丁	官司, 是非, 寡婦守家
+6 -7	兵權, 法官, 律師	<交劍殺> 劫掠, 多生女, 庶出男
+6 +8	★武科顯達, 巨富	鰥父, 無子, 孤獨
+6 -9	高官, 文章, 富貴榮華	▼長房血症, 行人遠離

玄空風水 高手秘訣

向/山	吉象	凶象
-7 +1	水利專門家, 彫刻家, 漁業富者	犯罪者, 落胎, 酒色
-7 -2	醫師, 武貴, 添丁, 人才	落胎, 流産, 吐血, 青孀寡婦
-7 +3	得財, 文武兼備	▼吐血, 刀傷, 剛毅生災
-7 -4	秀麗溫柔, 言論人, 文人, 詩人	▼傷長婦(長女), 閨幃不睦
-7 ±5	武官, 外科醫, 辯護士, 外交官	超急失敗, 橫死, 咽喉病
-7 +6	武貴, 刀筆(法官, 代書, 敎授), 彫刻	<交劍殺>劫掠, 老父少妻, 腎臟病
-7 -7	小房發福, 才女, 俳優	喪妻, 橫死, 火災
-7 +8	結婚幸福, 美男美女, 忠良之人	發育不良, 少男少女放蕩, 手指受傷
-7 -9	發明, 改革, 進步, 結婚	▼火災, 好色, 性病
+8 +1	牧畜業富者, 敎育者, 法官	中男絶滅
+8 -2	巨富, 去舊換新, 不動産富者	出僧尼, 私通
+8 +3	聰明, 多生男, 長壽, 孝子	▼損聰明者, 破財
+8 -4	忠良之人, 纖維業成功	▼杜門不出, 未成年者殞生
+8 ±5	忠孝, 富貴綿遠, 出仙聖	坐骨神經痛, 胃 · 鼻癌, 迷惑
+8 +6	★異途擢用, 金融業, 忠孝傳家	鰥夫, 無子息
+8 -7	雌雄正配, 少年早發, 謙虛	新婚夫婦不和, 兒童發育不良
+8 +8	忠孝, 小房發福, 聖賢仙佛	鼻病, 未成年損傷
+8 -9	★昇進, 結婚, 巨富	物慾, 火災, 精神異常, 手指火傷
-9 +1	多生男, 昇進, 尊貴	夫婦不和, 外和内亂
-9 -2	昇進, 風水家, 旺丁	愚鈍, 火災, 寡婦
-9 +3	法官, 合格	刻薄, 監獄, 動物交傷
-9 -4	通明, 合格, 安定, 統一, 文人	火災, 女人不和, 女人喧鬧 · 當家
-9 ±5	富貴文章, 大貴, 至尊	毒藥, 吐血, 目疾, (-7 腹毒)
-9 +6	尊榮長壽, 博學多聞	▼鬪爭, 父子反目, 傷老
-9 -7	姉妹和好, 美女, 財大勢雄	▼酒色, 女災, 夫婦反目
-9 +8	★財丁幷茂, 外交官, 登山家	愚鈍, 難産, 火山暴發, 山難
-9 -9	鑛物製鍊, 窯業, 化粧品, 衣類業	眼傷, 心腸病, 喪妻, 焚身, 火災

_출처 ☞ 최명우(崔明宇), 『현공풍수의 이론과 실제』

玄空風水 高手秘訣

참고문헌 · 인터넷 사이트

- 강요(姜垚), 『종사수필(從師隨筆)』.
- 곽박(郭璞), 『장서(葬書)』.
- 김두규, 『조선풍수, 일본을 論하다』, 드림넷미디어, 2010.
- 남회근(南懷瑾) 지음, 신원봉 옮김, 『역경잡설(易經雜說)』, 문예출판사, 1998.
- 남회근(南懷瑾) 지음, 신원봉 옮김, 『주역강의(周易講義)』, 문예출판사.
- 노자(老子), 『도덕경(道德經)』.
- 도간(陶侃), 『착맥부(捉脈賦)』.
- 릴리언 투 지음, 이민열 옮김, 『실용 현공풍수』, 祥元文化社, 2013.
- 백학명(白鶴鳴), 『심씨현공학 上 · 中 · 下』, 무릉출판사(武陵出版社), 2004.
- 백학명(白鶴鳴), 『가거풍수20결(家居風水20訣)』, 취현관(聚賢館), 1998.
- 백학명(白鶴鳴), 『현기부비성부정해(玄機賦飛星賦精解)』, 취현관(聚賢館).
- 복응천(卜應天), 『설심부(雪心賦)』.
- 서락오(徐樂吾), 『자평진전평주(子平眞詮評註)』, 集文書局, 1993.
- 서선계 · 서선술, 『지리인자수지(地理人子須知)』.
- 신평, 『지리오결(地理五訣)』, 동학사, 2011.
- 심호(沈鎬) 지음, 허찬구 역, 『지학(地學)』, 육일문화사, 2001.
- 양균송(楊筠松), 『도천보조경(都天寶照經)』.
- 양균송(楊筠松) 저, 김두규 역주, 『감룡경(撼龍經) 의룡경(疑龍經)』, 비봉출판사, 2009.
- 양균송(楊筠松), 『청낭경(靑囊經)』.
- 양균송(楊筠松), 『청낭오어(靑囊奧語)』.
- 양균송(楊筠松), 『천옥경(天玉經)』.
- 오경란(吳景鸞), 『현기부(玄機賦)』.
- 우석음(尤惜陰) · 참회학인(懺悔學人－榮伯雲), 『이택실험(二宅實驗)』.
- 유훈승(劉訓昇), 『계통음양학(系統陰陽學)』, 樂羣文化事業公司, 1993. 5版.
- 작자미상, 『황제택경(黃帝宅經)』.
- 장대홍(蔣大鴻), 『천원오가(天元五歌)』.
- 장용득(張龍得), 『명당론』, 남영문화사, 1980.
- 장중산(章仲山), 『현공비지 직해(玄空秘旨 直解)』.

玄空風水 高手秘訣

■ 장중산(章仲山) 編著, 『심안지요(心眼指要)』.

■ 장중산(章仲山), 『음양이택녹험(陰陽二宅錄驗)』.

■ 정두만(鄭斗晚), 『무감편(無憾篇)』, 지선당.

■ 조정동(趙廷棟), 『지리오결(地理五訣)』, 1786.

■ 종의명(鐘義明), 『지리명사수도결규(地理明師授徒訣竅)』.

■ 종의명(鐘義明), 『현공성상지리학(玄空星相地理學)』, 武陵出版有限公司, 1992.

■ 종의명(鐘義明), 『현공지리고험주해(玄空地理考驗註解)』, 1994.

■ 종의명(鐘義明), 『현공지리일편신해(玄空地理逸篇新解)』, 武陵出版有限公司, 2010.

■ 종의명(鐘義明), 『현공지리총담(玄空地理叢譚)』, 武陵出版有限公司, 1991~1998.

■ 종의명(鐘義明), 『현공현대주택학(玄空現代住宅學)』, 武陵出版有限公司, 1993.

■ 증구기(曾求己), 『청낭서(青囊序)』.

■ 채성우(蔡成禹) 編著, 『明山論』.

■ 채원정(蔡元定), 『發微論』.

■ 청오자(青烏子), 『青烏經』.

■ 최명우(崔明宇), 『시간과 공간의 철학 현공풍수』, 답게, 2005.

■ 최명우(崔明宇), 『현공풍수의 이론과 실제』, 祥元文化社, 2010.

■ 최명우(崔明宇), 『꽃피는 아침 달뜨는 저녁』, 답게, 2013.

■ 최명우(崔明宇), 『尋龍點穴』, 비성출판사, 2013.

■ 최명우(崔明宇), 『한국 최고의 명당』, 수문출판사, 2003.

■ 최창조(崔昌祚), 『한국의 풍수사상』, 민음사. 1984.

■ 하령통(何令通), 『영성정의(靈城精義)』.

■ 대한현공풍수지리학회 : cafe.daum.net/gusrhdvndtn

玄空風水 高手秘訣

玄空風水 高手秘訣

玄空風水 高手秘訣
현공풍수 고수비결

1판 1쇄 인쇄 | 2014년 5월 9일
1판 2쇄 발행 | 2016년 2월 26일

지은이 | 최명우 · 김양선
펴낸이 | 문해성
펴낸곳 | 상원문화사
주소 | 서울시 은평구 증산로 15길 36(신사동)
전화 | 02)354-8646 · **팩시밀리** | 02)384-8644
이메일 | mjs1044@naver.com
출판등록 | 1996년 7월 2일 제8-190호

책임편집 | 김영철
표지 및 본문디자인 | 개미집

ISBN 979-11-85179-04-9 (03180)

이 도서의 국립중앙도서관 출판시도서목록(CIP)은 서지정보유통지원시스템 홈페이지
(http://seoji.nl.go.kr)와 국가자료공동목록시스템(http://www.nl.go.kr/kolisnet)에서
이용하실 수 있습니다.(CIP제어번호: CIP2014012990)